近代日本と地域振興

京都府の近代

高久嶺之介 著

思文閣出版

近代日本と地域振興――京都府の近代――◆目次

近代日本と地域振興

――京都府の近代――

序　章　本書で何を明らかにするのか

本書は、近代日本の地域社会を地域振興の視点から描く試みである。対象は、京都府下である。時期設定は、明治の初期から一応昭和戦後にまで及ぶ。ただし、京都府という組織における地域振興政策の歴史的変遷について、あるいは京都府下のさまざまな地域振興の動きについて、時代を追って網羅的に描くものではない。本書では、特定のテーマを政治行政史と社会史を組み合わせて描く。特定のテーマとは、第一に明治前期の道路開鑿(京都宮津間車道)、第二に明治前期から中期にかけての運河開鑿(琵琶湖疏水・鴨川運河)、第三に、明治初期から昭和の敗戦直後までの観光資源(天橋立)の保存とそれによる振興、第四に明治初期から昭和の敗戦直後までの開拓村(童仙房)の軌跡である。

まず、「地域振興」という用語について述べておこう。「地域振興」という用語は、『朝日新聞』のデータベース「聞蔵II」の「見出しキーワード」検索で見る限り、昭和戦前ではほとんど使用されず、使用されるのは昭和戦後からである。本書は、この用語を「地方振興」「東北振興」など府県を越える範囲の「振興」ではなく、最大でも府県の範囲、そしてそれ以下の地域の「振興」の動きという形で使用している。[1] 要するに、その範囲の中でその地域を盛んにする、あるいは成功や失敗の如何にかかわらずその地域をよくしようとするさまざまな動きである。

ところで、近代のそのような地域振興の動きは、「地域振興」という言葉を使用しなくても、多種多様な動きとして全国で枚挙のいとまがないほどこれまで書かれてきた。そもそも、各府県史や市町村史の近現代部分で粗密の違いがあっても、そのことに触れないものはないだろう。先行研究はありすぎるし、その中には筆者の浅学のために知るに至っていない優れた研究が数多く存在すると思われる。したがって、本書では、各章ごとの先行研究は当然取り上げるが、「近代日本と地域振興」という本書全体を通しての先行研究については、本書の叙述に関係する部分でのみしか取り上げることができないことをあらかじめお断りしておく。

ただ、筆者が意識した一つの著書についてだけ触れておく。有泉貞夫『明治政治史の基礎過程』(吉川弘文館、一九八〇年)である。有泉氏の著書は、「明治期を通して、道路・港湾・河川改修、鉄道・官公立学校誘致、各種補助金獲得などの地方的・局地的利益欲求の生成・膨張・多様化がいかに進展し、それがどのように諸個人・諸集団を拘束して各時期特有の地方政治状況を形成し、中央政局にまで規定的影響を及ぼしていくか」[2]を山梨県の分析から実証的に明らかにし、「地方的利益欲求という契機が負っている歴史性」[3]を明らかにしたものである。筆者はこの本から大いに学ばされたし、日本近代史の研究史上きわめて大きな意義を持った研究であると考えている。この本が明らかにした実証について、山梨県と異なる事例を探すことはできるだろうが、ここで示された大まかな見取り図について、現在のところ筆者はまったく異論を持っていない。地方格差などの問題により地方利益要求が各時代に府県知事のみならず政党を媒介にして中央政治に影響を及ぼしていったことは疑いない。個別的な点でも、「明治地方自治制の統合機能」についての有泉氏の懐疑的あるいは否定的意見に筆者も同様な考えを持っている[4]。また、「前近代に刻印された各地域の特色は、政治史の視覚から見るかぎり、明治期をとおしてかなり急速に〝地方一般〟に解消して行ったのではないかと筆者は想像している[5]」という指摘も、政治史のみならず情報の伝達の点からみて筆者も同様な印象を持っている。

以上のように、有泉氏の研究について、おおむね批判はないが、それでも有泉氏のこの本が徹底的に政治史の本であり、しかも中央政治史を意識した本であったことによって起きたある種の問題も指摘せざるを得ない。まず、氏の使用した用語である。氏は、「地方的利益要求」「局地的利益要求」「地域利益」「地方利益」「地方利益誘導」「地域利害対立」などの用語を多用するが、それらは、国もしくは府県の地方名望家層に対する同意調達手段もしくは操縦手段として使用され、それらが時代ごとに問題をかかえ、決して順調には進行しない姿が描かれる。そのことは、「藩閥政権存続への豪農＝名望家層の同意を調達」「地方豪農商の統御」「県内の豪農＝名望家層を県庁の側に把握する手段」「豪農＝名望家層の体制側への統合」などという表現によって現れているように思える。(6) 要するに、有泉氏が意識したのは国政もしくは府県政である。有泉氏の研究以後「地方利益」「地方利益誘導」という用語は、中央・地方政治史を描く際の常用語になった。

筆者は、「地方利益」「地方利益誘導」という用語が常用語化することに、ある種の戸惑いも感じていた。有泉氏の著書自体に責任があるとはいえないが、(7) この用語に政治的駆け引きのニュアンスがかなり含まれ、そのようなニュアンスで使用される事例が増えたように感じているからである。維新以後の広域的な土木事業、たとえば道路の改善、河川の整備、堤防の修繕などは、それらを地域が要求すること、あるいはそのために補助金を要望することと自体が、名望家層の同意調達手段に結果としてなることがあったとしても、そのこと自体が非難されるべきことではない。今日に至るまで国もしくは府県への補助金要請、そしてそれへの対応は至るところで行われている。補助金要請、そしてその支給が適切であるかどうかは個々のケースで判断されるべきであろう。

本書では、国あるいは府県の同意調達手段という問題と関係なく、近代における地域のさまざまな要求の噴出、地域改善の動きをそのまま描こうとした。本書で「地域振興」という用語を使用したのはそのためである。近代は、地域が制度上において、江戸時代よりもさらに大きく要求を上部機関に提示できる時代になったのである。要求する主体は、明治期は地方有力者（名望家）が中心であったが、次第に地方有力者だけではなく、担い手も数も、より大衆化していった。[8]また、有泉氏は、「地方的利益」が生み出される背景として「維新以来の産業発展とその条件（主として交通手段）の地域格差の拡大」「維新以降の生産と生活様式の変化により人間の営みと自然とのバランスが崩れ、自然災害、特に水害規模が（明治―高久）一五〜二〇年頃から大きくなって、災害復旧・改修が府県町村の手に余るものになった」[9]と表現しているが、「維新以降の生産と生活様式の変化」という事実は所与の前提になっており、直接分析の対象ではない。本書では、なぜ道路の拡幅が必要になるか、なぜ観光資源の保存と周辺整備が必要になるか、なぜ補助金が必要になるか、そのことも描こうとした。

本書の構成について述べておこう。

第一章は、江戸時代から近代へ、道がどのように変貌を遂げていくかを具体的に明らかにするものである。道が拡幅され、峠が切り下げられ、あるいは迂回の道がつくられ、川に橋が架けられるということがどういう意味を持ったかを明治前期の時代性の中で考えたものである。具体的には、一八八二年（明治一五）から一八八九年（明治二二）までに工事が進められた、京都から丹波地方を経て丹後の宮津まで三間幅（約五・四メートル）の一大縦貫道路がどのような契機でつくられ、工事はどのように進められたか、その過程で生じた困難などを沿道の古文書を徹底的に採集しながら叙述したものである。明治期の一つの道路を政治史・社会史として総合的に描いたものはあまりないのではないかと考えている。

第二章は、従来の琵琶湖疏水研究で充分把握されていなかった問題を具体的に明らかにするものである。第一は、疏水完成時にこの工事およびその延長である鴨川運河工事に対して懐疑の空気が広く存在していたことである。その具体像とそれを生みだした要因を明らかにする。第二は、この工事の持った時代規定性である。鉄道が勃興してくる時期の運河であったこと、すなわち水運から鉄道への過渡期の運河であったことは先学の研究にもあるが、工事が完成した一八九〇年（明治二三）は第一回衆議院議員選挙の年、すなわち政治の季節であったこと、さらには琵琶湖疏水工事の完成から鴨川運河工事の時代は、北垣国道京都府知事の末期の問題点が噴出した時期であることについて、これまでの研究ではまったく明らかにされていない。ここでもこの工事を政治史・社会史として描く。

第三章は、観光資源である天橋立を取り巻く状況が明治から昭和の敗戦直後までどのように推移していくかを明らかにしたものである。ここでは、地域の人びとが景観保存と地域振興のバランスの中で揺れ動きながら、天橋立の保存と地域振興を図っていく過程を、三つの時代に分けて、具体的に描く。第一期は、明治二〇年代前期に天橋立周辺の人びとによって観光の動きが開始されるが、明治四年以来天橋立は国の官有林であったため、観光開発の動きは周辺整備しかできなかった時代である。第二期は、国の山林政策の転換と一九〇三年（明治三六）からの京都府・与謝郡の運動によって、一九〇五年天橋立が与謝郡の公園になり、一九二三年（大正一二）の郡制廃止により京都府の公園に移管されるまで、乏しい郡財政の中で天橋立の環境整備と観光開発が進められていった時代である。第三期は、天橋立が京都府の公園になったとき、日本は本格的なツーリズムの時代を迎え、さらに乗合自動車・貸切自動車の時代に入っていき、このような時代に対応した観光整備がめざされるが、日中戦争以降の戦争が一挙にこの流れを押しとどめていった時代である。これら三期の時代、さらには敗戦直後の状況について、京都府、与謝郡、宮津町をはじめとした関係町村の動き、そして時代特有の問題点をできる限り具体的に描いていきたい。

第四章は、京都府の近代最初の開拓村である相楽郡童仙房（現南山城村大字童仙房）がどのようにしてつくられていくか、そして、一八七九年（明治一二）事実上の開拓の失敗により京都府が撤退した後、童仙房の人びとが苦闘の歴史を歩みながら、小学校を維持し、昭和初期の道路事情の改善、太平洋戦争（アジア・太平洋戦争）中の木炭景気、戦後この地に電灯がともるまでの歴史過程を、周辺農村の動きも含めて具体的に描く。童仙房は、京都府撤退後は貧窮化の度合いを深めていくので、一般的な「地域振興」というイメージになじまないようにもみえるが、小学校の維持、官有山林払い下げ運動、道路の拡幅に懸命に尽力する姿は充分に地域振興の一つの形である。また、最大時一三八戸、最小時四〇戸台の一つの小さな村を長い時期設定のもとで具体的に描くことにより、村に必要であったもの（神社・寺・小学校・道路など）を描き出すという方法論的意図もある。さらに、個別的な点に触れれば、一九三二年（昭和七）から一九三四年にかけて全国的に行われた時局匡救事業について、筆者は全体的評価をくだす力量はないが、童仙房はこの事業により道路事情が改善されることになった点で、この地域にとっては大きな意味があった。なお、本章の分析、あるいは現在進めている滋賀県の町村の分析からみえてくるものは、近代の町村においてどこでも課題になり最も力が入れられる地域振興は、小学校教育（尋常・高等小学校）の維持と発展であるという点である。

最後に、この四つの章に共通に貫かれている問題や、意識した特定の問題について触れておきたい。

大きな点の第一は、交通体系の変化である。明治前期における交通体系の変化の一つは、舟運から鉄道への変化である。琵琶湖疏水はこの変化の過渡期の時代の産物である。琵琶湖疏水工事の目的は多目的総合開発であったが、目的の一つは大津から京都、そして伏見を経ての大阪への舟運であった。この工事の着手は、一八八五年

(明治一八)であったが、このとき滋賀県の長浜―大津間は湖上交通の時代であった。一八八九年(明治二二)の東海道線の開通以後の時期であれば、そもそも琵琶湖疏水の工事があり得たかどうか。明治前期の交通体系の変化の二つ目は、馬車や荷積車や人力車が行き来する近代の「車道」の登場である(もちろんこのことが可能になったのは、幕藩体制の崩壊、広域的な府県の誕生がある)。そのための道の拡幅、峠の切り下げ、橋の設置であるが、とりわけ本書で強調したのは道幅の問題である。京都宮津間車道は当時としてはかなり道幅の広い原則三間の道路であったが、明治前期において京都府や滋賀県の道路で「車道」という名が冠されるのは、ほぼ二間(約三・六メートル)以上の道路の場合である。二間あれば、馬車や荷積車の道路上でのすれ違いが可能になるからである。さらに、時代が下って大正期から昭和初期になると、乗合自動車(バス)がすれ違うことができる道幅が必要になる。昭和初期に三間(約五・四メートル)道路、もしくは六メートル道路がつくられていくのはこのためである。最近、筆者が分析した滋賀県愛知郡の秦荘地域(現愛荘町)でも、三間道路が普通につくられていくのが昭和初期から日中戦争勃発以前であった。(10)

第二は新技術の導入である。これまでもいわれてきていることであるが、電気という新しい技術が工事の途中で登場しなければ、琵琶湖疏水工事の成功はあり得なかった。そのことは本書でも再確認する。そして、電気による電灯は大正期には農村部でも普及するが、童仙房には昭和戦後に電灯が実現する。また、乗合自動車の普及が昭和初期に持った意味は前述した通りである。登山鉄道という新技術の持った意味は第三章で触れる。

第三は、議会の導入の問題である。筆者が京都宮津間車道の研究を始めた頃、この車道開鑿の契機は、従来から指摘があった一八七六年(明治九)の山城・丹波・丹後に及ぶ新しい広域的な京都府の成立と考えていた(この年、豊岡県に属していた天田郡以北の丹波・丹後地方が京都府と合併)。もちろん、このことが前提になっているが、車道設置の契機として史料上明らかになるのは、一八七九年（明治一二）の京都府会の成立である。つまり府会議員の動きが京都府当局に影響を及ぼし、車道開鑿につながるのである。筆者の考えでは、府県当局の権力は当然あるにしても、一八七九年の府県会の成立は、府知事・県令が府県会を無視して勝手な府県行政を行うことができない時代の到来と、府県内の地域有力者（名望家）が府県内での比較を意識するようになる時代の到来を意味する。第二章で詳述する京都府の北垣国道府政（一八八一～一八九二年）は、府県会の多数派協調行政という特徴を持っており、これは明らかに前知事槇村正直府政とは異なるものであった。槇村は、一八七九年に登場した地方議会への対応を誤ることによって京都府を去ることになるのである。府県会の成立によって、程度の差はあれ、全国のどの府県でも、府県知事の独裁的な権力行使が制限される時代が来ると考えている。では、一八九〇年（明治二三）の国の議会（衆議院）の成立は、どのような意味を持つと考えるか。この点についても、筆者は、帝国議会衆議院の成立は、政府の権力は当然あるにしても、政府が衆議院の、とりわけ政党の動向を無視して、国の政治を行い得ない時代の到来、さらには衆議院議員をはじめとした地方有力者が本格的に全国的比較のもとで自身の府県をみる時代の到来を意味する、と考えている（もちろん、大日本帝国憲法体制は天皇や皇室に対しては議会・政党、さらには内閣さえも直接的に影響力を行使できないしくみである）[11]。このことは、これまでも表現の違いはあっても指摘されてきていることであり、特に目新しいことではない。また、本書で、直接的にそのことに触れる機会はない。

第四は、本書に登場する人びとについてである。拙著『近代日本の地域社会と名望家』（柏書房、一九九七年）では、これらの人びとのうち、地方の有力者（名望家）のことについて次のように書いた。

明治・大正中期までの町村行政は、まちがいなく町村の下層は行政の担い手にはなりえないしくみ（中略）

であったが、かといって、町村の行政運営が常に上層部の利益のみを考えてできるわけではない。全国の市町村史などを見れば、地域の繁栄のために橋や道路や学校の建設、あるいは地域の救恤活動・社会活動に尽力した人物＝名望家を探すのに事欠かない。地域の上層といっても、ヨーロッパの土地貴族のようなものとは根本的に違う。階層性が歴然とあった時代の町村行政を担った人びとを評価する際、本書ではその行為をもとに評価し、従来の研究で多々指摘された階層性の限界などを前面に押し出すことを意図していない。むしろ階層性の限界を強調することは、多くの名望家層が地域の振興に果たした役割をあるがまま正当に評価することを阻害することになろう（一二頁）。

地方有力者についてのこの見方は現在に至るまでまったく変わらず、むしろ強まっている。本書でも、地域住民の雇用のために道路工事の下請け人になる人物、郡長の要請を引き受けて新しい伊賀街道を開鑿しながら多額の費用を支出していく人びと（その中には没落していく人物もいる）、七〇歳の齢を迎えようとしながら山林払い下げ運動を組織していく童仙房の区長など、地方有力者・地域有力者といえそうな人びとが登場する。このように公益を意識して活動した地方有力者・地域有力者はこの国で決して少なくはないと思われるが、他の国との比較は筆者の力量に余る。なお、地方有力者・地域有力者以外にも、四つの章を通じて無数の人びとが道路の整備、天橋立の保存と周辺整備、山村の改善などにかかわったことは強調しておきたい点である。「地域振興」とは、さまざまな形があるにしても、もともと特定の階層の人びとのみの利益を意識したものではない。

第五は、村というものについてである。筆者は、日頃研究対象としている滋賀県湖東地方や京都府乙訓《おとくに》地域の農村と他の地方の農村、とりわけ関東農村との違い、たとえば景観や村の紐帯、末端に至るまでの行政運営、民俗の違いなどを意識する機会が多いが、同じ近畿農村といっても、童仙房は筆者にとって最初の本格的山村研究の場であり、この場での経験は、滋賀県湖東地方や京都府乙訓地域の農村で持っていた知識とはかなり異なる知識の習得の経験であった。一つだけ例を述べるならば、小作争議についてである。京都府乙訓郡乙訓村今里では、一九一四年（大正三）から翌年にかけて小作争議が起きる。乙訓郡向日町上植野でも、一九二四年（大正一三）から二六年の間に毎年小作争議が起きている。これらの小作争議は、凶作による小作米の減免を要求するものであったが、自小作を中心にした運動はかなり激しく地主層との全面対決に及んだ。(12)今里も上植野も平野部のわりあい農業生産力の豊かな農村に属し、景観も集村であり、村の紐帯もかなり強い。筆者の考えでは、これらの地域は小作争議を起こして、地主層と全面的に対決できるだけの自小作・小作の基盤がある。これに対して、童仙房の場合、開拓村であり、特定の母村を持たなかったこと、さらに一番から九番まで小集落が点在していることから、歴史的に形成された村の紐帯はない。人口の移動性（減少）も村の紐帯を持ちにくくした要因であった。ここには、日々の困難な生活があり、地主・小作関係の展開は史料上不明なことが多いが、小作争議が起きそうな雰囲気は史料上まったく発見することができなかった。小作争議は、一定以上の紐帯が存在するところに発生する。

それでも、はじめは官による村の紐帯づくり（神社や寺や小学校づくり）が行われ、官の撤退後は、地域住民による紐帯づくりがめざされる。明治中期の官有山林払い下げ運動は、運動の過程で村の紐帯がつくられていくが、特に無視できないのは小学校の維持という目的が村の紐帯を形成していたと思われる点である。要するに、筆者は、童仙房という地域を知ることによって、近代の村にはどういうものが必要であったかを再認識する機会を得ることができたという思いがある。

なお、本書における年号の表記は、太陽暦が実施される以前の明治五年（一八七二）までは元号を優先し、一八七三年（明治六）からは西暦を優先した。ただし、新聞などの史料の出典の表記は、昭和戦前期までは原則として元号を使用し、府会や市会についても「明治一九年度府会」という形で元号の表記にした。

（1）「振興」なる用語が、江戸期にどの程度使用されていたかは不明である。『朝日新聞』のデータベース「聞蔵Ⅱ」の「見出しキーワード」検索によれば、明治一〇年代半ばには「振興」という用語が登場する。たとえば、『大坂朝日新聞』明治一五年六月六日付には、「元来俗地といはれ殺風景と称せられたる我坂地（大阪—高久）の詩風を振興して大に文明の余沢を江湖に鳴さんとの意にて」詩会を開くという記事があり、また同紙明治一七年一月一九日付には、「学術振興新誌」（汲々社発行）第一号の広告が掲載されている。以後「国威振興」「商事振興」「経済振興」「実業振興」「拓殖振興」「学生気風振興」などさまざまな意味合いで使用されてくるようになる。また、特定の地方を対象にした言葉として使用されるのが「東北振興」「地方振興」などの用語で、これは一九〇四年（明治三七）の米作不振以来という日露戦争前後から始まっている。しかし、「地域振興」なる用語は、同紙の「見出しキーワード」検索を見る限り、一九五〇年代までは使用例はなく、一九六一年に「産炭地域振興臨時措置法」「産炭地域振興事業団」という形で登場し、その後「過疎地域振興法」「地域振興整備公団」というように、「振興」は多様な意味をともなって物事が盛んになるようにする、という意味合いで使用されている。

（2）（3）前掲有泉書、一頁。

（4）拙著『近代日本の地域社会と名望家』（柏書房、一九九七年）第四章と第五章では「統合」という言葉で総括できない市制町村制が果たした融通無碍な機能について明らかにしたつもりである。すなわち、第四章は、愛媛県周桑郡壬生川町の名誉職町長一色耕平の大正期の活動を明らかにしたものであるが、一色ら周桑郡の名誉職町村長らが、町村制を利用して愛媛県当局に対抗していく姿を描いたものである。また、第五章は、市制町村制が一定の権利関係をつくったことを評価し、名誉職制度のもとで町村の吏員は上部機関との関係の中でどのようなことが可能であったのかを述べたものである。

（5）前掲有泉書、四～五頁。

(6) この種の表現は、有泉氏がこの本を出版した一九八〇年という時期が、まだ自由民権運動研究が盛んな時期であり、そのため有泉氏の本は、自由民権運動研究の通説的見解に対するアンチテーゼを意識した結果のようにも思える。通説的見解とは、明治一〇年代の自由民権運動の「挫折」を経て成立した明治二〇年代前期の明治憲法体制を一つの体制的統合の時期ととらえる見解である。なお、筆者の自由民権運動に対する考え方は、拙稿「地域史からみた自由民権運動―滋賀県・京都府の場合―」(町田市立自由民権資料館編『自由民権』二二号、二〇〇九年)を参照されたい。

(7) 有泉氏が、決して政治的駆け引きだけを重視して地方政治史を描いていないことは、明治期山梨県の「ある無念さを抱いて生を終えた人々」をある種の情感をこめて書いた『やまなし　明治の墓標』(甲斐新書刊行会、一九七九年)という新書版の名著があることからもわかる。

(8) 誤解を防ぐために言えば、上部機関に要求を反映する機会の増大や、大衆化の進展を基本的には進歩として是認しながらも、近代化の進展をすべてにわたって賛美しているわけではない。日清戦争、日露戦争、満州事変、日中戦争、太平洋戦争という形でのアジアへの加害の責任はもちろん権力の中枢部にいた政治および軍事エリートの人びとにあるが、「文明対野蛮」のような二項対立の一見わかりやすい主張、そして対外的に強い主張を展開していく知的エリートとメディア、そして大衆化の進展の中で次第に影響力を増大させ、強い主張に同調し推進していった無数の人びとの膨大なエネルギーも無視できないと考えている。このことは、自治体史で戦争の部分を執筆する際に常に感じていたことである。ただし、この問題は、まずは多様な可能性を含めた政治史を機軸として、これに社会史や日本の「被害」意識の心性史を加えてひたすら実証的につめていくべきであろう。筆者の場合、そのような近代であっても、さまざまな進歩は正当に評価すべきだというきわめて常識的なことを単に主張しているにすぎない。

(9) 前掲有泉書、二二一〜二二二頁。

(10) 秦荘町史編集委員会編『秦荘の歴史　第三巻　近代・現代』(愛荘町、二〇〇八年)三四〇〜三五八頁。ここでは筆者が「昭和戦前期の三間道路の登場」という小見出し名で執筆している。

(11) 近代の皇室をめぐる制度の概略は、拙稿「近代日本の皇室制度」(鈴木正幸編『近代日本の軌跡7　近代の天皇』

吉川弘文館、一九九三年）を参照されたい。

(12)　今里の小作争議については、『長岡京市史　本文編　二』（京都府長岡京市、一九九七年）五一二～五一四頁（高久執筆）。上植野の小作争議については、湯浅克二「向日町上植野の小作争議」（乙訓の文化遺産を守る会『乙訓文化遺産』第四号、乙訓の文化遺産を守る会、一九六九年）参照。今里の小作争議で最も興味深かったのは、この争議の余波である。現在今里には、乙訓寺のほかに西向寺と大正寺という二つの西山浄土宗の寺があるが、西向寺には自作・自小作・小作農民が結集し、また集会場としても利用したことによって、地主およびその出入りの小作農民が西向寺の檀家を離れ、廃寺であった大正寺に移ったという話が伝えられている（大正寺の前名は普明寺で、この小作争議が起きた年の六月に改名されている）。したがって、本家と分家でも二つの寺に分かれ、寺同士の争いのような様相を呈した。しかし、争議終結後、両者の親和を図るために、西向寺と大正寺の檀家が入り乱れた形で向日神社の氏子の祭祀組織である三つのヤシャゴ（夜叉講）という座組織がつくられ、各ヤシャゴ三名、総計九名の長老（土地所有規模と関係なく、その講の年齢上位の者がなる）によるサッペイ（索餅）座の会合で、昭和初期までは今里区のさまざまな取り決めがなされていたという。なお、今里、上植野ともに近世・近代の大量の区有文書がその会所および向日市文化資料館に大切に保管されている。しかし、今里、上植野ともに、この大量の文書群に二つの争議にかかわる史料はない。この小作争議の史料がないことにある種の想像力は働く。

第一章　車道時代の到来——京都宮津間車道開鑿工事——

はじめに

京都宮津間車道開鑿工事とは、一八八二年（明治一五、年度では一八八一年度）から一八八九年（明治二二）までの足かけ八年の歳月をかけて、京都七条大宮から城下町宮津の大手橋までの距離三四里五丁四〇間（約一三九キロメートル）、すなわち山城・丹波・丹後を縦貫した道路開鑿工事である。道幅はほぼ三間（約五・四メートル）に統一された。天田郡福知山町まではそれまでの山陰街道（別名丹波街道、別名京街道）[1]やそこから以北の三つの宮津道のうち一つのルートが拡幅されるが、新道開鑿の所もある。老ノ坂《おいのさか》・栗田《くんだ》の二つの隧道（トンネル）がつくられ、難所の峠は切り下げられるか、迂回の道がつくられ、沿道のすべての川に橋が架けられた。

本章は、現在史料で知ることができるこの車道開鑿工事の全過程を、明治以降の国および府県の道路政策、工事が必要とされた政治的社会的要因を含めて、江戸時代の道から近代の道への変化に注目しながら、地域の政治史および社会史として描くことを目的とする。ただし、この京都宮津間車道開鑿工事に関する京都府行政文書はわずかしかなく、沿道の市町村の文書、あるいは『京都府会議録事』など各種の史料で構成することになり、不明な点は多い。また、道路の工法、トンネルの工法、橋の工法など総じて技術の問題は、史料が圧倒的に少ないことと筆者の力量により充分に描くことができないことはあらかじめ述べておく。
まず、この工事について、大まかな特徴を以下に記しておこう。
①この車道開鑿工事の目的は、京都市街の工業製品を丹波・丹後に運搬輸送するとともに、「我国屈指ノ良港」[2]である宮津港からの物資を含め、丹後・丹波の物資を京都市街に運輸するため、嶮峰峻坂を切り開き、当時増大していた荷積車（大七八車・中小車）や人力車が自由に往復できる道を開鑿することであった。
②この工事は一八八一年（明治一四）一月着任した北垣国道京都府知事が同年の府会の要請を受けて行った最初の大土木工事である。そして、この工事は、一八九二年（明治二五）七月まで一一年間京都府知事を務めた北垣の二大業績（もう一つは第二章で分析する琵琶湖疏水工事）として評価されている。[3]
③山城・丹波・丹後を貫く道路が開鑿される政治的要因としては、一八七九年（明治一二）の全国的府県会の成立、京都府の場合では京都府会の成立が最も大きい。
④この工事は、一八八〇年（明治一三）の太政官布告第四八号による国庫下渡金廃止後の最初の頃の国庫補助事業であり、知事による中央人脈を利用した補助金獲得ができるようになった時期の事業であった。
⑤工事の計画は、当初は一八八一年度（明治一四）から一八八五年度（明治一八）までの五か年であったが、実際は一八八九年度（明治二二）までに延びる。経費も、当初の一七万五千余円から最終的には三一万八千余円になった。路線を含めた工事の計画も当初より確定していたものではなく、工事の過程で驚くほど変更されていったことは行論で述べる。
⑥工事も順調に進展したわけではない。工事の時期は、ちょうど松方デフレの時期であり、加えて一八八三年（明治一六）の旱害、一八八五年の水害など自然災害が起こり、また、工事期間中京都監獄の焼失、第三高

等中学校の「受入」[4]などの偶然的かつ一時的要因などにより、府会では常に工事経費は減額されていった。にもかかわらず、中止や延期に至らなかったのは京都府当局と常置委員の遂行への強い意志があったと考えられる。

⑦江戸期の道は、基本として人が歩くための道であった。したがって、最短の道が選択され、急峻な峠や急勾配の道が数多くあり、道幅に統一性はなく、京都府下では道幅の広いところで四間(約七・二メートル)程度、最も狭い道で三尺(〇・九メートル)程度、一般的には一間(約一・八メートル)以下であったと思われる。しかも大きな川には橋がなかった。これに対して明治以後の車道は、荷積車・人力車が自由に通行するための道であり、そのためには、一定の統一性のある二間(約三・六メートル)以上の道幅、峠や坂の切り下げ、由良川や木津川のような大河川以外の河川に恒常的な橋、などの条件が必要になっていく。京都宮津間車道は京都府下での近代の道の端緒であった。

研究史についても触れておこう。京都宮津間車道開鑿工事については、この車道がその後の拡幅や新道の開鑿などもあって、現在そのすべての道の状況を把握できるわけではないことや、明治二〇年代後半以降の鉄道の影響による車道の意義の相対的低下などもあってか、結果としてまとまった研究に乏しい。これまでのところ、最もまとまった成果としては、林正氏が執筆した『三和町史　下巻(通史編)』(京都府天田郡三和町、一九九六年刊)第一章第三節の叙述がある。林氏は、三和町域(現福知山市)での京都宮津間車道開鑿工事の動向を中心にしながら、この工事の全体の動向もできる限り明らかにしている。その後、筆者も、宮津市史編さん委員会編『宮津市史　通史編　下巻』(宮津市役所、二〇〇四年、以下『通史編』下と略称)第九章第六節第二項で宮津市域のこの工事の状況を明らかにした。ただし、筆者が明らかにしたことについては、先行研究として和田博雄氏、宮城益雄氏らの研究がある。(5)このほかに、工事の概略について、原田久美子氏が『京都府の百年』の中で「京都・宮津間の車道開鑿」という項目を設け、要領よくまとめている。(6)本稿は、これらの先行研究に学びながら、後に発見された史料も含めてより多くの史料でこの工事を描くことになる。

なお、全国における明治前期の道路および道路開鑿については、自治体史を含めれば、数多くの研究があり、また道路などに対する土木国庫補助金の形成過程についても先行研究(7)があり、本稿もそれらに学んでいるが、先行研究は行論で必要な限りにおいて言及することとする。

一　明治前期の国と京都府の道路政策

(一)　国の道路政策と道幅

まず、明治前期の国と京都府の道路政策を、道幅の問題に注目しながら概観する。

明治になってからの、政府による最初の包括的道路政策は、一八七三年（明治六）八月二日に大蔵省から各府県に達せられた「河港道路修築規則」（全六則）である。(8)これを道路の部分だけでいえば、道路を一等道路・二等道路・三等道路に分け、一等および二等道路について「従来官民混淆ノ分ハ譬ハ六分ハ官ニ出テ四分ハ地民ニ出ル者」とするなど、その修築の際の費用の支弁方法を定めたものである。(9)そして、この規則は、第六則で「二等以下河港道路ト雖モ之ヲ更正スルニ至リテハ大蔵省ノ許可ヲ得テ施行スヘキ事」と、国の管理を明示していた。京都府では翌一八七四年（明治七）八月には、この規則に基づいて一等と二等の河・道路・橋梁が定められている。ちなみに、本稿が対象とする山陰街道は一等道路に指定されている。(10)

その後、一八七六年（明治九）六月八日太政官達六〇号により、道路の等級が廃止され、国道・県道・里道に

表Ⅰ－1　全国諸車台数　(単位：台)

車種	1875年(明治8)	1880年(明治13)	1882年(明治15)	1887年(明治20)
乗馬車	319	1,455	1,920	2,215
荷積馬車	45	337	2,623	14,987
馬車　計	364	1,792	4,543	17,202
人力車	113,921	160,531	166,584	190,819
荷積車	115,680	316,664	397,381	575,184
牛　車	1,707	3,109	3,639	6,929
合　　計	231,672	482,096	572,137	790,134

出典：居石正和「明治前期の道路行政と国庫補助」『社会科学』37号、216頁。
備考：居石氏の作成の表は『日本帝国統計年鑑』第1・3・8回より作成されたものである。1875・1880・1887年は12月調べ、1882年は6月調べ。

表Ⅰ－2　明治前期京都府の諸車台数　(単位：台)

年次	馬車			人力車		牛車	大七八車	中小車	耕作運送用大七八車	同中小車	非常用大七及中小車	郵送物運送用中小車
	2匹立以上	1匹立	荷車	2人乗	1人乗							
1876(明治9)	—	7	—	2,748	2,307	41	—	—	—	—	—	—
1877(明治10)	—	7	1	2,865	1,530	21	—	—	—	—	—	—
1878(明治11)	—	—	—	—	—	—	—	—	—	—	—	—
1879(明治12)	—	—	—	—	—	—	—	—	—	—	—	—
1880(明治13)	—	13	2	3,656	2,865	40	10,907		—	—	—	—
1881(明治14)	—	9	1	3,811	2,903	64	814	12,596	—	—	—	—
1882(明治15)	—	9	1	4,083	2,880	117	15,209		—	—	—	—
1883(明治16)	—	11	1	4,923	2,993	154	16,292		—	—	—	—
1884(明治17)	—	13	1	4,562	3,076	167	16,819		—	—	—	—
1885(明治18)	—	12	—	7,452		246	—	—	—	—	—	—
1886(明治19)	—	—	—	2,653	3,166	84	4,261	12,338	—	—	—	—
1887(明治20)	—	8	16	3,043	3,945	23	4,950	12,714	1	93	7	2
1888(明治21)	—	12	24	3,380	4,208	10	1,558	14,274	1	69	7	2
1889(明治22)	10	17	13	3,222	4,192	8	5,177	15,468	—	111	2	2
1890(明治23)	10	16	4	3,177	4,340	10	5,066	17,424	86	280	8	2

出典：『京都府統計史料集―百年の統計―』第3巻(京都府、1971年)197頁の表を1890年の時点まで採った。
備考：①出典の表の元の資料は、「帝国統計全書」「帝国統計年鑑」「府統計書」である。

分けられ、それぞれが三等級に分別され、道幅も定められた。[11] たとえば、国道は一等が道幅七間、二等が六間、三等が五間、県道は四間ないし五間、里道は一定する必要がないとして特に道幅は定められなかった。しかし、この道幅はまったく各府県の道路事情とはかけ離れていたと思われる。そのことは、この時期、そして明治末の道路の拡幅まで京都市中（上京区・下京区）の道路の中で最も道幅の広い通りが三条通（東海道）と寺町通の約四間幅（約七・二メートル）であったという事実、[12] そして後述するように、国道三等に定められた山陰街道の道幅が一間より三間強まで場所によって一定せず、この道路の道幅をすべて三間にしようというのが京都宮津間車道開鑿工事であったという事実を示すだけで充分であろう。

したがって、一八八五年（明治一八）一月六日、国道の等級が廃止されたとき、国道の道幅も三間から七間の間とより実態に則したものに変えられている。[13]

ともあれ、このように道幅の問題が注目されるようになったのは、居石正和氏が詳細に明らかにしたように、馬車や人力車が年を追って増加していったという明治維新後の状況があったためである。[14] 表1―1は、居石論文に掲載している全国諸車台数の変化を示したものであり、表1―2は、京都府での諸車台数の変化を表したものである。乗馬車や荷積馬車、牛車の台数はきわめて限定的でそれほど増加していったとはいえないが、人力車および大七八車・中小車などの荷積車は時代とともに増加していったことがみて取れよう。

つまり、「車道」とは、馬車や人力車が障碍なく往来できる道であり、それは、後述するように、最低二間以上の道幅と急勾配ではない道（そのためには道の切り下げもしくはトンネルが必要）であったのである。

（2）道路の経費

道路などの土木経費の制度はどのようになっていたか。前述したように、「河港道路修築規則」は「譬ハ」という形で官と民の土木費の支弁方法を規定した。しかし、これは目安にすぎず、どの程度の国庫下渡金がそれぞれの工事に支給されるか明確ではなかった。表1―3は、一八八〇年（明治一三）一一月の太政官布告四八号施行による国庫下渡金廃止以前の京都府における一八七九年度と八〇年度の国庫下渡金の内訳と金額を示したものである。警察費と比較すると、土木費の国庫下渡金はきわめて少ない金額であることが明瞭にみて取れる。ここから類推すると、「河港道路修築規則」以後一八七九年以前においては土木費に対する国庫下渡金は決して多くはなく、土木工事の経費は京都府と民費によるものがほとんどであったと思われる。[15]

表1―3　各年度国庫下渡金の金額および使途

年度	金額（単位：円）	使途	金額（単位：円）
1879年度（明治12）	34,362	警察費	32,050
		河川道路橋梁建築修繕費	2,312
1880年度（明治13）	35,261	警察費	33,959
		土木費	1,302

出典：『京都府会志』379～382頁。
備考：金額の数字は、銭以下は四捨五入し、円だけにした。

しかし、少ない金額ではあったが、一八八〇年の太政官布告四八号により一八八一年度から土木費に対する国庫下渡金は廃止になった。[16]この結果、明治一四年度の京都府会では二つの建議によって対応策が図られていく。

第一は、一八八一年（明治一四）六月一七日に満場一致で可決された、車税・艀漁船税・地券書替証印税の国税費目を地方税費目に編入することを目的とした内務卿への建議である。そのうち、「諸車ニ対スル国税ヲ廃シテ単ニ地方税ノミヲ課シ及其税額ヲ従前ノ国税制限ト同一ニナスコト」と表記された車税[17]についての建議は、六月二日山城綴喜郡選出の西川義延の提出であった。この建議は、要するに道路橋梁費用の財源確保のために車税の国税部分を地方税に編入してほしいという要求であった。[18]

居石氏によれば、京都府会のように、車税の国税部分の地方税費目への移管を要求する建議を提出した府県会は、一八八一年度（明治一四）で一〇府県（宮城・東京・三重・滋賀・和歌山・京都・大坂・兵庫・広島・愛媛）、一八八二年度（明治一五）で七県（埼玉・岐阜・福井・滋賀・広島・愛媛・長崎）あった。[19] そして、道路橋梁修繕費の財源確保要求だけではなく、一八八二年五月の大阪府郡部会の内務卿への建議のように国道の修繕費までもが国庫金ではなく、地方財政から支出することの不合理性を指摘する声もあった。[20] また、居石氏は、①府県会による車税国税分の地方税への移管要求は、道路行政を含む地方行政を円滑に進めるために内務省も支持しており、この要求に沿って太政官への上申を行っていたこと、②にもかかわらず車税の地方税への移管要求は実現しなかったこと、③また、一八八〇年の太政官布告四八号に対し地方財政の圧迫をともなったことから内務省自身強い批判を抱いていたこと、などを明らかにしている。[21]

明治一四年度京都府通常府会では、四八号布告を批判するもう一つの建議があった。一八八一年七月一日、田中源太郎から提案され、総員の賛成で八月一三日内務卿に送られた建議の内容は、『京都府会志』の要約によれば、「国費ト地方税費ノ区域ヲ明ニシ、浪リニ地方税ノ賦課ヲ重カラシムルコトナク、道路橋梁堤防費ノ支弁ノ如キ専ラ地方税ニヨラス、監獄費ノ如キハ之ヲ国庫支弁ニ復シ新道新川ノ工事天災事変ニ係ル臨時土木費ノ幾分ハ国庫下渡シアランコトヲ請フ建議[22]」ということになる。この建議は言う。道路・堤防・橋梁は一町一村や一府一県の私有ではなく、国中一般の公有であるにもかかわらず、国費と地方費の区域は明確でない、この区域を明確にするためには、各府県会議員のうち数名を召集し、区域を審議する法を設け、地方経済の大綱を確定されんことを懇請する、そして今より国費と地方費の区域を定められるまでの間しばらく、京都府下に限りむしろ警察費中の国庫下渡金を廃止されても監獄署費は悉皆国費をもってし、新道・新川の開鑿および天災地変にかかわる臨時土木費の幾分は特別国庫より下渡されんことを請求懇望する。[23] 要するに、この建議は四八号布告による地方の負担増大に対し、京都府個別に国費支出を要望するものであった。もちろん、この建議そのものが内務省に認められることはなかったが、個別の土木事業に対する国庫補助はその後実現していく。居石氏は、内務省が車税問題とは別に、一八八一年一一月二七日に太政官に対し上申書を提出し、政府直轄工事の土木費確保の案と、地方税負担の工事であっても資金が不足する場合には内務省の審議を経た上で国庫補助金を下付するという案を提示したが、前者は否定されるものの、後者は事実上追認されたこと、その結果、「河港道路等修繕の際、国庫補助を下付する工事を内務省が選別し、選択した工事には補助費を重点的に下付しよう」という形態、つまり一八八〇年太政官布告四八号以前の「補助費の分散投下型」から「補助費の選別投下型」への移行が内務省によって意図されていくことを明らかにした(24)。

このように、一八八一年後半期には、行政措置による国庫補助の道が開かれる。そうであれば、知事による中央人脈を利用した補助金獲得の動きが大きな意味を持ってくることになる。京都宮津間車道開鑿工事が始まった年に、後述するような北垣京都府知事の活躍の舞台が広がるのである。

二　京都宮津間車道開鑿以前の丹波・丹後への道

(一)　開鑿以前の道路と道幅

京都宮津間車道開鑿以前、京都から宮津に至る道はどのようなものであったのか。

当時京都府会議員であった中村栄助は昭和戦前期の回想録「恩寵八十年」で京都宮津間車道開鑿工事を次のように回想している(25)。

今でこそ京都宮津の間は、立派な国道もあり、其上鉄道も通じて居るので、三十余里の里程も、楽々と往復が出来、日本三景と古来より嘆称されて居る天橋の勝景も容易に見物し得られるのだが、然し四十年の昔を溯ると随分困難なものであった。と云ふのは、此間は相当な難路であって、口でこそ三十幾里の往復はさまで驚くにも足りないやうなものだが、何しろ七つの峠があるばかりでなく、其他大小の峻坂は次から次にと横はって居て、平坦な道としては、まず五六位ひに過ぎなかったのである。

以上のように、京都宮津間車道開鑿工事以前の山陰街道は「難路」「峻坂」の連続であった。中村が書いた「七つの峠」とは天田郡福知山町までは五つの峠、そこから与謝郡宮津町までは二つの峠である。図1―1、図1―2は京都宮津間車道の道筋を表したものであるが（実線部分が京都宮津間車道）、峠の位置も記載してある。五つの峠について七条大宮から天田郡福知山町（現福知山市）までのコースを順にたどると、まず葛野郡岡村（樫《かたぎ》原《はら》宿、現京都市西京区）と乙訓郡塚原村（同）間の芋峠、乙訓郡沓掛村（現京都市西京区）から丹波に入っての南桑田郡王子村（現亀岡市）までの大枝《おおえ》峠（老ノ坂）、船井郡木崎村（現南丹市）より同郡新水戸村（現船井郡京丹波町新水戸）間の丹波最高の難所観音峠、船井郡橋爪村（現京丹波町橋爪）と同郡井尻村（現京丹波町井尻）間の大朴《おぼそ》峠、天田郡大身村（現福知山市三和町大身）と天田郡兎原中村（同市三和町兎原中）間の細野峠（菟原《うばら》峠）がある。そして天田郡福知山町（現福知山市）で山陰街道から分かれ、それ以北は宮津道（京道）として進み、すなわち加佐郡河守《こうもり》町（現福知山市大江町河守）に達すると、ここから三つのコースに分かれるが、それぞれ難所の峠があった。一つは京都宮津間車道が海岸部に近いこの道もしくは近接地を進むことになるコースで、加佐郡由良村（現宮津市）と与謝郡脇村（同）間にある七曲八峠と呼ばれた長尾峠、さらにはその後与謝郡上司町（現宮津市）と同郡波路《はじ》村（同）間の栗田《くんだ》峠を越えて宮津の城下町に入るコースである。中村が、二つの峠をどこに設定していたかは明確ではないが、実際開鑿が実現した場所と考えると、ここが二つの峠にあたる。第二のコースは伊勢内宮《ないぐう》（現福知山市大江町内宮）を経て

加佐郡
何鹿郡
北桑田郡
船井郡
天田郡
南桑田郡
葛野郡
愛宕郡
乙訓郡
福知山
生野
千束
大身
菟原
菟原峠（細野峠）
下大久保
水原
坂井
井尻
大朴峠
橋爪
富田
胡麻
殿田
西河内
須知
水戸
観音峠
園部
八田峠（中山峠）
鳥羽
八木
余部
亀岡
王子
沓掛
塚原
芋峠
樫原
下桂
桂橋
川勝寺
大枝峠（老ノ坂トンネル）
上京区
下京区
松原
桂川
ⓔ
ⓕ
ⓖ
ⓗ
実線は実現した京都宮津間車道路線
点線は計画もしくは府会で議論になった路線、地域で要望があった路線

図1—1

竹野郡
与謝郡
熊野郡
中郡
峰山
栗田峠(栗田トンネル)
長尾峠
上司
由良
宮津町
(鶴賀町)
波路
山中
板戸峠
大手橋
与謝郡
加悦谷
上添原
和江
下添原
丸田
由良川
普甲峠
与謝峠
西方寺
岡田由里
檜川橋
地頭
舞鶴
加佐郡
天座
岡田橋
橋谷
河守町
蓼原
日藤
下天津
何鹿郡
天田郡
牧川橋
牧
綾部
由良川
福知山
土師
京口橋
土師川橋
桜坂
長田
由良川
生野
菟原
大身
千束
菟原峠
(細野峠)
水原
下大久保

図Ⅰ—2

加佐郡仏性寺村(同市大江町仏性寺)と与謝郡小田村(現宮津市)間に横たわる大江山の急勾配の普甲《ふこう》峠を越えて宮津に至るコース（これが最短のコースで大名行列もここを通ったという）、三つ目のコースは加佐郡岡田由里村(現舞鶴市)から河原村(同)を経て、上漆原村(同)と与謝郡新宮村(現宮津市)間にある板戸峠を越えて宮津に入るコースである。

大きな川には橋はなく、渡しであった。葛野郡川勝寺《せんしょうじ》村(現京都市右京区)と下桂村(現京都市西京区)間には桂川が横たわっているが橋はなく（後掲の『京都府地誌』には、渡しの記載はない）、現福知山市を通る土師《はじ》川、牧川には渡しがあった[26]。そして、丹波・丹後の大河由良川はもともと山陰街道(京街道)から意識的にはずされていた。

次に車道開鑿工事以前の京都宮津間の道路の道幅を見てみよう。このことを知る上での史料は、河村与一郎・水茎玉菜編で一八八一年（明治一四）刊とされる『京都府地誌』である。ここには村ごとに道幅および村内の車輌数が記されている。ただし、『京都府地誌』は、京都市街、伏見市街、愛宕・葛野・乙訓・紀伊・宇治・久世・綴喜・相楽・加佐各郡の地誌はあるものの、車道路線に該当する南桑田・船井・天田・与謝各郡の地誌がない。したがって、ここでは車道路線の三分の一程度であるが、京都市街の七条大宮と葛野郡・乙訓郡・加佐郡の道幅（加佐郡の道幅は三つのルートで記載）を示しておこう[27]。

○七条大宮から大枝峠手前の沓掛村へ

〈七条大宮〉（下京二九組）幅三間に出入りす→〈葛野郡朱雀村〉幅通しで二間一尺→〈同郡西七条村〉幅二間半→〈同郡川勝寺村〉幅三間→〈同郡川島村〉幅二間五尺→〈同郡岡村〉（樫原《かたぎはら》駅）幅二間三尺→〈乙訓郡塚原村〉幅二間、道敷二間三尺→〈同郡沓掛村〉幅二間

○加佐郡の三つのコース（宮津道、別名宮津往還）

a．普甲峠を越える道
〈加佐郡河守町〉幅三間三尺→〈関村〉幅二間→〈天田内村〉幅二間→〈二俣村〉幅二間→〈内宮村〉幅二間→〈毛原村〉幅二間→〈仏性寺村〉幅一間→普甲峠

b．板戸峠を越える道
〈加佐郡岡田由里村〉幅一間→〈大俣村〉幅五尺→〈西方寺村〉幅についての記載なし→〈河原村〉幅一間→〈下漆原村〉幅一間→〈上漆原村〉幅一間→板戸峠

c．由良を通る道
〈加佐郡和江村〉幅六尺＝一間→〈石浦村〉幅二間→〈由良村〉幅一間→長尾峠へ

このように、当然のことながら道幅は一定していなかった。大枝峠（老ノ坂峠）に至るまでの七条大宮から葛野郡・乙訓郡の山陰街道は、七条大宮や下桂村の三間から塚原村や沓掛村の二間まで幅があった。そして、福知山から宮津までの宮津道は河守町の三間三尺という広い場所はあるものの、普甲峠や板戸峠の山道の手前になると道は狭くなり、一間程度になった。後述するように、京都宮津間車道開鑿工事は、この一定しない道幅をおよそ三間にするのが眼目であった。

なお、『京都府地誌』は京都市街と葛野郡・乙訓郡各村の車輌数も掲載しているが、それにより物資の集散地のありようがわかる。やはり七条大宮が荷車・人力車の集積地であり、ついで岡村（樫原宿）が丹波からの物資の集積地であったことがみて取れる。(28)

（2）明治維新後のさまざまな道路修繕の動き

さて、京都宮津間車道開鑿が議論の遡上にのぼる明治一三年度京都府通常府会以前に、京都府下の道路の修繕については、さまざまな計画と実際の動きがあった。

明治前期において、京都宮津間車道以外に大きな道路改修は三条街道（東海道、京都大津間）の改修、具体的には日ノ岡峠の改修である。この改修工事は、道幅の拡幅ではなく、峠の切り下げ工事であった。一八七七年（明治一〇）三月に建てられた「日岡峠修路碑」（宇治郡山科村大字日岡三条街道北側）によれば、この工事は一八七五年（明治八）より起工し、「一里十九町五十一間」（約六〇八七メートル）の距離の工事で、「一丈一尺四寸」（約三・四メートル）を切り下げた、としている。別の史料、「明治九年　日岡峠切下普請一件綴」（京都府行政文書）によれば、三条通蹴上より日ノ岡峠断罪場南までの道路を切り下げ、頂上部分で二間（約三・六メートル）余を切り下げ、両側の山腹を削り取った、としている。(29)(30)(31)

後の京都宮津間車道路線の山陰街道および宮津道のいくつかの場所でも改修の動きがあった。

第一の場所の工事は、民間有志による大枝峠の新道開鑿と切り下げ工事である。一八七四年（明治七）六月、桑田郡第一一区小林村（現亀岡市）の西村理助、北庄村（同）の俣野弥兵衛・俣野権右衛門の三名は京都府知事長谷信篤宛に「丹波大枝山道開之儀ニ附御願書」を提出している。「願書」の内容は次の通りである。①昨年、丹波国の「新平民之者」が「為冥加」大枝峠の頂上を五尺（約一・五メートル）切り下げを願い、尽力したが何分未だ往来の助けというところまでいっていない、同所は厳石でとてもこれ以上切り下げようがない、②山勢を研究したところ従来の道より南に回り頂上を七間（約一二・六メートル）ほど切り下げて新道を開くならば牛馬・人ともに容易に通行できるようになるだろう、③もっとも新道の地所は、山城国乙訓郡沓掛村・塚原村・物集女村三か所立会の野山であるが、三村に相談したところ差し支えないとのことであったので普請御許容されたい、④新道(32)(33)

開創の経費は同志出金のつもりであるが何分にも普請に取りかからなくては出金などにもならないだろうから、経費は一時三名の者が賄い、献金願出の者があれば入金の中に加え、勘定不足の分は御届けの上往来人および牛馬などからいささかの通銭を取り償却の費用に充てたい、と。この「願書」に対して、京都府は「書面新道取開之義ハ聞届候条、右入費之内江有志之者より募金等申出候節ハ一々可届出、且落成之上目論見帳金高ニ増減も相立候ハ、詳細可申出事」と承認した。この新道開鑿は、それから三年後の一八七七年（明治一〇）一〇月には竣工している。俣野右内家文書に、一八七七年一一月、俣野弥兵衛と西村利助が京都府知事槇村正直に宛てた「新道落成ニ付御検分再願」「新道落成ニ付再願書」の二通の文書がある。それによれば、①「大枝峠老ノ坂新道」が成功したので、去一〇月二七日をもって書面を届けた、②新道落成の上は、牛馬をはじめ往来人を通行させたいので至急御検分をお願いしたい、ということである。この改修工事で事実がわかるのは以上までで、上記のような工事計画がそのまま実現できたのか、俣野らがどのようにして工事資金を回収できたのか、現在のところ不明である。(34)

第二の場所は、細野峠にかかわる場所で、一八七七年、天田郡大身村では、菟原中村から細野峠まで馬車道のため道の付け替えが計画され、同年九月「道附替費用見積書」「街道筋附替之儀ニ付御願」が槇村知事宛に提出されている。(35)これは村による改修の動きである。

第三の場所は、普甲峠である。一八七七年には、新聞紙上に普甲峠開鑿の動きが掲載されている。『朝野新聞』明治一〇年一月一一日付「京都府下丹後の近況」は、「峻坂の聞こえある千載嶺を切り開き平坦の道路となさんと企つる者多くある由(36)」とあり、同年七月六日付『大坂日報』は、「普甲峠も切抜になるといふ噂なれども、急でない(37)」とある。結局のところ、普甲峠開鑿の動きはあったとしても、実現はしなかったようだ。

また、一八七九年度から一八八〇年度にかけての京都府会において、山陰街道および宮津道の特定の場所の地方税による道路修繕の動きがあった。一八七九年三月三〇日から五月五日までの明治一二年度通常府会では、道路橋梁費議案として、①国道三等にあたる山陰街道（葛野郡朱雀村・岡村・沓掛村、丹波国亀岡・園部・額田村を経て平野村に至り但馬国界まで）修繕の費用として八四〇円、この路線に架設されている民橋二七か所（うち石橋六か所、木橋九か所、土橋一二か所）の修繕費一八二円、②県道二等の路線として、宮津支庁に達する道路（天田郡荒河村より下天津村・河守村・小田村を経て宮津まで）の修繕費が四四〇円、この路線に架設する民橋八か所（うち石橋一か所、木橋二か所、土橋五か所）の修繕費三〇三円が提案され、そのまま承認されている。[38]また、一八八〇年（明治一三）五月七日から七月三〇日までの明治一三年度通常府会では、道路橋梁費議案として、①山陰街道が一四〇四円五三銭、②荒川・下天津・河守・小田村を経て宮津までの道路・橋梁修繕費一三五円六五銭七厘が提案され、これもそのまま承認されている。[39]

ただし、京都府下の道路修繕で山陰街道・宮津道修繕費の占める割合はそれほど高いものではなく、明治一二年度の道路橋梁修繕費の決議額に対する山陰街道・宮津道修繕費の占める割合は一〇・六パーセント、明治一三年度の場合は八・七パーセントであった。むしろ大きな特徴は、明治一二年度も一三年度も、山陰街道（但馬街道）から宮津道が分岐する、荒河村から下天津村・河守村・小田村を経て宮津へという普甲峠を通る道が修繕の対象になっており、板戸峠を通る道や由良川に沿って進み由良を通る道はいっさい修繕の対象になっていなかったことである。つまり、この時期京都府が認識していた宮津への道は、完全に普甲峠を越える方の道であった。

なお、この道路橋梁修繕費については、明治一三年度通常府会において、この経費を地方税のみではなく、地方税と国庫下渡金と連帯支弁する方法について府庁より内務省に伺うことを議会は請願するが、府庁はこれを却下している。[40]

三　車道開鑿工事の契機と当初の計画

(一) 開鑿工事の契機

林正氏は、一八七六年(明治九)八月、豊岡県の一部であった丹後国五郡(加佐・与謝・竹野・中・熊野各郡)と丹波国天田郡が京都府に編入され「丹波―丹後を結ぶ車道開設が大きな政治課題となった」とし、同年九月の槇村正直京都府知事の丹後地方巡察があり、「そのあと車道開設の構想が固まっていったと思われる」と述べている。[41] また、原田久美子氏は、京都府が一八七七年(明治一〇)から山陰街道改修の調査に着手していた、と指摘している。[42] ここからすれば、京都府による開鑿工事のきっかけは、一八七六年の丹後五郡と天田郡の京都府編入にあるようにみえる。しかし、実は豊岡県の一部の京都府編入が車道開鑿に結びついたことを直接的に示す史料はない。原田氏が、一八七七年に山陰街道改修の調査が行われたとする根拠となる現福知山市大身の熊谷博行氏文書を見ても、地元の細野峠を通らない新道についての調査であることはわかるが、京都府による「山陰街道改修」という大きな事業の調査とはいえないようである。[43]

京都―宮津間の車道開鑿工事が具体的に京都府会で議論になってくるのは、一八七九年(明治一二)三月に京都府会が開設されて一年後の明治一三年度京都府会からである。

一八八〇年(明治一三)七月一三日、この日、府会が七月八日に槇村府知事に提出した請願書に対する指令が朗読された。次のような内容である。[44]

請願書

曩ニ御諮詢相成候号外各議案ノ中京都ヨリ丹後宮津ニ至ル車道開設費之義本年ノ議会ニ於テ議事相開キ度旨上申致置候処、其後本年ハ右議案御下付不相成旨御報告有之致承知候、然ルニ右ノ事件タル目下ノ急務ナルヲ以テ、曩ニ上申セシ如ク本年ノ会議ニ議事相開度候ニ付、更ニ本案御下付相成候様致度、此段全会ノ意見ヲ以テ請願致候也

府会議長山本覚馬代理

副議長　松野新九郎

明治十三年七月八日

京都府知事槇村正直殿

難聞届候事

明治十三年七月十二日

要するに、この年の府会に対し、京都府は京都宮津間車道開鑿を含むさまざまな議案を諮詢し、議会側はこの府会に車道開鑿の議案をあげることを上申した。しかし、京都府当局は本年は車道開鑿の議案を下付しないことを府会に報告した。議会側は、この案件は「目下ノ急務」であるとして全会一致で議案下付を府当局に請願したのである。それから四日後の府当局の返事は「聞き届けがたい」というものであった。京都府当局が、なぜ諮詢した京都宮津間車道開鑿の議案を議会側が承諾したにもかかわらず、議案を府会に下付せず、議会側の下付請願を拒否したのか。その理由を明示する史料はない。ただ、京都宮津間車道開鑿を含むさまざまな議案が府会に諮詢されたとき、議会側は、京都宮津間車道開鑿の議案は承諾したにもかかわらず、他の諮詢案件はことごとく否

決した。そのことは、七月九日の府会において、車道路線にあたる南桑田郡の田中源太郎が、「最初府知事ヨリ諮詢サレシ草案ヲ内議スルトキモ、車道ノコトハ可決シタレトモ、余ノ数案ハ皆否決シタリ、然ルニ可決シタル車道ノ議案ハ下付セラレスシテ、否決シタル本科学校（医学校―高久）ノ議案ハ下付サレタルモ全ク府庁ノ見込最初ト異ナル所アルヲ以テ如此不得止場合ニ至リシナリ」と述べていることから知ることができる。(45) 要するに、京都府当局が、議会側の要請にもかかわらず京都宮津間車道開鑿議案を府会に提示しなかったのは、議会側に対する対抗処置的様相が濃厚である。

この年、京都府会は騒然たる状況にあった。原田久美子氏が、当時の政治・社会状況を含めて詳細に明らかにした地方税追徴布達事件である。原田氏によれば、五月に槇村府知事は府会に諮ることなく地方税の追徴を布達し、この結果議会側の総反発を引き起こし、六月には、事実上槇村弾劾の伺書が内務卿に提出される。そして、内務省の指導のもとに、布達の取り消しと府会への追徴議案下付、府会による議案返還、原案執行という形で一二月に終息する。この一連の過程の中で槇村府知事は権威を失墜し、翌一八八一年（明治一四）一月、元老院議官に転身し、京都を去ることになる。(46)

ただし、京都府は、一八八〇年の時点で、明確に車道開鑿の計画があったようだ。そのことは、現福知山市大身の熊谷博行家文書中に、この年二月に明らかに山陰街道の調査を行おうとした文書、この年九月中に京都府土木掛および測量方の官吏が天田郡大身村に出張し測量を行ったことを示す文書があることによってわかる。(47)

槇村にかわって、京都府知事に就任するのが北垣国道である。北垣の行政手法については、「任他主義」(48) とでもいうようなものであり、その具体的な内容は、府会の多数派協調行政であること、より具体的にいえば一八八〇年（明治一三）一一月五日太政官第四九号布告の「府県会規則第五章追加」によって設置が規定され、一八八一年三月に京都府会におかれた常置委員、さらには正副議長などと協調的に行政を行う手法であり、これは槇村前府知事の強引な権力行使（「干渉主義」）とはまったく異なる政治手法であった。[49] この北垣の登場が、京都宮津間車道開鑿工事実現を大きく押し上げることになる。

五月七日、下京区建仁寺を府会仮議場として始まった明治一四年度京都府会において、五月二四日委員に託されていた建議案が議場に提出され、全員の賛成で可決された。それは次のようなものである。[50]

客年通常会ノ始メニ於テ御諮詢相成候京都ヨリ丹後宮津ニ至ル車道開鑿ノ儀目下急須ノ事件ニ付、本年通常会ニ於テ何分議決致度候間、右経費ノ議案御下附相成度、此段全会ノ意見ヲ以テ建議仕候也

明治十四年五月廿四日

京都府会議長　松野新九郎

京都府知事北垣国道殿代理

京都府大書記官国重正文殿

この建議にもとづいて、六月六日、京都府は京都宮津間車道開鑿工事議案（府甲号追議案）を京都府会に提出する。丹後宮津より京都に達する車道開鑿費総予算額一七万五三一八円九一銭五厘のうち初年度分三万五〇〇〇円の議案である。この計画は、一八八一年度（明治一四）から五か年に分けて竣功する計画でたてられた予算であった。そしてこの土木費に限り郡区合一支弁とし、郡はその費額一〇分の八、区は一〇分の二を負担し、各地方税をもって支弁することになった。[51]

すでにみたように、この車道は京都市街と丹波・丹後の物資を円滑かつ迅速に運搬輸送することを目的としていた。そこには、当然宮津の人びとの大きな期待があった。明治一六年度京都府会において、宮津の糸縮緬問屋で府会議員の今林則満は、次のような期待を表明している。

諸君モ御承知ノ通リ彼ノ共同運輸会社勃興シタル以上ハ必ス各地ニ支店ヲ設クルノ筈ナル由ニ付、丹波丹後ノ車道ハ一日モ早ク之ヲ開鑿シテ地方ノ物産ヲ北国或ハ北海道辺ニ輸出スルノ便ヲ開カント欲ス[52]

共同運輸会社は、海運業を独占してきた郵便汽船三菱会社に対抗して、一八八三年一月に設立された半官半民の海運会社である。農商務大輔品川弥二郎の援助をもとにして、渋沢栄一・益田孝が発起人となり、宮津の近隣にある岩滝村出身の小室信夫が経営に参加していた。また、宮津の回漕問屋である三上勘兵衛も五株ほど購入していたらしい。しかし、今林の期待にもかかわらず、実際は共同運輸会社の支店は宮津には設置されなかった[53]。

また、一八八四年（明治一七）五月には、宮津の有志らが「丹後宮津港ニ汽船設置之旨趣[54]」をまとめている。飯塚一幸氏は、「その内容は、京都・宮津間の車道開鑿着手を機に、宮津港に汽船を備え越前から伯耆に至る海路を開くために、会社の設立を目論んだものである。これは、冬期の五か月間にわたり海運が途絶することにより物価の騰貴を招いている現状を打開する狙いが込められていた[55]」と位置づけている。要するに、この文書は、陸では普甲峠のような峻坂により行旅運貨の便がない状態、海では宮津港には堅固な汽船の備えがなく脆弱な和船のみであるため北海冬期の怒濤を越えて航海することができない状態、この両方の打開、すなわち「我地方ノ衰退ヲ挽回シ将来ノ繁盛ヲ企図セント欲セバ陸海運輸ノ路ヲ開カザルベカラズ」という意識のもとにまとめられたのである[56]。京都宮津間車道開鑿工事は、宮津および丹後地方の人びとの大きな期待を担っていたのである。

（2）当初の計画――「車道開鑿費参考仕訳書」――

一八八一年六月六日、明治一四年度府会で車道開鑿費の第一次会が開かれたとき、「府号外議案　京都ヨリ宮津ニ至ル車道開鑿費参考仕訳書[57]」が付されている。そこには、当初の計画とその経費が記されている。細部は省略し、箇条書き的に当初の計画の特徴を指摘しておこう。

①当初の予定は、工事は一八八一年度（明治一四）より一八八五年度までの五か年、経費は一七万五千余円の予定であった。最終的に一八八九年度まで期間が延長され、経費も三一万八千余円に膨張した。もちろん当初予定の経費はすべて地方税支弁で、この段階では国庫補助は想定されていなかった。

②京都からの出発点である七条大宮から川勝寺村を経て桂川を渡り、下桂村・川島村を経て岡村までの開鑿はこの段階ではまだ設定されていなかった。

③大枝峠（老ノ坂峠）については、明治一四年度通常府会の段階では「沓掛村、小畑川石橋ヨリ上流ニ沿ヒ、夫ヨリ南桑田郡王子村峠麓ノ石灯籠迄山岨切下新鑿、同所ヨリ王子神社迄新道開通」[58]（傍点筆者）と峠の切り下げを予定していたように、当初隧道(トンネル)は考えられていなかった。

④丹波での最大の難所観音峠は通らずに、船阪村を通り八田峠（船阪峠）を越え、口八田村を経て須知村に行く迂回の道が考えられていた。

⑤宮津への一般的ルートである普甲峠の道は当初よりまったく否定され、二俣・三河・地頭・和江という由良川西岸の道が設定され、由良を出た後も海岸に沿って新道をつくり、栗田峠は地元ですでに進められていた峠切り下げの工事を行う計画で、後の隧道の計画はなかった。普甲峠の道が否定されたのは、標高四八二メートルの普甲山の峠で、宮津への路線中最も標高が高く、この道が簡単な切り下げで対処できるような道ではまったくなかったことによるものと思われる。

⑥このほか、大朴峠、菟原峠などは迂回の道が考えられていた。

⑦橋梁は、この段階で川勝寺村・下桂村間の架橋計画はなく、後の土師川橋・牧川橋の計画は見えてこない。

もちろん、京都府北部の大河由良川については、旧山陰街道と同じく、車道も川西を迂回する道が設定され、架橋計画はなかった。

この後、当初の計画がどのように変容していくかは後述する。

四　道幅の設定

京都宮津間車道の道幅は当初よりほぼ三間で統一され、最後まで変更はなかった。

一般的に馬車がすれ違うとすれば、二間（約三・六メートル）以上の道幅が必要であったと思われる。一八八〇年（明治一三）一二月、熊野郡が槇村京都府知事に対して、竹野郡境の比治山峠から但馬国城崎郡境の河梨峠《こうなし》までの三等県道の道路開鑿に対する地方税補助を上申するが、この工事の道幅は従来の一間（約一・八メートル）を二間にし、峻険凹凸を平均して三寸勾配にし、大小橋梁などをことごとく修繕するというものであった。[59] 要するに、熊野郡当局は、一間を二間にすることによって馬車の通行が自由になると想定したのである。

京都宮津間車道で設定された道幅は三間であった。一八八一年（明治一四）六月六日、明治一四年度京都府会で車道開鑿費の第一次会が開かれた際、稲葉市郎右衛門が乙訓郡岡村（現京都市西京区）から加佐郡由良村（現宮津市）に達する路程と道幅について問いただしたのに対し、番外二番白木為政（京都府技手）は、「路幅ハ総テ三間ナリ」と答えている。[60]

この道幅三間という方針は、その後も変化はなかった。北垣国道の日記『塵海』の明治一九年六月一二日条に次のような記事がある。[61]

午前六時四十分発下坂、高島中将ヲ訪フ、丹波福智山ヨリ丹後宮津迄車道幅四間ヲ要スルハ兵事上欠ク可ラサル所ナル旨、高島中将ノ意見ヲ示サル、所ナリ。国道ニ於テモ将来ヲ計ルニ目今該道開造ノ際此ノ適度ノ道幅トナスヘシト四間幅ヲ云決シ、之レヲ常置委員諮問セシメシニ、委員等ハ事ノ当然ヲ感スト雖モ、費用ノ増加ヲ憂ヒテ従前決定ノ三間ニナサンコトヲ乞フ。故ニ本日中将ニ面シ之レヲ内議ス。中将云、四間ト為スヘキハ完全ノ策ナレトモ、該道国道ニ非レハ強テ之レヲ論スルヲ得ス。願クハ断岸ノ地迂曲ノ場所ヲ四間ノ幅ニ築造アランコトヲ望ム云々。由テ国道モ此論ニ腹案ヲ決シテ別ル。

午後三時、六時大坂発帰京。

この日、北垣は、大阪におもむき、第四師団長高島鞆之助中将に会った。高島は、まだ工事が進捗していなかった福知山から宮津までの車道の道幅を軍事上の理由により四間幅(約七・二メートル)にすることを希望した。北垣も四間幅を「適度ノ道幅」とし、京都府会の常置委員会に諮問したが、常置委員会では、費用が増加することを憂慮し、従来決定の三間にすることを北垣に要請した。この日の北垣と高島の会談は、三間幅にすることで高島の了承を得ることであった。高島は、断岸の地・迂曲の場所のみ四間幅に築造することを希望し、原則的に了承している。

五　道路路線をめぐる争い

(一) 丹後でのさまざまな要望

京都宮津間車道工事の路線が天田郡福知山町・加佐郡河守町から岡田由里へ、そして海岸沿いの同郡由良村・与謝郡栗田村を経て宮津に達するという路線(図1―2ⓐ)であったことは前述した。

この由良―栗田路線をめぐって丹後地方ではさまざまな思惑が渦巻いた。一八八一年(明治一四)七月、与謝郡第一組の宮津市街の各町惣代一三名は京都府に対し、車道の線路変更を求める願書を提出する。この願書は、以下のように主張する。①そもそも宮津より京都へ出るには千載嶺（普甲峠）を越え内宮・二俣を経て河守に至る路線があるが、千載嶺は峻坂険路が三里余あり、これまでしばしば開鑿を企てたが、一〇万円以上の費用がなければ目的を達成することができないとして、府庁ではこの路線を用いず、栗田・由良・岡田由里を経て河守に達する路線を定めた、②ところが、この路線は、宮津―栗田間の「波路峠」(栗田峠のことか―高久)、栗田・由良間の長尾峠があり、「波路峠」は一小坂路にすぎないが、長尾峠は由良ヶ岳を背負い、北海に臨み、一高一低、左旋右回、実に七曲八嶺といわれるほどの難路である、③いずれ海岸に沿って一線路を開通せられると思うが、冬日は風浪暴悪で岩隙石壁でなければ土砂を保持しがたく開鑿修繕も容易ではない、④そして、河守町より普甲峠を越えて宮津に達する路線が五里なのに対し、この路線は八里で差引三里の迂回線になる。そうすれば宮津より京都へ往来する人の中で「中等以下ノ人」は峻坂険路を厭わず千載嶺（普甲峠）を通るだろう、そうであれば数万円の地方税をもってせっかく宮津より栗田・由良へ車道開鑿しても、往来人が少なくてはその功能は稀少のことになってしまうだろう。

このようにして、願書は「漸ク一線路ヲ発見」したとして、宮津―皆原―山中―上漆原―下漆原―西方寺―岡田由里―河守という新路線を提示する（図1―2ⓑ）。この路線だけでいえば江戸期からあった板戸峠を越える道と同じであるが、江戸期の道を使用しながら、新規に開鑿する部分もあった。願書によれば、山中より上漆原に至るには、現今では堀越を下り新宮村を経て板戸峠をのぼり上漆原村に至る道であるが、この道は高低が甚だしく、車道を通じることはむずかしい、したがって山中村字馬場ケ浅より一小谿を越え山腹に従って渓流に沿い、新宮村字奥山に至り、与謝・加佐二郡分界の山背を切断し上漆原村字宮ヶ谷に出て上漆原に至る、そして、上漆原からは川の流れに沿って岡田由里に出る。この結果、願書はこの路線の長所を次のように指摘している。①宮津より栗田・由良を経て岡田由里に達するには六里余になるのに対して、この新路線であれば宮津より岡田由里には五里弱の距離になる、そしてこの新路線は宮津より山中、上漆原より岡田由里へは旧道を修繕するが、この新道は山中より上漆原まで約一里半にすぎない、これは長尾峠の工事に比較すればきわめて容易であり、路程も一里余減らし、したがって費用の幾分を減らすことが可能になる、②冬日風雪の憂いが少なく、往来が便安である、③加佐郡地方の利害においても、舞鶴より福井—上東《かみひがし》を経て大川—岡田由里《おかだゆり》への一支線を設けるのに便利である、そして、もしこの新路線の工事で地方税が超過することがあれば、五〇〇〇円の有志金を募集する、とまで述べていた。

この新路線は京都府会でも取り上げられ、同年八月一五日の京都府会でこの新路線の実地測量を要請する上申書が議決され(63)、京都府ではこの路線の実地測量を行っている。

同年一一月二日、宮津市街の各町惣代九名は、再度京都府知事に対し、七月時の願書の路線に若干の修正を加え(岡田由里に達する道を小俣・地頭村に達する道と修正、若干の修正のため図1—2には明示せず)、再度路線変更を要請した(64)。七月と一一月の二つの文書を見る限り、宮津市街の人びとは、最短距離の路線である普甲峠の路線を費用などの点で無理と認識していたようである。ただ、由良・栗田の道ではなく、なぜ宮津—皆原—山中—上漆原—下漆原—西方寺—岡田由里の道を選択しようとしていたのか。今のところみえるのは、後者の路線の方が工事は容易であるという主張、および由良港は重視していないという姿勢である。

この宮津市街各町惣代の意見は反発を引き起こした。一一月二五日、今度は加佐郡由良村総代中西市右衛門ら五名が京都府に対し、相応の船持もおり、松前や函館など往来物貨輸入の便益があるという由良港の経済上の重要性を述べ、この車道は京都・丹波・丹後の物貨運輸の便を図ることが目的であり、一人宮津のみの繁盛を図ることが目的ではない、として従来どおりの路線をとることを歎願した。(65)

また、宮津市街各町惣代の車道の線路変更を求める願書は、舞鶴市街の人びとの動きを誘発した。同年八月八日、加佐郡舞鶴市街惣代から福知山・綾部を経て舞鶴を通り宮津に達する路線変更の要望が京都府にもたらされた。(66)この要望は、次のように言う。①この路線は、里程において二里内外延長することになるが、「由良峠」をのぞくほかは、道路はほぼ平坦で工費も少ない、②すでに府会において決議もあり今さら変更はできないと思っていたが、宮津では風雪・水害等の不便を主張し、変更の願い出があった、③宮津市街の人びとの主張する風雪・水害のうち水害は加佐郡西部に由良川があり、この可能性を否定できない、上流の公荘村(現福知山市)、蓼原村(現同)に至っては家屋等が流失する恐れがある。そのほか金屋川や岡田谷の諸川があって出水するたびに堤防が破壊される憂いがある、④この水害のことを熟考するとき、福知山―綾部―舞鶴を経て与謝郡に達する路線(図1―2ⓒ)は工費を減ずるだけでなく、公益の及ぶ区域を拡張することになる。

この舞鶴市街惣代の願書は、由良川に沿っての道路がこうむる水害の危険性を主張することによって舞鶴への路線変更を要望するものであった。しかし、この願書は舞鶴から宮津に行く場合、由良川に架橋せざるを得ないことになる点には触れていない。車道である以上渡しによる交通はあり得ない。大河由良川に架橋するとすれば、当然工費は膨らむことになるが、その点は意識的かどうかはともかく書いていなかった。

結局のところ、京都府は由良・栗田を通って宮津に達する路線を採用した。京都府土木課の技手が書いたと思われる「明治十四年八月三日立案」の「車道之線路変換願ニ付伺」(67)によれば、海岸沿いの難所は仕様によって害の出ない方法があり、また車道開設は宮津一小市街のためではなく舞鶴等の都合もあり、里程の短縮、費用の減少などは実地測量の後でなければ論じがたい、また車道の開設のためには勾配の緩急の問題もあり、里程の減少をもって良道とはみなしがたいし、とにかく路線の変更は軽々にすることではないので、まず一応現場を見て相応の路線であれば実測の上便否を詮議したい、としている。

その後、一八八二年（明治一五）二月四日には、中・竹野・熊野・与謝郡の各町村惣代九四名より京都府に対し、河守町より橋谷村—天野村を経て与謝峠を開鑿し加悦谷より宮津に達する新路線（図1—2ⓓ）の請願がなされている。[68]この「請願理由書」によれば、丹後国人が京都地方へ出て、また物貨の輸出入には一〇に八、九は道を与謝峠に採らざるを得ず、「実ニ与謝峠ノ路線ハ丹後国道路ノ脊椎」という認識にもとづいていた。この請願は中郡峰山町を中心に組織されたもので、与謝郡では現宮津市域を含まない郡西部の町村が名を連ねており、[69]この路線を伸張することによって生糸・縮緬・魚類などの運輸の便を含め中・竹野・熊野郡など丹後国西部に利益をもたらすべきであるという要請に基づいていた。[70]また、宮津への道で、[71]由良川沿岸の道はいったん洪水のときは道路・堤防が破壊されて、一時往来を断つ危険があるということとともに、宮津に行くに際して与謝峠を通らない道は諸物貨輸入の点で与謝峠を通行するのに比較すれば一〇分の一にすぎない、と述べていた。この文書で舞鶴への言及はない。もちろんこの路線は京都宮津間車道では実現しない。

（2）観音峠か八田峠か

船井郡木崎村（現南丹市園部町木崎町）と同郡須知村（現京丹波町須知）を結ぶルートで京都府が当初考えたのは、観音峠を通らずに迂回して八田峠（中山峠）を越える道であった（図1—1ⓔ）。要するに、観音峠が、標高二七〇メートルでかなりの「峻坂嶮路」であったことによる。この京都府の案に対して、京都府会の常置委員を中心にして観音峠を越える道が主張されていく。いわば、京都府当局と常置委員の間で路線をめぐって対決し、その対立は一八八四年（明治一七）に及んだ。

この路線問題が京都府会で議論になるのは、一八八二年（明治一五）四月二九日、明治一五年度京都府会で船井郡木崎村から高岡村までの新道開鑿費一万三四四円余が提出されたことから始まる。(72)

明治一五年度府会においては、京都府は観音峠を通らずに八田峠を通って高岡村への道を提示したが、さまざまな異論が出た。五月一日、船井郡木崎村出身の奥村新之丞は、八田峠を迂回しないで観音峠の麓の字大谷より須知《しゅうち》最寄りの水戸村に達する方がいい、と述べた。(73)しかし、問題は、京都府そのものが準備不足で完全に路線を確定していなかったことである。そのことは、この議会で答弁や説明にたった白木為政技手が、「八田・観音ヲ経スシテ他ニ一路線アリ、現今方ニ測量ニ従事ス」(74)などという発言に表れている。したがって、加佐郡岡田上村出身の岩田諠太郎が「本項ヲ削除セン、何トナレハ路線ノ一定スルヲ待テ之カ費額ヲ議シテ可ナリ、（中略）故ニ本年ハ之ヲ削除シ実地測量ノ上路線ヲ定ルヲ待テ金額ヲ議セバ亦可ナラスヤ」という削除説を出し、相楽郡選出の柳沢三郎や宇治郡出身の吉井省三など七人が賛成する事態にもなった。(75)一応「高岡」を「須知」とすることで五月二日に一万五〇〇円で可決されたが、(76)京都府の計画のずさんさは明らかであった。

結局のところ、工事予算は通ったものの工事は実施されず、一八八三年（明治一六）になっても実施されなかった。明治一六年度府会開会中の一八八三年三月一二日、昨年度の事業が遅れた理由を説明せよとの質問に対し、井上益孝四等属は、「観音峠ハ路線捜索ニ数月間ヲ費シ漸ク測量ヲ卒ヘタルニ、種々困難ナル事情アルコトヲ発見シ、終ニ之ヲ八田峠ニ改ムルコトトセリ」(77)、と述べたが、この後にも工事の着手はなかった。常置委員伊東熊夫は、「車道ノ工事ニ付キ是迄数回ノ失敗ヲ取リシハ全ク路線ノ確定セサル処ニ費目ヲ置キタルニ職由セリ」とその失敗の原因を語った。[78]

明治一七年度通常府会では、八田峠を通る道を主張する京都府側と観音峠を主張する常置委員らとの全面対決の場になった。なお、明治一五年度府会において八田峠や観音峠を通らない路線の検討を京都府側は述べていたが、これは大きく東に迂回する道で、船井郡鳥羽村(現南丹市八木町鳥羽)より殿田村(現南丹市日吉町殿田)、胡麻村(現同市日吉町胡麻)および富田村(現京丹波町豊田)を経て橋爪村(現京丹波町橋爪)に達する道であった(図1―1ⓕ)。この路線はより平坦な道であったが、明治一七年度府会での田所重礼技手の説明によれば、実測の結果、費額が八万余円と多額で、旧山陰道と比較するならば一里三〇町の迂回となり、しかも園部・須知の市街と離れるという難点があり、結局のところ京都府は八田峠の路線を選択していた。[79] 府庁側の八田峠がよいという理由は、要するに、観音峠の道に比べると、里程が遠くなっても勾配のある部分が少なく道路が平坦であることによって車馬の通行に便益がある、という点であった。[80] これに対する常置委員奥村新之丞の意見は次のようなものである。[81]

①八田峠の路線は、勾配は緩やかであるが、迂回は甚だしく、かつ路線は渓谷の間にあって陰気である、②実地の調査によれば、観音峠を一五間切り下げるときは八田峠より一九丁五〇間余距離が近くなり、一〇間切り下げるときは一六丁三一間近くなり、五間切り下げるときは一三丁一〇間余近くなり、切り下げなくともなお九丁五〇間余近い、③この迂遠である八田峠を開鑿してもその甲斐なく旧道(観音峠の道)を通行する者が多いであろう、菟原峠(細野峠)がその失敗の例になるのではないか、[82] ④また、費用が多いという説があるが、方法により必ずしも多費を要しない、その費用が同じであればむしろ旧道を採用した方がよい、ましてや園部市街より一三〇〇円、木崎村・水戸村・新水戸村より人足四〇〇〇人を寄付してその工事を助けたいとの出願がある、④主任は勾配の一点に着意して八田峠を可とするが(観音峠は三寸勾配)、一寸、二寸の勾配は八田峠の方に多い、今本

員の意見のようにするならば、五間切り下げの費用を地方税より出し、寄付金によって五間から一〇間までの切り下げができる、そうなれば半里以上近くなるだろう。

この後、車道の路線を八田峠にするか観音峠にするかをめぐって、京都府の田所重礼四等属と観音峠派（奥村新之丞、川勝光之助等常置委員）の論戦は延々と続いた(83)。しかし、三月一三日の土木費第二次会の採決によって常置委員等の観音峠派が勝利し、三月一九日の土木費審議の第三次会でもこの路線が可決された(84)。

（3）七条通か松原通か

明治二〇年度京都府会において、急浮上したのが、京都市中の起点の路線である。すでに述べたように、明治一四年度通常府会に号外議案として提出された「京都ヨリ宮津ニ至ル車道開鑿費参考仕訳書」に盛り込まれた開鑿計画には、実際に車道として実現する七条大宮から川勝寺村を経て桂川を渡り、下桂村・川島村を経て岡村（樫原宿）までの開鑿は設定されていなかった。しかし、設定はされていなくても、山陰道（京街道）をとる限り、七条通を西に進み（七条街道）、川勝寺村を通って桂川を渡るというルートは自明の前提であったといってよい。しかし、京都府はこれに大きな変更を加えようとする。一八八六年（明治一九）一一月二五日、明治二〇年度通常府会で一八八七年度（明治二〇）より一八九〇年度（明治二三）に至る地方税土木費中車道開鑿支出予算の審議において、大きな路線の変更が提起された。京都より葛野郡に出る道路は旧道を変更して松原に新道をつくるという変更である。具体的には、松原より川勝寺に新道をつくるというものである（図1―1⑧）。多田郁夫土木課長の言によれば、この新道は、「変更中ノ最モ著シキモノ(85)」であった。

なぜ、旧来の七条通ではなく松原通なのか。多田は、次のように言う。「京都ヨリ丹波ニ達スル路線中西七条等ニ至リテハ、狭隘ニシテ車馬ノ行合等ニハ大ニ困難ヲ覚ヘ、殊ニ七条通ハ京都ノ極南ニシテ地勢モ一方ニ偏スレバ、上下京ニ関係アル道路トシテハ松原通ヲ可トス、松原通トスレバ路線モ従前ヨリ幅ヲ広クシ往来ノ便ヲ益シ、且ツ三条街道トモ連絡ヲ通ジ船筏ニモ便利ヲ与フルコトアルベシ[86]」、「桂川ヨリ京都迄ニテ路線ノ変更スルハ紙屋川線路ナリ、従前ノ七条街道ハ実ニ京都ノ極南ナレバ上下京区ヨリ観察セバ松原ニ変更スル方便利ナラント思考スルナリ、若シ便益上ヨリセバ四条街道ニスル方最妙ナラント信ス、則其費用ハ弐万四千八百三拾七円ナリ[87]」、「元来車道ハ郡区互ニ利ヲ得ルノ目的ヨリ成立タルモノナレバ、七条ニテハ上下京区ノ南方ニ偏スルヲ以テ少シク之ヲ上ニ昇ボシテ区郡ノ便利ヲ計ランガ為メナリ[88]」。

要は、「七条通ハ京都ノ極南」で、京都の中心市街より遠かったということによる。この当時京都の上京区と下京区の境は三条通であり、三条通は東海道の終点であった。三条通に近いところを京都から丹波・丹後への始発とすれば四条通が適当であるが、四条通は当時すでに繁華街の様相を呈しており、工事にはかなりの金がかかることが予想される。とすれば、四条通よりは南、七条通や五条通よりも北で中心市街により近いということで松原通が考えられたと思われる。また、中心市街に近いところに設定することは、車道の地方税の支出費用が、郡部約七割、区部約三割の割合（一八八七～八九年度原案総額および決議額総額の割合）で区部の一定程度の利益を考えても望ましいことであった。したがって、この選択が工事費用の問題で選択されたのではないことは、多田郁夫土木課長が、「費用ノ多寡ヨリ見積リタルニアラス[89]」と述べていることからも明らかである。

多田の見通しでは、旧道（七条通）を路線とすれば幾分の改修を加えればよいのでさほどの費用は必要ではないが、新道の場合は地所の買い上げなど旧道より多くの費用が必要であった[90]。

しかし、この新道計画は、車道経費予算の減額の動きの中で破綻をしていく。

明治二〇年度通常府会では、一八八七年度以降の車道経費予算も審議され、決定されていった。ここに提出された京都府当局の原案総額は、一八八七〜八九年度（明治二〇〜二二）の三年間の総額で一六万五〇九三円余であった。[91]この予算は、その後いくつもの修正説が入り乱れ、最終的には一八八七〜八九年度の三年間の総額で一三万二〇七四円余、ただしこの中に五万円の国庫補助請願金が入るため実質的には八万二〇七四円余の地方税支出というものになった。[92]要するに、原案一六万円余から八万円余になったわけであるから半分の予算で工事を施工しなければならない。[93]そうである以上、新道路線は放棄しなければならない。そのことは、府会議員たちの次のような発言に現れてくる。「総額ヲ減ゼシハ多少寄附金モアラント思ヒ、且桂川以東モ少シ目論見ヲ変ヘ旧道ニ依ラント欲スルニ由ルナリ」[94]（寺内計之助、紀伊郡選出）、「桂川以東ノ目論見モ少シ変シテ旧道ニ依リ寄附モ奨励スル積ナリ」[95]（畑道名、上京区選出）、「此車道開鑿工事ノコトニ付テ岡村ヨリ京都ニ達スル道路ヲ変換シ旧道ニ為ントスルコト等モ経費節減ノ一理由ナリ」[96]（喜多川孝経、綴喜郡選出）。このようにして、松原通の路線はもう一度七条通の路線に再変更されるのである。

六　開鑿工事の進捗状況

（一）全体の進捗状況

表1―4は、『京都宮津間車道開鑿工事成蹟表』（京都府総合資料館所蔵）という史料をもとに、一八八一年度（明治一四）から一八八九年度（明治二二）までの毎年度開鑿箇所・延長距離および工費を明らかにしたものである。この表の場合、一八八五年度（明治一八）までは会計年度が七月一日から翌年六月末までで（ただし一八八五年度は一八八六年三月末まで）、一八八六年度（明治一九）から会計年度は四月一日から翌年三月末までになる。し

【1886年度(明治19)】(1886年4月～1887年3月)
①加佐郡丸田村(現舞鶴市)・与謝郡波路村(現宮津市)間
延長8815間余、工費2万5859円余

【1887年度(明治20)】(1887年4月～1888年3月)
①天田郡菟原下村(現福知山市)・生野村(現福知山市)間　長4511間、工費1万903円
②加佐郡日藤村(現舞鶴市)・丸田村(現舞鶴市)間　長1万2267間、工費3万1770円余
(橋の構造・長・幅・工費)檜川橋〈現舞鶴市〉　長9間3尺、幅19尺2寸
円形石造、弦長42尺、矢14尺2寸、半円経22尺6寸　工費1759円53銭8厘
(橋の構造・長・幅・工費)岡田橋〈現舞鶴市〉
檜川橋と同形　工費1813円30銭5厘

【1888年度(明治21)】(1888年4月～1889年3月)
①葛野郡下桂村(現西京区)・川勝寺(現右京区)間　桂橋　長166間、21尺(3間3尺)
内、94間は土橋高欄付、72間は釣橋木製、12間釣橋6か所、釣橋1、煉化積ピーヤ(橋脚)6
工費2万7458円17銭5厘
②南桑田郡余部村(現亀岡市)・船井郡園部(現南丹市)間
延長6833間、工費1万7624円余
③船井郡須知村(現京丹波町)・井尻村(現京丹波町)間　長4765間、工費8972円余
④天田郡生野村(現福知山市)・下天津村(現福知山市)間
長1万914間余、工費2万7139円余
(最高勾配の箇所)長田(現福知山市)・土師(現福知山市)間　桜坂長970間
(橋の構造・長・幅・工費)土師川橋〈現福知山市間〉
長40間、幅19尺(3間1尺)、土橋木製高欄付、工費1464円54銭8厘
(橋の構造・長・幅・工費)牧川橋〈現福知山市〉
長22間3尺、幅19尺(3間1尺)
三連拱形石造、その一拱の弦長37尺、弧形43尺6寸9分、矢9尺5寸
工費5082円35銭2厘
⑤天田郡福知山京町(現福知山市)　京口橋　長6間、幅18尺(3間)
拱形石造にして、弦長30尺半、円経18尺7寸　工費1239円58銭3厘

【1889年度(明治22)】(1889年4月～1890年3月)
①七条大宮(現下京区)・葛野郡岡村(現西京区)　長3392間余、工費8268円余
②乙訓郡塚原村(現西京区)・沓掛村(現西京区)間　長1119間、工費2911円余
③南桑田郡王子村(現亀岡市)・余部村(現亀岡市)間　長3237間余、工費6265円余
④船井郡園部町(現南丹市)　長567間余、工費579円余
⑤桂橋　前掲
⑥京口橋　前掲

出典：『京都宮津間車道開鑿工事成蹟表』(京都府立総合資料館所蔵)
備考：①原形は、漢字とカタカナ記載であるが、漢字とひらがな、および算用数字記載にあらためた。また各年度ごとに工事内容がわかるように適宜整理した。
②【　】、(　)、〈　〉、※の記載は筆者による。

表Ⅰ－4　『京都宮津間車道開鑿工事成蹟表』による毎年度開鑿箇所・延長距離および工費

【1881年度(明治14)】(1881年7月～1882年6月)
①葛野郡樫原・乙訓郡塚原間(現京都市西京区)および乙訓郡沓掛(現西京区)・南桑田郡王子(現亀岡市)間　延長2486間余、工費3万2639円余
(最高勾配の箇所)樫原・塚原間　芋峠長803間
(最高勾配の箇所)沓掛・王子間　大枝峠長2729間
(隧道の箇所、構造、長・幅、工費)南桑田郡大枝峠
隧道→長100間、幅15尺(2間3尺)、経17尺(2間5尺)
中真直高14尺5寸、半経以上は煉瓦をもって積立、円直以下は石垣または自然石を台とす
工費3万9161円50銭3厘
※実際の隧道工事は1882年(明治15)1月から1883年(明治16)8月まで

【1882年度(明治15)】(1882年7月～1883年6月)
①南桑田郡王子村(現亀岡市)　長1020間、工費2万7724円余
(橋の構造・長・幅・工費)王子橋
長15間4尺、幅18尺(3間)、自然岩石上橋台を築立、円経82尺7寸4分、浅弧形二重巻の穹窿石造　工費4104円14銭6厘
②船井郡井尻村大朴峠(現京丹波町)　長483間、工費1803円余
③船井郡上大久保村(現京丹波町)・天田郡大身村(現福知山市)間
長3043間、工費1万3917円余
菟原峠新道(江戸期の細野峠を迂回する新道)は1883年(明治16)5月に着手
④与謝郡波路村栗田峠(現宮津市)　長記載なし、工費2611円余

【1883年度(明治16)】(1883年7月～1884年6月)
①南桑田郡王子村鵜川谷橋(現亀岡市)　工費前掲
②船井郡井尻村(現京丹波町)・坂井村(現京丹波町)間　長759間、工費2938円余
③与謝郡上司村栗田峠(現宮津市)　工費855円余

【1884年度(明治17)】(1884年7月～1885年6月)
①船井郡園部(現南丹市)・須知(現京丹波町)間　長4632間余、工費2万8106円余
(最高勾配の箇所)園部・須知間　観音峠長2508間
②船井郡坂井村(現京丹波町)・水原村(現京丹波町)間　長703間余、工費2304円余
③与謝郡波路村栗田峠(現宮津市)　工費4480円余
(最高勾配の箇所)波路栗田嶺　長1479間
(隧道の箇所、構造、長・幅、工費)与謝郡栗田峠
隧道→長68間、幅15尺(2間3尺)、円経17尺(2尺5寸)
中真直高14尺5寸、周囲は切石をもって積立　工費1万8117円51銭2厘
④与謝郡宮津町鶴賀町(現宮津市)　長288間余、工費473円余

【1885年度(明治18)】(1885年7月～1885年3月)
①船井郡水原村(現京丹波町)・天田郡菟原村(現福知山市)間　長2621間、工費7339円余
②与謝郡上司村(現宮津市)　工費1万4376円余
③与謝郡宮津町大手橋(現宮津市)
長12間、幅4間、円形煉化造、高欄回り敷石等石造、工費1572円77銭4厘

かし、各年度の工事箇所は、その年に工事を開始した年度であったとしても完成はその年度とは限らず、翌年になっている場合もある。たとえば老ノ坂隧道（トンネル）の場合、一八八二年一月に着工し、竣工は一八八三年（明治一六）八月であった。ともあれ、この表により大まかな進捗状況がわかる。

工事の進捗順序は、おおむね難路を先にし、平坦部を後にするという方針のもとに行われた。この点については、明治一七年度通常府会開会で稲葉市郎右衛門（熊野郡）が、「其順叙ハ峻坂ヲ先ニシ平坦ヲ後ニスルニ在リ」[97]と語っていたし、『日出新聞』明治二〇年一一月一七日付も、「彼の難所を先にし易き所を後にするの計画」であった、としている。しかし、たとえば栗田峠開鑿が一八八二年度に計画されながら、一八八四年度に本格的な開鑿工事が行われていくように（後述）、意図通りに進捗したわけではない。

工事の進捗状況が、一八八六年（明治一九）を境に変化していくことは、府会の議論や新聞記事からも明瞭にみて取ることができる。北垣京都府知事は、明治二二年度通常府会で、以下のように、車道工事が一八八五年（明治一八）の頃までは遅々として進捗せず、事務も円滑にいかず、莫大な費用を要したが、一八八六年と八七年になって工事が順調に進行するようになったと述べている。[98]

先ツ土木ノ事ヲ述ヘンニ、是レハ近来莫大ノ金額ヲ費シタル事業ナリ、明治十七八年ノ頃迄ハ其事務敏捷ナラズ、進歩甚タ遅々タリシカ、近年ニ至リテハ其進歩成効頗ル著ク之ヲ他府県ニ比シ耻ツルニ足ラサルモノアリ、例ヘハ京都ヨリ丹後ノ宮津ニ達スル道路ハ其三十有余万円ニシテ、而シテ其延長三十有余里ナリ、其間随分困難工事モ多カリキ、最初老ノ坂ノ隧道ヲ造ルニ当テヤ多分ノ日子ト莫大ノ費用トヲ要シタリシモ、十九年廿年以来ノ工事ノ有様ハ之ニ反シ其仕事ハ精巧ニシテ其費額ハ少ナシ、是レ常置委員諸氏ノ注意視察其宜シキヲ得、懇切ニ其間ニ斡旋シタルノ功多キニ居ルト雖トモ、然レトモ担当吏員ガ多年実施ノ経験ト錬磨トヲ積ミシモノ、功ニ依ラズンハアラズ、此等ハ各員ノ親シク目撃シテ知了セラル、所ナルベキモ、山城議員ノ中ニハ実地ニ接セザル向モアラント思フニ依リ参考ノ為メ斯ク陳ヘ居クナリ

一八八五年までは京都府の土木担当者も進捗状況を悲観的にみていた。すなわち、一八八五年（明治一八）一一月二八日の明治一九年度京都府会において、田所重礼技手は、「創業以来早已ニ五年ノ星霜ヲ経タレトモ其成功未タ路線ノ過半ニ至ラス、成ルヘク工事ノ堅牢ト高低ヲ去テ勾配ノ宜シキヲ得ントスルカ為メ其遷延ヲ致スニ外ナラス」(99)と述べていた。しかし、新聞資料であるが、『日出新聞』明治二〇年四月八日付は、車道の調査のため内務省から香取多喜技師が出張すること（国庫補助申請に対する調査のためであろう）を伝えるとともに、「京都より宮津に達する車道もすでに十中の六まで成功」と前途を楽観するような記事を伝えている。前途を楽観するのは根拠があり、一八八六年度（明治一九）の最終である一八八七年（明治二〇）三月までには京都宮津間の七つの峠（芋峠・大枝峠・大朴峠・観音峠・菟原峠・長尾峠・栗田峠）の難路が克服されていた。すなわち、大枝峠（老ノ坂）・栗田峠は隧道になり、観音峠は切り下げられ、大朴峠・菟原峠は迂回の新道がつくられ、長尾峠は海岸線の新道になった。(100)

また、同紙は、次のように整理する。着工以来一八八七年（明治二〇）三月までに竣工したものは、①乙訓郡岡村より南桑田郡王子村王子神社まで、②船井郡園部より須知村まで、③同郡川尻村より天田郡菟原下村まで、④加佐郡丸田村より宮津まで、延長一一里二一町三六間。残りは、一二里九町二〇間とほぼ倍の距離であるが、「是皆平易の場所」である。すなわち、一八八七年度（明治二〇）においては、①加佐郡丸田村より北有路村および同村より同郡蓼原村まで、②天田郡菟原下村より同郡生野までを竣工し、一八八八年度（明治二一）においては、①船井郡須知村より大朴峠新道の出合まで、②天田郡生野より福知山を経て加佐郡蓼原村まで、③船井郡

園部大橋より南桑田郡王子神社まで、④桂川橋架橋着手、一八八九年度（明治二二）において桂川橋以東京都七条大宮通まで、と予定していた。この予定は、若干の変更以外はほぼ表1―4のように進捗する。

　個々の場所の工事については、すべての場所の進捗状況を分析することは史料上無理があり、以下では最大の難工事であった栗田峠の開鑿をのぞき、老ノ坂隧道、観音峠、主要な橋の工事の進捗状況について見てみよう。

（2）老ノ坂隧道

　京都宮津間車道工事のうち最も早い時期の着工は、葛野郡岡村（樫原宿）から大枝峠（老ノ坂）を越えて南桑田郡王子村までの二四八六間余の開鑿工事であった。この開始は一八八一年度にあたる一八八二年（明治一五）一月である。[101]この区間の工事中最も困難を極めたのは、大枝《おおえ》峠の開鑿である。大枝峠はすでに述べたように維新後新道開鑿工事などが行われていたが、充分な切り下げには至っていなかった。その後、この峠の開鑿は当初切り下げの予定であったが、すぐに隧道（トンネル）に切り替わる。しかし、いつの時点でなぜ隧道に切り替わったかは史料上不明である。

　この隧道工事がいかに困難な工事であったかは、次の北垣国道日記『塵海』明治一五年三月二四日条[102]からわかる。

午前七時発シ、陶警部・小野警部ヲ率テ追（老）ヒノ坂新道工事ヲ点検ス。樫木原村（ママ）ヨリ白木七等属先導、車道位置ヲ追テ上リ、午後峠村ニ至リ午餐。午後二時西口墜（隧）道ニ至リ、之レヲ検ス。掘鑿十一間ニ至ル。其内ヲ見ルニ、掘口ヨリ奥ニ達スル迄地質沽（粘）土ニシテ軟柔、頗ル困難ノ工事ナリ。故ニ意外ノ日数ヲ費スヘシ。且又水ノ出ル事甚多量、尚一層ノ難ヲ増ス。午後五時帰京北垣はこの日、陶不窳次郎警部・小野勝彬警部とともに車道工事の点検に出発し、岡村（樫原宿）からは白木為政技手が先導した。そして西口の隧道入口から隧道に入った。この時点では、掘鑿は一一間で隧道の最終的長さ一〇〇間の一〇パーセント強であった。隧道内は軟柔な粘土質でしかも大量の水が発生し、より困難を極めていたらしい。

北垣は、同年一一月にも国重正文大書記官とともに老ノ坂隧道の点検を行ったらしく、『塵海』明治一五年一一月二〇日条に[103]「姪《(老ノ)》坂墜《(隧)》道点検、夜ニ入リ帰ル。国重氏同行」とある。

この隧道の完成について、『新修亀岡市史』は一八八二年（明治一五）一二月とする。[104]その根拠は、『日本立憲政党新聞』明治一五年一一月八日付の、「丹波老の坂のトンネル開鑿の工事ハ来月中に全く成功すると云ふ」という記事が典拠である。

しかし、老ノ坂隧道の完成は、翌一八八三年八月のようである。『塵海』明治一六年七月一一日条には「追《(老)》ノ坂墜《(隧)》道額字、松風洞ノ三字ヲ書ス」とあって、現在東口の隧道入口頂部にかかる「松風洞」の文字がこの時期に書かれたことがわかる。そして、『日本立憲政党新聞』明治一六年八月一八日付には、「京都宮津間の車道の一部分なる一《(ママ)》の坂隧道ハ愈々来る二十日を以て其工事を竣られ、即日より人民の通行を許し通行式は尚他日をトして行ハるゝよし」とあって、この頃工事が完成したことをうかがわせる。[105]

表1—4の如く、隧道は長さ一〇〇間、幅一五尺(二間三尺)、経一七尺(二間五尺)、中真直高一四尺五寸(二間二尺五寸)、半径以上は煉瓦をもって積立て、円直以下は石垣または自然石をもって台とする、という構造であった。また、工費は当初は一万余円の予定であったが、[106]結果として三万九一六一円余で京都宮津間車道工事中最も費用を要した工事であった。[107]なお、王子村は一八八九年（明治二二）に他の八か村と合併し篠村となるが、

『篠村史』は、このトンネル工事を請負って「村の物持が決損したといわれている[108]」と伝えている。

また、『新修亀岡市史』でも触れているが、一八八七年（明治二〇）四月、老ノ坂隧道が真っ暗で人馬の通行が困難になるという理由で、南桑田郡王子村の有志者が申し合わせ、隧道中六か所に点灯し、往来の人馬に対し車一厘、人一人一厘、牛馬一頭一厘ずつの点灯料を申し受けたいとその筋へ出願した、ということがあったらしい。[109]

（3）観音峠

一八八四年（明治一七）三月の京都府会において観音峠の路線が決定されるが、工事の着手は同年一二月である。[110]府議会での決定では、地方税に寄付金を加えて峠の頂上を五間以上一〇間までの間でできるだけ切り下げるつもりであったらしい。京都府の目論見では園部大橋北詰から須知村人家までの道で、峠頂上を当初五間切り下げる予定であった。しかし諮問を受けた常置委員は、頂上を六間切り下げとし、そのために人足賃や職工賃、その他の雑費を減らすという意見を付した。また入札の際には、実施金額に余剰が生じたことによって七間半を切り下げるとし、そのほか字大谷水抜箇所一か所を二か所にし、また一か所掘割をつくることになった。[111]このようにして、結果として七間半（約一三・六メートル）の切り下げが実現する。

観音峠の工事は、水抜き工事で石垣が崩壊し、その修繕が一八八五年度（明治一八）に行われるなど、難航する側面もあった。[112]工事は一八八六年（明治一九）中には完成している。

（4）橋

この車道が人力車や馬車の通る一大縦貫道路であるためには、すべての川に橋が架けられなければならない。小さな川の場合、車道開鑿工事以前から土橋や石橋や板橋などが架橋されていた（これは車道開鑿工事の過程で石造アーチ橋などに切り替えられていく）。しかし、桂川や土師川など比較的大きな川には、水の少ないときに架けられる板を渡した程度の橋はあっても恒常的な橋はなかった。そして、すでに述べたように、由良川はあまりの大河ゆえにはじめから架橋の計画はなく、車道の路線からは意識的に避けられていた。

最初の橋は、一八八二年度（明治一五）の予算で南桑田郡王子村の保津川支流の鵜川に架橋された王子橋（鵜川谷橋。現存し、地元ではめがね橋と呼称）である。『篠村史』には、「明治十七年（一八八四）三月、王子橋が鵜川に府の四，五〇〇円負担で建造された(113)」とある。『京都宮津間車道開鑿工事成蹟表』では、長さ一五間四尺、幅一八尺（三間）、浅弧形二重巻の穹窿石造、工費四一〇四円一四銭六厘となっている。『京都新聞』一九八一年一〇月一二日付によれば、この橋の施工者は王子村の山名乙次郎であった。なお、同紙はこの橋の設計者を、琵琶湖疏水工事の工事責任者であった田辺朔郎としているが、後述するように『京都宮津間車道開鑿工事成蹟表』の「事業関係者」に田辺の名はなく、筆者は田辺の関与を示す直接的な史料を把握していない。

ついで、大きな橋として着工されたのは宮津にある車道終点の橋で、一八八五年度（明治一八）の工事になる大手橋であるが、これについては宮城益雄「明治中期の京都縦貫道と宮津大手橋」（『宮津地方史』第三号）が詳しいので省略する。

大きな川の橋の工事は通常の道路工事と異なるために、京都宮津間車道開鑿工事の後半に集中する傾向にあった。一八八七年度（明治二〇）には、加佐郡地頭村の檜川に架橋された檜川橋および加佐郡岡田由里村の岡田川に架橋された岡田橋（岡田由里橋、場所は移動しているが現存）がつくられたが、いずれも石造である（表1―4）。

一八八八年度（明治二一）は、天田郡土師村・堀村間の土師川に架橋された土師川橋、天田郡上天津村の牧川に架橋された牧川橋がつくられた。土師川橋は木製高欄付の土橋、牧川橋は三連の拱形石造であった（表1―4）。一八八八年度・八九年度の二年にかけて建造されたのが、天田郡福知山京町の京口橋と葛野郡下桂村・川勝寺村間の桂川に架橋された桂橋である。京口橋は拱形石造。桂橋は長さ一六六間で車道の橋中最も長い橋で、幅は三間三尺、表1―4にあるように、九四間は高欄付の土橋、七四間は木製釣橋であった。橋脚は煉瓦積で六か所あった。この橋について、多田郁夫土木課長は、一八八六年一一月の明治二〇年度通常府会において、桂川の橋は「二十一年度以降」着手とし、「尤モ此橋ハ一ヶ年ニハ成功セサル見込ニ付キ両年度ニ渉ルベシ」、「京都ヨリ岡村ノ間ニ三万九千三百余円ノ巨額ヲ要スルハ、主トシテ桂川ノ橋梁アルガ故ナリ、此橋ノ構造ハ頗ル堅固ヲ要スル所以ノモノアリ、何トナレバ彼ノ桂川ハ頗ル激流ニシテ常ニ筏抔ヲ流スヲ以テ橋杭ナドハ充分堅固ニセザルベカラス、故ニ鉄橋ノ如ク之ヲ造ルノ見込ナリ」[114]と二年事業であることと、堅固な構造、それ故に巨額な工費支出の必要性を指摘していた。桂橋の場所はもともと恒常的な橋のない地であったが、このようにして最終的に二万七四五八円余（表1―4）という莫大な工費が支出されたのである。桂橋が竣工し、渡橋式を挙行するのは一八八九年（明治二二）一一月一三日である。『日出新聞』明治二二年一一月一四日付は、北垣府知事、尾越蕃輔・森本後凋両書記官、松野新九郎葛野郡長、多田郁夫土木課長および同課員、常置委員二名（田宮勇・西堀徳二郎）が出席したという[115]。これは、京都宮津間車道開鑿における大きな工事のフィナーレになった。

七　栗田《くんだ》峠の開鑿

(一) 売間九兵衛と峠切り下げ計画

栗田隧道が完成するまで栗田郷のうち中心集落である上司町の北部、そして中津・小田宿野・島陰の各村の人びとが宮津に行くためには栗田峠を越えなければならなかった。栗田峠は難所で、貨物の運輸は人が肩に担いで行われた。[116]

明治になって、栗田峠を開鑿する計画が持ち上がる。栗田郷上司町では、一八七九年（明治一二）三月、一〇五名連印の「字栗田峠トンネル連印簿」なる簿冊が作成されている。[117]そして五月には、六三名連印で栗田峠「トンネル」掘抜きの「定約書連印簿」が作成された。内容は、栗田峠は困難な場所であるが、今般「トンネル掘抜」を出願するので、採用された場合、人と「手間」（労力）はもちろん有志金をまとめ、もし「残金」（追加出費）があれば、各人が相応に出金することを定約したものである。[118]この二つの文書がともに栗田峠の開鑿を「トンネル」としているが、これは隧道の意味ではなく、「切下ケ」と同義語であった。[119]

この計画のきっかけをつくったのは、上司町と栗田峠を隔てる与謝郡波路《はじ》村の売間九兵衛《うるまくへえ》である。売間は弘化二年（一八四五）三月生まれだから、このとき三十代半ばであった。[120]上司町の記録によれば、一八七九年（明治一二）頃、売間が上司町の人びとに栗田峠を水力によって切り下げれば数年で落成するだろうと説き、資金提供を呼びかけたという。上司町では、売間の言葉をにわかには信じがたく、なかなか衆議一決しなかったようだ。[121]同年六月、売間によって一六町隔てた渓谷から樋をもって峠の頂上まで水路を開くという工事が行われ、この引水工事は同年一二月にひとまず成功した。[122]この結果、上司町では、売間の言が信用されることになり、一二月二九日、町惣代細川惣次郎、同町世話方総代人三名の名で売間に対して三〇〇〇人の人足、三〇〇円の資金提供を決め、当面一五〇円が売間に渡されている。[123]さらに売間は継続工事のため、一八八〇年（明治一三）一〇月より一八八三年（明治一六）七月まで上司町に寄留した。[124]

しかしこの時期、工事継続のための資金集めには相当な無理がきていたようである。一八八〇年四月、売間および波路村惣代安田安次郎・獅子崎村惣代河田與左衛門・上司町惣代大塚国蔵は京都府知事槇村正直に対し「栗田峠切下ケ并道路開設願」を提出している。この願書は、峠の頂上からの水力によって谷間の溝筋を広げ頂上より高さ三五間ほど切り下げ、土砂を水力で海岸に押し流すという工事方法を述べ、工事期間を二か年とし、費用の半額を地方税（府税）から御下渡いただきたいということと、工事は用水を用いない時間かつ農事の手透きに行いたいので至急実地検査の上お聞き届けいただきたいと要請するものであった。[125] さらに五月、売間と上司町細川惣次郎・大塚国蔵・桂孫兵衛は、栗田峠開鑿のため趣意書を発した。趣意書は栗田峠開鑿の必要性を述べ、この費用を六〇〇〇円とし、北国街道に通じる二等道路なので官よりその費用の三分の一を下賜される予定であるが、その余財は有志の出金に求めていた。[126] 売間は、相当な資金難に陥っていたらしく、この年の年末には近隣の人物から工事費用の貸金催促を受け、その費用の工面を上司町に依頼していた。[127] 売間らの地方税下渡願はこの段階では許可されなかった。しかし、翌一八八一年（明治一四）には、京都宮津間車道計画が進行し、栗田峠もこの線路中に含まれたことから、売間らは新たな展望を切り開いていくことになる。

（2）京都府の工事への編入

一八八一年の京都府による京都宮津間車道開鑿工事の開始により、すぐに京都府と売間の開鑿工事がドッキングしたわけではない。一八八一年度、京都府は加佐郡由良村より与謝郡宮津までの開鑿費として二五〇〇円を決議した。[128] 当然この中には栗田峠の開鑿の費用も含まれる。しかし、一八八二年（明治一五）五月二日の京都府会での白木為政技手の答弁では、この二五〇〇円は栗田峠開鑿には一切使用されずに残されており、老ノ坂隧道の敷地等の買上に不足を生ずることになるので、この補充に充てたいとのことであった。[129]一八八一年度（八一年七月から翌年六月）の段階では、京都府側はまだ、栗田峠の開鑿を本格的に考えていたわけではなかった。また、すでに述べたようにその後一八八二年三月から六月までの明治一五年度京都府会では、加佐郡由良村から与謝郡波路村までの新道開鑿費が原案の一万四九五二円余から一五〇〇円に大幅削減された。この一五〇〇円の用途は栗田峠の水力切り下げが想定されていたから、[130]京都府は売間らとのドッキングを考えていたと思われるが、ドッキングのためにすぐに動いた形跡はない。

動いたのは売間と上司町の人びとであった。一八八二年（明治一五）九月五日、売間と上司町細川惣治郎・大塚国蔵・桂孫兵衛、惣代千賀義三郎は京都府知事北垣国道に対し栗田峠切り下げの願書を提出する。この願書は、栗田峠が京都より宮津に達する車道開鑿路線に含まれたことを受けて、一八八二年度の工事の費用半額を有志者が寄付することを条件に、該年度の工事を売間に請負わせること、切り下げ箇所の土地は公租免除にしてくれることを要請したものであった。[131]

これに対し京都府はすぐに対応しなかった。対応しようにも、一八八二年度の栗田峠開鑿費用は一五〇〇円にすぎなかったから対応できなかったというべきか。

翌一八八三年（明治一六）四月、売間は京都府庁へ呼び出しを受け、話し合いの結果、同年五月、売間は前年九月の願書の却下願いを京都府に提出し聞き届けられている。[132]同時期売間は京都府に栗田峠の切り下げ願書を提出し、今後工事を地方税で継続されることを要請しており、[133]却下願いはそれに対応した処置であった。要するに、京都府は、一八八二年度までの売間らの栗田峠開鑿費用については一切の費用弁償もしくは援助金供与を行わないかわりに、一八八三年五月に栗田峠開鑿を京都府の事業として引き継ぐことを明確にしたといってよい。そして、売間は、一八八四年（明治一七）一月一四日、京都府御用掛に採用され、土木課土工掛付属が申し付けられた。取扱は「准等外吏月俸六円」であった。このようにして売間は正式に京都府の雇になり、栗田峠開鑿工事の請負者になった。[134]売間は、工事の請負者になることを要請しており、この点は実現したことになる。

（3）隧道への変更と完成

では、民間の事業から官の事業になったことにより、工事方法にどのような変化が生じたのか。栗田峠を水力で切り下げるという方法には変化がなかった。ただし、一八八三年度の栗田峠の開鑿費用は一〇〇〇円が計上されただけであったから、一八八三年度の切り下げはほとんど進展がなかったと思われる。ただ、栗田峠の水力切り下げという工事方法は、一八七九年からすでに四年ほど経過したにもかかわらず、いまだ成功の兆しはなかった。

水力切り下げから隧道（トンネル）開鑿への変更は、明治一七年度通常府会で明確に登場する。一八八四年（明治一七）三月一〇日、田所重礼技手は、①栗田峠は切り下げできがたい、ゆえに隧道の見込み、②栗田隧道の長さは六五間でその格好は「王子ノ隧道」（老ノ坂隧道）と同じ、③ただし「王子」は煉瓦石であったがこの地には煉瓦石がなく他より運ぶときは莫大の費用を要するため石で築造するつもりである、と述べている。[135]栗田隧道の費用は二万六〇〇〇円余が想定されたが、そのほぼ半額一万三二〇〇円がこの年度の栗田隧道開鑿費の原案であった。[136]三月一三日、田所四等属は、①切割にすれば、在来道より九十余尺を切り下げねばならない、②高所より低所まで切り下げるとすれば両側の土石を充分に取り除かなければならないため費用はすこぶる多く、二万八〇〇〇円を要するし、将来を推量すれば修繕費を要することも多い、③冬日は雪崩などがあって甚だ危険である、

④隧道に至ってはこの危険はない、と述べ、切り下げの問題点と隧道の長所を指摘した。[137] しかし、この府会では、一万三二〇〇円の栗田峠開鑿の原案が二八三〇円に減額された。ただし、この点も前述したように、この減額は、栗田峠の東西両口の切り下げ費用であって、栗田峠を切り下げにするか、隧道にするのかまだ決定されていたわけではなかった。

その後、『日出新聞』明治一八年六月二〇日付の「隧道開鑿」と題する記事は次のように伝えている。

京都より丹後宮津に達する車道開鑿の中丹後国与謝郡栗田嶺の嶮岨あるを奈何せんと目算の折柄、同郡波路村の売間九兵衛が四方に同志を募り、明治十二年の春より開鑿する事に尽力し、小鑿（煉瓦にて四方を固めず費用を省くもの—高久）、高サ七尺、横九尺、長サ六十五間の工事に着手せんとせしが、十五年度より地方税を以て継続せられ、昨十七年十一月より隧道の開鑿に着手し、本月十五日工事全たく竣功を告げたるが、其近傍より寄附したる人夫は三万余人に及びしと

この記事によれば、隧道開鑿の着手は、一八八四年（明治一七）一一月になる。ただし、「本月十五日工事全たく竣功」、すなわち一八八五年（明治一八）六月に隧道工事は完成したとしているが、実際にはそこまで至っていなかった。この年三月七日から四月一一日までの明治一八年度通常府会では、上司町より宮津までの道路開鑿費として一万五五三九円が決まり、これはこの年の車道開鑿費二万二〇〇〇円の七〇パーセント強であった。すなわち初めて本格的な隧道予算がつけられたのである。その後の一八八五年度（明治一八）の工事について、明治一九年度通常府会開会中の一八八五年一一月二四日、常置委員松野新九郎は、宮津においては寄付金の募集が思ったほど集まらず、栗田峠の工事一万五千余円に対し寄付金が定まったのは二千余円で、いずれも人足寄付の申し出で、一人につき一二銭の割合であった、と述べている。[138] また、松野は、一二月一日の通常府会で、京都

より宮津に達する全線路において七峠があるが、六峠の難工事はすでに成功し、残るは長尾峠の開鑿だけ、と述べており、[139] 一八八五年一二月の時点では隧道工事はあらかたできていたのだろう。それから半年後の『日出新聞』明治一九年五月二日付は、「栗田峠の隧道七十間の内五十余間は最早開鑿を竣りたるが、来る六月中旬までにハ悉皆成功の目的なりといふ」[140] と伝えている。

栗田隧道の完成は、一八八六年（明治一九）七月頃であろう。この完成は、同時期に完成した宮津の終点大手橋の完成[141] とあいまって、京都宮津間車道工事の画期となった。

八月四日、北垣府知事、多田郁夫府土木課長、府土木課員、川村政直与謝郡長をはじめとした丹後各郡長・府常置委員・戸長らが参加して、午前六時に栗田隧道(トンネル)開通式、八時に大手橋開通式が盛大に行われた。五日、北垣は、宮津を発ち栗田浜で漁舟に乗り、栗田・由良間の海岸新道を点検している。[142]

栗田トンネルは長さ六八間(約一二四メートル)、幅一五尺(約四・五メートル)、中真直高一四尺五寸(約四・四メートル)、周囲は切石で積み立てられた。工費は一万八一一七円五一銭二厘である。[143] トンネルの東口に「農商便利」、西口に「撥発洞」という文字が刻まれている。いずれも北垣府知事の字である。

(4) 栗田峠開鑿のその後

栗田峠の開鑿はもともと波路村の売間九兵衛の発起で、それに上司町の人びとの全面的な協力によって進行した事業であった。しかし栗田隧道竣工後、両者に金銭をめぐって裁判事件が起きる。売間は、この事業に身命をかけたが、工事は予期の如く進行せず、京都府の事業となることによってやっと完成までに至った。その間、売間はこの工事負担のため莫大な負債をかかえ、所有の財産はほとんど失う状況に至ったらしい。一方上司町の人びとも多くの金額と労力を負担することになった。両者の開鑿費用をめぐる勧解裁判は、一八八七年（明治二〇）三月一〇日、売間が家財を売却し一五円五〇銭を上司町に支払い、残金一三六円七二銭四厘は売間が身代持ち直し次第返済することを条件に、和解が成立している。この後売間は波路村を離れ、舞鶴町余部に移った。[144]

栗田隧道は、一九七〇年代に新しく国道一七八号線のバイパスができるまで、宮津への出入口の役割を果たした。一九〇九年（明治四二）九月、栗田隧道の波路側の地に宮津町・栗田村・城東村の運送業者たちによって「隧道開鑿主唱者売間九兵衛翁之碑」という碑面の石碑が建立された。売間の死はそれから三年後の一九一二年（大正元）一〇月である。[145]

八　開鑿工事にかかわる諸問題

ここでは開鑿工事にかかわる諸問題、すなわち経費・土地収容・請負・雇用・事務局体制の問題を扱う。

(一) 経費

当初工事は五年間で一七万五三一八円余の予定であったが、最終的に一八八九年（明治二二）八月の完成時まで八年間三一万八六一〇円余の費用を要した。この内訳を記したのが、表1―5である。地方税支出が二〇万九一八円余で六三・一パーセント、国庫補助金が八万円で二五・一パーセント、寄付金が三万七六九一円余で一一・八パーセントである。地方税支出、国庫補助金、寄付金がどのように決定され、あるいは集められたかを見てみよう。

①地方税支出

表1―6は、一八八一年度（明治一四）から一八八九年度（明治二二）までの各年度における車道経費の原案と決議額を示したものである。一八八五年度をのぞき、常に原案は府会審議の過程で減額されていったことがみて取れよう。背景には、明治一〇年代後半の松方デフレによる不況の影響、自然災害（旱害と水害）、および監獄所建築や第三高等中学校「受入」などの臨時出費のしわよせなどがあった。ただし、この減額は明治二〇年度通常府会をのぞけばほとんど常置委員によって行われ、別の言い方をすれば車道工事を推進することを前提とした減額であり、むやみに減額が図られたわけではない。以下各年度で見てみよう。なお、会計年度は一八八一年度（明治一四）〜一八八四年度（明治一七）までは七月から翌年六月まで、一八八五年度（明治一八）は一八八五年七月より翌年三月まで、一八八六年度（明治一九）〜一八八九年度（明治二二）は四月より翌年三月までであっ

表1―5　京都宮津間車道工費収入区分

種類	金額	割合(%)
国庫補助金	80,000円	25.1
地方税	200,918円43銭3厘	63.1
寄付金	37,691円93銭3厘	11.8
合計	318,610円36銭6厘	100

出典：前掲『京都宮津間車道開鑿工事成蹟表』

表1―6　府会審議の車道経費（単位：円）

年度	原案	決議額	減額
1881(明治14)	35,000	25,000	10,000
1882(明治15)	40,275	27,063	13,212
1883(明治16)	27,377	7,899	19,478
1884(明治17)	39,699	29,832	9,867
1885(明治18)	20,726	22,000	+1274
1886(明治19)	24,704	23,878	826
1887(明治20)	45,000	25,000	20,000
1888(明治21)	60,000	53,500	6,500
1889(明治22)	60,094	53,575	6,519

出典：『京都府会沿革誌』270〜278頁、『明治二十年度京都府会決議録』57〜58丁。
備考：①経費の記述は、銭・厘以下は四捨五入した。
②1887〜89年度原案総額は16万5093円で、同年度の決議額総額は13万2075円であるが、決議額総額の中には5万円の国庫補助金請願があり、地方税の総額では8万2075円である。

たことに注意する必要がある。

【明治一四年度通常府会】（一八八一年五月七日開会、八月一八日閉会）

この府会の場合、京都宮津間車道地方税支出原案（以下「原案」という場合この意味で使用する）は三万五〇〇〇円であったが、決議額は一万円を減じて二万五〇〇〇円となった。「常置委員意見報告書」では、葛野郡岡村（樫原宿、現京都市西京区）から南桑田郡川関村（現亀岡市）までの工事（この間の老ノ坂は切り下げ）を予定し、この費用を積極的に三万六〇〇〇円とした。(146) しかし、綴喜郡選出議員田宮勇は、本年度は地方税項目も増加したことにより「民力ニ堪へ難キ」という理由により一万円減額と工事を七年間にすることを主張した。(147) また、綴喜郡選出の西川義延は、工事区間を岡村から南桑田郡柏原《かせばら》村（現亀岡市、川関村よりもかなり南）までに区間を短縮する一方、与謝郡の栗田峠の開鑿の予算（水力による切り下げ）も追加することを求めつつ予算は二万五〇〇〇円にすることを主張し、結局、この西川の論が過半数で可決された。(148) その後この西川の論をもとに修正案がつくられ、工事区間が岡村より船井郡八木村まで延長されるが、一方で経費のうちに各地有志人民よりの寄付を加えて二万五〇〇〇円とするいう形で決定されていくことになる。(149)

【明治一五年度通常府会】（一八八二年三月二八日開会、六月一四日閉会）

この府会の場合、原案は四万二七四円余であったが、最終的にはその三三パーセントである一万三二一二円余が減額され、二万七〇六二円余となった。この減額の背景には、この年京都の監獄所が焼失し、その建築費が必要であるという事情もあった。(150) また、久世郡選出岡西万造が主張したように、民力の疲弊を理由にした廃案説が出たのもこの年度の特徴であった。(151) しかし、一万三二一二円余の減額の最大の理由は、加佐郡由良村から与謝郡波路村までの新道開鑿費が原案の一万四九五二円余から一五〇〇円に大幅に削減されたことにあった。(152) もともと、原案で想定されていた工事は、従来の七曲八峠（長尾峠）を避けて通す由良村の海岸の新道と栗田峠の切り下げ費用であったが、このうち由良海岸の新道はこの年度は工事を行わず、栗田峠を水力で切り下げするとすれば一五〇〇円の費用でまかなえるという田宮勇の主張が過半数で可決されたためであった。(153)

【明治一六年度通常府会】（一八八三年三月一〇日開会、同月二八日閉会）

この府会の場合は、車道予算中最も大きな削減になった。原案二万七三七六円余の七一パーセントにあたる一万九四七八円余が削減され、七八九九円余になったことである。この大幅な減額は常置委員によってなされ、それが確定されていった。常置委員伊東熊夫（綴喜郡選出）の説明によれば、「本年度ハ確定シタル路線ノ外ハ金ヲ出サヽルノ積リナリ」との方針をもとに、観音峠もしくは八田峠の路線が確定していないとしてこれを来年度まわしにし、栗田峠と菟原峠（細野峠）、王子村および大朴峠の工事を行い、不足額は昨年の金を流用するというものであった。なお、栗田峠については、「栗田峠ニハ売間九兵衛ナル熱心家アリテ私金ヲ擲チ水力ヲ籍テ開鑿ニ従事セリ」、ところが一年でも工事を休むようなことがあれば、切り下げのための水路も塞がり事業も烏有に属する恐れがあるとして、そのための費用一〇〇〇円が予定された。(154) すなわち、七八九九円は観音峠（もしくは八田峠）をまったくのぞいてその他の事業を合算した金額であった。

【明治一七年度通常府会】（一八八四年三月一〇日開会、四月一五日閉会）

この府会の場合、原案は三万六九九八円余であったが、九八六七円余削減されて二万九八三二円余の決議額になった。すでに述べたように、この年八田峠路線が常置委員等に否定され、観音峠切り下げ路線に変更したことによって、前者の二万二一八一円余が後者の二万四二〇七円余に一九二六円に増加した。ただしこの年栗田峠は切り下げではなく隧道（トンネル）開鑿に変更され、その費用として一万三二〇〇円が計上されたが、これは栗田峠隧道東西口開鑿費二八三〇円として一万円以上減額されていた。[155] この「栗田峠隧道東西口開鑿費」というのは微妙な表現で、川勝光之助（南桑田郡選出）が述べたように、栗田峠の東西両口を切り下げ、中間を隧道にする予定というもので、[156] この二八三〇円は峠の東西の切り下げ費用であり、隧道工事の予算ではなかった。この減額は栗田峠の開鑿を従来通りの切り下げにするか、あるいは隧道にするかを明確に定めずに、決定を先送りした予算処置であった。

【明治一八年度府会】（一八八五年三月七日開会、四月一一日閉会）

この府会では、二万七二六円余の原案が常置委員によって二万二〇〇〇円に増額されている。この年には与謝郡上司町より宮津までの道路開鑿費原案二万六〇〇円余が一万五五三九円に減額されているが、ようやく本格的に栗田峠の隧道（トンネル）の予算がついた年であった。増額の理由は、原案にはなかった丹波の残工事である船井郡水原村（現京丹波町）新道より菟原村（現福知山市）新道までの道路開鑿費六四六〇円余が追加されたためである。[157] しかし、この年は松方デフレの不況下の中でさまざまな減額の動きがあった。明治一八年度府会において乙訓郡の中でも車道に直接かかわりを持たない今里村（現長岡京市）出身の正木安左衛門は、与謝郡上司町より宮津までの道路開鑿費一万五五三九円余のみ認め、他の予算はすべて削除を主張した。今日世上一般が衰退の極度に陥っている状況に際してことさら原案外の工事予算を置くのは穏当ではない、というのが理由であった。[158] また、これも車道に直接かかわりのない相楽郡選出の柳沢三郎は、目下民間の疲弊困難はその極度に沈み、区部を徘徊すれば毎戸貸家の標札を見ないことはなく、郡部を徘徊すれば公売処分は日に月に多くなっているところを見る、自分の居村である相楽郡上狛村は寒村僻地で一〇〇戸程度の村であるが、不納処分を受けている者は一〇中の二ないし三であるとして、車道予算の全額削除を主張した。[159] 福知山以北の工事に対する危惧の声もあった。これも直接車道にかかわらない北桑田郡選出の野尻岩次郎は、次のように主張した。福知山までの工事はほぼ成功し、水原峠の工事が残ったのみである。そうであればそれより北は舟運の便がある。また、舞鶴—宮津の間は海船の便利があるので工事を継続しなくても差し支えない。たとえ工事を継続し竣工したとしても、舟運・海運が盛大になるにしたがって開鑿の新道は日ならずして蒙々草の生長することになるだろう。(160) 結局のところ、常置委員による二万二〇〇〇円の修正は土木費審議の第三次会で四一名の過半数で可決されるが、正木の一万五五三九円余説も三一名の賛成者があった。(161)

【明治一九年度通常府会】（一八八五年一一月二一日開会、一二月一九日閉会）

この府会では、原案二万四七〇四円を常置委員が八二七円減額して二万三八七七円になった。(162) この費用のほとんどは加佐郡由良村より与謝郡上司町に至る新道開鑿費、すなわち難所である長尾峠を避けた由良海岸の道路開鑿費であった。(163) 常置委員修正説は、原案の金額から二割を減じ、それに前年度栗田峠以西の残工事四〇九一円余を加えて成り立っていた。しかも、二割の減額のうち一割は工事の減額であるが、あとの一割は寄付金で補充することが考えられていた。(164) この年も不況を理由にした削減説があいついだ。一貫して民力の疲弊を訴えていた正木安左衛門は、土木費審議の第一次会では、補助金の指令が出るまで工事を中止すべきと述べ、(165) その後の土木費修正案の審議では、王子村仮橋取除跡埋立費一一一円をのぞき悉皆削除するべきだと述べている。(166)

【明治二〇年度通常府会】（一八八六年一一月二〇日開会、一二月二一日閉会）

この府会では、一八八七年度以降の車道開鑿予算が審議された。その際、全体の開鑿予算がどの程度かも問題であったが、三年間の経費か、四年間の経費か、すなわち一八八九年（明治二二）まで三年継続で事業を行うか、一八九〇年（明治二三）まで四年継続で事業を行うかが議論になった。原案は一八八七〜八九年度の三年間総額一六万五〇九三円余（各年度支出額は、八七年度四万五〇〇〇円、八八年度六万円、八九年度六万九三円余）であったが、古川吉兵衛や正木安左衛門は、四年間を主張した。[167] 年限が延びればそれだけ各年度の支出額は少なくなるが、特に一八八七年度においては第三高等中学校「受入」に一〇万円の予想外支出があったこともその要因になっていた。いくつかの修正案が登場したが、それらすべてが過半数を得ることができず、案は五名の修正委員にゆだねられたが、五名の修正委員による案にも異論が乱れ飛んで可決できず、再度七名の修正委員にゆだねられた。[168] 修正委員の案は三年継続で総額一三万二〇七四円余（八七年度二万五〇〇〇円、八八年度五万三五〇〇円、八九年度五万三五七四円余）であったが、このうち地方税が八万二〇七四円余、国庫金請願五万円であったから、事実上地方税では相当に減額され、この修正委員説が最も地方税支出の少ないものであった。その理由を修正委員奥村新之丞（船井郡選出）は、種々の議論を折衷し総額より二割減じたのと、沿道人民の幾分かの寄付を見積もったと発言し、寺内計之助（紀伊郡選出）と畑道名は、寄付を奨励することと、桂川以東の路線は目論見を変え旧道（七条通）によった、と述べた。[169] 結局この修正委員説が通ることになる。なお、一八八七〜八九年度で計画された事業は、京都より葛野郡岡村までの道路橋梁（最大の支出が予想されたのは桂橋）、乙訓郡塚原村より同郡沓掛村までの道路橋梁、南桑田郡王子村より船井郡木崎村までの道路橋梁、船井郡須知村より井尻村までの道路橋梁、天田郡菟原下村―同郡荒河村―加佐郡蓼原村―同郡北有路村―同郡和江村までの道路橋梁であった。[170]

②国庫補助金

前述したように、一八八〇年太政官布告四八号による国庫下渡金廃止の後、一八八一年後半期には行政措置による国庫補助の道が開かれ、府知事・県令による中央人脈を利用した補助金獲得の動きが始まっていく。京都府でいえば、北垣府知事の活躍の舞台ができるのである。

国庫補助金については、一八八二年（明治一五）六月七日、京都府会が内務卿山田顕義に国庫補助を仰ぐ建議を行っている。[171] この建議は、次のように言う。昨一四年度において京都宮津間車道開鑿工事に着手し、その予算額一八万余円で、すでに昨年において二万五〇〇〇円を支出したが、今さらに予算を見積もれば物価の騰貴と工事の困難等により二〇有余万円の巨額を費やさなければその目的を達することができない、ところが本年度の地方税は非常に多額で郡部にあってはほとんど地租割制限の極度を課さざるを得ず、人民はその負担に堪えられない、しかし今この事業を中止することはできず、やむを得ず他の事業に充分な節減を加えるつもりであるが、民力は漸次疲弊におもむくの現象を呈しており、このまま該事業を継続施行することができない状態になっている、ここにおいて特別の御詮議をもって経費予算総額の半額もしくはその幾分を国庫より補助せられたい。[172] 要するに、実際に工事を始めてみると予想以上に金額がかさむことがみえてきたことと、一八八二年（明治一五）という松方デフレの開始期による民力疲弊の予感がこの建議の要因であった。

しかし、この建議が可決される以前から、京都府および北垣は国庫補助獲得のために動いていた。すでに、一八八一年（明治一四）一一月、京都府は内務省に補助を請願したが、採用されなかったようだ。[173] 一八八二年（明治一五）、建議が可決される以前の二か月前の四月一一日、北垣は上京し、一六日夜山田顕義内務卿邸で琵琶湖疏水工事をはじめ一一の「具状条件」、すなわち要望を行っている。その中には、第一の琵琶湖疏水工事の補助金要望についで第二の京都宮津間車道開鑿工事の国庫補助の要望があった。

一車道補助ノ事

京師ヨリ丹后宮津ニ達スル車道ハ、昨明治十四年府会ニ於テ議決シ、拾七万円ノ費途ヲ地方税ヨリ支出スル所トナレリ。然ルニ該工費、追ヒノ坂《マヽ》墜《隧》道・宮津沿海車道等ニ付、三万円許ノ増加ヲ生セリ。此ノ増加金ヲ政府ニ補助セラレン事ヲ請フ所以ナリ。

これらの要望について、山田内務卿は、「琵琶湖通水」の件は大いに賛成され、なお取調の上「表面上申スヘキ旨内示」があったが、第二の京都宮津間車道補助については、「車道補助ノ件ハ内閣詮議中ノ由」という回答にとどまった。(174) しかし、それから三か月後の七月、北垣府知事は、松方正義大蔵卿が京都にやってきた際国庫補助を要請し、松方の承諾を得ている。(175)『西京新聞』明治一五年七月二六日付では、「本年再願せられしに、内務省にも其議を容れられ、一ヶ年六千円づゝ向五ヶ年間補助費として下附あり度旨を以て太政官へ上申中なりと東京通信に見ゆ」とあり、この頃に一か年六〇〇〇円、五年継続（一八八一～八五年度）、合計三万円の国庫補助が認められたと思われる。(176)

明治一八年度通常府会が開かれている一八八五年四月一〇日、京都府会は田中源太郎府会議長から北垣知事宛の車道開鑿にかかわる建議を可決する。(177) この建議が主張している要望は、①国庫下渡金請求、②沿道人民寄付奨励、③土功施行の方法改良、の三点であった。①については、一八八一年度よりこれまでの工事支出金、および一八八五年度以降に要する費用を合算すれば概算で三四万八八一七円余の巨額、すなわち当初予算の二倍に至らんとするときにさらに国庫補助を請求するのはやむを得ない、と言う。②については、一般不景気のときにおいて現金の寄付は調えがたいが、人夫の助力、土地・木石等の提供の類でも該工事の費用を助けることになるので、一層奮進して分担すべき旨、郡長・戸長はもちろん府庁官吏より充分奨励説諭してもらうとともに、閣下にも地方巡回のついでに御奨励していただきたい、と言う。③については、なるべく工事の区域を小分し、沿道町村へ負担せしむる手続きをたてられれば、人民疲弊の折からその業を得るに喜び、低廉の工費をもって応ずるだろう、また、表面上入札請負人は「地方ノ者ニアラス」（地元の者ではないという意味か）であるが、請負人よりさらに廉価で地方人民に下請けさせるという方法もある、と述べる。[178]この建議が北垣に提出された後、北垣がどのように動いたかについては、史料がない。[179]

さらに一八八六年(明治一九)一二月八日、明治二〇年度通常府会は、副議長西村七三郎の名で京都府知事に対して再度の国庫補助を稟請することを乞う建議を議決する。[180]この建議は、明治二〇年度通常府会での一八八七〜八九年度総額一三万二〇七四円余の地方税負担を踏まえ、そのうちの五万円を国庫補助とするために北垣知事の政府に対する働きかけを要請するものであった。[181]新聞史料によれば、北垣知事はただちに内務・大蔵両大臣に稟請したらしい。[182]そして、その後内務省土木局は技師を京都に派遣して実地検分し、一八八七年(明治二〇)七月九日付で伺いの趣が聞き届けられ、工費補助金五万円のうち、一八八七年度一万円、八八年度・八九年度の両年度各々二万円ずつ下げ渡すべき旨京都府に指令があった。[183]国庫補助獲得は沿道人民を大いに歓喜させたらしく、丹波・丹後各郡で献金の動きがあった。[184]九月一二日には、府会議員が常置委員、北垣府知事、庶務・土木の両課長および関係者を花見小路の有楽館に招待し、慰労の宴を行う旨の新聞記事がある。[185]

③寄付(寄付金および寄付人足)

寄付金が三万七六九一円余で総経費の一一・八パーセントを占めたことは前述した。寄付金募集は、もちろん一八八一年度(明治一四)より始まった。まず、最初に知事をはじめとした京都府官吏らの寄付金が行われた。一八八二年(明治一五)三月一一日、北垣府知事が三〇〇円寄付の願書を府庁に出し、[186]一三日には、上下京区長と府下郡長に対し、北垣が「宮津京都間車道開築費義金募集ノ事ヲ内達」している。[187]京都府の官吏では、三月中にナンバー2の国重正文大書記官が一〇〇円、ナンバー3の谷口起孝少書記官が一〇〇円寄付したことを知らせる新聞記事がある。[188]また、土木課長であった伊勢煥は五月に一〇円を寄付している。[189]各郡の官吏も、その地位に応じて寄付をしたらしい。一八八五年（明治一八）一〇月二一日、与謝郡の郡書記六名（沼野秀正ほか）は京都府に対し、宮津大手橋より波路村までの車道工事への献金を願い出、翌年一月に聞き届けられている。その際、献金額は一名が二円四〇銭でそれ以外の五名は各三円であった。(190) このように、寄付金の額は官吏のランクで分かれたようだ。

一般の寄付金は、沿道住民を主要な対象として郡役所―各戸長役場の主導で集められた。たとえば、南桑田郡では連合戸長役場時代に、次のような通達がなされている。(191)

京都ヨリ宮津へ達スル車道開鑿工費寄附之義ニ付、明後二日並河村役場へ当郡長出張相成候ニ付、惣代トシテ弐名同日午前第七時同役場へ御出頭相成度、此段及御通知候也

追而郡限特ニ口頭ヲ以テ申伝へラレタル次第も有之候ニ付、必ス遅郡不致様申添候也

第七月三十一日

当戸長役場

神前村

惣代　御中

このように、郡役所―戸長役場の主導で寄付金が集められる場合と、車道路線に組み込んでもらうために積極的に寄付金や寄付人足を申し出る場合もあった。

前者の場合、京都府―郡役所―戸長役場（連合戸長役場）間で寄付の割当てをめぐって軋轢もあったようだ。一八八八年（明治二一）四月三〇日付で天田郡厚村外一〇か村戸長松村乾造が北垣府知事に宛てた「天田郡内之義ニ付上申且ツ待罪書」(192) なる文書がある。この文書は、松村が事前に「職務御免ノ願書」を差し出した上で、他郡出身の柳島誠天田郡長は「郡民ニハ余リ親切ナル風采モ無之」として、間接的表現ながら柳島の独断的な行政

処置を批判した文書である。その批判した内容の一つに車道寄付金の問題がある。すなわち、柳島郡長は、「車道寄附金ノ如キ加佐郡ハ三千五百円ヲ承諾セリ、本郡ニシテ加佐ヨリ下ル理由ナシ、且ツ本府ニ於テモ承諾セサルヘシ」と言ったが、「然ルニ本郡承諾ヨリハ加佐郡ノ承諾後レタル哉ニ新聞ニ見ヘタリ、又金員モ加佐ハ本郡ヨリ減シ居リ候哉ニ伝聞仕リ候義ニ有之」、というわけである。要するに、天田郡の寄付金割当額が郡長の詐術的言辞によって決められた、という批判である。寄附金割当をめぐって一定の軋轢があったことをうかがわせる。

「有志金」という名目の寄付の割当をめぐって、村が郡役所に「有志金」の減額を要望する場合もあった。一八八七年（明治二〇）二月二四日、葛野郡岡村総代井上久右衛門は葛野郡長松野新九郎に対し「有志金減額歎願書」[193]を提出している。内容は次の通りである。岡村は桂川大橋修繕の際、有志金一六三円が割賦されていた。しかし、岡村ではすでに嵯峨道東西両道の道幅拡幅にあたって一五〇円で田地を買い上げ、さらに人足を出し、その後「丹波新道」（京都宮津間車道）にも人足三〇〇人を負担していた。したがって、岡村では一六三円の割当が多額であるとして、二年間で五〇円に減額してくれるよう葛野郡長に要望している。この結果は不明である。

車道路線に組み込んでもらうために積極的に寄付金や寄付人足を申し出るケースは、八田峠と観音峠の路線をめぐる争いがまさにそうであった。観音峠の場合、この路線をとった場合、園部市街より一三〇〇円、木崎村・水戸村・新水戸村より人足四〇〇〇人を寄付してその工事を助けたいとの出願があったことは前述した。八田峠の場合、八田峠と特定しての寄付金額は不明であるが、八田峠沿道諸村からは人足一九〇〇人を寄付するとの願書が京都府に寄せられたらしい[194]。明治一七年度府会で観音峠が路線として確定した後、園部町・須知村寄付の分三九〇〇円、木崎村・新水戸村・水戸村の人足三七五〇人の寄付の申し出があったらしい[195]。

与謝郡、とりわけ以前から進められていた栗田峠開鑿工事を一八八二年度から京都宮津間車道開鑿工事に組み込んでもらった栗田郷の人びとも寄付には相当力を入れた。明治一七年度京都府会開会中の一八八四年（明治一七）三月一一日、宮津地方からの寄付金はどれほどか、という議員の質問に対し、京都府の片山三等属は、与謝郡栗田郷からは人夫のみで三万一六人の寄付と答えている。(196) 栗田郷の中心集落上司町(現宮津市)には人足寄付の願書が残されている。一八八四年（明治一七）一二月に上司町と中津村ほか四か村は、京都府に対し、栗田峠より長尾峠加佐郡境までの工事に人夫提供を申し出るとともに、翌一八八五年一〇月にも上司町と中津村(現宮津市)で栗田隧道開鑿のために上司町一五四六人、中津村一二〇六人の人夫提供の申し出を行っている。(197)

与謝郡では、車道の最終地点（宮津元標）である大手橋新造にも宮津市街を中心に七一〇余円の寄付が集められた。大手橋の全体の費用は一五七二円であったからその半分ほどの寄付が集められたことになる。(198)

なお、寄付人足は、寄付金を献金することの代替処置の意味があった。

しかし、一八八三～八六年の不況の中での大土木工事であったため、寄付金募集は必ずしも順調には進まなかったらしい。たとえば、明治一九年度京都府会開会中の一八八五年（明治一八）一一月二八日、京都府の田所重礼技手は、次のように言う。一八年度においては一万五五三九円余の予算費額と沿道人民の寄付金人足等をもって与謝郡上司町より宮津まで道路開鑿を竣成する決議であったがゆえに、充分沿道人民へ寄付を奨励したが、いかんせん、不景気ゆえにこれに応ずる者がことのほか少なく最初の見込みに及ばなかった、よってやむを得ず隧道開鑿のみに着手し、その前後には着手しなかった、と。(199) 要するに、寄付金献金の少なさゆえに、工事の進行はかなりの制約性を持っていた。

なお、一般の寄付者に対して、京都府が感謝状を発行するのは、車道工事がすべて済んだ後であったらしい。南桑田郡旭村(現亀岡市)の川勝義が車道開鑿費金一円三〇銭を献金したことに対して、北垣の感謝状が発行された日付は、一八九〇年（明治二三）六月二四日であった。[200] そして、北垣知事が京都府下の寄付者に対して謝辞の旅をするのは、一八九一年（明治二四）四月である。[201]

（2）土地買上げ・工事請負・雇用

土地の買上げについて、葛野郡岡村（樫原宿、現京都市西京区）と南桑田郡王子村の場合で見てみよう。

一八八二年（明治一五）六月、葛野郡岡村では、車道開鑿にともなう潰地の取調が行われた。村内の潰地反別は一町四畝一歩、このうち献納された反別が二畝一二歩、買上げ反別が一町一畝一九歩、この代金は九一一円二〇銭三厘であった。潰地の対象になった土地は、宅地・田畑・藪地・孟宗藪地・山林・墓地であったが、特徴的な点は、山林と墓地をのぞき、宅地や藪地・孟宗藪地の売り代金はほぼ地価の二・五倍前後で設定されていたことである。[202] この地価の二・五倍の代金を京都府がそのまま認めたかは不明である。同年九月一二日、岡村では戸長と土工委員の名で京都府の「御出張土工掛」に対して、「建家移転料之願」[203] を提出している。内容は、岡村が瓦葺建家五軒、藁葺建家一軒、さらに五間の土塀の移転料、合計五八〇円を要望するものであったが、これは以前に京都府に要望した移転料が高いということで「代価不相当」とされ、減額して再度要望したものであった。このように、土地の買上げ代金や移転料をめぐっては、京都府と車道開鑿工事の村とは、金額の多寡をめぐって綱引きが行われたのである。

老ノ坂峠の丹波側の村、南桑田郡王子村の場合、土地買上げの基準が明確になる。一八八三年（明治一六）五月一一日、王子村地主二二名は、村内字榊谷より王子神社までの車道敷地にかかわる潰地買上げについて売買代価を示し、一筆限取調簿を添えて買上げ願書を京都府に対し提出している。このときの買上げ代金の算出基準は、

①田畑・宅地は地価の二倍、②新開田は一反歩につき金五八円、③藪地は一反歩につき金五〇円、④山林は一反歩につき金一五円、であった。この願書は、「老ノ坂御出張官吏」からの「御達」により提出したもので、同年一〇月、京都府は願書を聞き届け、対象土地は一〇月より地租免除され、潰地は官有地第三種に編入し、潰地買上げ代金は府庁より渡す、と回答している。(204)

土地は買上げたものの、結果的には使用されない場合もあった。その場合は、各郡ごとにその車道敷地の残地が入札による公売処分で払い下げられた。そして公売代金は郡役所より京都府に上納された。時期は、一八九〇年（明治二三）の頃である。(205)

この工事は大勢の人足を使用することから、治安の問題も想定されていたようである。『西京新聞』明治一五年三月三一日付は、北垣が、伏見警察署と園部警察署に対し通達を発し、「京都より宮津にいたる車道開鑿については類多の人夫を使役するより往々不都合の義も少なからず、さらに(伏見署は)向日町分署へ、(園部署は)亀岡分署へ巡査五名を増員し、一交番所を設置」することを伝えている。その後、『西京新聞』明治一五年四月一四日付によれば、乙訓郡沓掛村と丹波王子村へ巡査交番所ができたとのことである。しかし、この工事をめぐって特に事件や紛擾のようなものを史料上は探しだすことができない。

工事による犠牲者は少なかった。一八八六年（明治一九）五月一九日、加佐郡由良村より与謝郡脇村にまたがる長尾峠新道の工事中に、由良村の小室岩蔵が負傷、その後死亡しているが、このとき京都府より家族扶助料として金三〇円、埋葬料として金一〇円が支給されている。(206)

工事の請負の実態は、まとまった史料に乏しい。車道開鑿工事が本格化していく一八八三年（明治一六）二月一五日に布達された「工事請負規則」によれば、請負は入札を基本とし、請負人は履歴書、仕様帳などを府庁に提出し、落札した場合は請負金高二〇分の一を身元金として府庁土木課に納めることになっていた（身元金は工事落成後返還）。府庁よりの工費下げ渡しは、申し出に応じ実地審査の上出来形七分通りの金額を下付し、完成した場合請負人が成功届書を差し出した後一〇日以内に実地検査し、検査済の証符を渡した後八日以内に皆金が下げ渡される形となっていた。工費が最終的に工事完成後に支払われることと、身元金の存在からして、請負人は事前にまとまった資金を要した。また、工事時限は、日出より日没までを「定法」とし、この時間中は請負人もしくはその代人が現場に詰め切ることになっていた。[207] 請負人がどのような人びとであったか全体がわかるわけではない。しかし、下請には地元もしくは郡内・隣郡の人間が使用されたようで、観音峠の水抜き・石垣工事の請負人は兵庫県朝来郡新井村（現朝来市）の太田垣義亮であったが、その下請は南桑田郡東加舎村（現亀岡市）の落田兵蔵であった。[208] ただ太田垣も落田も職業としては「農」であったから、この時期は土木業がそれ単独の仕事として成立していたかは不明である。また、一八八四年（明治一七）一二月から翌年一月末を期限に行われた葛野郡岡村地内字拝谷石垣損所修繕工事の請負人は岡村の井上久右衛門であったが、[209] 井上は一八八八年（明治二一）二月には岡村の惣代を務めており、地元の有力者であった。この工事は、地元の有力者が地元住民の雇用も兼ねて請け負っていた可能性がある。

より明確に地元の有力者が地元住民を雇用しながら観音峠の工事を下請していたことを示す史料がある。一八八五年（明治一八）二月、船井郡西河内村（現京丹波町西河内）の井爪孫兵衛は北垣京都府知事に「嘆願書」[210] を提出し、以下のような内容のことを訴えた。①西河内村を含む和束郷の人びとは、観音峠の新道開鑿工事が兵庫県但馬の太田垣義亮が請け負ったことを聞き、「生計ノ為メ工事下請負ヲモ仕稼度旨」をもって太田垣に交渉したが、太田垣から「相当ナ身元アル者」をたてるように言われ、西河内村の村人たちの懇願により区長を務めた経験のある私（井爪孫兵衛）が下請になった、②工事は観音峠の険所の東西の堀割の分であり、明治一七年一二月一日に着工したが、日数がかさみ、その間工事中の入用や人夫への給与に支障を来すようになった、③私は、この工事にすでに一〇〇〇円前後を費消し、手元の資金が底をついたため、不動産物を抵当に、相当の資産がある村惣代数名を保証人として、工事成功まで特別に応分の資金を御貸し下げいただきたい。

井爪の歎願が実現したかは不明である。西河内村のある和束郷は、京都宮津間車道の沿道ではない（図1－1ⓗ）。この史料からは、井爪が不況下での村民に仕事を与えるために下請人になっていたことがうかがわれる。

工事関係者についても触れておこう。『京都宮津間車道開鑿工事成蹟表』には、「前后事業関係者」、すなわち工事関係者が記載されている。以下に人名を記しておく。まず、土木課長として、伊勢煥・最上五郎・尾越悌輔・尾崎班象・多田郁夫。土木課長は一人であるから、これは工事期間中の歴代土木課長である。工事にかかわった人びとは、土木工事と測量とで分かれる。土木工事にかかわった人びとは、①技手、②属、③御用掛、④雇の四種類に分けて記載がある。技手は工事の技術的担い手であるが、「属」および「御用掛」はたんに京都府官僚の身分呼称であり、具体的役割は不明である。ただし、「属」の一人である十等属中島外成は一八八四年（明治一七）九月二〇日土木課雑務掛を申し付けられていること(211)から「属」は雑務の仕事であったと考えられる。「雇」は車道路線の工事現場で准官吏として雇用された人びとであろう。人名をあげると、技手は、田所重礼・高屋邦愷・白木為政・三原範治・土岐長寛・細田信道・古畑重三郎・山口元綱・稲田延秀・喜多敬雄の一〇名(212)。「属」は、角田利永・中島外成である。「御用掛」は杉山有。「雇」は、姓のみで名の記載はなく、白井・田中・北沢・河上・平田・売間・渡辺喜の七名。「売間」はいうまでもなく先述した売間九兵衛である。測量にかかわった人びとは、①属、②技手、③雇に分けて記載がある。「属」は丸田本正。技手は、森田玲彦・渡辺樵華・青木光兼・石井一介の四名、「雇」は蔵田秀一・植村好一の二名である。これらの人びとがどのような人びとであったかは京都府官僚論としていつの日か稿を改めて論じたい。ただ、二つの特徴的な点を述べておきたい。第一は、琵琶湖疏水工事の工事主任である田辺朔郎、測量主任である島田道生の名はないことである。第二は明治一四年度から明治二〇年度の通常府会では上記の人物の中から車道開鑿費について答弁委員が選定されて、答弁が行われるが、この答弁にたった人物が車道開鑿工事の実質的中心人物とみてよいだろう。そのような判断からすると、明治一四・一五年度は六等属白木為政技手、明治一七年度から二〇年度までは四等属田所重礼技手・多田郁夫土木課長である。(213)

九　車道のその後

一八八九年（明治二二）の車道開通以前から車道開通を見込んでさまざまな動きがあった。『日本立憲政党新聞』明治一七年五月二日付は、「京都の人々その発起にて、今度七条堀川辺へ馬車会社を設立し、同地より丹波の亀岡・園部・福知山を経て丹後の宮津に達する往来の便を開かんと目今其目論見中なりと」と伝えている。また、北垣国道の日記『塵海』明治二一年九月一七日条は、「早朝内国通運会社京都支店支配人久志本常琢・同郵便馬車掛り安田峰三郎来り、乗合馬車開業願ノコトヲ具申ス」とあるが、これは京都宮津間車道に絡んでの動きか不明である。

一八九一年（明治二四）七月、宮津町字小川の澤田宇兵衛によって京都・宮津間の乗合馬車営業が開始された。両地間の発着時間は、午前五時宮津発の馬車に乗れば、正午に福知山に着、同時同所を発する車に乗り換え、午後六時園部着、翌日午前五時同地を発し同一一時に京都（七条大宮）着で、毎日一回の往復であった。賃銭は京都・宮津間で一円二六銭。取次所は、栗田・由良・大川・高津江・河守・天津・生野・菟原・大久保・檜山・須知・八木・亀岡・沓掛・樫原であった[214]。乗合馬車は小荷物の運搬も兼業し、京都から峰山・舞鶴・宮津行は翌日配達、福知山以東は即日配達、また宮津から京都行の場合、園部・亀岡・京都などは翌日配達であった[215]。一八九三年（明治二六）六月、澤田がひきいる澤田広栄堂馬車部は宮津の本店と京都七条大宮支店の間に即日発着の馬車を往復させた。午前四時京都発、午後七時三〇分宮津着で賃銭は一円四八銭であった[216]。

乗合馬車の事故が多かったことは『三和町史』下巻の林正氏執筆部分が詳しい[217]。また、京都宮津間を一日行程の乗合馬車で行くことができるようになったとしても、現実にはどこかで休憩しなければ肉体的にはかなり負担が多いものであった。はるか後のことであるが、『日出新聞』大正五年四月七日・九日付は、一九一六年（大正五）四月に、天田郡福知山町広小路から加佐郡河守町まで乗合馬車で旅した新聞記者の見聞記を掲載している。それによれば、乗合馬車は八人乗りで、馭者一人、箱外の後尾に一人がついたが、天井が低い上に幅が非常に狭く、膝頭がぶつかり、動揺が激しくお互いの体をお互いが支え合うような状態、さらには一時間余遅れで出発したという。福知山から河守のような比較的近いところでこの状態であったから、長い距離は乗客にかなりの苦痛を強いたであろう。

さて、この車道はどの程度の経済的効果をもたらしたか。この点はそれを明示する史料に乏しい。この効果について、『日出新聞』は、完成以前から次のような冷めた記事を載せていた[218]。

（前略）扨て其工事落成の暁に至りては如何なる効果あるやを考ふれば、道路は完全の域に達するも、地方人民は萎微して振るはず、殖産興業の途開けず、唯官吏の出張に便利を与ふると、丹後縮緬其他些細なる両丹物産を京都に送り出すとくらゐの効益を占むるに過ぎずとありては甚だ本意なき次第ならずや、沿道人民

の覚悟は如何、我輩の聞くを願ふところなり

この記事は多分に『日出新聞』の本社がある京都の街場の意見が反映されているとみえなくもない。しかし、いずれにしても、物資の輸送の面で工事費に比較してどの程度の経済的効果があったかはみえない。しかも、明治二〇年代後半からは一八九三年（明治二六）七月に設立申請された京都鉄道株式会社によって、京都舞鶴間鉄道の敷設が行われていく。ただし、この鉄道敷設の歩みは遅く、一八九九年（明治三二）京都―園部間が全通するが、それ以後は未成線になり、一九〇四年（明治三七）官設鉄道舞鶴線福知山―新舞鶴間が開通する。結局のところ、京都―新舞鶴間の全通は一九一〇年（明治四三）である。鉄道が敷設されたところでは物資の輸送は次第に鉄道中心になっていくことは容易に想定される。

しかし、この時期、まだ宮津までは鉄道網は及んでいなかった。前述したように一九〇九年（明治四二）宮津町・栗田村・城東村の運送業者たちによって売間九兵衛の石碑が建立されたことは、この車道が物資輸送に大きな意味を持っていたことがわかる。宮津までの鉄道網が伸びるのはそれから一五年後の一九二四年（大正一三）である。なお、現在、京都宮津間車道は、一九六七年（昭和四二）国道九号線などの大道路が完成した後も、地域の生活用道路の様相を帯びて活用されている。

おわりに――車道の時代へ――

一八八二年（明治一五、年度では一八八一年度）から一八八九年（明治二二）にかけて行われた京都宮津間車道開鑿工事について特徴的なことをすでに「はじめに」で述べたが、さらにまとめを兼ねて問題史的に以下に述べておきたい。

第一は、車道開鑿の契機である。想定できるのは、一八七六年（明治九）八月の天田郡および丹後五郡の京都府への編入であるが、京都府当局も京都府会も車道開鑿の動きを示していくことを史料上明示できるのは一八八〇年（明治一三）である。要するに、前年の京都府会誕生後である。すなわち、山城から丹波、そして丹後まで京都府全体のことを審議する機関の登場がなければ、車道開鑿には至らなかったことはほぼ間違いなかろう。さらに、車道開鑿には二つの背景がある。一つは明治以後の荷馬車・人力車の増大である。もう一つは京都府各地で、地元の人びとによって峠の切り下げや新道開鑿の動きがあったことである。この車道路線でも、車道開鑿以前に大枝峠（老ノ坂）の切り下げや新道開鑿、天田郡大身村の道の付け替え、売間九兵衛と上司町の人びとによる与謝郡栗田峠の切り下げ工事があったことは前述したとおりである。

第二は、軍と道路の関係である。この車道開鑿の過程で軍が表舞台に登場することはなかった。『大江町誌』通史編下巻は、京都宮津間車道を「産業道路」としながらも、一方「舞鶴鎮守府設置（明治二十二年決定、同三十四年開庁）を見越しての軍事道路としての性格を、より大きく持つ街道であった」とする。[219] 後の時期になるが、一八九四年（明治二七）七月、勅令二八号によって京都―宮津街道（加佐郡八田村分岐）―新舞鶴が「国道鎮守府西街道」となったため、京都宮津間車道は軍事道路であったと誤解される要素がある。[220] しかし、この車道は、舞鶴市街の人びとの要望があったにもかかわらず、舞鶴は車道路線にならなかった。また、舞鶴市街の人びとの要望の中には一切軍事的理由の記述はなかった。そもそも、舞鶴鎮守府設置が決定されるのは一八八九年（明治二二）であり、車道が開鑿されていく時代において舞鶴港は軍港ではなかった。[221] わざわざ大河由良川を通って舞鶴を通る必然性はなかったのである。

ただ、一八八六年（明治一九）六月、北垣府知事が大阪に行き、京都府も管轄にあった第四師団の師団長高島鞆之助に会い、三間幅の了承を得ていたことは注目する必要がある。この時点で北垣は道幅で軍の了承を必要としたのである。車道開鑿工事もあと三分の一程度を残すだけになっていた一八八六年の時点で、なぜ第四師団長の了解を必要としたのか、あるいはたまたまなのかよくわからない。ただ、前年一月六日太政官布告第一号により、国道線路が三間から七間とされ、これに基づいて二月二四日内務省告示第六号で「国道表」、すなわち四四の国道の線路が告示された。ちなみに京都から福知山までの車道路線は「東京ヨリ鳥取県ニ達スル別路線」として国道二三号に指定された。[222] 鈴木淳氏によれば、この国道の道幅決定直後には、陸軍がその遵守を求めたが、太政官は県や内務省の意向（すなわち四間幅でも広くて巨大の工費を要するため漸次でなければ行われがたいなどの意向）通りの実施を認めたという。[223] 軍への一定の配慮を示しながら、府県や内務省が道路行政の主導権を握っていたというのが、京都宮津間車道の時期であろう。[224]

第三に府会の論議についてである。明治一四年度通常府会から明治二〇年度通常府会まで、京都宮津間車道開鑿工事の地方税予算は当然京都府会で審議された。松方デフレによる不況に一八八三年の旱害、一八八五年の水害も重なり、さらには京都監獄所の焼失や第三高等中学校の「受入」費用の捻出などにより、工事予算は常に減額される傾向にあった。乙訓郡の正木安左衛門のように廃案を主張するものもいた。しかし、減額されながらも毎年予算はつき続けた。これを主導したのは京都宮津間車道の沿線に居住する議員だけとは限らなかった。本稿では、個々の議員の発言まで記述していないが、常置委員はもちろん原則推進の立場であったし、直接的利害のない京都以南の議員も大筋ではこの工事に賛成した。また、結果として郡部の道路の改修を促進した一八八三年からの区町村土木補助費の設定が下京区の中村栄助の建議によって行われたことを想定すると、府会議員がそれぞれの地域利害だけで動いていたとは断定できず、京都府全体の公益で動いていた点は少なからずある（もっとも、中村自身は、次第に郡部中心の区町村土木費補助に否定的になっていくが）。

第四に、工事に自己の財産を相当に費消しなければならなかった人びとの存在である。栗田峠開鑿の際の売間九兵衛や上司町の人びとなどがそれである。補論で明らかにする新伊賀街道開鑿の際の大仲重太郎・森地平左衛門・槙田真二郎などもそうである。自己の利益は当然考えたはずであるが、道路開鑿の公的制度が完備していない段階で、結果として公益の犠牲になった人びとがいたことは記憶しておかねばならない。

最後に景観の問題にも触れておこう。江戸期の道と明治以後の車道は同じ道でも大きな違いがある。江戸期の道は基本的に最短の道が選択される。急勾配もあり、峠もある。大きな川には州から州までの季節的な仮橋はあっても恒常的な橋はなく、渡しである。また、すでに山陰道の例で述べたように、割合大きな街道でも一間から三間までその道幅に統一性はなかった。道はほとんどが人の通る道であったから、最小の道幅で三尺（約九〇センチメートル）程度であった。[225] 京都宮津間車道はこの景観を変えた。荷車や人力車が楽に通れるよう道が切り下げられたり、迂回の道がつくられたり、あるいは隧道（トンネル）がつくられた。道幅はほぼ三間に統一され、路線のすべての川に恒常的な橋が架けられた。京都宮津間車道の道幅は三間であるが、この頃から二間（約三・六メートル）以上の車道が各地につくられ始める。要するに、京都宮津間車道開鑿直後から区町村土木補助費もあって京都府下の道は次第に変わっていく。時代は車道の時代に入ったのである。[226]

（1）　道の名称は向かう方向によって名称が異なる。したがって、京都から福知山への道は山陰街道もしくは丹波街道であるが、福知山から京都に向かう場合は京街道になる。本章では便宜上山陰街道という名称を使用する。

（2）　一八八二年（明治一五）六月七日、明治一五年度京都府会で決議された「車道開鑿ニ付国庫金ヲ仰クノ建議」

（京都府総合資料館編『京都府百年の資料　七　建設交通通信編』（京都府、一九七二年、以下『百年の資料』七と略称）一一六頁。

（3）一八九二年（明治二五）八月七日、前京都府知事北垣国道の官民有志送別会が京都博覧会場で盛大に開かれた。京都商業会議所会頭でこの会の官民有志総代であった浜岡光哲は、その送別文の中で北垣が一八八一年京都府知事に就任以来の北垣の業績のうち、最も顕著なものとして「市に琵琶湖疏水の工を起こし、郡に宮津車道の業を成す」と述べている（『日出新聞』明治二五年八月九日付）。京都宮津間車道開鑿工事は、琵琶湖疏水開鑿工事に比べれば、経費の点では疏水工事が一二五万円余、車道工事が三一万円余、と大きな開きがあるが、浜岡は北垣の二つの大業績の一つとして認識していたのである。

（4）筆者は、最近まで第三高等中学校が京都に置かれたことを、「誘致」という言葉を安直に使用して「第三高等中学校誘致」と表現してきた（「〔解題〕北垣国道とその日記『塵海』について」塵海研究会編『北垣国道日記「塵海」』〔以下、塵海研究会本と略称〕思文閣出版、二〇一〇年、五八四頁）。しかし、田中智子「第三高等中学校設置問題再考――府県と官立学校――」（『京都大学大学文書館研究紀要』第三号、二〇〇五年）、同「地域における『官立学校』の成立――高等中学校医学部の岡山県下設置問題――」（『史林』九二巻六号、二〇〇九年）によって、「誘致」ではなく実態としては「受入」と呼ぶようなものであったことが説得力をもって実証されている。

（5）和田博雄「売間九兵衛と栗田トンネル（上）」（丹後地方史研究友の会編『宮津地方史』第四号、一九九四年）、同「売間九兵衛と栗田トンネル（下）――栗田トンネル勧解事件について――」（『宮津地方史』第五号、一九九八年）、宮城益雄「明治中期の京都縦貫道と大手橋」（宮津地方史研究会編『宮津地方史』第三号、一九九四年）。

（6）井ケ田良治・原田久美子編『京都府の百年』（山川出版社、一九九三年）八五～八七頁。

（7）居石正和「明治前期の道路行政と国庫補助――明治一三年太政官布告第四八号と車税問題――」（同志社大学人文科学研究所編『社会科学』三七号、一九八六年）、渡邉直子「『地方税』の創出――三新法体制下の土木費負担――」（高村直助編『道と川の近代』山川出版社、一九九六年）、長妻廣至『補助金の社会史――近代日本の成立過程――』（人文書院、二〇〇一年）。

（8）前掲『百年の資料』七、三一～三二頁。

（9）ただし、「譬ハ」と表現されているように、「官」が六〇パーセント、「民」が四〇パーセントと明確に定めたものではなく、あくまで目安にすぎなかった。この点は前掲長妻書三七頁参照。
（10）前掲『百年の資料』七、三六〜四〇頁、通達の表現では、三つの「山陽道ノ起線」の一つとして、「三条大橋ヨリ大宮通丹波口・朱雀村・沓掛村、夫ヨリ丹波国亀岡ヲ経テ丹後国エ出ル」とされている。
（11）同右、四五〜四六頁、同日太政官達五九号で河港の等級も廃止された。
（12）京都府知事北垣国道は、一八九〇年（明治二三）二月八日、京都市長の資格で、京都市会議員・京都市参事会員・常設委員・区長および京都府高等官・諸課長を祇園中村楼に招き、自治制のこと、三府特別市制のこと、京都市が将来施行すべき事業などについて二時間ほど談話した。その中で市区改正の必要を述べた部分で次のように語った（『京都公民会雑誌』第一三号、一八九〇年二月二八日発行、一〇〜一三頁）。

市区改正ノ事は容易に手を下すべきに非れども、現今の市区は路幅甚だ狭隘にして、三条通・寺町通稀れに四間幅の道路あるも、大略三間乃至二間、又は一間半の道路にして、若し三十尺内外の家屋を造築するときには終日日光を見ざるの陰地となり、屋内は昼猶ほ闇くして、衛生の害は勿論、百般の営業諸事に必至障碍を生ずべし、故に市区の要路を改正して相当の路幅と為すべきは将来不得已の事業なり、是亦た今日より注意を要する事ならん（傍点筆者）

なお、この二月八日の北垣の談話は、北垣日記『塵海』の一八八九年（明治二二）一〇月から一二月までの簿冊の末尾に記載されている「漫録」という下書（かなり推敲の形跡がある）とほぼ同一の内容で（塵海研究会本、三一五〜三一六頁）、この談話は一八八九年一〇月〜一二月の間に構想されたことがわかる。
（13）太政官布達第一号、「今般国道ノ等級ヲ廃シ其幅員ハ道敷四間以上、並木敷・湿抜敷ヲ合セテ三間以上総テ七間ヨリ狭少ナラサルモノトス、但国道線路ハ内務卿ヨリ告示スヘシ」(前掲『百年の資料』七、一三〇頁）。
（14）前掲居石論文、二一四〜二二一頁。
（15）前掲長妻書は、明治期の地域における補助金の具体的な様態を本格的に取り上げたきわめて示唆に富む研究であるが、「内務省年報」などの史料により「一八七九（明治一二）年までの各府県に対する国庫支出の実態」を扱った部分（四三〜四七頁）には、疑問がある。たとえば、「表1―5　府県別定額金」から京都府の金額は、一八七五年七月〜七六年六月までが三万四三五五円、七七年七月から七八年六月までが五万三八三七円、七八年七月〜七九年六月までが三万五八四九円、となっているが、この金額の多さからみて、これを国庫支出金額とするのはむずかしい。この「官費」は府県支出と国庫支出とを合計した額と考えるべきであろう。ちなみに、京都府における地方税支出精算で一八七九年度の河川道路橋梁建築修繕費は一万五〇〇〇円余、一八八〇年土木費は二万五〇〇〇円余である（『京都府会志』京都府、一八九七年、三七八〜三八〇頁）。この経費の中で国庫下渡金だけが一万円を超えるとは考えがたい。

(16) 四八号布告は、府県土木費中官費下渡金を一八八一年度より廃止するほか、地方税徴収を「地租五分一以内」から「地租三分一以内」に改定、地方税をもって支弁すべき費目中に府県庁舎建築修繕費・府県監獄費・府県監獄建築修繕費を加えた（『明治十三年法令全書』）。四八号布告について、本格的に取り上げた先駆的研究は有泉貞夫『明治政治史の基礎過程』（吉川弘文館、一九八〇年）である。有泉氏は、四八号布告が「代償も何もない地方に対する只管の負担加重」（三六頁）としながらも、これに対する新聞や地方官の批判がある一方、「地域利害対立を誘発することによって、府県会からの一斉反撃を免れた」（四四頁）ことを明らかにしている。また、前掲渡邉論文は、有泉氏とは異なる視点、すなわち「四八号布告を含む明治一四年度の改定は、明治日本における国家機構内の『地方』というものの位置づけを財政上確定した改定であった」（一五六頁）として、地方財政制度の形成にとって四八号布告の持った画期性を強調する。前掲長妻書も、渡邉氏と同様の視点から「土木事業を中心とする地方財政制度の変革を迫るもの」（四七頁）と位置づけている。

(17) 車税は、明治四年五月二四日太政官布告二五六号により、東京府下道路修繕のため馬車・人力車等諸車所持の者にかけられた限定的なものであったが、一八七三年（明治六）一月三〇日太政官布告三一号として「僕碑馬車人力車駕籠乗馬遊船等諸税規則」が制定され、国税の諸税として設定された。一八七五年（明治八）二月二〇日太政官布告二七号「車税規則」により初めて「車税」という言葉ができ、馬車・荷積馬車・人力車・牛車・荷積大七大八車・荷積中小車に対する税のあり方が決められた。ここでも車税は国税であった。しかし、一八七八年（明治一一）七月、地方三新法の一つである地方税規則ができたことを受け、同年一二月二〇日地方税中営業税・雑種税の種類および制限が定められ、車税は雑種税の一つとして国税の半額以内の地方税を賦課できることになった。本稿で問題にする一八八〇年（明治一三）以降のことでいえば、一八八〇年四月八日の太政官布告一七号で地方税中営業税雑種税の種類および制限の改正が布告された後であった（各年『法令全書』）。

(18) 建議の内容は、次の通りである。①一八八〇年四月八日の太政官布告第一七号第二条の地方税雑種税中の規定、すなわち車税（人力車、荷積馬車、荷積大七・大八車、荷積大小車、荷積牛車）は国税の半額以内という規定の趣旨からすれば、道路橋梁などの建築修繕費に対しその費用を国税から補助されるものと思っていた、ところが昨年の太政官布告四八号により土木費費中官費下渡金は明治一四年度から廃止となった、②このことも含めて地方税で支弁すべき費用は増加している、③京都府管内においては北方西方の道路は特に嶮悪で運輸の便が悪いために殖産の障碍になっている、④道路の開鑿は当今の急務であるが、道路の費用は莫大で容易に地方の民力で支えることはできない、⑤地方税で支弁する道路橋梁の助けを借りて営業する諸車に対して国税を徴収するのは収税の理由がない。⑥しかも、「下民」の状況を考えると、「挽車」で営業する者が非常に多い、これらの赤貧者は中央政府に国税を納入し、地方政府に地方税を納入するときは、その重税に堪えられないだけでなく、賦課するに忍びないものがある、⑦したがって、諸車に対して徴収する国税を廃止して、単に地方税のみを賦課し、さらに我が京都府下に限り従前の国税額を制限とし、単に地方税中に編入されることを希望する、⑧そうなれば、道路橋梁に対する費用を補助するのみならず、赤貧者に対しても重税を免れることができるだろう（『明治十四年八月京都通常府会決議録』第三編、九〜一〇頁）。なお、赤貧者の問題を考慮しつつも、それが副次的であったことは、この建議の二次会の議論で南桑田郡の田中源太郎が、「元来車夫ノ景況ヲ見ルニ徴収ニ堪ユヘキ者ニハ非サレトモ道路ヲ破損セシムルコトモスクナカラサルニヨリ無税ニスルコトハ出来ス、故ニ国税ノ額ヲ制限トスルノ見込ナリ」(同右、一〇五〜一〇六頁）と述べていたことからも察せられる。

(19) 前掲居石論文、二三三頁。

(20) 同右、二三六〜二三七頁。

(21) 同右、二四四頁。

(22) 前掲『京都府会志』一八五頁。

(23) 『明治十四年八月京都通常府会決議録』第三編、二三〜二六頁。

(24) 前掲居石論文、二四二～二四五頁。

(25) 「恩寵八十年」『中村栄助伝記稿本』マイクロフィルム版。なお、京都府下の道路については明治一四年度通常府会において、田中源太郎も「当今府下ノ道路ヲ以テ他ノ府県ニ比スレハ頗ル渋悪ナリ」と指摘していた（『明治十四年京都府会議録事』第一編、八八頁）。

(26) 三和町郷土資料館編『京街道をゆく――丹波・三和の山陰道――』（三和町郷土資料館、一九九七年）六～七頁。

(27) 『京都府地誌　京都市街誌料五　下京自十九区至三十二区』『京都府地誌　葛野郡　村誌一』『京都府地誌　乙訓郡　村誌一』『京都府地誌　加佐郡　村誌一』『京都府地誌　加佐郡　村誌二』。〈 〉内は当時の村名である。

なお、この『京都府地誌』は、一八八一年（明治一四）刊となっているが、記述中に山陰街道について「一等道路」などの道路等級の記述がある。前述したように、一八七六年（明治九）六月に「一等道路、二等道路、三等道路」という形の道路等級が廃止になり、山陰街道は「国道三等」になった。「一等道路」などの記述がある以上、『京都府地誌』の調査時は一八七六年（明治九）六月以前になると思われる。

(28) 『京都府地誌』によれば、七条大宮には、人力車四八輌、荷車四八輌（準中小車）、総計九六輌、岡村（樫原宿）には荷車一九輌（小車）、人力車一四輌があったことが記載されている。

(29) 三条街道の道幅は、東海道というメイン道路であったため、明治初期には一部に二間の狭いところもあったが、ほぼ四間前後であり、この時期では拡幅の必要性はなかった。『京都府地誌』によれば、明治前期の三条街道路線の各地域の道幅（ただし京都府のみ）は以下の通りである。［下京第六区］三条小橋→幅四間、三条大橋→幅四間一尺七寸余、［下京七区］幅二間、［下京八区］白川橋（石造官橋）→幅三間五尺六寸、東海東山道→幅三間半、［宇治郡日岡村］三条街道→四間半、［宇治郡御陵村］三条街道→四間、［宇治郡四宮村］三条街道→四間（『京都府地誌　京都市街誌料四　下京自一区至十八区』『京都府地誌　宇治郡　村誌』）。

(30) 前掲『百年の資料』七、五二頁。

(31) この工事の費用は、一八七六年六月一六日現在で七七三四円八七銭三厘、路面は「日ノ岡峠以東滋賀県堺迄之道路コンクリ石埋メ替」であった。「入札規則書」では、労働時間は午前六時より午後六時まで、三時間休息。月に五〇～六〇人より三〇〇人の人足が使用された。請負業者は、愛宕郡第一区白川村内田徳左衛門、上京区第一七区東堀川通下長者町上ル森下徳次郎、愛宕郡第一区白川村岡野伝三郎、と記録されている。

(32)『道路一件』京都府行政文書明5―84―2。「願書」には、「大枝峠新道附換目論見帳」や測量図も添付されている。

(33)「新平民之者」による老ノ坂峠の切り下げは、『京都府史(料)』勧業類附録国益民利起原によれば、桑田郡第二区「元穢多村」一〇か村が「御国恩報謝ノ為メ絶項切下ケ修繕」を行ったとして、一八七三年(明治六)四月二四日、京都府はこれらの人々の表彰を政府に具申している(『近代部落史資料集成』第二巻、二六七～二六八頁)。

(34)俣野弥兵衛家の分家で現在の当主俣野右内氏の手紙によるご教示によれば、俣野弥兵衛について、次のことがわかる。①俣野弥兵衛は明治三年の史料によれば、この時点で北ノ庄村の庄屋を務めるとともに、石高四六石三斗、田圃三町三反の地主であった、②明治三年の史料では職業は農業、右内氏によれば祖父・祖母から弥兵衛家が農業以外の仕事に手を出したということを聞いたことがないとのこと、③明治五年には、戸長を務める。また、俣野右内氏も指摘しているが、『府会議員被撰挙人名簿』(一八八一年)では地租額六六円八九銭八厘で、北ノ庄村で最大の地租納入者である。これらのことから考えると、俣野弥兵衛は、地域の名望家であるが、なぜ大枝峠の道路改修工事にかかわったかは不明である。地域の雇用対策があったのだろうか。

(35)前掲『三和町史　下巻』一四二～一四三頁。

(36)中山泰昌編『新聞集成明治編年史』三巻、新聞集成明治編年史頒布会、一九六五年、一二五～一二六頁。千載嶺とは普甲峠のこと。

(37)同右、二四〇頁。

(38)『明治一二年京都府会議日誌』第五号、二一～二二頁。『明治一二年京都府会議録事』第四号、三八～四〇頁。道路橋梁修繕費の原案は一万六六六八円でこの原案全体がそのまま承認されている。

(39)『明治十三年八月京都府会議録事』一八四～一八六頁、五四一～五四五頁。ただし、道路橋梁修繕費の原案は一万九七〇一円余で、二〇〇〇円が減額され、一万七七〇一円余となっている。

(40)同右、四三五頁。

(41)前掲『三和町史　下巻』一四二頁。

(42) 前掲『京都府の百年』八五頁。

(43) 熊谷博行家文書の中で、一八七七年の「山陰街道改修」にかかわるとみられる文書は、①「明治十年　新道取調帳」、②「明治十年　山岳見積リ書」、③「道附替費見積書」の三つで（②と③は『三和町史　資料編』五六三～五六五頁所収）、三つとも熊谷家の明治前期の当主大身村熊谷市郎兵衛の筆になる。①は、「下村（菟原下村―高久）郵便ヨリ下大久保村郵便迄」の距離（四一町四一間四尺四寸）と取調人足と費用を書き上げたものである。しかし、②と③も含めて地元である細野峠を通らない新道についての調査であって、「山陰街道改修」という大きな事業の調査とはいえないようである。したがって、京都宮津間車道開鑿工事が開始される契機として、丹後五郡と丹波天田郡の京都府編入ということは背景としては考えられるが、翌年の「山陰街道改修の調査」が行われた、という点はそのことを明示する史料がない以上、この頃に京都宮津間車道開鑿の計画が持ち上がっていたとは断定できないと思われる。

(44) 『明治十三年八月京都府会議録事』四五八頁。

(45) 同右、四三〇頁。

(46) 原田久美子「民権運動期の地方議会――明治十三年京都府における地方税追徴布達事件――」（『日本史研究』三八号、一九五八年）、前掲『京都府の百年』六三頁。

(47) 熊谷博行家文書中の二つの文書、すなわち、①明治一三年二月二一日「東京ヨリ島根県へ馬車道取調ニ付大身村之内田畑取調帳」、②明治一三年九月一五日「細峠附替ニ付官員御派出ニ相成入費帳」である。①には、紙縒で綴られている年未詳の史料「東京ヨリ島根県江達スル道路之内何村ヨリ何村迄　車道取開潰地反別一筆限帳　何国何郡第何組」という雛形があり、明らかに山陰街道の調査を行おうとしたことが読み取れる。また、②は熊谷市郎兵衛が書いたものであるが、それによれば、この年九月一五日～二四日の一〇日間、土木掛白木為政、測量方角田利永、ほかに測量方二名が大身村に出張し、人足を使用し測量を行ったことがわかる。京都府は、この年七月府会が全会一致で採択した「京都ヨリ宮津ニ至ル車道開設」の請願を事実上拒否するが、それから二か月後京都府は車道開鑿のための測量を行っていたのである。京都府は車道開鑿議案を府会に提示しなかったが、京都府土木掛では車道開鑿を前提として動いていたとみていいと思う。

(48) 原田久美子氏は、「明治十四年の地方議会と人民の動向――京都府の場合――」(『日本史研究』五七号、一九六一年)ですでに「任他主義」という用語で北垣の府政を理解している(二一頁)。このほか、秋元せき「北垣国道と『任他主義』(laissez-faire)について」(『京都市歴史資料館研究紀要』第一三号、一九九六年)参照。
(49) 本書第二章一六八～一六九頁参照。
(50) 同右、第二編、二七頁。
(51) 『明治十四年京都府会議録事』第三編、五三頁。なお、京都府は、この一八八一年度より三部経済制、すなわち京都府の経費を区部(上・下京区)の経費と郡部の経費、そして区郡合一の経費で予算・決算を図っていく、そのために京都府会とともに区部会および郡部会でその経費が審議されるしくみであった。
(52) 『明治十六年京都府会議録事』第五号、九～一〇頁。
(53) 前掲『通史編』下、五九五頁(飯塚一幸執筆部分)。
(54) 宮津市史編さん委員会編『宮津市史　史料編　第四巻』(宮津市、二〇〇一年、以下『史料編』四と略称)七五二～七五三頁。
(55) 前掲『通史編』下、五九五～五九六頁。
(56) 前掲『史料編』四、七五二頁。
(57) 『明治十四年度京都府会決議録』第二編、原案之部、六二一～六四頁。
(58) 『明治十四年京都府会議録事』第三編、五四頁。
(59) 久美浜町史編纂委員会編『久美浜町史　資料編』(久美浜町、二〇〇四年)六一〇～六一一頁。
(60) 『明治十四年京都府会議録事』第三編、五六頁。
(61) 前掲塵海研究会本、一八六頁。
(62) 「宮津ヨリ岡田由里ニ達スル車道之儀ニ付御願」『京都宮津間車道開鑿線路変換願ニ係ル書類綴』京都府立総合資料館所蔵文書。なお、この『綴』に綴じられている文書はすべて写である。この各町惣代は、本町岡本武左衛門、万町今林仲造・大槻弥平治、宮本町小西安兵衛・今田佐平次・白杉棟助、白柏町黒田宇兵衛・宮城宗七、河原町三上勘兵衛、蛭子町麻田新三郎、鶴賀町関清、嶋崎高田紋右衛門、柳縄手小谷直容である。与謝郡第一組岩城親雄の奥印があった。宮津の街場各町や黒田・三上などの地域有力者が網羅されていることが特徴的である。

(63)『明治十四年京都府会議録事』第五編、一三〇頁。

(64)「車道変換之儀ニ付別願」『京都宮津間車道開鑿線路変換願ニ係ル書類綴』。与謝郡第一組各町総代として、本町岡本武右衛門・西田儀兵衛、宮本町小西安兵衛、魚屋町岡部彦左衛門、河原町三上勘兵衛、白柏町黒田宇兵衛、住吉町前尾庄助、蛭子町麻田新三郎、万年町新地渋谷市蔵の連名があり旧戸長岩城親雄の奥印があった。

(65)「馬車道築造之儀ニ付嘆願」『京都宮津間車道開鑿線路変換願ニ係ル書類綴』。

(66)加佐郡第四組舞鶴市街惣代田中清美・小西長左衛門より京都府知事北垣国道代理京都府大書記官国重正文宛『京都宮津間車道開鑿線路変換願ニ係ル書類綴』。

(67)「車道之線路変換願ニ付伺」『京都宮津間車道開鑿線路変換願ニ係ル書類綴』。この文書には、立案主任白木為政の署名・印鑑の写、国重正文大書記官の印鑑の写がある。

(68)『明治十五年二月四日　丹後国車道開鑿之義ニ付御願』京都府立総合資料館所蔵文書。

(69)各町村九四名の町村名は次の通りである。中郡峰山町では吉原町・四軒町・不断町・上町(二名)・織元町・室町(二名)・呉服町(三名)・浪花町(三名)・白銀町・泉町(三名)・御旅町・富貴屋町・堺町・古殿町(峰山では光明寺町をのぞいたすべての町)。他の中郡の村では、杉谷村・新町村・河辺村・周枳村・口大野村・五箇村・善王寺村・菅村・奥大野村(四名)。竹野郡では、網野村(三名)・浅茂川村(二名)・島溝川村・小浜村・吉沢村・溝谷村・和田野村・黒部村・成願寺村・徳光村・吉永村・高橋村・掛津村・新庄村・下岡村・木津村(二名)・三津村・此代村・袖志村・平村・間人村。熊野郡では野中村(三名)・芦原村・坂井村(二名)・久美浜村(一〇名)・三谷村・谷村(二名)。与謝郡では、四ツ辻村・加悦町・算所村・加悦奥村・後野村(三名)・金屋村・滝村・与謝村・雲原村・温江村・三河内村・上山田村。このほか中郡各町村戸長代理同郡富貴屋町外一四か町連合戸長佐藤重全・竹野郡戸長松田量・与謝郡戸長澤田善三郎の名がある。また、各町村での氏名の記載の場合「総代(惣代)」の記載がある場合と、ない場合がある。

(70)この願書には、「丹後国車道開鑿之儀請願理由書」とともに、①「丹後国物産見積リ概略」、②「京阪諸国ト輸出入スル貨物現今与佐峠ヲ通スル上下陸荷運搬之概略」、③「丹後車道〈与謝峠・由良港・岡田由良(里)‥三行割書〉三路之開鑿各自所見ヲ異ニスル町村概表」が添付されていた。これらは、与謝峠の路線の優位性を示すためにつくられたものであるが、丹後でどのような物産が運輸の対象になっているか（縮緬の比重が高いのが明瞭）、それぞれの物産がどれほどの量があるか、丹後各郡の町村がどの路線を望んでいるか（あるいは新道開鑿を特に望んでいない町村）などきわめて興味深い内容を含んでいる（史料の全文は、拙稿「京都宮津間車道開鑿工事(中)」同志社大学人文科学研究所『社会科学』七七号、二〇〇六年、五一～五四頁）。

(71) なお、中・竹野・熊野・与謝郡の各町村惣代九四名の願書は、与謝峠を通らない宮津への道として、①由良海岸から栗田を通っての道、②八戸地峠(現舞鶴市)を通る道を想定し、これらの道の問題点も指摘していた。

(72) 内訳は、道路費が八八三一円余、橋梁費が四五七円余、敷地買上建家引退料が九五五円、測量費が一〇〇円である（『明治十五年度京都府会議録事』第一六号、一八～一九頁）。

(73)(74) 「本府通常府会議傍聴筆記」『京都新報』明治一五年五月五日付。

(75)(76) 同右、『京都新報』明治一五年五月七日付。

(77) 『明治十六年京都府会議録事』第二号、七～八頁。

(78) 同右、第五号、一五頁。

(79) 『明治十七年京都府会議録事』第一号、一三頁。

(80) 田所重礼の説明（『明治十七年京都府会議録事』第一号、一四頁）。

(81) 『明治十七年京都府会議録事』第一号、一五～一六頁。

(82) 江戸時代の細野峠（菟原峠）を通らない迂回の道である新道は、一八八二年度（明治一五）の事業として一八八三年（明治一六）五月に着手され（前掲『三和町史　下巻』一四九頁）、一〇月には竣工している（『日本立憲政党新聞』明治一六年一〇月三〇日付、前掲『三和町史　資料編』五一五頁）。一八八四年（明治一七）三月の明治一七年度通常府会での奥村の発言は、この時点で迂回の新道ができたにもかかわらず、江戸時代の細野峠の道が利用され続けたことを意味する。

このように、旧来の峠道の勾配が急であっても最短距離の道として地域の人びとにとってはなお有用であったようで、明治二〇年度京都府会において、栗山敬親（上京区選出）は、「本員嘗テ峰山ヨリ久美浜街道ヲ通行セシニ、多クハ旧道ヲ往来シテ新道ヲ通行スルモノ甚タ稀ナリ、甚シキニ至リテハ怨言ヲ出スモノアリ」と発言している（『明治二十年度京都府会議事録』第七号、一一丁）。峰山から久美浜といえば比治山峠の道と思われる。なお、江戸時代の細野峠は、一九九六年「全国歴史の道一〇〇選」に選ばれている。

(83)『明治十七年京都府会議録事』第一号、二六〜二九頁。第三号、二四〜三〇頁。第四号、一〜六頁・一〇〜一四頁・一六〜二六頁。

また、八田峠沿道の人びとは、この地域に車道が通ることを望んでいないという意見もあった。西堀徳二郎（下京区選出）は、次のように言う。八田峠沿道の人民の生業は皆農である。その沿道人民の言を聞くに、「若シ此辺街道タランカ、田地ハ潰サレ、家屋ハ旅店トナリ、人力車夫ノ如キ下等社会ト交通ヲナシ、此淳朴ノ風ヲシテ軽薄剽悍ノ習ニ変セシムルコトコソ歎カハシケレト憂フルモノアリ」ということであった（『明治十七年京都府会議録事』第四号、一九頁）。

(84)『明治十七年京都府会議録事』第八号、四一頁。

(85)『明治二十年度京都府会議事録』第三号、一三丁。

(86)同右、第六号、一三丁。

(87)〜(90)同右、第六号、一四丁。

(91)同右、第三号、一二〜一三丁。

(92)同右、第一二号、一一〜一二丁。

(93)このように大幅な減額の理由は、①依然として民力が疲弊しているという状況認識、②この年緊急に第三高等中学校の「受入」のため一〇万円の出費が必要、③沿道人民の寄付金を奨励する、という要因があったためである（『明治二十年度京都府会議事録』第六号、一四〜一五丁。第一四号、一一〜一二丁）。

(94)(95)『明治二十年度京都府会議事録』第七号、二丁。

(96)同右、第一二号、一二丁。

(97)『明治十七年京都府会議録事』第四号、二六頁。

(98)『明治二十二年度京都府会議事録』第一号、一〜二丁。明治二二年度通常府会は、一八八八年（明治二一）一一

月二八日に開会されたが、その開場式の後、北垣は「京都府下地方経済事業ノ現況」の冒頭に「土木」を取り上げた。

(99)『明治十九年度京都府会議録事』第六号、一三丁。

(100)長尾峠は加佐郡由良村から与謝郡脇村に抜ける「七曲八峠」と呼ばれる山路の峠であった。車道の道は、史料上は「長尾峠の開鑿」と出てくるが、事実上は今までの山路の道ではなく、由良海岸の海岸線を通る新道であった。この道の開鑿は、大きな峠の中では最も遅かった。一八八五年一一月から一二月にかけての明治一九年度通常府会で、常置委員松野新九郎は、京都より宮津に達する全線路にある七つの峠の中で残るは長尾峠の開鑿だけだとして、この開鑿の意義を主張した。すなわち、由良村は小さいとはいえ北海の一港を占め、由良川を越えれば舞鶴の都会があり、近傍の村の利益のみならず、西は宮津より但馬に達し、東は若州に連絡し、その利益は少なくない、と(『明治十九年度京都府会議録事』第八号、七丁)。工事は一八八六年から開始されたが、後述するように同年八月五日、北垣府知事が船上から海岸新道を点検していることから、同年中には完成したと思われる。

(101)前掲『京都宮津間車道開鑿工事成蹟表』。

(102)前掲塵海研究会本、三四頁。

(103)同右、八〇頁。

(104)亀岡市史編さん委員会編『新修亀岡市史　本文編　第三巻』(亀岡市、二〇〇四年)一一二頁。

(105)一八八五年三月七日、一八八五年度府会での常置委員松野新九郎が、老ノ坂隧道工事が「両三年」かかった、としているのも、完成時期が一八八三年八月であったことをうかがわせる(『明治十八年度京都府会議録事』第二号、一四〜一五頁)。

(106)同右の松野新九郎の発言。

(107)前掲『京都宮津間車道開鑿工事成蹟表』。

(108)林屋辰三郎・上田正昭編『篠村史』(篠村史編纂委員会、一九六一年)三七七頁。なお、同誌には、「この工事によって旧来の道巾より約三倍広くなり」(三七七頁)とあるが、この車道はほぼ三間で統一されていたから、工事以前の道は約一間であったと思われる。

(109)『日出新聞』明治二〇年四月二七日付。前掲『新修亀岡市史　本文編　第三巻』一一三頁。

(110)明治一八年度通常府会中の一八八五年（明治一八）三月七日、京都府の田所技手は、観音峠開鑿の進捗状況を聞かれたのに対し、昨年一二月ようやく着手した、路線・測量などの都合もあって延引したが、現在のところでは五分通りできた、と答えている（『明治十八年度京都府会議録事』第二号、一七頁）。

(111)一八八五年一一月二六日、明治一九年度通常議会での常置委員奥村新之丞の説明。このとき、常置委員等は頂上五間切り下げを六間切り下げにするために、人足賃二〇銭を一八銭とし、職工賃三八銭を三四銭にした（『明治十九年度京都府会議録事』第四号、九～一〇丁）。

(112)『明治十九年度京都府会議録事』第四号、一〇～一四丁。『明治二十年度京都府会議事録』第六号、六頁。

(113)前掲『篠村史』三七七頁。

(114)『明治二十年度京都府会議事録』第三号、一三丁。なお、多田の説明によれば、京都より岡村の間の道路橋梁開鑿費三万九千余円のうち桂橋には、その六三パーセントの二万四八三九円余が予定されていた。

(115)ただし、北垣の日記『塵海』明治二二年一一月一三日条およびその前後の日の記述には、桂橋渡橋式の記事はない。北垣は当時胃腸病を患っており、もし出席したとしても日記に記すほどの感慨はなかったのかもしれない。

(116)市田富蔵（栗田尋常小学校長）『大典記念栗田村誌』一九一六年、一〇頁。

(117)上司区有文書。この簿冊には文はなく、また「藤左衛門」という形の姓がない名前だけの連印簿である。『与謝郡誌』によれば、幕末期の上司村の戸数は一〇八戸であるから、一〇五名連印とは全戸に近いのではないかと思われる。

(118)「定約書連印簿」（上司区有文書、前掲『史料編』四、七七〇頁）。六三名が全戸に対してどのような構成になるかは不明。

(119)一八八二年（明治一五）九月、売間九兵衛ほか四名（上司町の人々）より京都府知事北垣国道宛「栗田峠切下ケ願書」（上司区有文書、前掲『史料編』四、七七一～七七二頁）には、「水力ヲ以テ別冊目論見帳ノ通リ切下ケトンネル開鑿仕度」とあり、「トンネル」と「切下ケ」が同じ意味で使用されていたことがわかる。

(120)前掲「売間九兵衛と栗田トンネル（上）」一八頁。

(121) 年未詳（一八八七年ヵ）「本年第百九十七号御勧解事件願人売間九兵衛ヨリ私シ共へ係ル有志人夫兼有志金請求之義左ニ答申上候」、上司区有文書（宮本長之助『上司古文書　勧解事件篇』一一七頁）。
(122) 明治二〇年二月一九日、与謝郡波路売間九兵衛より宮津治安裁判所判事補片山実宛「手続書」上司区有文書（宮本長之助『上司古文書　勧解事件篇』一六頁）。
(123) 明治一二年一二月二九日、上司町総代細川惣次郎ほか三名より売間九兵衛宛「記」、同年一二月売間九兵衛より栗田上司村宛「受取金証」（前掲『上司古文書　勧解事件篇』四頁）。
(124) 明治二〇年二月一九日、与謝郡波路売間九兵衛より宮津治安裁判所判事補片山実宛「手続書」上司区有文書（前掲『上司古文書　勧解事件篇』一六頁）。「手続書」によれば、売間の上司町への寄留は、上司町側が、町内有志人夫の使い方の都合もあるので、是非町内に出頭して指揮してくれとの要請があり、実現したという。
(125) 『京都宮津間車道開鑿線路変換願ニ係ル書類綴』京都府立総合資料館所蔵文書。
(126) 明治一三年五月「栗田峠開墾有志録」上司区有文書（前掲『史料編』四、七七〇～七七一頁）。
(127) 明治一四年一月一四日、平田保右衛門より細川惣次郎ほか五名宛、上司区有文書（前掲『上司古文書　勧解事件篇』三三頁）。
(128) 『明治十四年京都府会議録事』第四編、七八～八二頁。
(129) 「本府通常府会傍聴記」『京都新報』明治一五年五月七日付。
(130) 『明治十六年京都府会議録事』第五号、二二一～二二四頁。
(131) 明治一五年九月、売間九兵衛ほか四名より京都府知事北垣国道宛「栗田峠切下ケ願書」上司区有文書（前掲『史料編』四、七七一～七七二頁）。
(132) 明治一六年五月、売間九兵衛より京都府少書記官谷口起孝宛「栗田峠開鑿願書御却下願」上司区有文書（前掲『上司古文書　勧解事件篇』八頁）。
(133) 明治一六年五月、売間九兵衛より京都府少書記官谷口起孝宛「栗田峠切下ケ願書」（前掲『史料編』四、七七二～七七三頁）。
(134) 『明治十七年官員進退帰省罰俸録』（京都府行政文書）。また、前掲『京都宮津間車道開鑿工事成蹟表』の「前后事

業関係者」には「雇」として「売間」の名が記載されている。

(135)『明治十七年京都府会議録事』第壱号、二六頁。

(136)同右、第四号、七〜八頁。

(137)同右、第四号、二〇〜二一頁。

(138)『明治十九年度京都府会議録事』第二号、一四丁。なお、その寄付の内訳は、宮津の大手橋の寄付七七五円、隧道より以西で四四八円八銭、隧道東口で一二七三円八銭であった。

(139)『明治十九年度京都府会議録事』第八号、七丁。

(140)前掲『史料編』四、七七三〜七七四頁。

(141)大手川(宮津川)架設の大手橋はもともと木造橋であったが、三連アーチの石橋が一八八六年(明治一九)二月に起工され、七月に竣工した。大手橋の石材は栗田トンネルの余材が使用されたという(前掲宮城「明治中期の京都縦貫道と宮津大手橋」)。『日出新聞』明治一九年五月二日付によれば、「費用は地方人民より八百円を寄附し、之れに四百円の地方税を加へ都合千二百円の予算」であったが、最終的には工費は一五七二円七七銭四厘であった(前掲『京都宮津間車道開鑿工事成績表』)。長さ一二間(約二一・八メートル)・幅四間(約七・二メートル)の大手橋の傍らには一八八八年(明治二一)一〇月今田佐平治らによって「改造大手橋之碑」が建てられた。碑文は北垣国道京都府知事の撰で京都府属巌本範治の書であった(前掲『史料編』四、七七六〜七七七頁)。

(142)『塵海』明治一九年八月四〜五日条(前掲塵海研究会本、二〇〇頁)。北垣は、八月二日午前四時多田郁夫・岩本範治両属を随伴して京都を発ち、新道工事および未成工事の線路を点検して午後九時に福知山に到着した。翌三日午前四時福知山を「人車」で発ち、「内宮」(皇大神社、現加佐郡大江町内宮)に至り、五時三〇分駕籠で「内宮」を発ち、普甲峠の険峻を越え、「坂麓」で陶不窳次郎郡長、斎藤求宮津警察署長の出迎えを受け、「人車」に乗り換え宮津の荒木旅館に到着している。

(143)前掲『京都宮津間車道開鑿工事成績表』。

(144)前掲『史料編』四、七七四〜七七六頁、前掲『上司古文書　勧解事件篇』、前掲「売間九兵衛と栗田トンネル(下)」。

(145) 前掲「売間九兵衛と栗田トンネル(上)」一八頁。
(146)『明治十四年京都府会議録事』第三編、五三〜五四頁。
(147) 同右、第三編、九一頁。
(148) 同右、第三編、一一八〜一二〇頁。
(149) 同右、第四編、二六〜二八・七八〜八一頁。
(150)(151)「本府通常府会議傍聴記」(『京都新報』明治一五年五月五日付)。
(152)『明治十五年度京都府会議録事』第二二号、一一〜一二頁。
(153) 同右、一〜四頁。
(154)『明治十六年京都府会議録事』第二号、四・七〜八頁。
(155) このほかには、原案で船井郡阪井村字宮ノ下(現京丹波町)より同郡水原村(現京丹波町)在来道出合まで開鑿費三一〇四円余が二七九三円余に減額され、葛野郡岡村(現京都市西京区)から南桑田郡王子村(現亀岡市)に至る新道、船井郡井尻村(現京丹波町)から阪井村に至る新道、天田郡菟原村(現福知山市)から大身村(現福知山市)に至る新道修繕および橋梁修繕費、原案合計一〇〇〇円、南桑田郡王子村隧道点灯費原案一一三円五一銭がいずれも全額削除された(『明治十七年度京都府会決議録』一六〜一七丁)。
(156)『明治十七年京都府会議録事』第八号、三二頁。
(157)『明治十八年度京都府会決議録』一七丁。なお、このとき南桑田郡王子村新道のうち仮橋取除跡埋立費一二五円余は全額削除されている。
(158)『明治十八年度京都府会議録事』第六号、九頁。また、正木は、昨日宿元に来た書状中にわずか一〇〇戸の村内で今度公売処分を受けたものが四〇戸ある、と発言している(同、第六号、一三頁)。
(159) 同右、第一〇号、一一〜一二頁。
(160) 同右、第六号、二〇〜二一頁。
(161) 同右、第一〇号、一五頁。
(162)『明治十九年度京都府会決議録』二一丁。なお、このほかに常置委員案には南桑田郡王子村新道のうち仮橋取除跡埋立費一一三円余が追加されていた。

(163) なお、田所重礼四等属も述べたように、「長尾峠ノ開鑿」(実際は長尾峠を避けての由良海岸の新道)の結果、峻坂をもってなる七峠、すなわち芋峠・大枝峠(老ノ坂)・大朴峠・菟原峠(細野峠)・観音峠、そして隧道になった栗田峠、さらには長尾峠が克服されたことを意味していた(『明治十九年度京都府会議録事』第六号、一三丁)。

(164) 『明治十九年度京都府会議録事』第六号、一三丁。同、第七号、二丁。

(165) 同右、第六号、一三丁。

(166) 同右、第九号、一～二丁。

(167) 『明治二十年度京都府会議事録』第六号、一二丁。

(168) 同右、第一〇号、一六～一七丁。

(169) 同右、第一一号、一～二丁。

(170) 『明治二十年度京都府会決議録』五八丁。

(171) 『明治十五年度京都府会議録事』第三九号、二一～三頁。

(172) 同右。この建議の提案者は南桑田郡選出の垂水新太郎であった。

(173) 『西京新聞』明治一五年七月二六日付。

(174) 『塵海』明治一五年四月一一～一六日条(前掲塵海研究会本、三七～四〇頁)。なお、この件の要望中、「宮津沿海車道」という表現は、当然のことながら、この時点で普甲峠の路線はすでに消えていて、由良を通る道が選択されていたことを意味する。なお、琵琶湖疏水については、四月一七日に品川弥二郎農商務省少輔にあった際、「大ニ賛成」され、一九日には井上馨参議邸でも「大ニ賛成」されている(『塵海』明治一五年四月一七日、一九日条、前掲塵海研究会本、四〇～四一頁)。

(175) 『塵海』明治一五年七月一一日～一二日条(前掲塵海研究会本、四三頁)。一一日、北垣は京都に着いた松方大蔵卿をその旅寓である迎賓館を訪れ、日本銀行の要点を質問するとともに、宮津京都間車道補助金のことを伺い、「大蔵卿了諾」した。翌一二日には、常置委員が松方大蔵卿に会い、監獄新築の補助金を要請している。そして、この日、北垣は、東京にいる国重正文大書記官に対し、車道補助金を大蔵卿が「聞済ミノ旨」を電報している。

(176) なお、「明治工業史　土木篇(上)」(『明治後期産業発達史資料』第二二八巻所収、龍渓書舎、一九九四年)は、一八八一年度(明治一四)より地方工事について国庫補助金による改修が始まったとして、「十四年度起工の分は京都府京都、宮津間の車道開鑿・山形県道路修築工事」(一八頁)としている。当時の京都府の会計年度でいけば、明治一四年度とは、一八八一年七月から翌年六月までであり、この記述については時期についての大きな誤りはないと思われる。ともあれ、全国で最も早い時期の道路に対する国庫補助であったことは間違いない。

(177) 『明治十八年度京都府会議録事』第一一号、五～一五頁。なお、この建議は雨森菊太郎(下京区選出)の作成になる。

(178) 同右、第一一号、六～八頁。

(179) 北垣の日記『塵海』の一八八五年(明治一八)の分は、三月一日～四日、七月一日の五日間の記述しかない。

(180) 『明治二十年度京都府会決議録』五九～六〇丁。

(181) このほかに三万三千余円は沿道人民の寄付を奨励募集することが考えられていた。表1―5に明らかなごとく、この一八八一年度からの車道支出の中で寄付金は三万七六九一円余であったから、これ以降三万三千余円の沿道人民の寄付は実現されなかったとみてよい。

(182)(183) 『日出新聞』明治二〇年七月一五日付。なお、北垣が東上したかどうかは不明である。

(184) 同右、明治二〇年八月一九日付。

(185) 同右、明治二〇年九月一〇日付。

(186) 『塵海』明治一五年三月一一日条(前掲塵海研究会本、三一頁)。

(187) 同右、明治一五年三月一三日条(前掲塵海研究会本、三一頁)。

(188) 『西京新聞』明治一五年三月一二日付、三月二五日付。

(189) 同右、明治一五年五月二五日付。

(190) 「車道開鑿費金ノ内へ献納願」「車道開鑿費金ノ内へ献納御届」(沼野家文書)、前掲『通史編』下、六〇四頁。

(191) 神前区有文書。

(192) 『十九年一月以降廿二年ニ至ル建白』(京都府行政文書)。

(193) 樫原公会堂文書。
(194) 『明治十七年京都府会議録事』第三号、二二六頁。
(195) 『明治十七年度京都府会決議録』一七丁。
(196) 『明治十七年京都府会議録事』第三号、二一四頁。栗田峠開鑿の際、近傍からの寄付人足三万余人という数字は『日出新聞』明治一八年六月二〇日付。
(197) 「人足寄附願」上司区有文書（前掲『史料編』四、七七三頁）。
(198) 「改造大手橋之碑」（前掲『史料編』四、七七六〜七七七頁）。なお与謝郡全体では、一八八七年（明治二〇）一〇月段階で一五二〇円余の寄付金がとりまとめられている（『日出新聞』明治二〇年一〇月一九日付）。
(199) 『明治十九年度京都府会議録事』第六号、一二一〜一二三丁。
(200) 川勝之彦家旧蔵文書。
(201) 『日出新聞』明治二四年四月三日付には、北垣の予定が掲載されている。それによれば、四月六日、北垣知事は多田郁夫土木課長、田所重礼技手を随えて、馬車で宮津まで直行し、同地に一泊。翌七日丹後五郡（与謝・中・熊野・竹野・加佐）の人民中車道工費に寄付金を出した者の総代者を宮津に集めて謝辞を述べ、翌八日は丹波福知山に至り、天田・何鹿両郡寄付者総代を集め、翌九日は同園部に移り、船井・南桑田両郡寄付者総代を集め、翌一〇日は山城葛野川勝寺において同郡寄付者を集め、いずれにも同様の謝辞を述べる予定、とのことである。
(202) 明治一五年六月「葛野郡岡村土工委員　西京ヨリ丹後国宮津え至ル車道当村内新道路ニ付潰地取調書」樫原公会堂文書。
(203) 樫原公会堂文書。
(204) 明治一六年五月一一日「潰地御買上願」（亀岡市王子区有文書）。
(205) 『自明治二十一年至二十三年　京都宮津間車道敷地残余処分済』（京都府行政文書）。
(206) 『日出新聞』明治一九年六月四日付。
(207) 前掲『百年の資料』七、一一八〜一一九頁。
(208) 明治一九年五月一三日「貸金催促ノ控訴状」（落田毅家文書）。

(209) 明治一八年一月二三日「工事成功日限延期之願」（樫原公会堂文書）。
(210) 井爪大蔵家文書。
(211) 『明治十七年官員進退帰省罰俸録』（京都府庁文書）。
(212) 『明治十六年官員進退帰省罰俸録』（京都府庁文書）の明治一六年三月八日条には、五等属高屋邦愷と六等属白木為政が「車道開鑿事務担当」が申し付けられた旨の記載があるが、高屋は「園部ヨリ以西ノ線路負担スヘシ」、白木は「園部ヨリ以東ノ線路負担スヘシ」と分業制がとられている。
(213) 明治一六年度通常府会で車道開鑿費の答弁にたったのは井上益孝四等属で、部分的に雨森菊太郎五等属が答弁にたった。井上は明治一五年度の答弁委員になっている（『明治十五年官員進退帰省罰俸録』〔京都府行政文書、文書番号明15—20〕）。しかし『京都宮津間車道開鑿工事成蹟表』の「関係者」には井上益孝の名はない。
(214) 『日出新聞』明治二四年七月八日付。
(215) 『中外電報』明治二四年七月一一日付。前掲『三和町史　下巻』一七〇頁（林正氏執筆）。
(216) 『日出新聞』明治二六年六月八日付。
(217) 前掲『三和町史　下巻』一七〇頁。
(218) 『日出新聞』明治二二年一一月一五日付。
(219) 『大江町誌　通史編　下巻』（一九八四年）一一三頁。
(220) 同右、一一三～一一四頁。『法令全書』。
(221) 舞鶴市史編さん委員会編『舞鶴市史　通史編（中）』（一九七八年）三九二～三九八頁。
(222) 前掲『百年の資料』七、一三〇～一三九頁。
(223) 鈴木淳「軍と道路」高村直助編『道と川の近代』（山川出版社、一九九六年）一二〇～一二五頁。鈴木氏によれば、道路整備への陸軍の発言権が確立するのは、一八九二年六月、「鉄道への発言権を制度化する鉄道会議規則と同時に制定された土木会規則による」とする（一二八頁）。
(224) 北原聡「道路と陸軍」（『関西大学経済論集』五五巻三号、二〇〇五年）は、明治後期から大正期にかけて陸軍の道路使用をめぐる問題に検討を加え、この問題が一九一九年の道路法にいかに反映されたかを考察した研究であるが、戦前期の日本において陸軍と府県もしくは市町村とは道路の修繕において常に矛盾をかかえ、軍が常に主導的位置を占めていたわけではないことを示唆している。

(225) 現京都府相楽郡南山城村の明治一〇年代前半期のすべての道幅を『京都府相楽郡村誌』(一八八四年刊)で調べたところ、一間二尺(二・四メートル)の伊賀街道をのぞき、後はほとんどが四尺(一・二メートル)か三尺の狭い道であった。

(226) 京都宮津間車道を従来の山陰道と比較した場合、例外的に迂回の道が新たに開鑿されても、それ以外はほぼ江戸時代の道を三間に拡げて統一を図ったという形になる。したがって、ルートでいえば明治の道をたどることは江戸時代の道をほぼ通ることになる。なお、車道時代が到来したといっても、地域によって差がある。滋賀県湖東地方を見る限り、大正期まで二間道路が普及したとはいえないようである。日野町史編さん委員会編『近江日野の歴史第八巻　史料編』(滋賀県蒲生郡日野町、二〇一〇年)のCD編に収録されている一九二〇年(大正九)の「日野町路線調書」(この場合の日野町とは一八八九年から一九五五年までの旧日野町)を見る限り、旧日野町では大正中期でも三尺、四尺の道幅の道が最も多く、二間道路はまだわずかであることがみて取れる。また、同じ湖東地方である『秦荘の歴史　第三巻　近代・現代』では、この地域に三間道路がようやく登場するのが昭和初年代である(高久執筆分、三五八~三六〇頁)。

〔補論〕区町村土木補助費による道路開鑿

一　区町村土木補助費の府会での論議

京都宮津間車道開鑿工事が進行する中で、この工事と併行して京都の道路景観を大きく変える制度が京都府会で生まれてくる。大規模な峻坂平低を目的とした区町村土木補助の制度である。車道開鑿にあたってはそれに連絡する路線中に峻坂険路があっては車道開鑿の効果が充分果たすことができない、という理由にもとづいていた。[1]

明治一六年度通常府会開会中の一八八三年三月一〇日、下京区選出の中村栄助より道路開鑿補助費について、一つの建議がなされる。建議の内容は、「一挙金三千円以上ニシテ峻阪《（坂）》ヲ平低スル等ノ大工事ニ限リ之ヲ補助ス、其経費ハ郡七分、区三分ノ割合ニテ各地方税ヲ以テ支弁ス」[2]というものである。この建議の理由を、中村は次のように言う。①昨年京都宮津間車道開鑿の景況を実地調査したところ、丹波・丹後地方は平坦な地が少なく、亀岡より篠山(兵庫県篠山)、または福知山等に至るまでにはいろいろな峠がある、②宮津の方を向けば下山田村(現野田川町)の切り下げ工事があり、そのほか滋賀・三重・島根・兵庫の各県に達するところには、その間の峻坂を開鑿しようとして予算を立て協議しているところもあり、この道路補助費を置けば便利な点は少なくない、③郡七分、区三分の割合は特に根拠はないが、車道開鑿費は人口をもって比率し、町村費の総額を折半し、区三分・郡七分の割合で補助するつもりである。[3]

京都区部選出の中村が郡部を主な対象とする道路補助を提案した理由は、後に明治二〇年度府会において、①車道開鑿に接続する峻坂を平低してその連絡を通ずること、②この制度を置いて道路を改良する意志を奨励すること、と述べているが、[4]明治一六年度府会において上京区選出の府会副議長西村七三郎が、「峻坂ヲ平低スレハ区部ニ直接間接ニ益アルヲ以テ之ヲ補助スルナリ」[5]と発言したのと同様な理由とともに、府会常置委員として京都府全体を見渡すという自己の識見の発露もあったろう。

中村の建議は全員の賛成で可決された。その後「峻阪平低」の四字を削除すべしという意見が出て八名の賛成があったが、建議案が六四名の賛成で可決された。[6]

一八八三年度（明治一六）の区町村土木補助費は、①原山峠（園部より兵庫県篠山へ達する線路）、②比治山峠（中郡長岡・五箇・鱒留を経て熊野郡久美浜に通ずる中郡・熊野郡境）の二つの峠の切り下げに使用された。①については総費額九九一三円余で、そのうち四分にあたる三九六五円余は兵庫県の負担で、残り六分、五九四八円余の二分の一の二九七四円余が補助された。②については、総額四〇〇五円余の二分の一の二〇〇二円余が補助された。[7]二つの峠の土木補助費は、総額で五〇〇〇円（区の分一五〇〇円、郡の分三五〇〇円）ほどであった。

一八八四年度（明治一七）も五〇〇〇円が計上され、①三重県伊賀上野に達する相楽郡北大河原村（現南山城村）新道開鑿工事二五四七円余、②与謝郡と中郡を結ぶ口大野・水戸谷の開鑿工事二三一六円余の補助が行われた。[8]なお、京都府南部に属する相楽郡北大河原村の新道開鑿工事が補助の対象になったことは、京都宮津間車道に連絡する道路だけではなく、京都府下の峻坂が広く対象になっていたことを意味する。

明治一八年度京都府会になると、土木補助費は前年の半額二五〇〇円（区の分七五〇円、郡の分一七〇〇円）になり、しかもこの年はその二五〇〇円の予算が消化できないという事態も現出した。また、少数で否決はされるものの、この制度そのものの削除説まで登場した。[9] このような状況は、もちろん不況の影響であるが、この府会で上京区選出富田半兵衛が述べたように、この年京都宮津間車道開鑿工事に国庫補助金を要請しながら、土木補助を行うことに対する批判もあった。[10] また、補助は工事費の二分の一であり、不況の中で莫大な工事費が地元負担になるという問題点もあった。

一八八五年一一月開会の明治一九年度京都府会では、この制度のきっかけをつくった中村栄助が制度の廃止を主張した。中村はその理由を、はじめ指定した峻坂平低の多くは成功し、いまだ成功していないところは民力が及ばず容易に工事を起こすことができないので、この制度は不用になるだろう、また区郡連帯の区町村土木補助費ではなく、単純に郡部の地方税で負担するのもよいであろう、と述べている。中村の削除説は起立四名で否決されるが、区町村土木補助費は原案段階から一六〇〇円（区の分四八〇円、郡の分一一二〇円）と以前からすれば大幅に減額された。[11]

一八八六年（明治一九）一一月から一二月にかけての明治二〇年度京都府会でも、中村の区郡連帯支弁による区町村土木補助制度の廃止説が出た。中村は、この制度ではどこまでも道路改修の必要を感じるようになるので、この年の原案である五〇〇〇円ぐらいでは満足を与えることができないだろう、[12] という理由のほかに区部の負担増を訴えた。すなわち、①新賦課法により区部の負担が増しており、まさに家屋税の徴収のようである、②現在区部では営業割で徴収不足を生じている、③区部には道路改修の工事もあり、車道開鑿工事もあり、地方税支弁ではないが琵琶湖疏水工事のような負担の大なるものもある、と。[13] また中村に賛成する議員の中には、上京区選出の栗山敬親のように、「京都ノ如キ三府ノ一ニシテ其道路街衢モ亦整斉ナラザル可カラザルニ其渋悪ナル実ニ極レリ、然ルニ今之ヲ棄テ、二丹地方（丹波・丹後地方―高久）ノ如キ僻遠地方ノ費用ヲ負担スルコトハ到底為シ能ハザル処ナリ」という本音の発言もあった。(14) この中村の廃止説は採決には至らなかったが、五〇〇〇円の原案は常置委員によって三〇〇〇円（区の分九〇〇円、郡の分二一〇〇円）に削減された。(15)

ただ、この府会では、区町村土木補助費の制度について大きな変更を加える建議が下京区選出雨森菊太郎によって提唱され、それが可決された年でもあった。修正が加えられた建議案の内容は次のようなものである。①区町村土木補助費は、これまで年々通常府会で補助すべき工事の場所を指定せず、単に金額だけを定めおくという制度であったが、この場合年度内に補助すべき工事の大小多寡を予知しがたく、補助費を支給した箇所には工事の方法、工費の計算等まったく適当ではないものもあった、②したがって来る二一年度より区町村土木補助費はあらかじめ支給すべき場所を指定し、これに対する予算を通常会議案に出すのが適当である、③郡区長または戸長が区郡連帯地方税の土木補助費を請願せんとするときは、その年度府会開設前にあらかじめ区町村会または土功会を開き起工すべき工事の方法・予算を議決し、または諮問会の答議により府庁に出願するよう府庁より達すべきである、④府庁は出願した中で緩急便否を調査し、もし補助を要するものがあれば、さらに工事の方法・予算の当否を審案し、その支給すべき金額を府会議案の予算に編入するというように改められたい。(16)

この建議にもとづく制度は、翌一八八八年度より実施される。これにより整備された区郡連帯（一八八九年度よりは市郡連帯）の土木費補助制度は一八九三年度（明治二六）を最後に廃止になるまで続くことになる。

二　区町村土木補助費施行の事例――伊賀街道新道――

区町村土木補助費は、一八八八年度（明治二一）により整備された制度になるまで、多くの問題点をかかえて

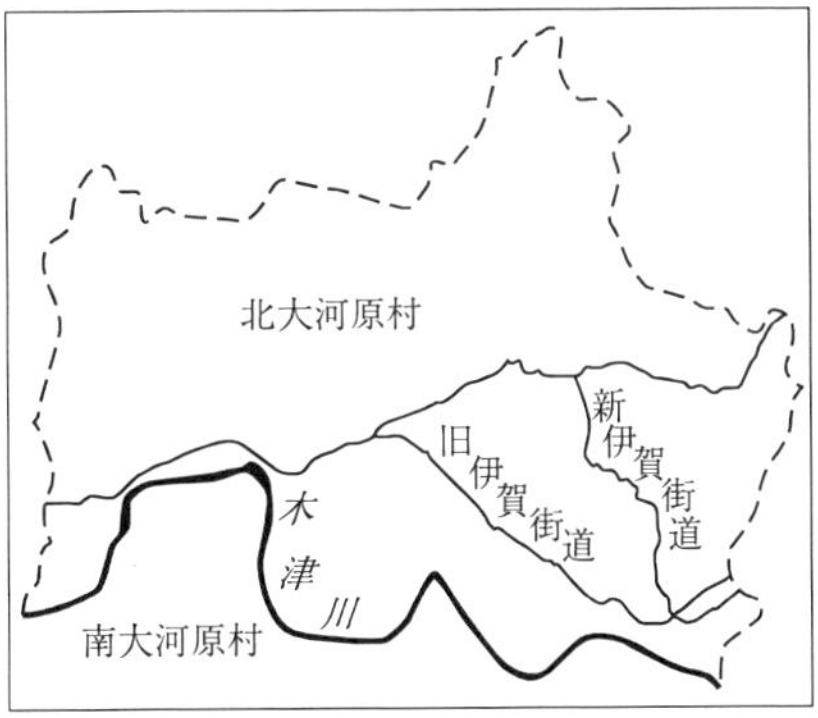

図補1　新伊賀街道図（想定図）

いた。その一つは経費三〇〇〇〇円以上の工事が対象になり、その半額が補助になるということであったから、松方デフレという不況の最中に一五〇〇円以上の地元負担が必要であるという点であった。この負担の問題を中心にして、区町村土木補助費施行の事例として、一八八四年（明治一七）から八五年にかけて行われた伊賀街道新道開鑿を取り上げてみよう（図補1参照）。

相楽郡北大河原村を通る伊賀街道のうち、小字山口より三重県阿山郡島ケ原村界までの一里の区間（別の史料では小字今山・小字北口間）の海老坂および二ツ峠は、険峻な坂路で、人馬の通行が不便でようやく牛馬の背をかりて運輸をしていた。この道は道幅一・二間（約二・四メートル）の道であった。江戸時代、近江・伊賀・伊勢・大和などからの物資が木津川の終点大河原浜に集められ、舟運によって伏見・大坂に運ばれていたが、維新後交通の頻繁と、物資の輸出入が繁多になり、伊賀街道の険峻な坂路はますます不便を感じるようになり、開鑿が意識されるようになったらしい。道路開鑿の発起人大仲重太郎の記録によれば、一八八四年（明治一七）八月、京都府より相楽郡長松本金兵衛（木津村）に開鑿の内訓があり、松本相楽郡長が北大河原村を訪れ、庄屋や区長を務めてきた大仲重太郎に伊賀国境より大河原浜に達する車道開通起工の発起人になることを要請した。大仲は再三辞退したが、結局説得に応じ、同じ北大河原村の森地平左衛門と槙田真二郎を加えて三人で発起人の役を引き受けることになった[17]。大仲らは測量師を雇用し、村内の線路を踏査査定の結果、従来の伊賀街道よりも麓に近い押原越の地が治定された[18]。工事は同年一〇月起工され、一八八五年（明治一八）八月に竣工し、同月二五日開路落成の式が大仲重三郎宅を仮式場に府知事代理、松本相楽郡長らが臨席のもとに行われた。[19]

この道路開鑿にはさまざまな困難があった。第一は人足の問題である。大仲家の記録によれば、「当村内ヨリ素々ト約定ハ人足ニテモ千五百人出ス筈ニ候処、少シ之不平ヲ申立、壱人モ当村ヨリハ出シ不申」[20]、すなわちもともと北大河原村での約定では、村から人足一五〇〇人提供の予定であったが、村内で「不平」を言う者があり、結局村内からは一人も人足の労力提供はなかった。おそらく村外の人足が使用されたのであろう。第二は資金の問題である。この工事金額は五四五〇円であった。このうち約半額の二千五百余円は一八八四年度（明治一七）の地方税補助、[21]すなわち京都府からの補助であった。道路起工時には、資金の半額は村が負担するはずであった。しかし、大仲家の記録では、北大河原村は「故障ヲ唱ヘ」、まったく村からの支給はなかった。村が支給を約束した証文類もなかったようである。結局のところ、新道開鑿により利益のある上野商人仲間より五〇〇円の寄付があったほか、残りの金額二四五〇円ほどは発起人である大仲・森地・槙田が出金せざるを得なかった。[22]土木工事は多額の金額が必要であり、彼らは自己資金だけで資金の調達ができるわけもなく、相楽郡救益社から一〇〇〇円を借用している。[23]大仲・森地・槙田は、この一〇〇〇円の借用金の抵当として三人の地券だけではなく、北大河原村の有力者にも地券を借り受けていた。一八八八年（明治二一）五月、大仲ら三人は、これら抵当地券提供の村内有力者に対して、一切の損難を与えないとする誓約証を差し出している。[24]また三人は、一八八九年（明治二二）一月には、地券借受の四名に対して一八九〇年（明治二三）一二月中に地券返済の定約証を差し入れている。[25]このほか、三人は北大河原村に負債償却の方法を頼むがよい結果は得られなかったらしい。一八八八年一二月、三人は、相楽郡長に対し、元金は一八八九年から一八九三年までの五か年間、無利子での償却を願い出ている。[26] この嘆願書には「村民等ガ無情浮薄ニシテ」という表現があり、大仲ら三人が土木工事の費用を支弁しなければならない無念の気持がにじみ出ている。三人の負債の償却が完了するのは、一八九三年（明治二六）である。この間、森地は居宅・財産を手放し「赤貧洗フカ如キ悲境」に陥ったらしい。[27] なお、明治三〇年代以降いずれの時点か不明であるが、森地・槙田両家は北大河原村を離れた。

この新道は、現在廃道になっているが、筆者の実測では約二間（約三・六メートル）ほどの道であった。大仲重太郎の記録では、これまでの難路が、車行自在の道になり北大河原村の産物運搬の節減の結果、生産原価の低廉になり、薪炭・穀類・肥料に至るまで運搬の利便は見違えるほどであったという。[28] なお、一八九七年（明治三〇）一一月、私設関西鉄道上野―加茂間が開業し、北大河原の地に大河原停車場が誕生する。それから二年後の一八九九年（明治三二）四月、大仲・森地・槙田の三人は上野街道（伊賀街道）新道開鑿記念のため北大河原小字山口二二番の私有地に石碑建立を願い出、同年九月一二日に関係機関から許可を受けている。[29] 結局、石碑は建てられなかったようであるが、鉄道による物資流通方法の変化を受けて、この道路の持った意味を記憶に留めておくことが意識されたからかもしれない。[30]

北大河原村の道路工費をめぐる悲劇は氷山の一角かも知れない。すでに見たように、一八八八年度に完全に村主体の整備された土木費補助の体制ができあがるまで、さまざまな黎明期の問題点をかかえながら道路開鑿が行われたのである。

（1）『明治十九年度京都府会議録事』第七号、一二丁。

（2）（3）『明治十六年京都府会議録事』第一号、一〇頁。

(4)『明治二十年度京都府会議事録』第二号、三丁。
(5)『明治十六年京都府会議録事』第一号、一二頁。
(6)同右、第一号、一一～一二頁。
(7)『明治十七年京都府会議録事』第五号、二一～三頁。
(8)『明治十八年度京都府会議録事』第六号、二五頁。
(9)同右、第六号、二七～二九頁。
(10)同右、第六号、二七頁。
(11)『明治十九年度京都府会議録事』第二号、八～九丁。第三号、一丁。同、第七号、一二丁。
(12)現に、一八八七年度において地元より出願の場所は、①京都より小浜へ達する街道の長阪峠・栗尾峠、②網野より間人へ達する街道、③宮津より伊根港を経て間人港へ達する街道、④亀岡より小浜に達する街道、神吉村より細野村まで、⑤亀岡より笹山（篠山）へ達する街道の天引峠、の五か所あり、この経費合計四万八八五円余の半額でも二万円以上であり（『明治二十年度京都府会議録事』第三号、六丁。同、第七号、九丁）、到底一八八七年度予算五〇〇〇円（後減額されて三〇〇〇円）でまかなえるものではなかった。なお、一八八七年度においては、予算の都合上①と②にしぼりこまれるようになった（同、第七号、九丁）。
(13)『明治二十年度京都府会議事録』第二号、三～四丁。
(14)同右、第二号、四丁。
(15)同右、第七号、一〇～一一丁。
(16)同右、第一四号、一一丁。
(17)この部分の記述は大仲実家文書の以下による。①明治三二年四月「私有地建碑之儀ニ付御伺」、②明治三二年九月「上野街道開鑿紀念碑一件ニ付諸入費諸記置　発起人大仲重太郎控」、③明治三三年三月「道路開鑿紀念碑建設寄附金募集趣意書」、④明治三六年五月「大仲重太郎履歴書」。①～③は、南山城村史編さん委員会編『南山城村史資料編』（南山城村、二〇〇二年）四三一～四三四頁所収。
(18)(19)注(17)の④の史料による。

(20) 注(17)の②の史料による。
(21) 南山城村史編さん委員会編『南山城村史 本文編』(南山城村、二〇〇五年)では、「一八八五年(明治一八)度の補助」(四一七頁)としたが、本文中に述べたように京都府会では一八八四年度に支給されており、一八八四年度と訂正する。
(22) 注(17)の②の史料による。
(23) 以下の史料による。①明治二一年五月一〇日「誓約証」、②明治二一年一二月二一日「本郡共有金負債償却方ノ義ニ付歎願」大仲実家文書(『南山城村史』資料編、四二三~四二七頁所収)。相楽郡救益社とは、もともと相楽郡全村の社倉の組織(明治四年創設)であった。この社倉組織は、貧困または罹災者救助を目的とし、木津町の郷倉に貯蔵した積籾を貸し付け、また毎年積籾を入れ換え、旧籾は公費に付しその売却代金を貸し付けた。この組織は、一八八一年(明治一四)社倉が廃止された際、救益社と名を変え、旧来の貧困者補助や備荒儲蓄以外に郡内の興益事業のための資金貸付にも用途を拡大していた(『相楽』第三号、一~三頁、一九一一年四月一日発行)。
(24) 注(23)の①の史料による。
(25) 明治二二年一月「差入置定約証」大仲実家文書(前掲『南山城村史 資料編』四二七~四二八頁所収)。
(26) 注(23)の②の史料による。
(27)(28) 注(17)の④の史料による。
(29) 注(17)の①~③の史料による。
(30) 石碑は建てられなかったようであるが、「大仲重太郎履歴書」によれば、「三名紀念ノ微衷ヲ後毘ニ伝フル為メ」北大河原村の氏神である国津神社へ新道粗絵図の捧額が三人によって寄贈された。ただし寄贈時期は不明である。

第二章　琵琶湖疏水工事の時代

はじめに

琵琶湖疏水工事は、一八八五年（明治一八）六月に着工し、一八九〇年（明治二三）四月に竣工式が行われた琵琶湖大津三保ケ崎から京都鴨川までの運河開鑿の大土木工事である。この工事は、明治一〇年代から二〇年代にかけてわが国最大の土木工事としてつとに有名であり、そのためこれまで数多くの著書・論文が書かれており、(1)それらによって基本的事実は明らかにされている。したがって、もはやこれ以上新たに明らかにする事実はないようにみえる。

本章の目的は、この工事の過程を改めて明らかにすることではない。目的の第一は、この工事に関するある通念を修正し、琵琶湖疏水工事の完成が歓迎一色ではなく、一八九二年（明治二五）まではこの工事およびその継続事業である鴨川運河工事に対する懐疑の空気が広く存在していたことを具体的に明らかにすることである。第二は、琵琶湖疏水工事にあたっては、さまざまな紛争・確執が存在したが、その中で水力電気問題（工業用動力を水車による動力から電気に切り替えたことから起きた問題）と鴨川運河問題の具体的経過とその背景を明らかにすることである。第三は、この工事の持った時代的規定性を明らかにすることである。以上の三つの課題とともに、付随的に、この工事を推進した北垣国道京都府知事の構想や手法も明らかにする。

琵琶湖疏水工事についての通念とは次のようなものである。この工事については、疏水が京都に到達する以前にさまざまな反対や不満の動きがあったが、北垣国道京都府知事は自ら前面に出て不満の動きに対して説得活動を行い、この結果、疏水の水が鴨川に到達し、明治天皇を迎えて疏通式（竣工式）が行われた一八九〇年（明治二三）四月九日前後の時期、京都市民は熱狂的歓迎の中でこの完成を祝った、というものである。当時京都で最高部数を誇った『日出新聞』、あるいはいくつかの全国紙を見る限り、その通念は間違いではないようにみえる。しかし、以下のことを考慮すれば、京都市民は歓迎一色ではなかったことがうかがえる。第一に、一八九〇年当時は不況の時代であったこと、(2)第二に、この年一月に琵琶湖疏水の継続事業である鴨川運河着工が京都市会においてわずか一票差で可決されるという綱渡り的状況が存在したこと、第三に、竣工式当時、まだ水力電気事業は行われておらず、運輸の面でも琵琶湖の水は京都まで到達したにすぎず（そのこと自体に大きな意味はあるが）、当初の目的である伏見、そして淀川を通って大阪までの水路はできていなかったこと、したがって琵琶湖疏水の効果は今後に持ち越されていたこと、第四に、ジャーナリズムの中にはこの工事を冷めた眼で見る空気が一部に存在していたこと、などである。要するに、この工事が完成したとき、京都市中は決して歓迎一色ではなかったことをまず明らかにする。

水力電気問題と鴨川運河問題は、先行研究でも触れられており、特に鴨川運河の着工過程については、すでに『琵琶湖疏水の一〇〇年《叙述編》』に的確に叙述されている。本稿は、史料により直接この着工過程とともにこれらの問題の背景を叙述するが、結果として屋上屋を重ねる部分があることをお断りしておきたい。また、琵琶湖疏水工事をめぐっては、これ以外にも、京都市中での工事反対運動や疏水線路をめぐっての確執や、大阪府や滋賀県への対応の問題があり、これらは派生的な問題とはいえないが、拙稿および先行研究で一定程度明らかにされており、(3)本稿では省略する。

この工事の時代規定性とはどのようなものか。第一に、この工事の期間が一八八五〜九〇年であることは、経済的には松方デフレという大不況の時代であったことが容易に想像される。第二に、政治的な時代規定性で、工事が完成した一八九〇年は七月に第一回衆議院選挙が行われた京都での最大の政争の時代であったということである。京都府下においては、一八八九年二月に創設された京都府公民会（以下公民会と略称）と京都公友会（その前身は京都交話会と生民会脱会派からなる）の全面的対立軸になるが、公民会が京都府会・市会における北垣与党であり、しかも田中源太郎・浜岡光哲ら「特恵資本家」が幹部であったため、そのことが琵琶湖疏水工事に関連する問題で影響が出る。第三に、もう一つの政治的な時代規定性で、これは北垣国道京都府知事の府政にかかわる。北垣は、一八八一年（明治一四）から一八九二年（明治二五）まで一一年間府知事を務めるが、一八九〇年は、京都府知事としての末期の時代であり、北垣府政の問題点が噴出した時期であった。第四の時代規定性は、交通体系の変化と新しい技術である。琵琶湖疏水が計画された一八八一年の頃は、それほど重視されなかった鉄道が、明治二〇年代には本格的に人びとの眼に意識されるようになってきた。琵琶湖疏水の目的は多目的総合開発であり、そのうちの一つは滋賀県大津から疏水によって物資を運ぶ、いわば水運の確保であった。しかし、一八八九年（明治二二）には東海道線が開通し、物資の流通手段として鉄道が本格的に意識されるようになってくる。さらに、新たな技術として電気が登場する。琵琶湖疏水の当初の目的の一つは、京都を工業都市にするために、疏水の水力による水車での工業用動力の創造であったが、一八八九年に工業用動力を最新の技術である電気に替えた。このことが、結果として琵琶湖疏水成功の最大の要因になるのであるが、この時点では電気の未来に

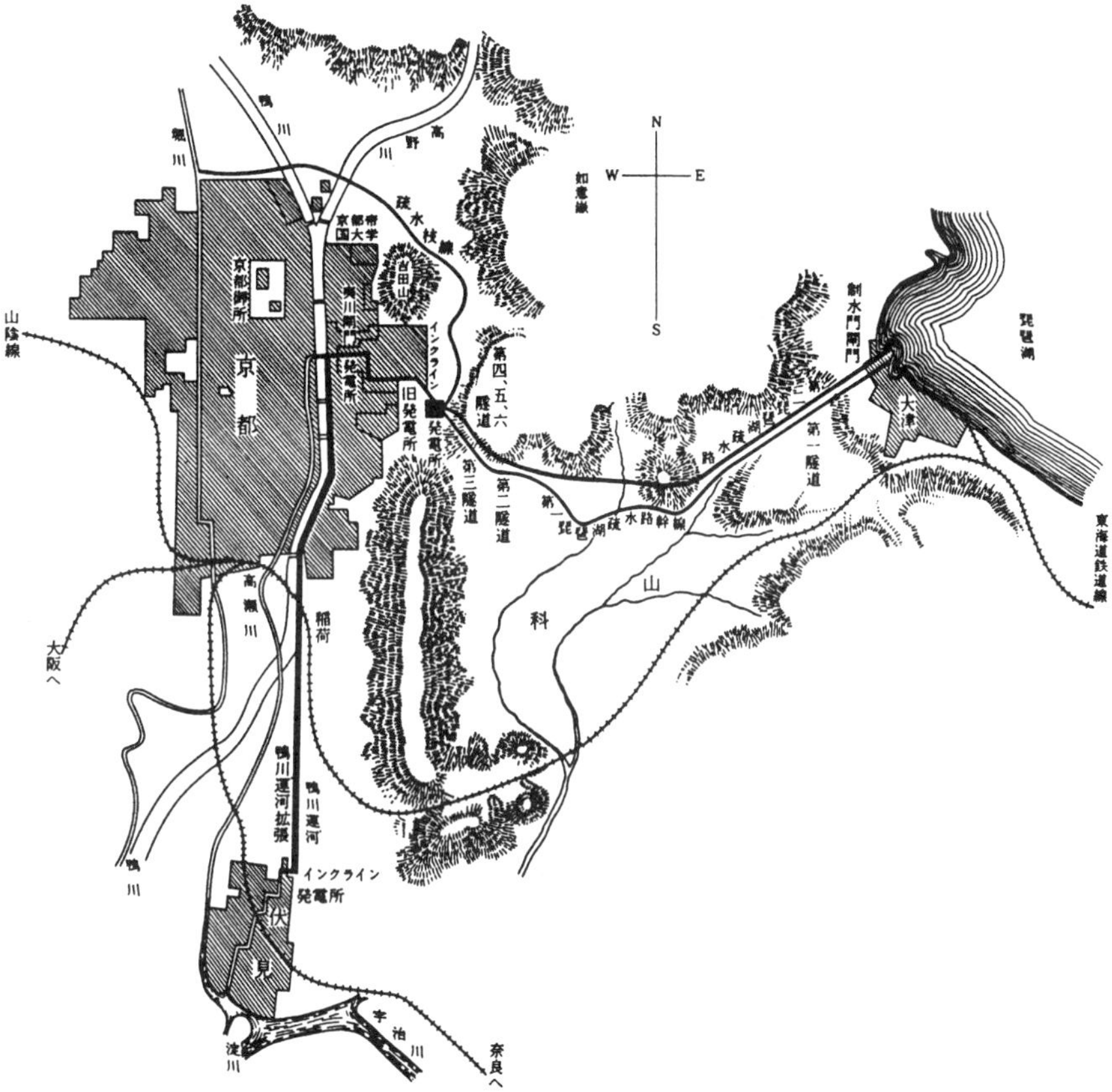

図２―１　琵琶湖疏水・鴨川運河図
出典：寺尾宏二「疏水工事史」（琵琶湖疏水図誌刊行会『琵琶湖疏水図誌』東洋文化社、1978年）242頁。

対して確たるものはない時代であった。本稿は、以上四つの時代規定性を具体的に明らかにすることをめざす。

一　琵琶湖疏水開通のイベントとジャーナリズム

本節では、鴨川運河をめぐる紛争の前提として、『日出新聞』のみならず、これまで取り上げられてこなかった新聞の論調を分析することによって、一八九〇年（明治二三）竣工式前後の時期の京都市民の状況および冷めた空気の存在を明らかにする。

（一）三つのイベントと市民の熱狂

一八八五年（明治一八）八月以来四年八か月にわたって工事が進められてきた琵琶湖疏水事業は一つの画期を迎えた。一八九〇年四月、大津三保ケ崎から取り入れられた琵琶湖の水がようやくにして京都に到達したのである。三月全線が開通し、四月一日竣工奉告祭が大津三尾神社と京都八坂神社で行われた後、八日から九日にかけて三つのイベントが盛大に執り行われた。[4] 一つは八日夜夷川船溜の中島を会場にして北垣国道京都市長（市制特例により京都府知事と京都市長を兼任）を含めた京都市参事会を主催者とする夜会である。二つめは、九日午後三時過ぎに明治天皇・皇后を迎えて聖護院夷川船溜中島の式場で行われた竣工式である。三つめは、九日夜に祇園館で行われた京都有志者による大夜会である。この三つのイベントを通して、この竣工式の前後、京都は祝賀一色に染め上げられた。市民の熱狂はすさまじかった。花見を兼ねて南禅寺近傍から二条にかけて夥しい人出が殺到し、四月一一日からは京都市民に限り疏水路の一部を無料で乗船通過が許されたこともあり、水路に沿った堤上を往来する人びとはさながら「蟻の行列」のようであった、という。[5] これらのイベントには、皇族、大臣をはじめ数多くの人びとが招待された。[6] 京都に新名所が誕生し、しかも天皇のみならず皇族・政府顕官が入洛したとなれば、京都市民が熱狂したとしても無理はない。問題は、この熱狂が継続的、さらには全市的なものであったかどうかである。

その点はしばらく措くとして、注目すべきことは皇族、大臣に交じって東京・京都・大阪・滋賀・兵庫の三府二県で発行する新聞主筆記者たちが招待されたことである。八日午前、これらの新聞記者たちは大津三保ケ崎の疏水工事事務所に集合し、田辺朔郎技師、増田上京区長、朝尾春直土木常設委員の案内で大津第一隧道口から乗船して蹴上まで通航している。蹴上の疏水事務所では、一同に疏水線路の地図および『疏水要誌』各一冊が贈与され、さらには田辺技師一人の案内で、南禅寺周辺の線路、水車運転の模様、インクライン使用法の実地見学と説明が行われ、さらにかれら新聞記者には九日夜祇園館の招待状が渡された。(7) このとき通航した新聞社と新聞記者名は、『京都日報』によれば、次の通りである(8)（丸括弧は通航記者名）。

『政論』(安岡雄吉)、『時事新報』(小林梅四郎・石川幹明・木下立安・今泉秀太郎)、『開明新報』(川辺貞太郎)、『日本』(陸実)、『郵便報知新聞』(村井寛)、『関西日報』(石川淡)、『京都日報』(安江稲次郎)、『東京日日新聞』(関直彦・粟屋関一)、『京浜毎日新聞』(粟屋龍蔵)、『神戸新聞』(真嶋武市)、『大阪公論』(藤田軌達)、『大阪朝日新聞』(加藤瓢乎)、『神戸又新日報』(矢野可宗)、『いろか新聞』(石橋中利)、『時事通信』(堀江章一)、『国民新聞』(北村三郎)、『福陵新報』(出村惇)、『東京新報』(朝比奈知泉)、『中外電報』(徳田松二郎)、『大阪毎日新聞』(渡辺治)

全部で二〇社、二四名である。(9) 北垣が東京・京都・大阪・滋賀・兵庫発行の新聞記者を招待したことは（ただし福岡の玄洋社系の『福陵新報』もある）、琵琶湖疏水工事の成功を京都のみならず全国的に宣伝する情報戦略であったろう。

（2）『東京日日新聞』の論調

これらの新聞記者はこのイベントについて多様な記事を書いた。この点を、筆者が関係記事を見ることができた『時事新報』『国民新聞』『郵便報知新聞』『日本』『朝野新聞』『大阪朝日新聞』『日出新聞』『中外電報』『京都日報』で検討すると、[10]次のようなことがいえる。東京系の新聞はおおむね評価を交えずに事実だけを書くか、疏水工事当局者のさまざまな配慮が功を奏したのか、あるいは京都の熱狂する雰囲気におされてなのかおおむね好意的に書いた。[11]ただし、東京では当時第三回内国勧業博覧会が開催されており、[12]東京系新聞はこの方に紙面の重点があった。これから二年後の一八九二年（明治二五）五月一三日、社説「京都の神社仏閣」（福沢諭吉執筆）で、琵琶湖疏水工事を「不首尾」、「起工の其時より事物の緩急前後を誤り所謂文明流に走りたるの軽挙」と批判した[13]『時事新報』は、疏通式の時期四名の記者を京都に派遣していたが、たんに事実を書くのみで批判らしい記事はない。

『大阪朝日新聞』の場合は、近隣という関係からか、全面的評価ではなかった。同紙の四月一一日付は、「琵琶湖疏水開通式」と題する論説の中で、「京都市民は已に今日以前此水力の源を得る迄の間に負担したる所に於て頗る疲労を感ぜりと云ふ」と京都市民の疲労感を伝え、今後疏水の水力利用方法をどうするか、と質していた。要するに、婉曲ながら疏水の成功、不成功は今後の問題とする、とする考えを持っていたことがうかがい知れる。

東京系全国紙の記事で異彩をはなったのが『東京日日新聞』である。同社は、一八七四年創刊で、一八八八年（明治二一）七月、社長は福地源一郎から関直彦に代わっている。[14]『東京日日新聞』では、社長関直彦自身と粟屋関一が京都に来ていた。同紙の竣工式前後の記事は、はじめは事実関係のみを記した記事である。[15]しかし、関が一三日東京に帰った後の一五日には、[16]「疏水工事の費用」「京都人士の気前」「北垣京都府知事の夜会」「疏水工事は案外に無害なり」「疏水工事は案外に無益なり」という題名で、若干の批判も含んだ一連の記事を掲載するようになる。たとえば、「疏水工事の費用」と題する記事は、①この工事の費用一一九万余円は国庫からのいくばくの補助のほかは、京都市民の戸数・営業等に割り当てて徴収されたもので、「最下等なる労力者」も漏れなく五〇銭以上賦課ということだから、「相応の富家に至りてハ何程多額の膏血を絞り出たされしやも知れず」、②このほか大阪府民に対しては保険の約定をなし、滋賀県人には「永代飲用水の補助金を与へ」、「唯僅かに京都築地と称する新領地を得たるのみ」、「君子なるかな京都市民」と書く。また、「京都人士の気前」と題する記事では、八日の京都府知事の夜会の費用を五〇〇〇円と伝え、「此金果たして誰が手よりか出づ、もと是れ京都市民が血の涙のみと思へバ今日の京都人士の気前も亦豪気なるかな」と書く。「北垣京都府知事の夜会」という記事では、夜会の宴会場には、勅奏任官以上の「菊章」の席と、「桜席」の「人民の会場」との二つの場所があり、「桜席」では多様な服装の人びとが五ないし六分単位で入れ替わるというものであったことを紹介し、「京都帰りの新聞記者は物語れり、流石行届きたる会丈ありて官尊民卑の区別いみじうも仕まつられたりと見えてゆかし」と皮肉たっぷりに述べる。「疏水工事は案外に無害なり」と題する記事では、琵琶湖の水が京都に入れば、大阪も含めて水害の危険性があったが、これは杞憂にすぎず、「運河の広さは一丈四尺に過ぎず、水の深さは僅かに三尺、是而も水の入り口ハ二箇の閘門にて斟酌するが故に如何なる洪水の節も水嵩一定の分量を越ゆる事なしと云ふ、是れ実に案外の一つなり」と京都府下および大阪にあった淀川増水の杞憂を一蹴する。「疏水工事は案外に無益なり」と題する記事では批判は強烈である。ここでは、この工事の利益として、①水力を利用して機械を運転すること、②水利を開通して舟楫の便を通ずること、③旱損の田畑に灌漑すること、④水車、引用水、火災の用意、⑤上水の清涼、とあるが、言われるほどの効果はないとして次のように指摘する。

今日出来上りし上にて一口に之れを評すれバ、近江と京都の間に一奇観を添へたりと云ふの外無きのみ、其の以前は兎もあれ今日ハ汽車の便も盛なれば聊は運賃高くもあれ運河ならでハ運送の出来難き事ハなし、尤も容量の大なるものハ汽車でハ運び能ハざる故夫れを助けんが為めならんと云ふ人もあれど、此の運河とても汽車と同じく、とても大物ハ運べぬなり、何となれバ船の幅ハ七尺制限なれど運河の幅が一丈四尺故実際ハ六尺幅位の船ならでハ通行相叶ふまじ、かくてハ到底大きなる荷を運漕することを得ざるべし、但し近江の米穀を容易に京都に運送するを得るに至りしハ、是れ唯一の便利なるべし、又水力を以て西陣其他の織物を製造する所の器械を運転する積りもありしやなれど織物の機械□水力の如き強弱不定なる原動力にてハとても出来得べからずと云ふ、扨ハ此の動力僅に米舂き機械を廻ハすに過ぎざるか、是れ即ち案外の二なり

これらの批判的記事の集大成が、四月一七日・一八日の「琵琶湖疏水工事」と題された社説であった。この社説は社長兼主筆であった関直彦によって書かれたことはまず間違いないと思われるが、これまでの琵琶湖疏水研究史上紹介されたことがなく、しかもきわめて精緻な分析と思われるので詳しく見てみよう。

まず、この社説は疏水工事を「猪苗代疏水工事」(安積疏水工事) とならび称される「我国大土木工事」と位置付ける。そして北垣府知事の招待により実地見分した結果を「公平の観察」で検討する、とする。

社説は、工事技術をきわめて高く評価する。「其工事設計の精巧なる、構造の精密なる、測量の微妙なるに至りてハ実に間然すべきものなく、殊に最初の測量より構造の釐工に至るまで田辺技師、島田技手の司れる所ろにして其他一切日本人のみを用ひ毫も外国技師の手を仮らず、斯る精妙の工事を成効せしめたるハ感服の外なきのみ」。鉄道工事と橋梁工事は、日本人は最もその技術に長じているが、この疏水工事を一見しても我が国工学技術の進歩を外人に誇れると信じる、と。では、そのことは認めるとしても、この疏水は実際上利益があるのか、ないのか。利益としては、第一に大津―京都間において鉄道よりも安価に運送できる、第二に水力を利用して製

造業を興すことができる、という点である。問題は、これらの利益がその工事にかかった費用（資金）に照らして、それを償うだけの利益があるのかどうか、である。この点を考えれば、それほどの利益はなかろう、というのがこの社説の主張であった。第一に、水運はわずか巾六尺（約一・八メートル）の小舟を用いるにとどまって多量の荷物を運搬することができず、荷物の大部分は鉄道便に吸収されることは疑いなく、ただ江州米の運輸には幾分の便利になるだろう、第二に、水力を利用して製造業に供しようとしても、京都の物産である織物製造の機械には「水力は不平均」で用をなすには足りず、製紙あるいは精米・製粉の用に供するぐらいの利用になるだろう、要するに水力の利用も予期のようにはならないのではないか、との疑問がある。では、この疏水工事は害はあるのか。疏水の水が鴨川にそそぐことによって、四条河原の夕涼みも廃絶し、特に洪水の際には京都市に氾濫するであろう、また大阪府においても淀川堤防に影響するのではないか、との声がある。しかし、疏水の水量はわずかに巾一丈四尺（約四・二メートル）、深さ三尺（約〇・九メートル）、しかも緩流なので鴨川の水量には一の影響も与えないし、ましてや大阪府の堤防に何の影響も及ぼさない、という。結局のところ、「概して利害の評を下さば敢て利なしと云ふべからずと雖も、又た曽て恐れし程の害ハあらざるべし、但し之を資金に比すれば損益相償ハざるべしと云ふを得べきのみ」というのがこの社説の結論であった。

社説は次に数字上の分析に移る。この疏水工事を内務省より技師派遣、技師の外国派遣・実地調査等の経費を合計すれば一三〇万円にも達する、今その利息を五分とすれば、一年に六万五〇〇〇円の利益を得なければならない、しかし鉄道のことを考えれば、運河使用の利益として年六万余円の船税収入は到底困難だろう、と。要するに、数字上でも利益は費やした資金に相応しないのではないか、というのが主張であった。また、工事資金中五十余万円は京都市民に賦課徴収したものであるが、五〇万円を京都市の人口二六万余人で分担することになり負担は軽くないだろう、という。特に注目されるのは、「筆者自身」が直接「市民の感情如何」を質問したというくだりである。その結果は、きわめて疏水工事に批判的であった。すなわち、「之(疏水工事─高久)を欣喜するもの実に少数にして課税の疾苦を訴ふるもの比々皆な然り、甚しきハ僅かに其日の暮しを立つる細民にして、尚ほ月々五〇銭の徴収に逢ひ衣を典じ食を減じて之を上納したるもの多しと云へり、嗚呼琵琶湖々水疏通して、細民枯渇すと云ふの嘆声ハ往々吾曹が耳朶に達せるとなしとせず」、「不幸にして吾曹が聞く所ろは異議の声多くして賛美の声ハ甚だ少し」というものであった。社説はこの工事を推進した北垣府知事に「無礼を顧みず」最後に一言する。北垣府知事の精神は感ずるところがあるが、「今世の業ハ概ね利害得失実利上の計算に出でざるべからざれバ精神の可なるのみにして事悉く可なりと云ふべからず」、「管下人民無形上の進歩発達をも併せ謀られんことを」。

竣工式に招待された多くの新聞記者による記事が、事実のみを書くか、あるいは好意的な記事であったが、表面上の熱狂の裏に潜む京都市民の不満を含め、疏水工事の利害を鉄道との比較も交えながらこれだけ冷徹に分析したものはその当時のジャーナリズムではまったく稀有なことであった。関直彦の面目躍如である。後に最も利用されることになる電力の問題については言及がないが、この時期は電力利用がまだ開始されていなかったから、関はまだ十分なデータを持ち得なかったことが言及できなかった原因であろう。

(3) 地元新聞と『京都公民会雑誌』の論調

では、この竣工式を含む一連のイベントとこの時期までの疏水工事を地元の三つの新聞『日出新聞』『中外電報』『京都日報』はどのように報じたか。三紙とも直接的に疏水工事を批判した記事はない。しかし、いずれも疏水工事の利益の顕現は将来の問題であるとしていたし、一連のイベントについての論調は微妙に異なっていた。『日出新聞』は竣工式当日の四月九日に「疏水通水式」と題する社説を掲げ、祝賀と将来の希望を述べた。すなわち、「今や巳に琵琶湖中の水は滾々として加茂川の流に入り一帯の運河幾艚の舟楫以て人の往来を便すべく以て物の運輸を資くべし、加之水力は更に電気に移して之を百般の工業に用ゆべし」と希望を語ったのち、今後新運河（鴨川運河）開鑿と電気器械費にかかる費用を長期の公債募集により賄っていくことを述べ、「疏水営業は将に今より始めを開かんとす、本日は是れ竣功と始業を合する期節なり、我輩は市民が本日疏水工事竣成の式を喜ぶ如く他日疏水営業の利益を得たる祝賀の典を挙げ琵琶湖の水は是れ京都の富源財泉なりと云ふに至らしめんことを望むものなり」と、穏やかながら疏水工事による利益は将来のものであることを述べた。ここには、鉄道との比較はない。全体に『日出新聞』には、将来への希望はあってもこれらのイベントや工事そのものを批判する記事はない。もともと、『日出新聞』は、一八八五年（明治一八）四月一〇日創刊された絵入傍訓新聞で、一八八九年、社長である浜岡光哲や社員である雨森菊太郎・宮城坎一が公民会に入ったことからわかるように、[17]北垣とは親和的関係を続けていく新聞であった。

『中外電報』はどうか。この新聞は、一八八四年（明治一七）一〇月一〇日に創設された政論新聞で、[18]『日出新聞』の姉妹紙だが、『日出新聞』よりも若干反官的色彩が強いのが特徴であった。この新聞の場合も、特に琵琶湖疏水工事そのものについての直接的批判の論評はない。しかし、社説や記事の中から一連のイベントについては若干の批判的姿勢を探し出すことができる。同紙は四月一三日付で「賓客の心得」と題する社説を掲載している。この社説は四月八日の京都市参事会主催の夜会について論評したものであるが、ここで「京都紳士」の見苦しき挙動（ビールや残肴を持ち帰るという行為）を非難することを主にしながら、接待に二つの等級（「菊章」の席と「桜席」）を設けたことを「賓客接待の道を知らざるもの」と批判した。[19] 一三日には、京都市参事会が六万余戸の市民に疏水隧道通船のために各戸一枚ずつの乗船切符を配布したが、行き渡らない地域があることを記事にしている。最も冷めた色彩が強いのは四月二三日付の「記念碑建設は尚ほ早し」と題する社説であろう。これは、四月五日の市会で、北垣府知事の功労を表彰するための記念碑建設が建議され、そのことが議決されたことに対して意見を述べたものである。[20] この社説は、この議決を「適《あつぱれ》な議決」とし、そして北垣府知事がこれを辞退したことも「適な志」とする。[21] その上で、建碑を時期早尚とする。理由は、疏水工事の効果がまだあらわれていない、[22] ということであった。そして、二九日にはやはり建碑を批判する東京上野在住の「柳条生」なる人物の寄書を掲載している。[23]

三紙の中で最も批判的色彩が強かったのは公民会と対峙していた京都交話会、そしてその後の公友会の機関紙的様相のあった『京都日報』であった（一八八九年三月一〇日創刊）。同紙は、四月六日付「琵琶湖疏水工事の経歴」という記事で、工事の成功と北垣府知事の功労を賞賛するとしながら、「此大工事が能く其当初の目的を達すると否とは一に其利用法如何に存する」と書く。この姿勢は、四月二三日付社説「吾人をして今後の策を講ぜしめよ」でも展開される。「吾人は此水果して最初企図せし如く機械運転に於て十二万円、田圃灌漑に於て九万七千円、運輸に於て八万円、計廿九万七千円の供給するを知らず、且つ夫れ好し、是等の利益ありとするも、之れを利用するに於て幾多の資本を動すべきや、動さゞるべきや、吾人蓋し疑なき能はざるなり」とし、疏水の効能は今後の疏水利用計画にかかっている、と書いた。この社説は、末尾に「吾人何ぞ頑固に反対するものならんや」と書いたが、別言すれば、今後の疏水利用計画如何によっては反対することもあり得るという意志の表明とも受け取れる。一連のイベントについては、かなり批判的姿勢が読み取れる。四月一〇日付「疏通式夜会の景況」では、来賓者を桜と菊に分別したことに対して、「此京都夜会に限りて官尊民卑の間に一大鴻溝を劃して愁に来賓に階級を付するの苦情を起こさしめたる」ことを書いた。また、同日付「京都市民の疏水狂」では、「吾人ハ実に此六年間の歴史を以て我京都市民が血涙の潜々たる時代不平の囂々たる時代なりと断言せんとす、然るに一昨夜の夜会及び昨日の疏通式に就き京都市民が熱狂する有様は実に意外にてありし」と京都市民の熱狂ぶりに驚きながら、「此忌むべき嫌ふべき似而非賑を京都市民に勧誘し、ヤレ祇園囃し、ヤレ幕を張れ、国旗を掲げよ、提灯を出せ、と駈け廻りたる結果は実に此祭礼的賑を現出するに至りしなり、然れとも此光景を現出せしは尚市民の余裕ありて致す処なり、若し夫れ将来に於て此疏水工事が何等の利益をも市民に与ふる能はずんば、此祭礼的の光景は恰かも野狐に魅せられたると一般ならん」と書いた。また、北垣の記念碑については、四月二〇日付で「市井民助」なる人物の、琵琶湖疏水の功業の判定ができない現在、今日急に記念碑を建設する必要はない、という寄書を掲載している。さらに、同紙は、四月一三日には、社説「疏水工事と久世郡民」、一五日には社説「疏水工事と宇治郡民」を掲載し、前年の大水害の経験から、疏水の竣工の結果疏水線路の増水に懸念を表明する宇治郡住民、淀川筋の増水を懸念する久世郡住民の動きを伝えるとともに京都市参事会のしかるべき説明責任を提唱した。そして、一五日社説では、「嗚呼工事既に成るも苦情未だ絶へず、吾人彼等郡民の為めに之を思へば疏水工事成ると雖ども未だ全く祝意を表し賀詞を呈する能はざるものあるなり」とまで書いた。この後『京都日報』は、久世・紀伊郡等の疏水工事の事後処置を要求する動きを、『日出新聞』『中外電報』よりもはるかに詳細に伝えていくことになる。(24)

以上、見たごとく、疏通式前後の時期の新聞論調は、決して歓迎一色に塗り固められていたわけではなかった。要は、疏水の効能如何は将来に持ち越されていたのである。ただ地元三紙の論調は、かえって地元ゆえか『東京日日新聞』に見られる鉄道との比較など冷徹な利害計算を基礎にした論調にはほど遠く、特定の事象に対する印象批評的色彩が強いのが特徴であった。

後述する京都公民会の機関誌であった『京都公民会雑誌』はどうであったか。同誌には、一連のイベントに対する批判的記事はない。そして一五号（一八九〇年四月二八日）では、公民会で臨時嘱託の委員を務め、同誌への執筆が頻繁であった宮城坎一[25]による「琵琶湖疏水工事ノ落成」という論説を掲載している。宮城は、この工事を「日本第一ノ工事」、「奇驚ノ偉業」としながら、それを完成に導いた北垣知事について、「北垣知事ハ其責任是レヨリ重キノミ、今日其工事ノ竣成ヲ告グルモ北垣知事ハ未ダ功ノ録スベキモノアリト云フベカラズ、其功責共ニ既往ニ在ラズシテ将来ニ在リ、北垣知事果シテ如何ナル方案ヲ設ケ其功ヲ樹テ其責ヲ尽サントスル乎」と、北垣の功績が明らかになるのは将来の問題とし[26]、今後の北垣の責任に言及した。そして、どのようにして目的を達するかの問題では、第一に確定されねばならないのは疏水利用の方針であり、①市の事業として経営するか、②市の手より引き離すべきか、の方針であるとした。しかし、①の場合は「官吏風ノ営業ニ陥リ機活ヲ失ヒ敏捷ヲ欠クノ弊」があり、②の場合は、一私人の経営に委託することは不可であり、市が管掌してこれより生じる収入を受領するにとどめ、経営を信用ある人民に任せる方法がいいとしながらも、「其人ヲ得難キノ憂へ」がある、とした。結局のところ、宮城も今後の疏水利用については北垣の方針を待つ方向で論を閉じた。完成前後の疏水については『京都公民会雑誌』にこれ以上の言及の記事はない。宮城が、水力利用について、一私人の経営に委託することは不可としたことは、後述する前年秋からこの年一月までの京都電燈会社委託問題での紛争の経験が尾を引いていたからであるが、いずれにしても公民会が琵琶湖疏水について何らの方針も持たず、市内会員の個別の利害や意見に任せていたことは間違いない。

表２―１　明治期水利事業使用料収入　　単位：円

年度	電気①	①/④(%)	運河②	②/④(%)	水力③	③/④(%)	計④
1891(明治24)	80	4.4	1,408	78.1	315	17.5	1,803
1892(明治25)	2,458	37.6	2,880	44.1	1,199	18.3	6,537
1893(明治26)	8,725	57.8	3,888	25.8	2,482	16.4	15,095
1894(明治27)	17,822	68.1	5,187	19.8	3,159	12.1	26,168
1895(明治28)	35,275	74.5	6,663	14.1	5,410	11.4	47,348
1896(明治29)	53,160	78.8	5,768	8.5	8,574	12.7	67,502
1897(明治30)	78,057	81.0	6,681	6.9	11,673	12.1	96,411
1898(明治31)	86,856	82.6	6,009	5.7	12,328	11.7	105,193
1899(明治32)	97,779	82.7	6,785	5.7	13,630	11.5	118,194
1900(明治33)	99,947	82.0	7,207	5.9	14,718	12.1	121,872
1901(明治34)	119,330	82.8	7,459	5.2	17,273	12.0	144,060
1902(明治35)	128,520	84.0	7,197	4.7	17,331	11.3	153,048
1903(明治36)	129,383	85.5	7,072	4.7	14,844	9.8	151,299
1904(明治37)	128,382	85.6	7,027	4.7	14,641	9.8	150,050
1905(明治38)	141,234	85.5	7,002	4.2	17,043	10.3	165,279
1906(明治39)	162,291	85.7	7,911	4.2	19,127	10.1	189,329
1907(明治40)	166,698	85.4	8,510	4.4	19,946	10.2	195,154
1908(明治41)	171,806	85.6	9,352	4.7	19,477	9.7	200,635
1909(明治42)	167,687	85.8	8,632	4.4	19,201	9.8	195,520
1910(明治43)	174,977	87.4	8,555	4.3	16,686	8.3	200,218
1911(明治44)	144,914	90.4	7,813	4.9	7,612	4.7	160,339
1912(明治45)	271,364	89.3	6,685	2.2	25,703	8.5	303,752

出典：京都市電気局『琵琶湖疏水及水力使用事業』(京都市電気局、1940年)809～810頁。

(4) 琵琶湖疏水の効果

関直彦が、疏水工事の利益は費やした資金に相応しないのではないかと書いたことは前述した。この点について若干の検証を試みてみよう。

表２―１は、明治末年までの水利事業使用料収入の推移を示したものである。水利事業使用料収入は、①「電気」、②「運河」、③「水力」に分かれる。「電気」は、一八九一年（明治二四）一一月、蹴上発電所による送電開始によるもの、「運河」は同年六月からの琵琶湖疏水の通船許可によるもの、「水力」は主として精米の原動力に用いられたものであるが、[27] 五月より利用可能になったものである。[28] ともあれ、この表により大まかな傾向を探ることができる。

全体の収入規模は、一八九一・九二年

には琵琶湖疏水の効果はあまりみられず、一〇〇〇円台であり、一八九三年に一万円台になり、一八九五年に四万円台、関が琵琶湖疏水の効果の指標とした年間六万五〇〇〇円を超過するのは一八九六年（明治二九）であり、一八九八年になって一〇万円台に突入する。

「電気」「運河」「水力」を個別に見るならば、まず一八九一年に限っては、電気が一一月に送電開始になったばかりであり、運河収入が七八パーセントを占める。しかし、その後は運河収入は順調に進展しない。一八九五年（明治二八）鴨川運河が完成し、水運が伏見に伸びたにもかかわらずその年は六〇〇〇円台で、その後一貫して年間一万円を超えることなく、明治三〇年代には停滞し、一九〇八年（明治四一）をピークに低落傾向を示していく。関は、水運はわずか幅六尺の小舟を用いるにとどまって多量の荷物を運搬することができず、江州米の運輸には幾分の便利になるが、荷物の大部分は鉄道便に吸収されることは疑いない、と書いたが、この点は斎藤尚久氏の研究によって裏付けられる。斎藤氏は、①京都—大津間の貨物は木炭・木材・米・清酒・筵《むしろ》・雑品などであり、迅速性を要しない貨物に限定されていた、②「鉄道と比較して運賃面から水運の方が有利であるから琵琶湖疏水運河への運送需要は十分に期待できるものと考えられている」が、「この運賃比較は京都・大津間というきわめて限定された短距離の区間における比較に過ぎ」ず、広域的な運輸、たとえば一八九六年（明治二九）七月敦賀—福井間の鉄道開通以降であれば、福井羽二重の輸送は鉄道運賃の方が安い、とした[29]。また、一九四〇年に刊行された『琵琶湖疏水及水力使用事業』も、一八九六年度以降の運河収入の減少傾向（全使用料収入のうち運河収入のパーセンテージが一ケタ台になる）を、陸上輸送、すなわち暗に鉄道輸送の発達を主な理由としたが、それ以外に、①運河が急勾配のため昇り船の利用が困難であること、②閘門通過に時間がかかること、③伏見堀詰より淀川に至る桃山旧城濠の屈折が多いため、運漕が不便であること、④使用料が比較的低廉ではなかったこ

と、をあげている。(30)

また、関は、水力利用で製造業に供給しようとしても、織物製造の機械には用はなさず、製糸あるいは精米、製粉の用に供する程度であろう、とした。表2―1を見れば、水力利用も、一八九七年に一万円台になるが、一九〇七年をピークに低落傾向を示し、一九一二年第二疏水完成時に再び上昇傾向を示す。ただし、運河および水力利用の収入を毎年合算しても、せいぜい最高で三万円を超える程度であった。『琵琶湖疏水及水力使用事業』も、当初は精米以外に、「製粉、伸銅、針金、製糸、紡績、加工等の原動力に用いられたが、精米を除くの外は漸次電力へ転移するに至った」としている。(31)

結局のところ、一九六〇年代の朽木清氏の詳細な分析が示すように、琵琶湖疏水の収入の大部分は電気による収入であった。表2―1からも、一八九四年（明治二七）、それまでの直流式から交流式発電機になり遠距離送電が可能になったときに一万円台になり、その後はどんどん収入規模を増やしていくことがわかる。そして全使用料収入の中で電気が八〇パーセントを超えるのは一八九七年（明治三〇）であるが、その後も八〇パーセント台を維持し、一九一一年（明治四四）には九〇パーセント台に突入する。

もし一八八九年に、疏水の工業用動力を水車を回しての動力から電気に切り替えなかったならば、琵琶湖疏水という大型土木事業は、巨額の資金に見合うだけの経済的効果を生み出さなかったと後世言われた可能性がある。

琵琶湖疏水が、当初の計画と大きく食い違う結果をもたらしたことについては、すでに先行研究で指摘がある。吉田光邦氏は、琵琶湖疏水という京都のローカルなプロジェクトと、鉄道というナショナルなプロジェクトが「無関係に動いて」おり、「その間には何の連携もないしプロジェクト相互の調整もな」かった、「明治前期は、中央は中央、地方は地方と独立したプロジェクトが自由に進展していた状態」であったと指摘する。(32)また、斎藤尚久氏は、鉄道輸送の進展について、「琵琶湖疏水事業の計画の段階においては、このような広域的な視野からみた輸送構造の変化については、ほとんど意識されていなかったように思われる」と述べ、アメリカの水力使用状況を調査するために渡米した高木文平と田辺朔郎が帰国後に「水力配置報告書」を提出し、その中で「水運と汽車とに就ては米国に於ても一時甚だ敷競争に到りし例少なからざりしよし。然れども運河の汽車に及ばざるは只早く達する此一点のみにして其他は都て水運の方に勝あるなりと云う。実に格言なるべし」と述べていることを紹介する。(33)

琵琶湖疏水工事の計画段階で、鉄道との比較がまったく検討されなかったわけではない。たとえば、一八八四年(明治一七)三月、京都勧業諮問会員惣代高木文平・浜岡光哲と京都上下京連合区会議員惣代中村栄助・古川吉兵衛が山県有朋内務卿に差し出した「琵琶湖疏水事業ニ関スル懇願書」(34)の中で「中山道鉄道ノ便已ニ達スルニ至ルケレハ京都ハ最早山獄圍繞ノ壷中ニアラス、規模狭小ノ旧帝都ニアラスシテ日本第一ノ工業場トナリ」と、どのような形かは不明としても疏水と鉄道との提携を考えていた。

琵琶湖疏水工事が着工される一八八五年(明治一八)までの京都府・滋賀県の鉄道状況は次のようなものであった。一八七七年七月大阪—京都間、一八八〇年七月京都—大津間が開業するが、長浜—大津間は湖上交通であった。一八八四年五月、長浜—敦賀間、長浜—大垣間の鉄道が開通し、神戸・大阪などと結ぶ船車連絡切符が発売され、大津—長浜間鉄道連絡船の運航が開始された。(35)要するに、大津と長浜間は湖上交通の時期であり、琵琶湖疏水工事が着工する時期は、「中山道鉄道」のイメージがまだ見えにくい時代であった。(36)この後、一八八九年(明治二二)七月、長浜—大津間の鉄道が開通し、東海道線が全通する。しかし、東海道線が全通した後でも、京都府当局は京都—大津間の舟運の意味を大きくとらえていた。たとえば、北垣府知事は一八九一年(明治二四）二月一六日の京都市会で、鴨川運河（後述）について語った際、舟運の意義を次のようにとらえていた。鴨川運河の場合、今日まで運送の便がなかった岐阜・愛知・三重等の物品を引き寄せるとともに北海道・山陰・北陸の物を取り寄せる川である、これまで北海道の物品は下関を大廻りして大阪に来ていたが、この運河が成功すれば、まず物を越前敦賀に運び、敦賀より鉄道で大津に運び大津から京都には疏水で引き、その物品が京都に止まる物であれば京都に止め、大阪に直行する物は直行せしめ、伏見に送る物は送るという形になる、北海道・山陰・北陸の物品はこれまで三〇日を費やさなければ到着しなかったが、これから一〇日くらいで取り寄せることができるだろう、と。(37)この時点でも、大津から京都まで物資を鉄道で運ぶという考えがなかったのは、大津─京都間の舟運の方が鉄道運賃よりも安いという考えを持っていたからかもしれない。

ただし、琵琶湖疏水の効果は、表2─1の電気、運河、水力以外の問題も考えなければならない。たとえば、田辺朔郎が指摘しているように、北垣が当初琵琶湖疏水の目的としたのは、安積疏水にならっての田畑の灌漑であった。(38)表2─1のように数字的には表れないが、明らかに効果はあったろう。それ以外にも、京都市内への水量を増やすことによって、京都市内の防火、井泉水量の増加、衛生上の利点が見込まれ、(39)この点での効果はあったとみるべきであろう。灌漑も含めて「地域の水環境を豊かにしようとする地域用水の確保(40)」の点も重要であろう。

明治期の京都の開発事業の評価は、一筋縄ではいかない。

二　水力電気利用問題

ここでは、琵琶湖疏水完成の前年に起きた水力電気利用問題の経過を当時の政治社会状況に位置づけてみたい。

この政治社会状況が後述する鴨川運河問題にも関連していくからである。

（一） 京都公民会という政社

まず、水力電気利用問題に直接的に関係を有しないようにみえるが、政治的背景として大きな意味を持っていた一つの政社、京都公民会について記しておきたい。なぜなら、田中源太郎などこの政社の幹部には水力電気利用問題の当事者である京都電燈会社の幹部がいたからである。ただし、この政社については、すでにいくつかの場所で書いてきたので、(41) 重要と思われる点のみを箇条書的に述べることとする。

①京都公民会（以下公民会と略す）の創設は、一八八八年（明治二一）一二月一六日、府会議長田中源太郎が府会議員有志の懇親会（五一名出席）席上で地方政治組織創設を提案したことが契機になる。その後、府会議員を中心にして組織化が行われ、翌年二月一一日規約を定め政社になる。公民会は明治一〇年代自由民権運動の再興を意図する大同団結運動に対抗して、実利主義的立場から京都府下人心の組織化を果たそうとしたものであった。組織化の目標は当然来るべき衆議院議員選挙である。そして、第一回衆議院議員選挙、第二回衆議院議員選挙を経て、一八九二年（明治二五）三月一六日、公民会は総会を開き解散を決定する。公民会の存続期間は、一八八五年から始まった琵琶湖疏水工事が完成するほぼ一年前から、京都市会において鴨川運河の中止の動きが顕著になる時期までの三年一か月であった。創立時から毎月機関誌『京都公民会雑誌』を発行した。

②公民会は、成立以前からそして成立後も井上馨の自治党との関係が巷間に噂されるが、帝国議会開設前はいかなる中央政社、政治組織とも関係を持たない京都府独自の政社であった。

表２－２　市内公民会員数の変遷

	1889年2月	1889年6月	1889年10月	1890年2月	1890年6月	1890年10月	1891年2月	1891年6月	1891年10月	1891年12月
上京区	205	213	209	217	213	201	199	202	187	184
下京区	394	391	391	396	397	257	316	247	320	316
京都府全体	1,107	1,516	1,778	1,844	1,922	1,867	1,819	1,864	1,868	1,871
市内会員割合	54%	40%	34%	33%	32%	25%	28%	24%	27%	27%

出典：『京都公民会雑誌』１・５・９・13・17・21・25・29・33・35号
備考：市内会員割合は、小数点以下四捨五入。

③公民会は、市制町村制に規定された公民権有資格者を会員資格とし（ただし公民権中二か年の制限は問わず）、また「主トシテ地方ノ公務ニ参与」する者、すなわち府会議員、市町村会議員、町村長などの名望家層が主なる構成員であった。会員数は、最高時一九〇〇名で、京都府下最大の政治組織であった。会員は全府下にわたっているが、京都市中（上京区・下京区）の会員の比重が高かった。表２―２は、創立時から解散時までの四か月ご

表２－３　区郡別役員(幹事・常議員)数

区郡名＼期間	1889年2～9月	89年10月～90年9月	90年10月～91年9月	91年10月～92年3月
上京区	12(2)	10(3)	8(2)	8(2)
下京区	10(2)	9(1)	11(1)	11(1)
愛宕郡	1	1	2(1)	2(1)
葛野郡	4	1	1	1
紀伊郡	1	1	1	1
綴喜郡	1(1)	1(1)	1(1)	1(1)
相楽郡	1	1	1	1
久世郡	1	1	0	0
南桑田郡	3(1)	2(1)	2(1)	2(1)
船井郡	1	1	1	1
天田郡	0	0	1	1
与謝郡	1	1	0	0
加佐郡	1(1)	1(1)	1(1)	1(1)
合計	37(7)	30(7)	30(7)	30(7)

出典：『京都公民会雑誌』１～35号
備考：役員の数字は幹事と常議員を加えた数であり、(　)内は幹事数である。

との会員数を示したものである（ただし『京都公民会雑誌』最終号である三五号掲載の一八九一年一二月の会員数も表示した）。京都市内上・下京区が設立時に全会員の五四パーセントと最も会員数が多かった。これ以後郡部が会員数を伸長させていくが(42)、京都市内会員が全会員数の二割を切ることはなかった。

役員層でも市内会員の比重が高かった（表2―3）。設立時、公民会は下京区第四組菱屋町に本部事務所を設置し(43)、本部役員として幹事七名、常議員三〇名を置いた。幹事は「本会一般ノ事務ヲ管掌」する執行者、常議員は「本会重要ノ事務ヲ議定」する議事者（規約第九条）、というように別々に選出され役割の分担体制をとっていたが、現実の会運営には不便であり、一八八九年九月二三日の第二回総会で幹事を常議員の互選とし「凡テノ事件ハ幹事常議員ノ会議ヲ以テ定ムルニアリ(44)」と幹事を執行・議事両面において最高責任者とした。幹事七名中、特に最高指導者は設置せず、幹事のうち毎月二名が月番主任として運営にあたるという集団運営体制をしいた(45)。幹事は、創設時から解散時まで三回の改選（四期）が行われているが、創立から解散まで一貫して幹事を務めるのは田中源太郎（南桑田郡）・浜岡光哲（上京区）・雨森菊太郎（下京区）・田宮勇（綴喜郡）・上野弥一郎（加佐郡）、二期幹事を務めるのが西堀徳二郎（上京区）・松野新九郎（愛宕郡）、一期幹事を務めるのが竹村弥兵衛（下京区）・大沢善助（上京区）である（竹村をのぞいて府会議員）。なお、創設時機関誌『京都公民会雑誌』の責任にあたる雑誌主任には幹事中雨森菊太郎が就任しているが(46)、その後も継続してこの任にあたったと思われる。

これらの役員層である本部幹事・常議員数を見ると、会員数の比率以上に京都市内に役員が多い。幹事では七名中常時四名、五七パーセントが市内会員、幹事・常議員を含めた数では、成立時の五九パーセント、一八八九年一〇月以降は三〇名中一九名、六三パーセントが市内会員であった。各郡での役員がおおむね各郡一名、田中源太郎のいる南桑田郡のみ二、三名であったが、南桑田郡出身の田中源太郎は、京都市内で多くの会社の経営にかかわり、ほとんど京都市を拠点としていたから、実際上、会の指導はおおむね京都市内在住会員および京都市を拠点とした会員によって担われていたといってよい。

④公民会は、京都府会や京都市会で最大多数の会員数を持ち、府会常置委員や市名誉職参事会員も公民会員が圧倒的多数を占めた。そして公民会は北垣国道府知事（市長）の与党的色彩がかろうじて強い組織であったといえよう。このことの意味は次の通りである。公民会は、一八九一年秋の明治二五年度通常府会においては、非公民会派が成立することにより、組織的対応を余儀なくされ、それに北垣府知事が公民会派を援護したため明確に与党的様相を呈する。しかし京都市会においては、北垣市長に明確に敵対することはないにしても、北垣与党といえるほどの実態は示し得なかった(47)。京都市内における北垣の地域開発政策は、あくまで結果としてではあるが鴨東地域に偏重しており、公民会は京都市会で圧倒的多数を占めるがゆえにかえって地域利害が錯綜し、内部分裂をせざるを得なかった。そして、市会においても、一八九一年から非公民会派の組織的動きが始まることによって分裂に拍車がかかっていく。

⑤公民会が成立した時期は、明治一〇年代後半から続く企業勃興期にあたり、北垣府政は積極的に京都に本店を置く銀行や新興企業を育成しようとした(48)。府知事である北垣にとってそのことが京都経済振興に役立つと考えたからである(49)。しかし、京都商工会議所（商業会議所）の役員や京都商工銀行や京都電燈会社など京都市中での新興企業の役員は公民会員、しかも幹部クラスが多数を占めたため、これらの公民会役員が絡んだ会社と北垣との密着した関係を、府会や民間の非公民会各集団より批判される側面を有していた。

⑥ただし、公民会は地域利害に対する組織的対応ができない組織であった。公民会は設立時の「規約」に、会

の目的として「知識を交換し交誼を親密にする事[50]」としたように、きわめて緩やかな結合体であった。しかしながら、時代は国政が焦点になる時代であり、第一回衆議院議員選挙を射程において組織された、つまり国政を意識して組織されたという経緯があった。したがって一八八九年の条約改正問題など国政問題では一定の組織的対応を行う。そして、一八九〇年九月には、第一帝国議会を前に一三政綱三八政目からなる「京都府公民会政綱政目弁理由[51]」という国政全般にわたる公民会の希望を述べた文書を組織的に作成する。しかし、この文書は、地租軽減や営業税国税化[52]、「必要ナル実業ニ適当ノ補助」という一般的要求は含んでいたが、京都府・京都市の地域の問題をまったく含んでいなかったことに象徴されるように、公民会は京都府・京都市独自の地方利害・地域利害の絡む問題についての政策を持っていなかった。

（2）京都電燈会社の参画

琵琶湖疏水に絡んで、京都市参事会および京都市会を大きく揺り動かした最初の問題は一八八九年末から一八九〇年初頭にかけての、琵琶湖疏水工事計画のうち最大の変更、すなわち疏水水力をこれまでの水車による工業動力利用から水力発電利用に切り替えたことから引き起こされた問題であった。一八八九年（明治二二）一月三一日、先年一〇月より米国の水力使用状況およびコロラド州アスペンの水力発電所を視察してきた田辺朔郎、高木文平疏水常務委員が帰国する[53]。帰国後彼らは、それまでの工業用水車場設置の計画から水力電気計画（水力発電所設置計画）に変更すべしとする「報告書」を提出した[54]。『琵琶湖疏水及水力使用事業』『琵琶湖疏水の一〇〇年《叙述編》』によれば、この田辺・高木の報告の結果、七月はじめに市参事会が開かれ、ここで朝尾春直・高木文平・東枝吉兵衛の三名の水力使用取調委員が選定された[55]。これ以前か以後か不明であるが、七月一五日、名誉職参事会員同士の投票により、市参事会員内の事務分担が決められ、高木は市行政分担、朝尾・東枝は疏水分担＝常設土木委員になっていた（のち一名の疏水分担は大沢善助）。[56]調査から帰った高木が水力使用取調委員に含まれているとすれば、おそらく高木の熱意を込めたであろう発言がかなりの程度反映されたであろう。朝尾・高木・東枝の三名は、八月、田辺・高木の報告通り水力の電気利用を是とする報告を提出し、市参事会で承認される。[57]

問題はその後である。水力の電気利用を是とするとしても、その電気機械の備え付けや電気の供給事業は市の事業で行うか、また民業に委託するのかという問題が登場する。市の事業で行う場合、かなりの費用がかかり、その費用をこれ以上税で徴収することは無理であり、市債によらざるを得ない。市参事会は、市会に提案する以前に、市会議員の意見を聴取したいとして、一〇月二一日、費用の問題および鴨川に達した以降の水路をどうするかという二つの問題で、市会議員三〇人を集めた集談会を京都市中のサロンの場であった京都倶楽部で開いた。この会合の内容を記した『京都公民会雑誌』の記事によれば、水力利用問題では、もし市の事業とした場合、八〇〇馬力の機械を備え付けるとして、一二万円の費用を市債で賄わざるを得ず、民業として引き受けるところがあれば、相当の契約を結んで引き受けさせることが得策である、という意見が多数を占めた。したがって、市参事会はその方向で調査を進めることになった。[58]このような状況もあって、一一月京都電燈会社が市参事会に対して水力発電および供給事業を一手に引き受けるべく、委託の請願をする。[59]この後委託条件をめぐって市参事会と京都電燈会社の間ではかなりシビアなやりとりが行われた。[60]「市参事会議決書」によれば、一一月二九日の臨時市参事会では、北垣市長出席のもとに電燈会社取締西村七三郎を呼び、数々の質問を行い、さらに一二月四日も、特約条件について臨時市参事会が開催されている。[61]北垣国道市長（府知事）の日記『塵海』一一月二九日条には、「参事会、疏水馬力私会社エ任スヘキ調査ヲ為ス」との記事があるが、[62]北垣のこれに対する感想はない。ともあれ、このような過程を経て、一二月六日市参事会は、水料や電気料など市参事会の委託条件を呑むことを条件に京都電燈会社に委託する方向を一旦内決したらしい。このことについて、『琵琶湖疏水の一〇〇年《叙述編》』は「ときの参事会は市営論が本筋であることを理解しながらも、多額の追加支出を必要とする発電、供給事業は、でき得れば、京都の有力者が支える地場企業の京都電燈に、市側の示した条件によって肩代わりさせたほうが得策であると判断、いったん同社への委託を議決した」と記している。(63)「議決した」とは断定できないが、(64)ともあれ、これは一〇月二一日の市会議員の集談会での議論の方向性でもあった。

(3) 民業委託反対世論と市営への動き

しかし、疏水工事の中心的課題になりつつあった電気事業を一民間企業に一任するという処置は、特恵資本保護という印象を世論に与えることになる。そして、この世論を主導したのが、平安協同会と絵入論説新聞『京都日報』である。

平安協同会は、公民会に対抗する形で一八八九年九月八日に設立された組織である。八〇名の会員はほとんど京都市内居住であり、植島幹・溝口市次郎・樺井保親・宍戸亀三郎・鈴鹿弁三郎・林長次郎・木村勝次郎・猪上能貞・西村義民などが中心メンバーであった。(65)植島・溝口が主導したことからもわかるように、いわば京都市内の「民党」グループである。この一八八九年という時期は、翌年七月の第一回衆議院議員選挙を射程において、京都府下、京都市中に数多くの政治組織が輩出した時期であった。平安協同会は、一二月八日新京極裏寺町受楽亭に三〇余名の会員を集め例会を開く。この例会で、会員溝口市次郎・大塚栄次(両名とも府会議員)より疏水の水力利用を京都電燈会社に一任する件の議題が提出され、議論の結果、水力を一会社に任せるよりも市が直接に取り扱うべきだとして、その旨を市参事会に建議することを決定している。(66) 一八八九年一二月時の市参事会員は、内貴甚三郎・朝尾春直・大沢善助・東枝吉兵衛・辻信次郎・高木文平・膳仁三郎・坂本則美・熊谷市兵衛であり、高木・熊谷をのぞく七名が公民会員であった。そして、京都電燈会社は、一八八七年（明治二〇）一一月資本金一〇万円で設立されたものであり、田中源太郎を社長に、西村七三郎・古川為三郎・中村栄助・竹村弥兵衛が創立時の役員であり、古川をのぞく四名が公民会員であった。したがって、平安協同会の疏水水力利用をめぐっての運動は、市参事会の一企業に対する特恵的処置という批判を通じて、公民会批判の意図を内包したものであったと思われるが、そのことを明確に明示する史料はない。

一二月六日の市参事会の方向性内決は、すでに述べたように当時の「民党」政社交話会の機関紙的様相を呈していた『京都日報』をも刺激する。一二月一〇日、『京都日報』は、「疏水の水力利用に付て市民の注意を促す」と題する社説、「疏水の水力利用法」「水力利用と電燈会社」という記事を掲載し、一一日からは「有志諸君ニ告ク」という「特別広告」を掲載する。「特別広告」は、「目下京都市ニ現出セル一大問題タル琵琶湖疏水ノ水ヲ京都電燈会社ニ一任スルノ傾キ有リ、弊社ハ其不可ナルヲ確認スレドモ或ハ又之ヲ可トスル論者ナキニシモアラス、故ニ市民ニシテ苟モ意見ヲ把持セラル、諸君ハ可否ヲ論セス弊社ニ寄書セラレハ之ヲ登載スベシ、請フ続々投寄セラレンコトヲ」というものである。さらに一一日・一二日には「再び市民の注意を促す」と題する社説を掲載し、市参事会と京都電燈会社を非難するキャンペーンを展開する。主張の内容は、基本的に平安協同会のそれと同じであった。『京都日報』の説く「市民が金を投じ、市民が造ったる市民の事業たる疏水工事の最大目的は其の工事の成功すると同時に一会社に奪ひ去られ、府民は水力の支配を却て電燈会社に仰ぐ如きの奇観に接するも図からざるなり」(67)との主張はきわめてわかりやすい主張であり、京都市民の多数の世論を形成していく。

平安協同会や『京都日報』ほど批判的姿勢を前面に出すことはなかったが、婉曲に批判的姿勢をとったのは『中外電報』である。同紙は、一二月一三日付で、「京都市参事会が琵琶湖疏水の水力より生ずる電気力を挙げて京都電燈会社なる一私立会社に一任せんとの事に内決したりと称して私に反対を唱ふるものあれども余輩は最初より深く探索し居る処あるを以て市参事会の決して一会社に私しせざるものなることを確信し敢て此風説を意に介せざりし」と、市参事会の「内決」を「謬説」とした。「謬説」という表現、さらに、一七日付「謹言市の事業に限るよ」で明らかなように、『中外電報』は市営を是としていた。

しかし、市参事会は、一二月六日の内決後、完全に京都電燈会社委託でまとまっていたわけではなさそうである。どのような情報源からか、『京都日報』は、市参事会の会社委託派を内貴・熊谷・大沢とし、委託反対派を高木・朝尾・東枝・膳、態度保留派を坂本・辻とする記事を掲載している。[68] これが事実であるとすれば、市参事会における疏水分担の土木常設委員三名のうち、会社委託派が大沢、委託反対派が朝尾・東枝で、疏水担当者は二対一で委託反対派が優勢であったことがわかる。しかも、水力電気の情報を京都市にもたらした高木が委託反対派であるとすれば、[69] むしろ委託反対の方が勢力を持っていたように思える。このような世論の結果、市参事会は、一二月一一日、非公式の市会議員協議会を開き、[70] 改めて市会議員たちにこの問題での意見を求めた。この協議会には市会議員四二名中二〇名強の出席しかなく、しかも委託反対の主張が一〇名に対し、委託賛成が河村清七と浜岡光哲の二名だけで、あとはまったく発言しなかった。[71] このようにして、この協議会は市営を妥当とする結論になる。もちろん、公民会はこの問題で組織的対応は行わなかったし、公民会員の中に電燈会社委託に反対の者がかなり多かった。たとえば一二月二八日発行の『京都公民会雑誌』第一一号は、幹事である西堀徳二郎の「所感一班」という論説を掲載しているが、その中で、水力利用の事業は使用料を取って民業に任す方がいいとしながらも、しかし一会社の専用は好ましくなく電燈会社に一任すべきではない、と書いた。西堀は、一方で、この問題での『京都日報』に投書した自己の「寄書」が没にされたことを伝え、民業に任せば利益は電燈会社の壟断になるかのような『京都日報』のキャンペーンにも疑問を呈した。一二月一一日の市会議員協議会において委託賛成派の浜岡も消極的理由の賛成しか言えず、[72]きわめてわかりやすい筋論には対抗できなかったとみてよい。

一二月一二日の市参事会では、北垣市長が議長席に着き「疏水水力利用方ハ市ノ事業ト為スヘキ件ヲ議決」する。[73]ほぼこの時点でこの問題の方向性は確定したといってよい。

翌一八九〇年一月一七日、京都市会は市営を正式に決議する。[74]一月一九日付『京都日報』は、「疏水水力利用、市の事業に決す」と題する社説を掲載し、「吾人此決議を得て欣喜に堪えず」と勝利を宣言することになる。このようにして市参事会・市会は右往左往しながらも、市営を議決したのである。

（4）背景――地方税為替方問題――

この問題の最後に、北垣市長（府知事）の動きについて触れておきたい。北垣がこの問題でどの程度主導性を発揮したかは明確ではない。北垣は、当然疏水の問題には熱心であった。この年の北垣の市参事会出席は開催日の四分の一程度と思われるが、出席日は水力電気利用問題や大阪府への疏水工事による水害予防交付金交付など疏水関係が議題になる日が多かった。[75]そして、一二月一二日の疏水水力利用法を市の事業（市営）とする決定は、明らかに北垣を交えての市参事会で決定されたのである。ただし、この日の北垣の日記『塵海』には、「参事会、疏水電水力配置市ノ事業ト為スヘキ旨市会議員相談会ニ於テ決定シタルニ付、本日其組織ヲ議ス」[76]と、前日の市会議員協議会（相談会）での市営の「決定」が市参事会の方向を決めたような調子で記し、自己の主体的役割は記していない。また、一二月六日いったん京都電燈会社に委託する方向を「内決」した市参事会について、この日および前後の日の『塵海』には、一切関連する記事がない。要するに、北垣は疏水の問題には熱心であったにもかかわらず、水力電気利用問題をめぐる議論には一切主導性を発揮していないのである。

明らかなことは、もし、北垣が京都電燈会社委託の方向で動いたならば、京都府および京都市の政治状況はより混迷の度を深め、「特恵資本保護反対」という世論はより激越な形になったことは疑い得ない。以下に、すでに拙稿でも触れた地方税為替方問題について、北垣の意識を中心に述べておこう。この問題は同時期に北垣が直面したため、北垣の水力電気利用問題への対応を慎重にさせたと思われるからである。ただし、前述したように、市参事会でも高木・朝尾・東枝のように京都電燈会社委託反対者がいる以上、北垣がどのように考えようと、早晩市営の方向が主流になったと思われ、以下で述べることは背景の一点景にすぎない。[77]

この問題は、京都府が一八八七年（明治二〇）より区部地方税為替方取扱銀行および区郡連帯地方税為替方取扱銀行を京都商工銀行に変更したことから起こった。それ以前区部地方税為替方取扱銀行は三井銀行、区郡連帯地方税為替方取扱銀行は第一国立銀行および第百十一国立銀行であった。一八八八年（明治二一）一二月二二日、明治二二年度京都府区部会では、堀田康人より区部地方税為替方を京都商工銀行に変更したことに対し強い批判が提出され、それに植島幹・溝口市次郎・畑道名・中安信三郎らが同調する意見を述べた。[78] 堀田・植島・溝口は当時の代表的自由主義者（前述したように植島・溝口は翌年平安協同会結成）、畑・中安は改進党の系列の人びとである。彼らの批判は、三井銀行は何らの過ちも犯していない確実な銀行であるにもかかわらず、なぜ地方銀行で「不確実」な京都商工銀行に変更したのか、という点であった。彼らは、その理由を、「府知事ト商工銀行ノ頭取（浜岡光哲―高久）トカ懇意ナル処ヨリ便利ト見テ商工ニ命シタルモノナラン」、「商工銀行ノ如キモ公平ノ眼ヲ以テ之ヲ評スルトキハ寵商トモ云フヘキナリ」(植島幹）とみた。[79] たしかに、北垣と浜岡は懇意な関係であった。京都時代の『塵海』で、最も登場回数の多いのは浜岡である。そして、京都商工銀行は、一八八六年（明治一九）一〇月に京都府内で最大規模の本店銀行として資本金五〇万円で開業し、頭取が浜岡、副頭取が田中源太郎、取締役が市田理八・内貴甚三郎・西村治兵衛という布陣であった。[80] この布陣は、頭取・副頭取・取締役のみならず、その下の常務委員まで含めてほとんど一八八八年末に計画されていた京都公民会に連なる人びとであった。京都商工銀行に地方税為替方を任せることに反対の論陣を張った人びとは、このグループに北垣が肩入れしているとみた。そのことは事実で、当時の京都商工銀行支配人芝広吉は、京都商工銀行は大蔵省の肝いりで創設され、大蔵省との斡旋の労をとったのは北垣知事であったと回想している。[81] 一二月二二日、区部地方税為替方銀行を京都商工銀行から確実な銀行に改めることを府知事に建議するという提案は、列席三五名中二九名の多数で可決され、[82] 二七日種々の議論の末「地方税為替方変更ノ建議」が過半数可決される。[83] この問題は同年の明治二二年度通常府会でも起こり、植島幹提案の区郡連帯地方税為替方銀行を京都商工銀行からほかの銀行に変更する建議は不採用説多数で否決されたが、[84] その後もこの問題は拡がりをみせた。

地方税為替方変更問題は翌一八八九年一一月一八日から開会された明治二三年度京都府市部会でも引き続き問題になった。一一月三〇日、畑・溝口・植島らによって論陣が張られ、彼らは昨年の建議にもかかわらず、依然京都府が京都商工銀行に為替方を命じていることを非難した。北垣府知事も説明の必要を感じていたためか、市部会の要請もあり普段ほとんど出席しない市部会に出席した。北垣は、当初この問題は「知事ノ執行権内ナルヲ以テ答弁スル限リニ非ズ」という姿勢をとるが、[85] 非難の声の高さに対応して、京都商工銀行創立に大蔵省および北垣の積極的関与を認め、京都の商工業の挽回のため「其方法トシテ市民ノ蓄積セル余財ヲ集メテ銀行ヲ造リ以テ商工業ノ機関トナサントセリ、此コトヤ経済上当然ノ方法」であるとして、「保護ノ出来ル丈ケ保護スベキハ当然」と力説した(86)。しかし、市部会では一二月七日溝口より「為替方変更ノ建議」が提出され過半数で可決される。さらに同日溝口より、知事の処置は「議会ノ議決ヲ蹂躙」した「偏私ノ所為」であるとして「府知事交迭ノ建議」が提出されるが、これは過半数で否決される(87)。

北垣もこの問題ではかなり神経質になっていた可能性がある。『塵海』には、この問題の記述はわずかしか出てこないが、一二月三日条には、「早朝森本書記官来ル。去ル三十日夜、市部会ニ於テ商工銀行地方税為換方一条、議会ノ建議採用ス可ラサル理由ヲ談話シタル所、京都日報ニ掲載。其誤謬甚シキニ付由リ訂正方ヲ指揮シ、且中外電報掲載中ニモ二三ノ誤謬アルコトヲ明示ス(88)」という記事があり、新聞報道に神経質になっていたことが読み取れる。

疏水水力利用をめぐって京都電燈会社委託問題が起きていたのは、この地方税為替方問題が京都府市部会で論議されている同時期か直後である。北垣の、民間活力を育成し、京都の商工業を発達させようとする試みが、その恩恵にあずからない人びとにとっては、特定企業グループの優遇と映っていた。北垣にとってこれ以上特定企業優遇のイメージは避けなければならなかった。京都電燈会社委託問題で北垣や公民会員がほとんどを占める市参事会が主導性を発揮できなかったことには、以上のような背景があった。

なお、このような動きの中で、一八九〇年(明治二三)からは市部地方税為替方銀行は三井銀行に変更されている。

三　鴨川運河問題

(一) 鴨川運河着工

疏水水力利用問題で紛糾している同時期に出現したのが鴨川運河問題である。一八八九年秋、琵琶湖疏水工事はもう完成に近づいていた。琵琶湖の水は南禅寺を経て夷川で鴨川に達しようとしていたのである。しかし、この工事の場合、最初の目標の中に通船・運輸の問題があり、最終的には淀川まで通して大阪につなぐという計画があった。とすれば、夷川で鴨川まで通った疏水の水をどんな流路で伏見、そして淀川まで通すか、ということが問題になる。一八八三年(明治一六)一一月疏水工事の「起工趣意書」とともに上下京区の勧業諮問会に提出された「諮問案」によれば、水路は南禅寺村(蹴上)から北上し、鹿ケ谷・浄土寺・白川・田中各村を経て高野川筋を西に鴨川に出て、鴨川の西岸に沿って南下し、東高瀬川に連絡して淀川に達し、その分水は堀川に船路を通ずる案であった。[89]一八八七年になり、蹴上で本流と支流に分割し、支流は灌漑用としてほぼ従来の計画水路を通り、本流は通船運輸のためわが国初のインクラインを通り、岡崎、夷川通を通過せしめることにした。問題は、夷川通通過の本流を鴨川に通すか、それとも東高瀬川に通すか、である。一八八八年になると、京都府は鴨川に通す意向をほぼ固める。[90]問題は鴨川からどのようにして伏見に水路をつくっていくかである。

疏水工事の主体が京都府から京都市に移った一八八九年秋には、この方法をめぐってはさまざまな方法が模索された。先述した一〇月二一日の市参事会が企画した市会議員集談会では、三つの方法が議論になった。この模様を記した『京都公民会雑誌』によれば、一つは、鴨川を改修して丸太町以南七条までその東部を運河、西部を鴨川とし、川幅を狭め川床を深くして中央に築地を設け、運河は七条以南は別に線路を定めて伏見に達する設計で、その工費は四〇万円の予定。二つ目は、鴨川の改修を見合わせ、鴨川の東に運河を設け、柵で運河と鴨川の流れを隔て、閘門もすべて木製とし、七条以南は前の設計と同じであるがただ簡単な造りとする設計で、その工費は一〇万円の予定。三つ目は、両工事とも施行しないという意見で、この理由としては、市の経済からの議論、多数の民心上からの議論、「工事の利害上」からの議論等多様な理由があったようである。そして、このとき「此説多数ヲヤ占メケント見ユル」、すなわち工事不施行の説が多数を占めるような状況も現出したのである。この状況に対して当局者(市参事会)は、運河の必要を説くとともに、いずれの方法とも可否の決定をせずに市会議員集談会を散会させたのである。[91]

この時期、北垣市長(府知事)は一〇月一一日から一一月七日まで京都を離れ、ほとんど東京に滞在していた。東上の目的は、この年八月と九月に京都を襲った台風の被害の復旧、すなわち内務省に土木費補助の上申、嵐山の整備のため嵐山民林買上げの上申、さらには疏水工事の東京での市債募集工作などであった。条約改正の政治状況をめぐる政府顕官との懇談も精力的に行われた。[92] 北垣の日記『塵海』によれば、市会議員集談会が行われた一〇月二一日の前日には田辺朔郎技師より「鴨川運河費十万円、市会議員ニ相談云々具申」[93]が北垣にあった。一〇万円という金額が提示されていることからみて、この時点で、京都市当局は鴨川改修ではなく鴨川運河開鑿を優先させていたと思われる。しかし、北垣は、「鴨川改修工事ヲ甲案トシ、鴨川運河工事ヲ乙案トシ、両案ヲ併セテ議員ニ談示スヘキ旨、電報ヲ以テ尾越書記官ニ指示」した。[94] 一〇月二一日夕方、北垣は尾越蕃輔京都府書記官から指示通り取り計らったという電報を受け取ったが、[95] 工事そのものの中止意見がかなりの数を占めたことは想像できなかったであろう。この後一〇月二九日、北垣は三菱の岩崎弥之助に会い、明治二三年度工費支出のための市債募集(二〇万円)の応募依頼を行い、岩崎の承諾を得る。[96]『塵海』のこの年一〇月から一一月にかけての記事では、北垣が尾越書記官や市参事会員大沢善助・朝尾春直、坂本則美と市債募集について頻繁に相談していたことがわかる。(97) 一一月二日には、尾越書記官・朝尾春直市参事会員より、市債六万円を東京において募集を依頼する電報が届いた。北垣には危機感があった。市債募集がうまくいかず、「若シ市債ノ応募者寡少ナル時ハ市行政理財上ニ信用ヲ欠クルノ影響ヲ将来ニ及ホスヘキ」、応募の成功は「其弊ヲ未発ニ予防スル」という意識である。(98) しかし、『塵海』を見る限り、北垣が東京で接触した財産家は岩崎一人であり、東京での成果は岩崎の二万円の応募のみであったようである。(99)

帰京後の一一月二一日、北垣は、田辺朔郎より総額一〇万円の「鴨川運河工費乙設計書」の提出を受ける。北垣は、田辺に「甲設計書」も合わせ提出するよう指示しているが、方向は鴨川改修ではなく、鴨川新運河の方を向いていたと思われる。(100) 不況の時代であり、市債募集に不安がある以上、工費金額の安い方に向かうのは必然であった。もちろん、北垣自身が直接岩崎などに市債応募を促している以上、工事の不実施は考えられることではなかった。

一二月一六日、市参事会は「鴨川運河築造費ニ関スル件」を議決する。(101) 一二月二〇日、北垣市長は明治二二年度追加予算で、鴨川筋新運河開鑿工費予算（一〇万円）および市債募集（二二万五五〇〇円）ならびに償還方法に関する議案を市会に提出する。(102) しかし、この案は中安信三郎（改進党）の「本案ハ随分重大ナル議件ナレハ軽々ニ議了スルヲ得サレハ委員ヲ撰シテ調査ヲ托シ其報告ヲ待テ審議スヘシ」という建議が過半数で採用され、調査委員七名に負託されることになった。(103) 調査委員は、雨森菊太郎・西堀徳二郎・古川吉兵衛・下間庄右衛門・西村七三郎（以上五名公民会員）、中安信三郎・富田半兵衛（以上二名改進党員）である。(104)

翌年一月一四日、調査委員西村七三郎より「鴨川運河工費ハ目下市ノ負担スルトコロ頗ル重クシテ支出ニ困苦スル状況ナレバ、経済ニ余裕ヲ生ズルマデ暫ク本議ヲ中止スルコトニ決セリ」との報告があった。[105] 要するに、民力休養論による審議延期論である。これを受けて調査委員西堀は、鴨川運河中止のときは工費一〇万円は不用となるため市公債は募集せず、と報告した。またその後、下間庄右衛門より「新運河線路ヲ変更シテ(鴨川を横断して―高久)竹屋町ト夷川ノ間ヲ横断シテ堀川ニ通シ、ソノ末流ヲ天神川ニ連絡ナセシメテシ淀川ニ達セハ大ニ水運ノ便ナルノミテラス、近来京都ノ現況ヲ察スルニ水陸共其ノ便ハ多ク東ニノミ傾キ居レハ旁々以テ本議ヲ提出スル所以ナリ」(傍点高久)との新路線説の提出があった。下間は、この新路線の実現のため「加茂川以西新運河調査費」として五〇〇円を計上すべし、と主張した。[106] 疏水の水を堀川・天神川という京都西部の川に引くという下間新路線説は明らかに鴨川運河よりも費用は多額になることが想定された。したがって、下間新路線説は、民力休養論の立場からの鴨川運河中止論ではなく、下間自身が明確に述べているように北垣等京都市当局者の東部開発偏重批判が込められた西部開発構想であった。

ところで、下間は調査委員の一人であった。そして、下間新路線説は、調査委員である中安信三郎・西堀徳二郎も賛成した。[107] また、その後の議論では二人の調査委員、雨森菊太郎・古川吉兵衛は原案（市参事会案）を賛成した。とすれば、調査委員の中では、意見の一致を得られなかったが、ともあれ雨森・古川をのぞく五名が鴨川運河を当面延期もしくは中止する方向性であったことがみて取れる。つまりは、次のような布陣である。

鴨川運河を延期もしくは中止説→西村七三郎・富田半兵衛
鴨川運河を中止し堀川等西部新路線説→下間庄右衛門・中安信三郎・西堀徳二郎
鴨川運河説→雨森菊太郎・古川吉兵衛

西村・下間・西堀・雨森・古川は公民会員であったが、ここでも、公民会の組織的連携はまったくないことがみて取れよう。

北垣市長（府知事）は、このような鴨川運河中止の動きを予想していたのであろう。彼は、通常は尾越蕃輔書記官などに任せてほとんど出席しないこの日の市会に出席し、原案を提案した理由を縷々述べた。この中で北垣は、下間の新路線説に触れて、「廿四番説（下間説―高久）の如く市中を横断せば其費額大に増加し、一旦取調し所に拠れば土地・家屋等の買上代金は少くも四五十万円の金額を費消せざるべからず」とし、工費の面から鴨川運河の必然性を述べた。(108)

議論の結果は、調査委員説（鴨川運河延期もしくは中止説）は賛成者なく消滅し、下間西部新路線説は賛成少数で否決される。原案（市参事会説）は、古川吉兵衛・雨森菊太郎・大沢善助・高木文平の賛成があり、採決の結果過半数で可決される。これが鴨川運河議案を含む明治二三年度歳入出追加予算の第一次会である。(109) 下間の西部新路線説は鴨西運河線調査費五〇〇円説としてその後一六日の第三次会でも提出され、そのときは二九名中一四名の賛成少数で否決される。(110) 北垣はこの日も市会に出席し、下間の西部路線説を技術論から批判した。彼はこう言う。南北に通ずる運河は井水および下水等に影響を及ぼさないが、東西に通せば大影響を及ぼす、東西の運河の場合、これより以南の井水は枯渇しかつ泥水になるおそれがある、これを防止しようとするならば衛生土木の付帯工事が必要になる、と。(111) しかし否決されたとはいえ、半数弱の西部新路線説賛成の事実はいかに北垣等の東部開発優先への批判が底流として渦巻いているかを如実に示したのである。翌一月一七日、京都市会では前日と同じく下間の西部路線説が議論の俎上に乗った。前日に引き続き出席した北垣は、この日は下間説実現の場合の費用を具体的に提示し、付帯工事や堀川改修工事を含めて一四〇〜一五〇万円内外の膨大な費用がかかることを理由に反対した。(112) 北垣の精力的な動きと、同じ西部新路線説の中での中安と下間の軋轢もあり、(113) 京都市会はさま

ざまな議論の末、鴨川運河案を出席議員三一名中わずか一票差で可決したのである。(114)

(2) 鴨川運河工事の延期

京都市会でわずか一票差での可決という綱渡り的な状況になったのは、鴨川運河に対してさまざまな不満が鬱積していたからである。一つは、民力休養説であり、京都市の施政は、琵琶湖疏水工事に偏重してはいないか、今しばらくは民力を休養すべきではないか、との意見。(115) 第二は、鴨川運河工事を見合わせ、堀川に通ずる新運河の調査をすべし、という堀川説。この意見には、京都市の地域開発は鴨川の東に集中しているとの京都市西部の不満が背景にあった。(116) 第三には、新運河を開くときには従来の東高瀬川は不要となる恐れがあり、目下市費が多額になっている際においてはしいて新運河工事を起こす必要はない、とする東高瀬川付近の人びとの意見、などがあった。もう一つ、市会の議論には登場しないが、鉄道との比較の上で鴨川運河の効果に疑問を持つ声があった。次に掲げるのは『中外電報』明治二三年一月七日付「鉄道と疏水運河」と題する記事である。(117)

来る十日に開くと云ふ市会調査会に於て鴨川運河のことをも討議することとなるが、或る者は謂へらく、全体北垣府知事が疏水工事を思立ちたる当時は鉄道も今日の如き有様にあらざりしを以て運河を運漕上最上の利便と思惟したるならんが、既に鉄道は連絡を通じたる、其の上昨年一月鉄道局が大に米穀・石炭類の運賃を低減したるの今日に在ては到底運河の如き緩慢なるもの、用立つべき謂れなく、現に余が先年米国に渡航したる際同地の某氏は、今日の京都が鉄道の利を棄て別に鴨川運河を開かんと望むならば、宛も壮年の戸主を隠居せしめて老父を再戸主と為すに等し、知事は行掛りよりして已むを得ず鴨川運河にてもと思はる、ことならんが、調査委員の人々は能く鉄道に比較して其利害便否の在る処を十分に穿鑿あらまほしく存ずる云々鉄道は、明治一〇年代から二〇年代にかけて、次第に発達の度合いを強めていた。周知のごとく、鉄道網は、一八七四年（明治七）大阪—神戸間、一八七七年（明治一〇）京都—大阪間、一八八〇年（明治一三）京都—大津間、一八八四年（明治一七）長浜—金ケ崎(敦賀港)間、同年長浜—大垣間が開通した。「ここにおいて、大津・長浜間の太湖汽船会社による湖上連絡を媒介として、敦賀から京都を経由して大阪・神戸に至る本州横断路線が形成された」[118]。その後、一八八六年には、東海道線建設が決定され、一八八九年には新橋—神戸間の東海道線が全通した。このような状況は、鉄道に対する関心を強めた。後述するように、北垣自身が一八八七年（明治二〇）から京都—舞鶴間鉄道実現に動き出していた。すでにみたように、この後琵琶湖疏水の疏通式直後に『東京日日新聞』が、鉄道との比較で運輸面での疏水の効能に疑問を呈していたことも考え合わせると、この時期鉄道との比較から鴨川運河の効能を検討する必要があったと思われる。しかし、調査委員が鉄道との比較で鴨川運河の効果を考えた形跡は今のところはない。また市会でもない。

このような状況の中でも、ともあれ鴨川運河着工は市会で可決された。六月には内務大臣の起工許可も得て、一部工事は開始される[119]。

しかし、その年一一月には、工事が途中で延期になる事態が発生する。一一月二四日、京都市会で、西堀徳二郎より次のような建議が提出される。すなわち、工事が沿道郡村の要求により線路を変更し、そのため予算外の支出があるのは「理事者ノ越権ニシテ本会ヲ蔑視シタルモノ」、したがって利害討究のため市会議員中より調査委員を選び、調査中は工事を中止し、さらに市会の議決を経て起工させんことを望む、との建議である。この建議は可決され、この結果二七日、市参事会は市会の意見を入れて調査が完了まで工事延期を決定する[120]。市会の開票の結果撰ばれた調査委員七名は、西堀徳二郎・中安信三郎・下間庄右衛門・古川吉兵衛・宍戸亀三郎・西村義民・河村清七であり、[121]調査会の委員長は一二月二〇日の調査会の会合で下間になったらしい。[122]鴨川横断・西部新路線説の提唱者下間および以前にそれに賛成した西堀・中安、高瀬川への配慮を問題にする河村という布陣であれば、すでに鴨川運河工事続行は困難であった。

果たして、一八九一年(明治二四)二月一六日、京都市会で調査委員が「調査報告書」を報告し、当初の設計と異なるさまざまな問題点を指摘した。すなわち、①当初予定は水運の利便を中心にするものであったが現今行われている設計は四個の閘門を設けるなど水力使用の収利を中心にしている、②堤防の堅牢の必要性など予算も市参事会の目論見一〇万円では足りず、調査委員の目論見では一三万円余がかかる、などである。[123]これらの問題点の指摘は、調査委員である中安信三郎が審議の中で問題点を具体的に指摘した後、「鴨川新運河開鑿ノ大工事ハ須ラク二、三年間中止スルノ得策ナルヲ信スルナリ」と述べたように、[124]鴨川運河の中止もしくは延期が前提になっていたと考えてよい。したがって、京都市長である北垣国道はこの阻止に必死になった。危機感を持った北垣は市会に出席し、調査委員の報告に対する反対意見を述べ、原案に固執した。彼は、①琵琶湖疏水が完成した以上鴨川運河工事は早く起工しなければならない、②調査委員の目論見は一三万円であるが、一〇万円で工事はできる、③東高瀬川について議論があるようであるが(鴨川運河ができれば東高瀬川の運輸に経済上支障をきたすとの意見)、東高瀬川にとって鴨川運河は「益友ヲ得タル如ク、大層度量ノ広キ身代ノ大ナル親戚ヲ得タルカ如シ」、両者ともに発展できる、などと主張した。[125]調査委員と北垣の意見は対立し、北垣はあくまで工事断行に固執した。

二月一八日、京都市会は、市参事会および北垣に対し、もう一度市会に対し審議議案として下付するよう「議案下付請求書」を提出した。[126]これに対し、同月二三日、市参事会は工事即行のための号外議案提出を提出する。

内容は、調査委員報告が終了するまで工事を見合わせたが、報告終決により当初決議どおり工事を施行するものとする、というものであった。[127] 北垣の強硬姿勢がこれを出させたことは間違いない。しかし、このことはかえって多くの市会議員の憤激を高めた。この問題について『日出新聞』も『中外電報』も、市会には硬軟両派があり、断行派と中止派はほぼ同数と指摘している。[128]

両者まったく対峙の状況の中で、翌二四日、この状況を打開する意図をもって改進党の富田半兵衛より折衷案が出される。すなわち鴨川運河を二五年度に起工するという一年先送りの案である。この案は出席議員三四名中三一名の多数で可決される。[129] 二四日の可決は、工事中止ではなく一年先送りの案であったため多数を形成したといえよう。二七日、市参事会は北垣の名で工事を二五年度まで延期することを定め、そのことを京都府知事北垣国道に上申する（奇妙な形式であるが）。[130] 北垣は、一年先送りという形は許容できるとして譲歩したのである。北垣が知事として、「京都市有ニ属スル琵琶湖線路疏水内京都市夷川ヨリ紀伊郡伏見町ニ至ル開鑿工事ノ儀ハ、市経済ノ都合ニヨリ明年度ニ於テ起工候事ニ市会ニ於テ決議致候ニ付、此段上申致置候也」という文書を内務大臣に上申したのは四月一三日である。[131]

（3）中止の動き

しかし、一八九二年（明治二五）になってもすぐに鴨川運河は再着工できなかった。三月三日、市参事会は前年の市会議決の趣旨にもとづき、明治二五年度において起工すべく、同年度総予算に臨時費鴨川筋新運河工事一二万円余を計上し、北垣市長は、提案理由を説明し、原案通過を希望した。[132] しかし市中の世論は、あいかわらず鴨川運河再着工に否定的な傾向であったらしい。『日出新聞』三月六日付は「非運河党多し」という記事[133]を掲載し、①堀川以西の者は、鴨川新運河よりも堀川改修を先にすべしとして反対、②東高瀬川近辺の者は、新運河のため利益を奪われんことを恐れ、運河工事延期を欲する、③別の人びとは、新運河工事費のために献金付加税の増加を恐れて延期せんとする、と三つの動向を記し、この結果今度の市会に新運河議案が通過するのはむずかしいだろう、と伝えている。この記事通り、京都市中には鴨川運河再着工に反対する動きが急速に広まっていた。

三月六日には、京都実業協会が室町姉小路の同会事務所でこの問題で委員会を開き、市民が諸般の重税を負担して困難をきわめている現況で、一二万円余の大金を投じて不急の工事を起こすのは市民の耐えるところではない、として市会議員諸氏に該案廃棄を希望することを決議している。[134] 京都実業協会は、一八九一年(明治二四)四月一八日に、堀五郎兵衛・片桐正雄・中野忠八等京都市内の商工業者有志によって組織されたもので、知識の交換、相互の便益を求め、併せて公共の利益を図ることを目的とし、毎月一三日を例会日とし、『実業叢談』という雑誌も発行していた。この組織は、一八九一年から九二年にかけて輸出税全廃とか営業賦課法の改良などを課題としていた京都市内の商工業者の職能団体で、政治的色彩は薄い組織であった。[135] このような組織であるだけに、鴨川運河中止の動きはかえって影響力があった。京都実業協会の希望書は、三月八日市会に提出されるが、この希望書は、鴨川運河工事について、「便益少き工事」、「不急の工事」と位置付けるとともに、次のように琵琶湖疏水工事の効果にも否定的であった。[136]

(前略) 琵琶湖疏水工事は我国に有名なる一大工事にして其の費用亦巨額なり、起工の当時世間の論者は此工事を以て京都の経済上其得策にあらざる事を評論したり、果せる哉、該工事開鑿の結果は甚だ思はしからず、百二十余万円の大金を費して其収むる便益は実に微々たりしは諸君の確知せらるゝ所なり

一八九〇年四月の疏水完成の時期に一部にあった琵琶湖疏水工事の効果に対する疑問は、二年後には相当大き

な拡がりになっていたのである。このムードは当然鴨川運河工事に飛び火した。

三月八日、京都市会で中安信三郎ほか一九名から一つの建議が出る。内容は、鴨川新運河工事は、市の経済の整理していない今日にあたってこれを起工することは得策ではない、これらは府県制が実施され、特別市制が撤去され十分に市の経済の整理がついた後、おもむろに工事に取りかかっても未だ遅くない、という趣旨である。(137)この建議は多数で可決される。事実上の鴨川運河廃止の動きである。そして、三月九日、前日の建議採用を受けて、北垣市長へ提出する廃止の理由書作成のための調査委員三名が選ばれ、(138)翌一〇日、市会で調査委員より鴨川新運河全廃の理由書が提出される。結論は、「明治二十四年二月二十四日議定ニ係ル号外議案新運河工事二十五年度ニ於テ起工ノ件及ヒ之レニ関連スル諸般ノ議決手続等ハ総テ取消シトス」であり、理由は、①計画が完全ではないのに、新運河の開鑿に着手するは早計、②目下市の経済は未だ整理の場合に至らざるをもって、このときにあたり新税源を求めて新事業を起こすがごときは事の宜しきを得たるものではない、というものであった。(139)この理由書も可決され、この結果鴨川運河工事の費用は全廃されることになった。(140)京都市会が「新運河工事起工ノ件及ヒ之ニ関連セル諸般ノ議決手続取消ノ事」と議決するのは四月六日である。(141)『中外電報』三月一〇日の社説「鴨川運河工事の廃止」は、旧来からある二論（「高瀬川党」と西部の堀川改修を先にすべし、という論）に加えて新出の二つの要因、すなわち一つは市経済が困難なため娼妓貸座敷の賦金に対し新たに特別営業割を賦課し、かつ芸妓・俳優等の付加税を増加したこと、もう一つは「衆議院選挙に付て暗に此工事を廃せんとする一種の感情を生じたること」が結びつき、「非運河党の大同団結」になり、この結果「市会議員の三分の二は殆ど議場外にて同意を表せり」ということで大勢は定まった、と記している。この社説で指摘している二月一五日に行われた衆議院議員選挙の影響については判然としないが、「民力休養」論ムードが想定されているのかもしれない。ともあれ、このような状況の中で北垣市長はもはや為すすべはなかった。もっとも、北垣自身は、三月三日鴨川筋新運河工事予算を含む明治二五年度予算の提案理由を説明した翌日から東上し、その後持病の心臓病の療養のため熱海に行ったらしく、(142)また四月も二日から五月一日まで一か月間東京に滞在した。この間四月と五月の『塵海』には、鴨川運河の記事は一切ない。(143)この時点での北垣の動きを見る限り、北垣は鴨川運河再着工にはある種のあきらめを持っていたのかもしれない。

この鴨川運河をめぐる政治動向で特徴的なことがある。すでに述べたように一八八九年には京都市中の人びとを中心に全府的政社公民会が生まれた。しかし、一八九二年にはもはや公民会が京都市中で何らの役割を持たない傾向がさらに進行していたのである。たとえば、三月八日、京都市会に建議を提出した二〇名について見てみよう。(144)これら二〇名は鴨川の西部に居住している人びとであったが、この中には府会での非公民会派の中心人物であった中安信三郎をはじめ畑道名や岡本治助などの非公民会派がいる一方、公民会員が西村義民・西村七三郎・矢野長兵衛など半数の一〇名を構成していた。矢野は後述の北西会の中心メンバーであり、京都市内の東部開発につながる鴨川運河よりも西部開発につながる堀川改修を一貫して主張していた。いわば、地域的利害は公民会・非公民会派の枠を超えて進行していた。公民会員西村義民が、「市会ニ於ケル鴨川運河開鑿ノ如キ亦是地方的利益ニ関スルヲ以テ敢テ本会ノ党議ヲ定メス、会員各自ノ意見ヲ以テ賛否ヲ決セシメタリ」(145)と機関誌『京都公民会雑誌』で述べたように、公民会は実利主義的組織であるがゆえに地域利害に絡む問題ではまったく「党議」をたてなかった。むしろたてることができなかったといってよい。一八九二年になって、公民会がますます組織の体をなさなくなってくるのは、最も勢力の強かった京都市内でますます地域分裂が進行したことにもよる。たとえば、第二回衆議院議員選挙の五日後に行われた府会議員半数改選では、当選者の中に鴨東団体派五名という明らかに京都市中の特定地域の利害を反映した集団が登場した。(146)この派は鴨川の東の下京区旧七・八・一五・二〇・二一・二二・二七・二八・三一・三三組によって構成され、しかも公民会を脱会した中村栄助・宍戸亀三郎・下間庄右衛門・中野忠八・西川吉兵衛等が組織したもので、非公民会派と選挙事務所を同じくするなどして提携する。(147)

府会議員選挙後、さらに地域による組織化が進行した。組織化を加速させたのは三月二五日の市会議員半数改選である。これをめざして京都市内の各地域で候補者の予選が行われていった。三月一三日、下京区鴨川以西の地域を対象に竹村藤兵衛・古川市兵衛・辻忠兵衛ら公民会員を中心に京都実業会が組織される。(148)さらには、上京区堀川以西三条以北一三か組の地域組織北西会がやはり公民会員である矢野長兵衛等によって組織される。(149)西陣地域を含む北西会は、①北野公園の開設、②京都北西部に京都物産の一大陳列場の設置、③神泉苑内に動物園開設、④堀川を改修し疏水運河より分水、⑤道路改修など地域の要求を具体的に掲げる。(150)北西会のこれらの要求は、鴨川運河など京都市当局が重点的に行ってきた鴨川の東の開発に対する批判を含んでいた。ともあれ、これらの団体、さらには鴨東団体、京都実業協会も候補者予選を行い、また米醬油商篤志会、「下京区時計営業者」、「下京区元二十七・二十八・三十一・三十三組四ケ組連合有志者」などといった職能組織も推薦活動を行っていく。(151)

つまりは、鴨川運河に象徴的にあらわれるような地域利害や職能的利害が、もはや公民会のような全府的な実事主義的政社の存在を必要なくしていったのである。公民会が総会を開き解散するのはその年の三月一六日である。「公民会解散宣言書」(152)によれば、解散の理由は、前年の府会における非公民会派の創立により「自治制にも、代議士選挙にも、殖産上にも、其利害得失を選ぶに遑あらず。常に朋党比周した本会を敵視する跡なき能はず。而して府下人心の真正なる結合は却て四分五裂するの傾きあり」、したがって「府下人心」の分離を防ぐために解散することになった、と述べている。また、「近来名誉に熱中するの徒本会と趣旨を同じうするに拘はらす濫りに区々の小団体を組織」という状況、すなわちすでに述べた京都市内における地域分立と市内各団体の叢生という状況も、公民会の解散の引金になったことは間違いない[153]。

(4) その後の鴨川運河

最後にその後の鴨川運河の軌跡を簡単に述べておこう。前述したごとく、一八九二年四月の時点で、鴨川運河工事が中止になることはもはや避けられない情勢であった。しかし、この流れが五月に逆転する。五月二六日の京都市会において、東枝吉兵衛より「本年四月ノ決議ニ係ル鴨川新運河開鑿ノ件決議取消云々ノ理由書中政府ニ関係スル事柄丈ハ市長ノ執行ヲ見合サンコトヲ請求スル」建議が提出される[154]。そして、この建議は、翌日の市会で過半数可決される[155]。要するに、鴨川運河再着工の流れが決まる。そして七月二七日の京都市会において、鴨川運河および堀川改修実測費に関する建議が二三対一三で可決され[156]、これにより鴨川運河工事は再開されることになる。

なぜこのような逆転が起こったか。この五月という月は、京都市参事会および京都市会が平安遷都千百年祭と第四回内国勧業博覧会実施の計画を本格的に開始した時期、ということに関連がある[157]。五月二六日、京都市会は、「桓武天皇御遷都記念祭」を議し、挙行を決議する。さらに二八日京都市会は、「明治二十七年第四回内国勧業博覧会開設の具申」を農商務大臣に提出し、第四回内国勧業博覧会を京都で行うよう建議をする[158]。五月二六日と二七日の京都市会において行われた鴨川運河工事再開をめざした建議の提出者である東枝吉兵衛の説明は、①市が事業を申請して政府の許可を得たにもかかわらず、これを取り消すことは、市の信用を失墜し、将来事業の申請上悪影響を及ぼす、②特に、第四回内国勧業博覧会を京都市に開設することについても、政府の特許を得る上において憂慮すべきものがある、③さらに新運河工事はこれを否決したが、その後市民有志中堀川改修説あるいは東高瀬川連絡説を唱えて奔走している者もあり、早晩議場に再燃する機会もあるように考えられるから、政府に関する事項は取り消し手続きを延期するのが適当である、というものであった[159]。つまりは、新たなイベント成功のためには、鴨川運河工事はどうしても実施する必要があったのである。しかも、堀川改修のための調査費を計上することによって京都市西部に配慮し、そのことによって鴨川運河再着工の条件を整えたのである。

この間、琵琶湖疏水工事およびその継続事業である鴨川運河工事を使命感に燃えて強力に推進してきた北垣は、京都での行政の長を終えようとしていた。北垣は、七月一六日内務次官に任命される。しかし、彼はそれを断り、この結果同月一九日北海道開拓使長官に任命される。京都市会で鴨川運河工事が決議されるのはその八日後の二七日である[160]。『中外電報』七月二八日付によれば、この時期鴨川運河決行のことを市会に請願する者が多くあったという。同紙は「是れ知事に此の地を去るに当り餞別の品贈らんとの赤心にはあらざるか」と書いた。この年の五月から七月にかけて、世論はそれ以前に比して大きく変貌したのである。

この年一一月二五日、鴨川運河工事が再着工される。そして一八九四年（明治二七）九月に工事は竣工し、疏通式が行われるのが二五日である[161]。

四　背景と北垣の行政——まとめをかねて——

以上、琵琶湖疏水と鴨川運河をめぐる政治状況について、本稿で明らかにしたことのまとめも含めて若干のことを述べておきたい。要するに、時代状況の中で琵琶湖疏水・鴨川運河を位置付けることの必要性と、市制特例下の市長（府知事）の位置がどのようなものか（多様な拘束要素がある中での行政執行をせざるを得ない姿、いわば行政がうまくいかない姿）が、ここで述べたい点である。

本稿が対象にした時期は、一八八九年（明治二二）から一八九二年（明治二五）の四年間であるが、まず指摘しておかねばならないのは経済・政治・技術面での時期の規定性である。

第一に経済面での時期の規定性である。この時期は、明治一〇年代後半の空前の不況を過ぎながらも、一八九〇年（明治二三）の恐慌が京都市中を襲った時期である。また、一八八九年八月と九月の大水害は京都府の河川に接する地域に大きな被害をもたらした。琵琶湖疏水が完成した一八九〇年という時期はそういう時期であった。一八九〇年四月の琵琶湖疏水の竣工式後に、表面上の熱狂の裏に潜む京都市民の疲弊状況を看破した関直彦の『東京日日新聞』社説はその意味で優れた分析といっていい。琵琶湖疏水が完成した後、当初の予定通り疏水の水を伏見まで通すためにはさまざまな制約条件があった。一つはこれ以上の直接的税負担を市民にかけるわけにはいかず、市債の発行という間接的税負担にせざるを得なかった点であり、二つ目は疏水の流路の問題である。当初は堀川や東高瀬川など鴨西への流路が考えられていたが、結果としては鴨川の東に流路をつくるという鴨川運河になった。鴨東開発優先という批判を避けるためには、鴨川の西に流路を持っていくのが地域開発のバランスの上でベターであっただろう。北垣は鴨川運河の場合は単年度一〇万円、堀川に結ぶとすれば四〇万円と説明しているが、その説明に鴨川運河案を通すための誇張があったとしても、財政上および技術上最も取りやすい選択肢であったことは間違いない。しかしその結果は、鴨東開発優先という批判を避けられないものにした。

第二に政治面での時期の規定性である。この時期は一八九〇年の第一回衆議院議員選挙の時期であった。そのため一八八九年に京都公民会・交話会・生民会・平安協同会など数多くの政社が京都府内に叢生した。これらの政社がめざしたのは中央（国）への志向であった。国会開設による国政参加という夢の実現が彼らの意識を支配していた。この時期の政社は公民会を取ってみても、明治二〇年代後半以降の地域利害の実現やその調整という政治組織とはほど遠い組織であった（支社を禁止するという一八八二年六月公布の集会条例改正追加第八条の影響もあったが）。本稿で述べたごとく、公民会という組織は個々の地域利害については組織的対応や調整機能を一切持たなかったし、持てなかった。しかし、一方で「民力休養」や特恵資本保護反対という「民党」ムードは地方に伝染していた。疏水水力利用をめぐる京都電燈会社委託問題が京都市内の反公民会グループから公民会批判も内包されながら展開されたのも、翌年の第一回衆議院選挙が意識されていたからである。対抗軸はさまざまな局面で鮮明にされ、多くの場合公民会はその標的にされた。一八九一～九二年の時期になると、公民会は府会でも市会でも最大党派でありながら「吏党」と位置付けられ、攻撃の対象になった。一方で公民会は、京都市内では地域利害から組織の分裂を起こさざるを得なかった。鴨川運河問題はまさに地域利害が衝突する問題であった。要するに、公民会は政治状況の変化に対応できなかった。その意味で一八九二年の公民会解散は必然であった。

第三に一八九〇年四月に完成した琵琶湖疏水の効能がまだ目に見えていなかったという時期の規定性である。疏水水力による電力供給のため蹴上発電所が建設され送電を開始したのは、一八九一年（明治二四）一一月のことである。[162] しかし、電動機はすべて直流であったため、送電可能区域は発電所周辺二〇町（二キロメートル余）以内に限られていた。送電区域の拡大を可能にする交流発電機の導入は一八九四年以降であり、鴨川運河が問題になる一八九〇～一八九二年の時期電気の効能はまったく市民には意識されなかった。また、運輸の点では、『中外電報』明治二三年一月七日付「鉄道と疏水運河」と題する記事のように、運賃や移送時間の点で鉄道に対し運河の効能に疑問を持つ声があがっていたのである。一八九二年三月八日、鴨川運河の中止を要望する京都実業協会の希望書が、「百二十余万円の大金を費して其収むる便益は実に微々たりしに諸君の確知せらる、所」と琵琶湖疏水工事を否定的にとらえる意見が出たのは、このような状況を背景にしていた。先述したようにそれから二か月後の五月一三日、『時事新報』の社説「京都の神社仏閣」(福沢諭吉執筆)が琵琶湖疏水工事を「不首尾」と断言したのは、このような京都市中の雰囲気を感じ取ったからであると思われる。市会での鴨川運河の議論は、鴨川運河の前提である琵琶湖疏水工事が多額の費用に比しどこまで効能があったのかという疑問の雰囲気の中で進められていたのである。

次に、琵琶湖疏水工事および鴨川運河を推進した北垣府知事(市長)の行政手法および都市開発構想について触れておこう。

第一に、北垣の行政手法である。北垣の行政手法は、その京都府知事赴任時から「任他ノ主義」と呼ばれた。[163]これは、一八八〇年(明治一三)の地方税追徴布達事件[164]に象徴的に現れるような槇村正直前知事の強引な権力行使(「干渉主義」)に対比して呼称されたものであった。この北垣の行政手法である「任他主義」は、その後も巷間に呼称されたらしく、一八八三年(明治一六)八月、丹後の民権家沢辺正修は、丹後の「盛々恩君」に送った書簡の中で北垣の行政手法を「自由制度任他主義」としている。[165]では、「任他主義」の具体的内容はどのようなものか。沢辺の書簡には次のような個所がある。

京都府ハ北垣氏赴任以来常置委員ニ権利ヲ附スル潤大ニシテ、常置委員ハ行政区域内ニ侵入シテ干渉スルコト少々ナラズ、十五年十一月第六十八号布告ニヨリ府県会規則ヲ改正シ頗ル人民ノ権利ヲ減スルモ、京都府知事ハ常置委員ニ対スル従前ニ異ナル所少ナク、府会ノ決議ハ或ハ行政上不便ナルモ大抵之ニ背カズト、是全ク知事ガ行政ノ便宜ニ出ツル、此自由制度任他主義ニ於テ我輩ハシカアラント望ムナリ[166]

この沢辺の書簡は、北垣の行政手法を評価する形で述べているが、要するに北垣の「任他主義」行政手法は「常置委員ニ権利ヲ附スル潤大」、すなわち府会議員から互選された常置委員に依拠しながら[167]、あるいは任せながら行政を進めるという特徴を持っていた。常置委員は多くの場合、府会での多数派が占めたから、北垣の「任他主義」は、府会の多数派協調行政であった。そして、明治一〇年代の府会で議長・副議長・常置委員を占めたのは表2－4で明らかなように一八八九年に公民会に参加する人びとであったし、一八八九年公民会が創立されて以降、一八九一年（明治二四）秋の明治二五年度通常府会までは公民会員が圧倒的多数であった。北垣は、各年度の開会式に祝辞を述べる程度でほとんど府会には出席していない。要するに、府会の議事の方向性は、常置委員を中心とした多数派の議員に任せたといっていいだろう。したがって、北垣時代に行った多数の行政処置は、それが北垣の主導で行われたものか、あるいは府の官僚の主導で行われたものか、あるいは常置委員を中心にした京都府会の主導で行われたものか、わかりにくいという特徴がある。この点の分析は他日を期さざるを得ないが、府会の主導も相当多いのではないかとの印象がある。ただし、琵琶湖疏水および鴨川運河に関しては北垣の主導性が相当発揮されたことは間違いない。

同様の傾向は、一八八九年に成立する京都市会でもいえる。府県会の常置委員に対応するのが市会議員によって選出された名誉職参事会員であった。そして表2－5のように名誉職参事会員もほとんどが公民会員であった。

要するに、北垣が府会でも市会でも「任他主義」の多数派協調行政を展開する限り、公民会との協調行政にならざるを得ない。この点が北垣―公民会癒着行政として反公民会系の指弾されることになる。ただし、公民会が創立されてから解散までの時期の北垣の日記『塵海』からは、「公民会」という言辞はもちろん、公民会との連携を示唆する記述を見ることはできない[168]。北垣は、浜岡光哲・田中源太郎・雨森菊太郎ら公民会の主要メンバー

	下間庄右衛門	下京区	1883.2-1884.9(?) 1890.3-1892.3(?)	
	岩橋元柔	上京区	1886.2-1887.9	
	西堀徳二郎	上京区	1883.10-1884.9(?) 1885.10-1891.12	公民会
	織田純一郎	上京区	1886.2-1886.9	
	雨森菊太郎	下京区	1887.2-1886.2(?) 1887.2-1890.3(?)	公民会
	古川吉兵衛	下京区	1884.9-1886.2(?) 1887.7-1890.3(?)	公民会
	富田半兵衛	上京区	1885.10-1886.2(?) 1887.9-1892.3(?)	改進党
	大澤善助	上京区	1890.3-1892.3(?)	公民会
	河村清七	下京区	1890.3-1891.7	公民会
	宍戸亀三郎	下京区	1891.7-1892.3(?)	
	野原新造	上京区	1891.12-1892.3(?)	公民会
(郡部)	西川義延	綴喜郡	1881.3-1882.1	生民会
	松野新九郎	愛宕郡	1881.3-1882.3 1884.9-1888.3(?)	公民会
	田中源太郎	南桑田郡	1881.3-1883.4	公民会
	石川三郎介	与謝郡	1881.3-1883.1(?) 1890.7-1892.3(?)	公民会
	森　務	南桑田郡	1881.3-1882.6	
	田宮勇	綴喜郡	1881.3-1892.3(?)	公民会
	奥村新之丞	船井郡	1881.3-1887.10	
	福井矢之輔	何鹿郡	1882.1-1882.9	
	松本金兵衛	相楽郡	1882.6-1882.9	
	伊東熊夫	綴喜郡	1882.9-1884.2 1884.9-1885.2	交話会
	川勝光之助	南桑田郡	1883.4-1889.9	公民会
	石田真平	南桑田郡	1884.2-1884.9 1886.2-1888.3(?)	
	河原林義雄	北桑田郡	1888.3-1890.3(?)	交話会
	吉井省三	宇治郡	1882.3-1882.9 1885.2-1886.2(?)	
	上野弥一郎	加佐郡	1887.10-1894.3(?)	公民会
	野尻岩次郎	北桑田郡	1888.3-1890.4 1892.3-1894.8	交話会
	今村忠平	久世郡	1889.9-1889	
	垂水新太郎	南桑田郡	1890.3-1894.3(?)	公民会
	石原半右衛門	船井郡	1890.3-1890.7	公民会
	寺内計之助	紀伊郡	1890.4-1892.3(?)	公民会

出典：京都府『京都府会沿革誌』(京都府立総合資料館、1897年)
1889年時政社名は、『京都公民会雑誌』第１号(1889年２月)その他による。

表2－4　京都府会正副議長・常置委員一覧

役職	人名	区郡	任期	89年時政社
府会				
議長	山本覚馬	上京区	1879.3-1880.10	
	松野新九郎	愛宕郡	1880.10-1882.3	公民会
	田中源太郎	南桑田郡	1882.3-1884.4	公民会
			1884.9-1890.7	
	西川義延	綴喜郡	1890.7-1891.4	生民会
	河原林義雄	北桑田郡	1891.10-1893	交話会
副議長	松野新九郎	愛宕郡	1879.3-1879	公民会
	西川義延	綴喜郡	1880.10-1882.3	生民会
	西村七三郎	上京区	1882.3-1889	公民会
	雨森菊太郎	下京区	1890.3-1891(?)	公民会
	中村栄助	下京区	1892.3-1893	公民会
区(市)部会				
議長	西村七三郎	上京区	1881.3-1889	公民会
	雨森菊太郎	下京区	1890.3-1893	公民会
副議長	浜岡光哲	上京区	1881.3-1883.3	公民会
			1886.2-1887	
	中村栄助	下京区	1883.4-1885	公民会
			1888.3-1888.10	
			1890.3-1890	
	雨森菊太郎	下京区	1888.11-1889	公民会
	河村清七	下京区	1892.3-1893	公民会
郡部会				
議長	松野新九郎	愛宕郡	1881	公民会
	田中源太郎	南桑田郡	1882.4-1889	公民会
	西川義延	綴喜郡	1890.9-1890.12	生民会
	田宮勇	綴喜郡	1890.12-1893	公民会
副議長	田中源太郎	南桑田郡	1881	公民会
	伊東熊夫	綴喜郡	1882.4-1883	交話会
	松野新九郎	愛宕郡	1884.9-1886.10	公民会
	田宮勇	綴喜郡	1886-1890.12	公民会
	河原林義雄	北桑田郡	1890.12-1891	交話会
府会常置委員				
(区部)	西村七三郎	上京区	1881.3-1889.12	公民会
	浜岡光哲	上京区	1881.3-1883.2	公民会
			1886.2-1887.2	
	中村栄助	下京区	1881.3-1885.10	公民会
			1886.10-1887.7	
	児島定七	下京区	1881.3-1881.8	
			1882.9-1883.10	
	山鹿九郎兵衛	上京区	1881.3-1881.8	公民会
	安本勝二	上京区	1881.8-1885.10	
	矢野長兵衛	上京区	1881.8-1882.2	公民会
	吉田安寧	上京区	1882.2-1882.9(?)	公民会

との個人的連携はあったとしても、組織的に公民会に連携するという意識は持っていなかったかもしれない。

このように、多数派協調行政でありながら、一方で北垣は、反公民会系の批判に対しては柔軟に対応した。地方税為替方をどの銀行に命じるかは北垣の執行権の範囲内であったから、京都府会区部会・市部会でも一八九〇年（明治二三）からは市部地方税為替方銀行は三井銀行に変更するし、市郡連帯地方税為替方も、いつからから確定できないが一八九一年度（明治二四）の時点では、第四十九国立銀行になっている。[169]要するに、北垣は批判勢力の要請に応じたのである。その意味で北垣の行政手法は直接的権力行政ではなかった。そのことが、北垣が京都を去る時期、惜しまれつつ去るような現象となって現れるのである。

第二に、北垣の商工行政の特徴である。その特徴は、まず一八八

表2－5　京都市会正副議長・名誉職参事会員

役職	人名	区郡	任期	89年時政社
議長	中村栄助	下京区	1889.6-1890.11	公民会
	西村七三郎	上京区	1890.11-1892.1	公民会
	中村栄助	下京区	1892.1-1899.1	
副議長	田中善右衛門	上京区	1889.6-1891.1	公民会
	下間庄右衛門	下京区	1891.1-1891.6	公民会
	古川吉兵衛	下京区	1891.6-1893.1	公民会
名誉職参事会員	内貴甚三郎	上京区	1889.6-1891.6	公民会
			1891.6-1895.5	公民会
	朝尾春直	上京区	1889.6-1893.5	公民会
	大澤善助	上京区	1889.6-1893.3	公民会
	東枝吉兵衛	下京区	1889.6-1890.12	公民会
	辻信次郎	下京区	1889.6-1891.6	公民会
	高木文平	下京区	1889.6-1890.4	
	膳平兵衛	下京区	1889.6-1892.3	
	宮城坎一	上京区	1889.6-1889.10	公民会
	青山長祐		1889.6-1889.7	
	熊谷市兵衛	下京区	1889.7-1890.9	公民会
	坂本則美	上京区	1889.10-1891.5	公民会
	西村七三郎	上京区	1890.4-1890.12	公民会
			1892.3-1893.5	公民会
	富田半兵衛	上京区	1890.9-1891.6	改進党
	田中善右衛門	上京区	1890.12-1891.6	
	中安信三郎	上京区	1890.12-1891.6	改進党
	西村治兵衛	下京区	1891.5-1893.5	公民会
	下間庄右衛門	下京区	1891.6-1895.5	公民会
	西堀徳二郎	上京区	1891.6-1891.9	公民会
	宍戸亀三郎	下京区	1891.6-1895.5	公民会
	渡辺伊之助	上京区	1891.10-1892.4	公民会

出典：京都市会事務局調査課『京都市会史』(1959年)

二年に創設される京都商工会議所（一八九一年からは京都商業会議所）を商工業調査や諮問を通して商工業発達の核としたこと、ついで明治一〇年代後半から二〇年代初頭の企業勃興期に松方大蔵大臣とも協力して新進実業家等による資本金一〇万円以上の地元企業の育成を積極的に図ったことである。これらの企業は、京都商工銀行（一八八六年創設）、京都織物会社（一八八七年創設）、京都陶器会社(同)、関西貿易会社(同)、京都電燈会社(同)などであった。これら地元新興企業の育成は、北垣の使命感のもたらしたものであった。[170]しかしその使命感は、本文中に述べたように直接利益にあずからない人びとの多くの批判を呼ぶ。北垣の行政はここでもうまくいかない。

第三に、北垣の地域開発構想である。北垣は琵琶湖疏水や鴨川運河などに絡んで府会等で京都の都市開発構想に若干触れることもあったが、まとまった形で提示したのは二度の機会である。一度目は、一八八九年（明治二二）九月一〇日京都府会市部会で京都市街に関する意見を述べた機会。[171]二度目は、北垣が一八九〇年二月八日、京都市長の資格で京都市会議員・参事会員・常設委員・区長および京都府高等官諸課長を祇園中村楼に招き、府知事と市長の区別、三府特別市制、京都市の将来施行すべき事業等を二時間ほど談話した機会[172]である。

一度目の機会は、鴨川の東の地域を、京都の市域に編入したことを要因としている。すなわち、一八八八年（明治二一）六月二五日、京都府は、愛宕郡岡崎・聖護院・吉田・浄土寺・南禅寺・鹿ケ谷・粟田口の七か村を上京区に編入して上京区第三四組とし、同郡今熊野・清閑寺の二か村を下京区に編入して下京区第三三組とし、全市を六七組とした。前年のこの処置を前提に、北垣は府会市部会に鴨東地域の道路の区画を定める諮問案を提出した。北垣が述べた諮問案は、新市街を一・二・三等に区分し、一等は道幅を一二間、二等は八間、三等は六間とするものであったが、市部会は道幅を狭め、一等は八間、二等は六間、三等は四間で可と答議した。[173]この諮問案提出時の北垣の説明が「鴨東開発論」と目されるものである。北垣は、第一に疏水は市の事業であり、市の経済上上京区三四組になる地域を市域に加えた、第二に、三条以南の鴨東の郡村を市区に組み入れたのは、名勝地の関係があるからで、現在市は財政上余裕はないが、青蓮院より大仏（七条東山）に至る間は他日全市の遊園または公園としなければならない、と自らの構想を語ったのである。市部会という公の席で鴨東開発を語ったことは、北垣の都市開発が鴨東開発優先という印象を強めたと思われる。

ところで、この北垣の鴨東開発論は、あくまで鴨東の道路に関係して述べたもので、当然それに関連して鴨東の開発を述べるはずであり、これをもって北垣の都市開発構想が鴨東地域に偏重していたとは断言できないのである。(174)

たとえば、一八九〇年（明治二三）一二月八日の北垣が市長の立場で市会議員らを呼んで述べた内容は、京都市の将来施行すべき事業、すなわち商工業奨励、実業教育の推進、工業と結びついた美術の奨励、衛生環境の整備、済貧、名勝地保存、疏水水力配置および運輸における営利の追求、新旧市街における区画整備（道路の拡幅）、基本財産積立を総括的に述べたものであり、特定の地域の開発を述べたものではなかった。名勝地保存にしても、新旧市街の道路拡幅にしても鴨東地域に偏重したものではなかったのである。(175)

現に、北垣府政下の行政には、京都宮津間車道開鑿、嵐山に達する道路の整備等西部開発があり、必ずしも鴨東開発偏重とまで断言できないものがある。しかも、北垣が琵琶湖疏水と鴨川運河の実現の後にねらっていた大型事業は京都—舞鶴間鉄道の実現であった。北垣のこの鉄道構想は、北垣が京都府知事をやめた直後の一八九二年（明治二五）八月『京鶴鉄道問答』(176)という表題で京都の中西松香堂より刊行されるが、この計画自体は一八八七年（明治二〇）一一月より線路の実測が行われ、翌年一月には測量を完成していた。(177)もちろん、これらの事業および計画は、基本的に京都市に隣接する郡部、丹波・丹後開発の意味を持つものであり、通過する部分において京都市西部を付随的に開発するにすぎなかったが。

しかし、北垣の意図が奈辺にあったかはともかく、すでに、小林丈広氏が指摘しているように[178]、事実として明治二〇年代前半期鴨東開発は進行していた。琵琶湖疏水・鴨川運河はいうまでもない。第三高等中学校が、京都府の「受入」[179]の結果鴨東の愛宕郡吉田村の地と決定するのが一八八六年（明治一九）一二月である（開校は一八八九年九月）[180]。円山公園の拡張の契機となる市移管が行われたのは、一八九〇年二月である[181]。帝国京都博物館が恭明宮跡地（現東山茶屋町）、すなわち鴨東の地に創設されることが決定されるのは、一八八九年五月か六月の頃である[182]。第三高等中学校にしても、帝国京都博物館にしても、京都市西部を含むいくつかの候補地から結果として鴨東になったものであり[183]、そこに北垣の主導性があったかどうかは明確にならない。たとえば、『塵海』等北垣関係の史料にはそのことを明らかにするものは現在のところない。鴨川運河にしても、財政的・技術的要因が鴨東の地の選択になったことは前述した通りである。しかし、鴨東の開発という事実の先行は地域利害の噴出となり、北垣への批判となり、また公民会の解散の一因を形成していく。

その後、京都市における地域利害の表面的な一時的封印は、皇室を利用した地方での最初のイベントである遷都千百年祭と第四回内国勧業博覧会の計画実現過程でなされていく[184]。

（1）これまで次のような先行研究がある（ただし、通史・図誌・小説・小冊子・シンポジウム記録等はのぞく。また、以下のものは筆者が目にしたもので必ずしも網羅的なものではない。第二疏水関係も省く）。①京都市参事会編『訂正琵琶湖疏水要誌』（一八九六年、以下『要誌』と略す）、同『訂正琵琶湖疏水要誌附録』（一八九六年、以下『附録』と略す）→時代が近いだけに資料として使用できる。とくに一八八九年（明治二二）から一八九二年（明治二五）の「市会議事録」が現在見ることができない状況ではそれを補うものとして重要である。②田辺朔郎『京都都

市計画　第一編　琵琶湖疏水誌』(丸善株式会社、一九二〇年)、③京都市電気局庶務課編『京都市営電気事業沿革史』(京都市電気局、一九三三年)、④京都市電気局編『琵琶湖疏水及水力使用事業』(一九四〇年、以下『水力使用事業』と略称)→基本的に顕彰の立場であるが、一〇四九頁の最も詳細に事実を追った書である。①を全面的に活用している。⑤朽木清「京都市営事業の創設目的とその現実的成果について」(『経営研究』第五七号、一九六一年)、同「京都市営電気事業の初期経営事情と経営目的の転換」(同、第五八号、一九六二年)→疏水事業は京都市営電気事業に結果するが、その意義と創設過程および初期経営状況、さらには明治三〇年代後半以降、殖産興業目的から財政目的へとその経営目的が根本的に転換することを具体的に分析する。⑥窪田哲三郎「琵琶湖疏水雑考」(『同志社女子高校年報　叢』七号、一九七六年)、⑦拙稿「琵琶湖疏水工事をめぐる政治動向(上)」(『史朋』第一三号、一九七八年、以下「政治動向(上)」と略称)・「琵琶湖疏水工事をめぐる政治動向(下)」(同、第一四号、一九七八年、以下「政治動向(下)」と略称)、⑧琵琶湖疏水図誌刊行会編『琵琶湖疏水図誌』(東洋文化社、一九七八年)所収の論稿―森谷尅久「琵琶湖疏水前史」・寺尾宏二「疏水工事史」・吉田光邦「近代技術と琵琶湖疏水」(本稿で言及)・西川幸治「琵琶湖疏水と田辺朔郎」、⑨斎藤尚久「明治期における琵琶湖疏水の運輸状況」(『同志社大学商学部創立三十周年記念論文集』一九八〇年)→全国的な鉄道網が形成されようとした時期に進められた琵琶湖疏水事業が運輸(人および物)の面でどのような盛衰をたどるかを鉄道との比較で明らかにする。⑩末尾至行「京都の水車――琵琶湖疏水事業との関連における――」(『歴史地理学紀要』二二号、一九八〇年)、⑪田村喜子「琵琶湖疏水建設」(『湖国と文化』一九八四年)、⑫佐々木克「琵琶湖疏水の政治的背景」(『滋賀近代史研究』第二号、一九八六年)→琵琶湖疏水事業が上流・下流への配慮を欠いた徹底的に京都中心主義のものであり、疏水に反対の意思を表明していた滋賀県令篭手田安定の更迭問題をめぐる事情を具体的に浮き彫りにするとともに、着工に至るまでの政府側の動きを大まかに分析する。⑬織田直文『琵琶湖疏水――明治の大プロジェクト――』(近江文化叢書、サンブライト出版、一九八七年、その後一九九五年かもがわ出版より再刊)→琵琶湖疏水についての包括的かつコンパクトにまとめた書であるとともに、「田辺神話」の分析など示唆に富む。⑭京都新聞社編『琵琶湖疏水の一〇〇年《叙述編》』(以下『一〇〇年《叙述編》』と略称)、『同《資料集》』『同《画集》』(京都市水道局発行、一九九〇年)→《叙述編》は七〇三頁で、それまでの先行研究を踏まえているので最も包括的な書である。⑮松浦茂樹『明治の国土開発史』(鹿島出版会、一九九二年)、⑯大熊孝責任編集『近代日本の技術と社会　4　川を制した近代技術』(平凡社、一九九四年)所収の松浦茂樹「第十一章　総合開発としての琵琶湖疏水事業」、⑰京都教育史サークル編『疏水を拓いた人びと』(かもがわ出版、一九九五年)、⑱高木誠『わが国水力発電・電気鉄道のルーツ――あなたはデブロー氏を知っていますか――』(かもがわ出版、二〇〇〇年)。

(2)　この不況は米価騰貴と金融逼迫によってもたらされた。米価騰貴、それにもとづく米騒動は全国的に勃発するが、近畿地方においては前年秋に襲った大水害、それゆえの米穀の減収、米の買い占めおよびこの年早々からの天候不順の影響が米価騰貴を引き起こした。また、金融逼迫は、株価の低落、銀行の融通悪化が生み出したものであった。この現象は、一八八七年頃からの会社設立の増加が、膨大な割払いの株式募集を生み出したが、この時期株金払込みが滞ったことと要因になっていた(「米価騰貴」「金融逼迫救済策」『京都公民会雑誌』一五号)。なお、近畿の松方デフレ期の不況は、京都府と滋賀県で見る限り、一八八九年の大水害以外にも、夏場に七〇日以上も雨が降らなかった一八八三年(明治一六)の大旱害、一八八五年の大水害という自然災害の影響が無視できない(拙稿「明治前期地域研究のいくつかの論点―滋賀県の事例から―」『年報近現代史研究』第二号、二〇一〇年、三九~四〇頁)。

(3)　京都市中での工事反対運動や疏水線路をめぐる確執については、拙稿「政治動向(上)」、大阪府・滋賀県への対応の問題については、『一〇〇年《叙述編》』一〇三~一一七頁および前掲佐々木克論文参照。

(4)　ほかに小規模なイベントとしては、四月七日夜には、河原町二条下る京都ホテルにおいて北垣府知事の主催で、供奉の皇族三名、大臣以下高等官二四名を招待して夜会が催されている(『中外電報』四月九日付)。

(5)　『大阪朝日新聞』明治二三年四月一三日付。

(6)　八日の夜会出席者は次のような人びとであった(『日出新聞』四月八日付、『中外電報』四月一〇日付、『日本』四月一一日付)。

　皇族(有栖川宮熾仁親王・小松宮彰仁親王・山階宮晃親王・有栖川宮威仁親王)、各大臣(山県有朋総理・西郷従道海軍大臣・松方正義大蔵大臣・榎本武揚文部大臣)、疏水に関係ある各省の勅奏任官、東京各新聞社主筆、旧勧業諮問会員、区会議員、市会議員、府庁属官、同雇、官公立各学校長、区長、区吏員、疏水関係の郡町村の各郡長・書記、町村長、郡部常置委員、市郡部会正副議長、両本願寺門跡、工費寄附者、在京都の各庁高等官、公立病院長、地方衛生会委員、京都各新聞社主筆、諸会社・銀行頭取、古老、工事請負、在大阪の各高等官及府属各課長、淀川沿線郡長及村長、第四師団将校、大阪の紳商、兵庫県庁及裁判所の高等官、在神戸各国領事、滋賀県庁及裁判所の高等官、同県庁課長・属官、滋賀郡長・書記、大津町長、同地銀行会社員及新聞社員、大津衛戍将校、其他近傍県知事

(7)『中外電報』四月九日付。

(8)『京都日報』四月九日付付録。この新聞名および記者名については、あくまで『京都日報』の記載によるものであり、『いろか新聞』など筆者が確認できていない新聞名もあり、すべて正確とは断じがたい。

(9)このほかに、『京都日報』には新聞および記者名に交じって「用達会社」(曾宮禄佑)の名がある。また、なぜか、京都の最大発行部数の新聞である『日出新聞』は、この通航には参加していない。これ以前に通船していた可能性がある。

(10)これらの新聞は、筆者がかつて勤務していた同志社大学で閲覧できた新聞である。

(11)たとえば、徳富猪一郎主筆の『国民新聞』(一八九〇年二月創刊)は、四月九日付「琵琶湖疏水工事の沿革」の記事で、北垣を高く評価し、疏通式挙行について「其間或は此工事の利害に就て疑を挟む者あり、故障を述べ異議を唱へ之に反対を試みたる者なきにあらずと雖も工事完成し利用完全ならば京都市は之が為めに利益を享受すること蓋し鮮少ならざるべし」と書き、一〇日付「琵琶湖疏水工事の概況」では、「此大工事にして一人の外人を聘傭せ《ママ》ず全く田辺技師及び島田技手両氏の手に成りしは更に最も誇るに足り」と評価した。また『郵便報知新聞』は、四月一二日付「琵琶湖疏水工事竣工式」で「今日は先に異説を唱へしものも皆工事の竣巧《ママ》せしを見て非難は忽ち賞賛と変じ、本日の式場には市民より種々の物を寄附して京都市の万歳を祝せり、市民が今日より此事業の沢を蒙る事蓋し数ふるに勝ゆべからざらん」と書いた。

(12)第三回内国勧業博覧会は、この年四月一日より七月三一日まで東京上野公園で開かれた。

(13)この福沢の批判は、琵琶湖疏水工事を批判した記事として引用されることが多い。しかし、この記事が出たのが一八九二年五月であったことに注目する必要がある。この時期は、本文で述べるように地域分立状況の顕然化と「民力休養」論のために琵琶湖疏水の継続事業である鴨川運河がまさに中止されようとしていた時期であった。い

わば、疏水の効能に疑問が出ていた時期であった。この記事は、京都で伝統保存政策があたかも行われていなかったかのような誤った叙述もあり、福沢の見識を必要以上に高く評価する必要はない。
(14) 西田長寿『明治時代の新聞と雑誌』増補版（至文堂、一九六六年）一六八頁。
(15) それらの記事の題名は、「琵琶湖疏水工事の顚末」「疏水工事幹支線水路」(一〇日)、「琵琶湖疏水工事見る処」(一一日、在京都粟屋関一記事)、「疏通式の記」「京都府知事の夜会」(一二日)。
(16) 関直彦は、八日に竣工式に臨むため東京を発って京都に行き、一三日に東京に帰った（『東京日日新聞』四月一五日付）。
(17) 京都新聞社史編さん小委員会編『京都新聞百年史』(京都新聞社、一九七九年）一六三・一七二～一七三頁。
(18) 前掲『京都新聞百年史』一三五頁。
(19) 『中外電報』四月一一日付は「夜会の無礼武官の立腹」と題する記事を掲載し、桜席の近衛の一将校が名刺とともに招待状を返却して退席し、また一人の少佐は北垣府知事の面前で招待状を引き裂いて退席したことを述べ、四月三日の名古屋での夜会が天皇の「臨御」にもかかわらず席に等級を設けなかったことに比較して、当局者の姿勢を非難した。
(20) 『京都日報』四月六日付、『中外電報』四月六日付。四月五日の京都市会では、下間庄右衛門が琵琶湖疏水工事竣工を記念して北垣知事の功労と併せて疏水工事を永世に表彰するため記念碑を建設し、費用は疏水工事に属する不用品を売却し、残額は市民の寄付金を以てし、また疏水工事に従事した役人の功労ある者に対し勉励賞与金を与えるべきであると建議をし、富田半兵衛の時期早尚との意見もあったが、建議は採用されている。
(21) 北垣は、四月一一日の時点で、この事業は「京都市民の大計を察するの精神と又た其忍耐とに依りて成就したるものにして本官の敢て当る所に非ず、且つ目下市費夥多の折柄若干の市税を費し壮観なる記念碑を建設するが如きは本官良心に於て安せざる所」という書面を市参事会に送り、記念碑建設の辞退を表明していた（『中外電報』四月一二日付）。
(22) 次のような表現である。「四ケ年有余の年月を消し百有余万円の金額を費して以て其の功を竣たる疏水工事は果して予期の効果を収め得たるか、世上幾多の懐疑論者をして口を噤め筆を投じて復た冷評熱罵の言を発すること能はざらしむるに至りたるか、余輩は市会議員諸氏の少しく早計に失したるなきやを疑ふなり」、「疏水の効用世に顕はれて市民其の恩沢に浴するの日を俟たざるべからず」。

(23) この寄書は、『京都日報』にも掲載されている(四月三〇日付)。

(24) この久世・紀伊両郡住民の動向、そしてそれが淀川改修運動に収斂していく過程は、前掲「政治動向(下)」で詳述している。

(25) 宮城は、いつからいつまでかは不明であるが、日出新聞社の社員も勤めた(『京都新聞百年史』一七二〜一七三頁)。

(26) 宮城は、その功績は、北垣が当初打ち出した六個の利益(①水力による工作製造法の改良、②舟運による運輸の拡充、③灌漑用水による収穫増加、④水車による精米、⑤飲料水・火災防水、⑥下水清浄による衛生の便)の実効をあげることができるかどうかにかかっている、とした。

(27) 前掲『水力使用事業』八〇一頁。

(28) 同右、七八四〜七八五・七九七・八〇〇頁。

(29) 前掲斎藤尚久論文、一六一〜一六二頁。

(30) 前掲『水力使用事業』七九九頁。

(31) 同右、八〇一頁。

(32) 吉田光邦「近代技術と琵琶湖疏水」前掲『琵琶湖疏水図誌』一六二頁。

(33) 前掲斎藤尚久論文、一六二頁、「水力配置報告書」の引用部分は前掲『水力使用事業』六四三頁。

(34) 京都府立総合資料館編『京都府百年の資料　一　政治行政編』(京都府、一九七二年)一四六〜一四七頁。

(35) 田中真人・宇田正・西藤二郎『京都滋賀　鉄道の歴史』(京都新聞社、一九九八年)第三章(田中真人氏執筆)、第四章(宇田正氏執筆)参照。

(36) なお、「中山道鉄道」について、宇田正氏は「東西両京連絡鉄道を一八八三年(明治一六)一〇月に中山道鉄道として建設する方針が政府により決定され、長浜以東関ヶ原、大垣と中山道に沿うて工事が進められながら、その後の中山道筋の実地測量の結果、予測を越える難工事となることが判明したので、井上局長の意見を容れて急遽、一八八六年七月、加納（のちの岐阜）から南折して名古屋を経て東海道に沿い建設することに計画内容が大きく変更された」（前掲『京都滋賀　鉄道の歴史』七〇頁）と記す。

（37）前掲『水力使用事業』五一七～五一八頁。

（38）前掲『京都都市計画　第一編　琵琶湖疏水誌』七頁。

（39）「起工趣意書」。

（40）前掲松浦茂樹書『明治の国土開発史』一二三頁。松浦氏は、これ以外にも「扇状地上に発展し水辺に乏しい京都に新たな水空間の確保」、すなわち景観面も指摘する。

（41）拙稿「明治憲法体制成立期の吏党」（同志社大学人文科学研究所編『社会科学』二一号、一九九六年、以下「吏党」と略称）、拙著『近代日本の地域社会と名望家』第三章第四節。

（42）郡部では、南桑田郡・加佐郡・船井郡では設立時より会員数が多く、一八八九年五月以降は相楽郡が、九月以降は竹野郡が会員数を増大させていく（拙稿「吏党」一六五頁、表1参照）。

（43）『京都公民会雑誌』第一号、一頁。

（44）同右、第八号、五頁。

（45）一八八九年二月一七日と二一日の幹事会では、一月目が西村七三郎・田中源太郎、二月目が竹村弥兵衛・浜岡光哲、三月目が雨森菊太郎・上野弥一郎、四月目が田宮勇・西村七三郎という順番で月番主任が設定されていた（同右、第一号、九頁）。

（46）『京都公民会雑誌』第一号、九頁。

（47）京都市会における公民会の位置を見てみよう。一八八九年（明治二二）四月から五月にかけて市制施行による初の京都市会議員選挙（補欠選挙も含む）が行われる。上京区と下京区、一級から三級までの選挙で当選者四二名中、約六四パーセントの二七名が公民会員であった（『京都公民会雑誌』五号、五～六頁）。この市会議員選挙にあたって、公民会は市内会員総会で会員外の人物も候補者に加えた予選を行っているが、予選で選ばれた候補者四二名中三〇名（七一パーセント）が当選した（同）。つまり、京都市会では、圧倒的多数が公民会もしくは推薦候補者であった。

京都市会議員の圧倒的多数が公民会員である以上、そのことは当然役員選挙に反映する。六月一四日の市会で役員選挙が行われるが、議長中村栄助、議長代理者田中善右衛門がともに公民会員、名誉職参事会員九名中七名が公民会員であった（同、六頁）。また、同年七月の時点で、京都市の常設委員である土木委員七名、教育委員五名はいまだ未定の一名をのぞく一一名中一〇名が公民会員であった（同、六号、七頁）。したがって、このことを公民会の機関誌『京都公民会雑誌』第六号は、「本会の京都市に於ける勢力を見るへし」（同）と豪語するのである。

(48) たとえば、一八八七年（明治二〇）五月、田中・浜岡、東京の渋沢栄一・大倉喜八郎・益田孝などにより設立された京都織物会社（資本金五〇万円）の場合、会社設立を彼らに勧告したのが京都府知事北垣国道であり、斡旋の労をとったのが農商務省技師兼皇居御造営局技師荒川新一郎であった。そして田中らは、七月京都府所有の織殿地所建物および機械を、地所建物一万円、諸機械一万円という金で払い下げられている。また、一八八六年（明治一九）一〇月設立時役員一三名中一一名までが後の公民会員であった京都商工銀行の場合、京都府当局より一八八七年から区部（のちに市部）・区郡連帯地方税為替方取扱い銀行の指定を受けている（前掲「吏党」一六九頁）。

(49) たとえば、北垣は京都商工銀行に援助を与える理由を、明治二三年度京都府会市部会で詳述している（『日出新聞』一八八九年一二月三日付「京都市部会における知事の談話」）。

(50) ほかの目的としては、「一、郡区の気脈を通じ府下人心の結合を謀る事、一、地方自治の実力を養成し、府下共同の共益を増進するを務むる事、一、政治の改良を促し社会の進歩を謀る事」をあげている（『京都公民会雑誌』第一号、五頁）。

(51) 同右、二〇号、一～一四頁。

(52) 営業税国税化要求の理由は、営業税国税化→商工業者の国税納税義務→商工業者の国政参与権利の拡充、というシェーマであった。

(53) この田辺・高木の米国視察については、すでに渡航前より田辺は水力発電、そしてアスペンを知っていた、というのが通説である（前掲『水力使用事業』六二四～六二五頁、前掲『一〇〇年《叙述編》』二七五～二七七頁）。しかし、高木文平の孫高木誠氏の著書である前掲『わが国水力発電・電気鉄道のルーツ』は、アスペンの水力発電の情報を田辺が渡航前に知っていたとしても、それは「電力の一般供給を目的とした本格的水力発電所」の情報ではなく、電力の一般供給用の本格的水力発電所は、二人がアスペンのローリングフォーク電灯電力会社の最新式の発電設備を「デブロー氏の親切」により見聞した結果得た知見である、と説得的に述べている。

(54) 前掲『水力使用事業』六二二〜六四三頁、前掲『一〇〇年《叙述編》』二七三〜二七四頁。この「報告書」について、前掲朽木論文「京都市営電気事業の創設目的とその現実的成果について」は、「主たる判断材料となったアメリカにおける電動力使用について過大な評価を行っており、工場電動力使用一般および電動力一般供給について当時の電気業がもっていた技術的・経済的制約について、明察を欠いていること」(四九頁)、と指摘している。なお、本稿では琵琶湖疏水・鴨川運河に関するさまざまな技術的問題の詳細をあとづけることを直接の目的としていない。

(55) 前掲『一〇〇年《叙述編》』二七七頁、前掲『水力使用事業』六四六〜六四七頁。

(56) 「市参事会議決書」(京都市蔵)。

(57) 前掲『水力使用事業』六四七〜六四八頁。ただし、「市参事会議決書」には、市参事会でいつ承認されたかの記録はない。

(58) 『京都公民会雑誌』第九号、二〇〜二一頁。

(59) 前掲『水力使用事業』六五四頁。

(60) この過程は前掲『水力使用事業』六五四〜六五九頁に詳しい。決して市は京都電燈会社の言い分をそのまま認めたわけではなく、水料や電気料についての市の委託条件を呑むことを条件とした。

(61) 「市参事会議決書」。なお、『塵海』一二月三日条には、「参事会、疏水馬力配置談会」と、臨時京都市参事会を一二月三日のこととして書いている(塵海研究会編『北垣国道日記「塵海」』(以下、塵海研究会本と略称)思文閣出版、二〇一〇年、三〇三頁)。『塵海』は北垣が毎日筆記しているわけではなく、後で整理して書いている節があり、実際の臨時京都市参事会開会日は一二月四日が正しいと思われる。

(62) 塵海研究会本、三〇二頁。

(63) 前掲『一〇〇年《叙述編》』二八三頁。

(64) 前掲「政治動向(上)」では、「一二月六日市参事会は京都電燈会社に委託する事を議決する」と書いた(四八頁)。典拠は前掲『水力使用事業』六五九頁に「同年十二月六日の市参事会において京都電燈会社へ委託することを一旦議決した」と書いていたことによる。注(63)の『一〇〇年《叙述編》』もそれに依拠したのであろう。この日、市参事会が京都電燈会社委託の方向に踏み込んだことは明らかで「市参事会議決書」にも、次の記事がある。

十二月六日

本日臨時参事会ヲ開ク、出席員九名、北垣・高木・朝尾三氏欠席、尾越書記官、議長ヲ代理シ、左ノ二件ヲ議決ス

一疏水々力利用ヲ会社へ委托スル件

一同上ニ付特別条約ノ件

しかし、『日出新聞』明治二三年一二月八日付は、「過日来京都市参事会にて屢々会議を開き居りし鴨川改修と電気機械設置との問題に付ては略ぼ纏まりたる趣」とあるが、議決したとは書いていない。ただし、同記事は引き続き「電気設置の事は民業に任すに付て市参事会員中にて其引受人と特約すべき条件十六ケ条の取調べを了りたるにより其条件を京都電燈会社に示すことになり、明九日市参事会を開き同会社員を呼び寄せ、決定の上市会議案を編製する運びなりと」と記しているから、京都電燈会社委託はほぼ決まったと同然のように解していることは明らかである。これに対し、『中外電報』一二月一三日付は、本文で述べるように市参事会が「内決」したことを「謬説」としている。新聞記事がこのような報道をする以上、「内決」があったしても、公的には明らかにされなかったようだ。また、この日の市参事会には、北垣および市営委託反対派と目されていた高木・朝尾が欠席しており、そのような場で私会社委託が決定されたかどうか疑問である。

(65) 『京都公民会雑誌』第八号、一九~二〇頁。『日出新聞』九月一〇日付。
(66) 『京都日報』明治二三年一二月一〇日付。
(67) 同右、明治二三年一二月一〇日付社説。
(68) 同右、明治二三年一二月一一日・一三日付。
(69) 高木文平は、すでに一八八九年八月の市参事会において、疏水工事を起こしたのは営利のためではなく、京都の将来のため、この地が工業の中心となってますます工業の隆盛を図るためであるとし、あくまで京都市とすべきと

発言している（前掲『水力使用事業』六四九頁）。

(70) 市制町村制施行後、市会議員協議会・町会議員協議会・村会議員協議会など正式の議会以前に根回し的に行われた協議会。この協議会方式は法の規制がないだけに、形式・内容とも自由であり、どのような問題も討議できただけに、各市町村で多用された。

(71) 前掲『水力使用事業』六五九頁、『京都日報』明治二二年一二月一三日付。

(72) 浜岡光哲は、市の事業とするのは当然であるが、利益があるがゆえにこれを市の事業にすべしというに至ってはまったく賛成できない、この事業に従事しても最初数年間はまったく利益はないものとみなければならない、と主張し、婉曲的に会社委託の有利性を指摘したという（『京都日報』明治二二年一二月一三日付）。

(73) 前掲「市参事会議決書」。

(74) 前掲『水力使用事業』六五九頁、『京都日報』明治二三年一月一九日付。

ただし、一八九一年一一月京都市が電力供給を開始した後、京都電燈会社はかなり優遇的な処置で市の電力供給を受けていく（前掲杉木論文「京都市営電気事業の創設目的とその現実的成果について」五二～五三頁、同「京都市営電気事業の初期経営事情と経営目的の転換」九三～九五頁）。

(75) 北垣は、京都市会には自己の主張を展開する必要がある場合に限り稀に出席するほかほとんど出席しなかったが、市参事会にも欠席が圧倒的に多く、おおむね議長は尾越蕃輔書記官が代理をした。一八八九年六月一八日に初めての市参事会が開催されるが、「市参事会議決書」には同年一二月一六日の市参事会まで二八日の開催日がわかる。このうち北垣が出席したことが明示されている日が四日、明示されていないが欠席者の中に北垣の名がないなど出席が予想される日が三日である。つまり合計七日で四分の一の出席日になる。この七日の議決項目を見ると、明らかに、水力電気利用問題や大阪府への予防交付金交付など疏水関係の議決項目が多いことがわかる。

(76) 塵海研究会本、三〇六頁。

(77) 前掲「吏党」。

(78)(79) 『明治廿二年度京都府区部会議録事』第九号、一一～一五丁。

(80) 水石会『田中源太郎翁伝』（水石会、一九三四年）六二一～六二三頁。

(81) 芝広吉「田中さんと浜岡さん」前掲『田中源太郎翁伝』四六八～四六九頁。
(82)『明治廿二年度京都府区部会議録事』第九号、一五丁。
(83) 同右、第一四号、二三～二五丁。
(84)『明治廿二年度京都府会議事録』第一八号、一二～一五丁。
(85)『明治廿三年度京都府市部会議録事』第一一号、七～八丁。
(86) 同右、一一号、一二～一三丁。
(87) 同右、一七号、二～一〇丁。この建議を推進したのは溝口と植島である。
(88) 塵海研究会本、三〇三頁。
(89) 前掲『水力利用事業』二六頁。
(90)『大坂朝日新聞』明治二一年二月一五日付。
(91)『京都公民会雑誌』九号、二二頁。
(92)『塵海』明治二三年一〇月一一日～一一月七日条（塵海研究会本、二七九～二九〇頁）。
(93)～(95) 同右、明治二三年一〇月二一日条（塵海研究会本、二八二～二八三頁）。
(96) 同右、明治二三年一〇月二九日条（塵海研究会本、二八七頁）。
(97) 同右、明治二三年一〇月一日・二一日・二九日・三〇日、一一月一日・二日・四日・五日・九日条（塵海研究会本、二七五頁、二八三頁、二八七～二九〇頁）。
(98) 同右、明治二三年一〇月二九日条（塵海研究会本、二八七頁）。
(99) 同右、明治二三年一一月九日条（塵海研究会本、二九〇頁）。
(100) 同右、明治二三年一一月二一日条（塵海研究会本、二九九頁）。
(101) 前掲「市参事会議決書」。
(102) 前掲『水力使用事業』五〇七～五一二頁、『中外電報』明治二三年一二月一九日付、『日出新聞』明治二三年一二月二〇日付。
(103) 前掲『附録』八～九頁。

(104) 同右、九頁。『日出新聞』明治二二年一二月二一日付、『京都日報』明治二二年一二月二四日付。『京都日報』の記事は「公民会に御釜を掘らす」という題名で、調査委員七名中二人の改進党員が五名の公民会員によって「御釜を掘らする約束調ひたる」、すなわち両者の妥協の結果、公民会中心に方向性が決まるのではないか、ということを暗示した内容になっている。いかにも、反公民会、反改進党の姿勢を持った交話会の影響の濃い『京都日報』の主張であるが、現実には公民会は市参事会あるいは北垣支持の方向では動かなかった。

(105) 前掲『附録』九頁、『中外電報』明治二三年一月一五日付。

(106) 前掲『附録』九～一〇頁、前掲『水力使用』五〇七～五〇八頁。

(107) ほかに賛成者として堤弥兵衛と高橋正意がいた（前掲『附録』一〇頁）。

(108) 『京都日報』「京都市会傍聴筆記」明治二三年一月一五日付。

(109) 前掲『附録』一〇頁、前掲『水力使用』五〇七～五〇八頁、『京都日報』「京都市会傍聴筆記」明治二三年一月一五日。

(110)(111) 『京都日報』「京都市会傍聴筆記」明治二三年一月一七日付。

(112) 同右、一月一八日付。

(113) この日、中安は次のように市会で発言した。もともと下間説に賛成であったが、今朝ある人に聞いたところによれば、下間は堀川辺の水車営業者より賄賂をもらい市会に案を提出したという、自分もこの分子中に入れられ、提灯持をしたとの疑いを起こされては実に迷惑である、本日は少し躊躇している、と。もちろん下間はこの噂を否定した（同右）。

(114) 『京都日報』「京都市会傍聴筆記」明治二三年一月一八日付。前掲『附録』一一～一二頁、前掲『水力使用事業』五〇八頁。

(115) 小川桃華坊「京都市の一大問題」『京都公民会雑誌』第一二号（明治二三年一月二八日刊）。

(116) 前述した下間庄右衛門に代表される意見。

(117) 市会議員河村清七の意見（『日出新聞』明治二三年一月一八日付）。

(118) 前掲斎藤尚久論文、一五九～一六〇頁。

(119) 前掲『水力使用事業』五一三頁。
(120) 前掲『附録』三四～三六頁。
(121) 同右、三六頁。
(122) 『日出新聞』明治二三年一二月二三日付。
(123) 前掲『附録』三六～四三頁。
(124) 同右、五八頁。
(125) 同右、四三～四九頁、前掲『水力使用事業』五一五～五一九頁。この鴨川運河と東高瀬川は両者とも発展することができるという北垣の意見は興味深い。北垣は物資輸送上の両川の性格の違いを次のように指摘する。東高瀬川は肥料などの日用物品を運ぶ川で、輸入が多く輸出するものは「僅々タルモノ」である。これらの物品は京都の営業が発達すれば人口が増加し、人口が増加すればこれらの日用品は増加するだろう。すなわち東高瀬川の荷物の増減は京都の発展の結果としての人口の動向に左右される。これに対して鴨川運河の場合、今日まで運送の便がなかった岐阜・愛知・三重等の物品を引き寄せるとともに北海道・山陰・北陸の物を取り寄せる川である、と。
(126) 前掲『附録』八〇～八一頁。
(127) 同右、八一頁。
(128) 『日出新聞』明治二四年二月二五日付「硬軟両派の調和」、『中外電報』明治二四年二月二一日付「京都市会の硬派と軟派」、二五日付「硬軟両派の調和」。
(129) 前掲『附録』八五～八六頁。
(130) 同右、八七頁。
(131) 同右、八九頁。
(132) 前掲『水力使用事業』五二二～五二三頁、『中外電報』明治二五年三月四日付。北垣が提案した明治二五年度京都市予算は総額三〇万一五二〇円余、そのうち経常費が一六万四〇六円余、臨時費が一四万一一一四円余で、臨時費中鴨川筋新運河工事費が一二万一三二八円余で、明治二四年度提案のときより二万円余の増額がなされていた。北垣は、この場で一年間の琵琶湖疏水の経済効果として、①電機は時計会社の実験により利あることが確信できた、

②魚類の運賃は一〇分の一に減じ、その他も半額または一〇分の六～七に減じた、③精米は通水後一割減が五分減になった、④これらの結果市中一年間の間接の利益は一二万円余、と述べた。かなり都合のいい数字を並べた感があるが、北垣は、最後に今年度の一二万円余支出の苦は翌年より漸次楽境に入る因となる、と述べている。

(133) まったく同じ記事が『中外電報』明治二五年三月六日付にある。

(134) 『日出新聞』明治二五年三月九日付。

(135) 同右、明治二四年四月一七日・二二日付、明治二五年三月二三日付。一八九一年四月一八日の発会式では、仮幹事として、片桐・中野（薬物砂糖商）・堀（油商）のほかに梶原伊三郎（酒商）・木村勝次郎（質貸物商）・吉野久和・高田吉郎（生糸縮緬商）が選出されている。また、この会は、この後遷都千百年祭や第四回内国勧業博覧会推進でも活躍することになる。

(136) 『中外電報』明治二五年三月九日付。

(137) 同右、前掲『附録』九一～九二頁。

(138) 調査委員の選出は、西村義民の建議による。調査委員は、西村義民・中安信三郎・下間庄右衛門である（『日出新聞』明治二五年三月一〇日付、前掲『附録』一〇〇～一〇一頁。

(139) 『日出新聞』明治二五年三月一一日付、前掲『附録』一〇一～一〇二頁。

(140) なお、この後の動きにも触れておこう。三月一〇日鴨川運河中止が決定した翌日、京都市会において下間庄右衛門より鴨川横断高瀬川連絡の建議案が提出され、賛否同数のため、議長の意見により再議に付し、調査委員に付託される（前掲『附録』一〇二～一一二頁、前掲『水力使用事業』五二四～五二五頁）。しかし、この揺り戻しの鴨川横断の路線案も、四月六日の議論の結果、①市会が鴨川筋新運河工事を無期延期としている理由に鑑み、現在この工事を起こすのは時宜に適しない、②市会議員半数改選の時期も切迫しているので新市会の意見に譲るのが至当である、等の理由により三月一一日の建議案は不採択になる（前掲『附録』一一二～一一三頁、前掲『水力使用事業』五二五～五二六頁）。

(141) 前掲『附録』一二三～一二四頁。

(142) 『中外電報』明治二五年三月四日付。

(143)『塵海』明治二五年四月~五月記事(塵海研究会本、三五七~三七二頁)。

(144)二〇名は、中安信三郎・畑道名・清水吉右衛門・松下新助・西村義民・上野宇八・古川吉兵衛・西村七三郎・林長次郎・矢野長兵衛・中川長平・中孫三郎・岡本治助・河北武兵衛・岸田九兵衛・中村平左衛門・高橋正意・田中善右衛門・野原新造・荒木重兵衛である(前掲『附録』九一~九二頁)。

(145)西村義民「府会議員半数改撰ニ就テ」『京都公民会雑誌』第三五号(明治二五年一月一〇日発行)一七頁。

(146)この選挙での満期退職者は四六名、この内訳は公民会二三名、非公民会派二一名、中立二名であった(『京都公民会雑誌』第三五号、一三頁)。選挙の結果は、『日出新聞』によれば、公民会二〇名、非公民会派九名、中立一一名、鴨東団体派五名、保守派一名という内訳であった(『日出新聞』明治二五年二月二三~二六日・二八日付)。このように、この選挙では公民・非公民ともに数を減らし、中立派が増大した。前年末の府会での政争に対する選挙民の批判、とりわけ非公民会派に対する批判が多分にあったと思われる。なお、この時期の地域間対立と地域団体の叢生については、小林丈広「都市名望家の形成と条件――市制特例期京都の政治構造――」(大阪歴史学会『ヒストリア』一四五号)がすでに指摘している(二一四~二一八頁)。

(147)『日出新聞』明治二五年二月一三日・二一日付。

(148)同右、明治二五年三月一〇日・一五日付、『中外電報』同年三月一五日付。

(149)『日出新聞』明治二五年三月八日・一六日付、『中外電報』同年三月一六日付。

(150)『日出新聞』明治二五年三月八日付。

(151)同右、明治二五年三月二二日・二四日・二五日付。

(152)同右、明治二五年三月一八付、『中外電報』同年三月一八日付。

(153)さらに公民会解散の要因は、第二議会前後の大成会の分裂状況が公民会指導層に与えた影響である。浜岡先哲・田中源太郎は政治活動に嫌気がさしていた。彼らは共に第二回総選挙に立候補することを実業上の理由により固辞するが、結局田中のみ南桑田郡選挙民の要望により立候補することになる。浜岡はこの後、一八九〇年九月の商業会議所条例発布によって公的に法人的性格を附与された京都商業会議所(一八九一年四月創立)の初代会頭としての活動に没頭する。中村栄助は公民会を離れ、かつての敵である自由党に入党する。このような公民会指導層の

「政治離れ」現象も解散の一因を形成していく。

(154) 前掲『附録』一二四頁。
(155) 同右、一二五〜一三一頁。
(156) 同右、一四六〜一五四頁。
(157) 遷都千百年祭と第四回内国勧業博覧会の実現経過とこのイベントの性格については、小林丈広「都市祭典と政治——都市間競争時代の歴史意識——」(『日本史研究』五二三号)、同「平安遷都千百年祭と平安神宮の創建」(同、五三八号)参照。
(158) 『中外電報』明治二五年五月二七日・二九日付。
(159) 前掲『附録』一二四頁。
(160) 前掲『水力使用事業』五九六頁。
(161) 同右、五三〇〜五三二頁。
(162) 京都市電気局『京都市営電気事業沿革誌』(京都市電気局、一九三三年)一一〇頁。
(163) 大江山人(小室信介)は、『大坂日報』に一八八一年(明治一四)一月二八日から二月三日まで連載した「京都府治将来ノ目的」(『京都府百年の資料　一政治行政編』二三〇〜二三九頁)において、槇村の「干渉主義」に対比させて、「一ハ則チ之ニ反ス、其民間ニ在ルヤ民権ノ論ヲ口ニセシ者ナリ、自由ノ説ヲ舌ニセシ者ナリ、起テ熊本ニ、内務ニ、高知ニ書記官タリ合タルニ及ンデヤ、務テ任他ノ主義ヲ執リ従前治シガタク鎮シガタキノ県民ヲシテ又不平ノ声ナカラシメシ者也」と評価した。
(164) 本書第一章三五頁、第一章注(46)参照。
(165) 沢辺正修より「盛々恩君」宛書簡(宮崎家文書、宮津市史編さん委員会編『宮津市史　史料編　第四巻』宮津市、二〇〇一年、三六三〜三六五頁)。この書簡に年月日の記載はないが、内容は一八八三年(明治一六)の府会郡部会の内容を記している。
(166) この史料中「十五年十一月第六十八号布告」は、一八八二年(明治一五)一二月二八日の府県会規則中追加改正で、府県会に対する府知事・県令の執行権限の強化を内容とする。

(167) 常置委員は、一八八〇年(明治一三)一一月五日の太政官第四九号布告の「府県会規則第五章追加」により設置された。府県会議員中の選挙により五〜七名が選任され、「地方税ヲ以テ支弁スヘキ事業ヲ執行スルノ方法順序ニ付毎ニ府知事県令ノ諮問ヲ受ケ其意見ヲ述ヘ及ヒ地方税ヲ以テ支弁スヘキ事業ニシテ臨時急施ヲ要スル場合ニ於テ其経費ヲ議決シ追テ府県会ニ報告スルヲ得」とその役割が規定された(山中永之佑監修『近代日本地方自治立法資料修正1(明治前期編)』弘文堂、一九九二年、五五四〜五五五頁)。

(168) ただし、公民会存続期間中日記が残存している月は、一八八九年(明治二二)は四・一〇〜一二月、一八九〇年は一月のみ、一八九一年は一・四・七・八・一〇・一一月、一八九二年は一月のみである。

(169) 『中外電報』明治二五年三月二七日付。

(170) ただし、これら企業の役員との関係が北垣の蓄財をもたらしたという事実はない。北垣に借金があったことは当時知られていたようであり、北垣が京都府知事を離れるとき『中外電報』は「今更らに知事の廉潔なるは三万円の負債あるにて知るべしと云ふ小官吏あれば」(明治二五年七月二八日付)と伝えている。

(171) 『日出新聞』明治二三年九月一二日付。

(172) 『京都公民会雑誌』第一三号(明治二三年二月二八日刊)一〇〜一三頁。

(173) 前掲『京都府市町村合併史』五三三頁。

(174) 北垣の鴨東開発論に言及したのは、管見では、『京都府市町村合併史』五三一〜五三三頁、前掲小林丈広論文「都市名望家の形成とその条件」二一一〜二一二・二二一頁であるが、小林氏は、「それは計画というよりもアイデアに近いもの」(二一一頁)、「第三高等中学校、帝国京都博物館の誘致、円山公園の整備、二条新地の移転、さらには第四回内国勧業博覧会場と平安神宮の建設と、いずれも鴨東地域の開発が進んだという事実と、北垣の意図との関わりについては未だ推測の域をでない」(二二一頁)と北垣の鴨東開発論の評価について慎重な姿勢をとっている。

(175) この北垣の京都市の事業構想は、一八八九年(明治二二)の『塵海』の末尾に「漫録」として収録されているものとほぼ同一の内容であり、多くの修正個所があることから、北垣は前年から構想を推敲していたことがわかる(塵海研究会本、三一四〜三一七頁)。

(176) 野田正穂・原田勝正・青木栄一・老川慶喜編『明治期鉄道史資料 第Ⅱ期 第2集(28)地方鉄道意見集』所収。

(177) 注(176)所収『京鶴鉄道問答』一頁。なお、この著は、刊行は一八九二年であるが、北垣の原稿は一八八九年（明治二二）春には完成し、政府顕官に贈呈されたらしい。『塵海』明治二二年四月八日条（塵海研究会本、二七一頁）には「大坪収税長来ル、黒田総理大臣エ送書、鉄道問答録稿ヲ呈ス」という記事がある。
(178) 注(174)参照。
(179) 本書第一章注(4)参照。
(180) 神陵史編集委員会編『神陵史——第三高等学校八十年史——』(三高同窓会、一九八〇年）二五二～二六七頁。
(181) 丸山宏『近代日本公園史の研究』(思文閣出版、一九九四年）一七八～一七九頁。
(182) 京都国立博物館『京都国立博物館百年史』(京都国立博物館、一九九七年）六八頁。
(183) 第三高等中学校の校地は当初の候補地は葛野郡等持院村・谷口村・竜安寺村など洛西の北辺一帯であったし（前掲『神陵史』二五二頁）、帝国京都博物館は仙洞御所や御苑の旧近衛邸跡地、あるいは二条城などが候補地になっていた（前掲『京都国立博物館百年史』六七～六八頁）。
(184) ただし、遷都千百年祭でもさまざまな地域利害が衝突したことは、注(157)の小林丈広氏の二つの論文が詳しい。

第三章　天橋立の近代——景観保存と地域振興——

はじめに

『広辞苑』は、天橋立《あまのはしだて》について、次のように記す。

京都府宮津市宮津湾の砂州《さす》。日本三景の一。延長三キロメートルの白砂の松林で、成相山・傘松からの縦一文字と、大内峠《おうちとうげ》からの横一文字の景色は特に有名。

『宮津市史　通史編下巻』によれば、貝原益軒が「日本の三景の一とするも宜也」と書いた『己巳紀行』が正徳三年（一七一三）に『諸州巡覧記』として出版されるが、この頃天橋立が「日本三景」の一つという見方が定着するようになる。(1)

天橋立は、現在京都府宮津市にある。一八八九年（明治二二）の町村合併以後の町村名でいえば、与謝郡宮津町・吉津村・府中村・岩滝村が天橋立に直接かかわった町村であるが、行論で述べるように、与謝郡全体が天橋立にかかわった。現在、天橋立の小天橋には「京都府立天橋立案内図」の大きな看板があるが、その中に「天の橋立公園概要」という形で、表3—1のような文字が書かれている。

天橋立は現在京都府が管轄する公園である（図3—1、図3—2）。

表３－１　「天の橋立公園概要」(1998年3月現在)

〔歴史的概要〕

明治38年(1905)	2月	与謝郡営公園に指定
大正11年(1922)	3月	名勝地に指定
大正12年(1923)	1月	京都府立公園に指定
昭和30年(1955)	6月	若狭湾国定公園に指定
昭和39年(1964)	10月	都市公園法により全域を供用開始

〔規模〕

	延長	最大幅	最小幅	面積	松本数
大天橋	2,410ｍ	170ｍ	40ｍ	187,949㎡	3,831本
小天橋	830	105	20	49,364	1,100
第二小天橋	410	25	7	8,552	203
傘松	120	60	15	5,043	74
				250,908	5,208

松の本数は胸高直径10cm 以上のものである

〔主な植物〕

黒松・赤松・ハマナス・ハマゴウ・椿・グミ・トベラ・スタジィ・ヤマモモ・タブンキ・ハマヒルガオ・ユズリハ・モチノキ・ハマエンドウなど217種類の分布

注

1) 実際の看板とは事項の配列など若干の変更を加えている。

2) 大天橋・小天橋は図３－２のように地域をさすが、大天橋と小天橋を結ぶ橋を大天橋、小天橋と文殊側の陸地を結ぶ橋を小天橋(廻旋橋)とも呼ぶ。

3) 第二小天橋とは現在文殊側の陸地の天の橋立公園内の部分である。

4) 傘松とは傘松公園のことである。

本章の目的は、この天橋立の明治から昭和戦後期に至る景観（風致）保存と観光資源による地域振興の歴史過程を明らかにし、その時代ごとの歴史的特徴を把握することにある。

近代の天橋立は、その所有および管轄の変遷から三期に分けることができる。

第一期は文殊智恩寺の飛地境内であった天橋立が明治四年（一八七一）に上地され国有林になって以降、一九〇三年（明治三六）からの京都府と与謝郡の運動によって一九〇五年に与謝郡の公園になるまでの時期である。この時期は、京都府・与謝郡あるいは地元の人びとによる天橋立の周辺整備は可能であったが、国有林であったため天橋立内部の整備に立ち入ることはできなかった時期である。

第二期は、一九〇五年から一九二三年

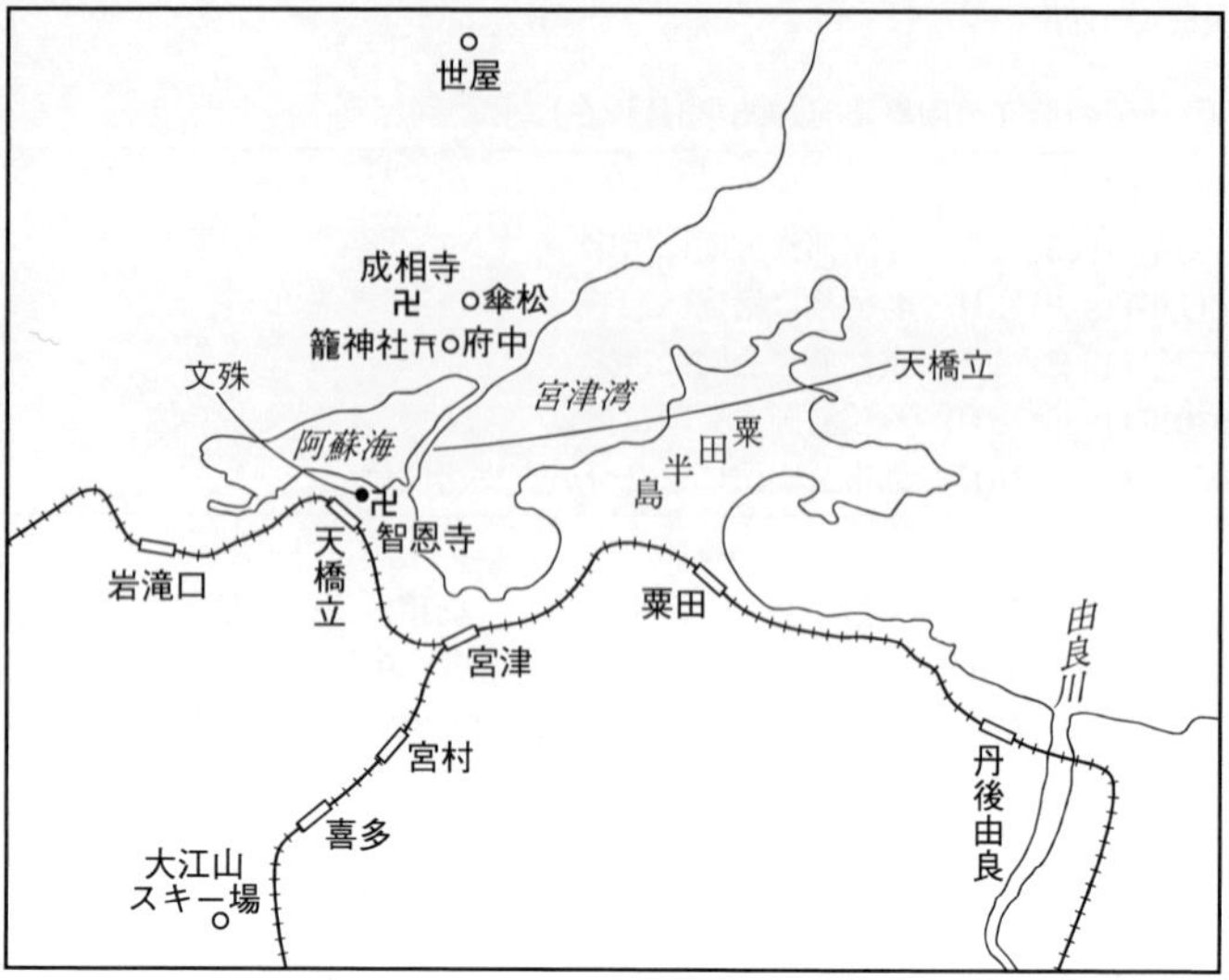

図３－１　天橋立周辺図

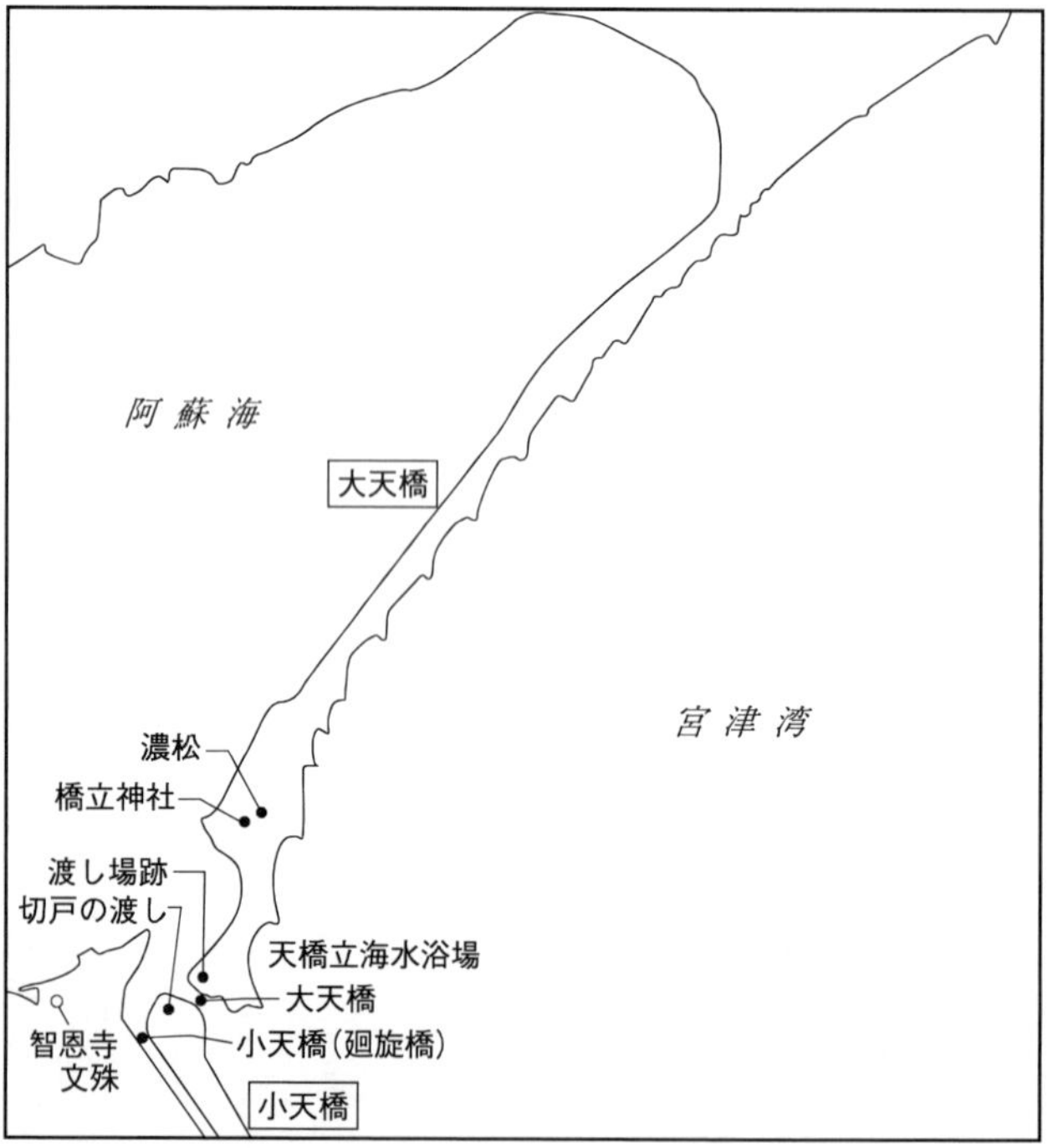

図３－２　天橋立図

（大正一二）に天橋立が郡制廃止により京都府の公園になるまでの与謝郡公園時代である。このとき、本格的に地元による地域振興が可能な時代に入る。第三期は、それ以降の京都府の公園時代である。この京都府の公園になった時期は、全国的なツーリズム時代に突入し、乗合自動車（バス）・貸切自動車（タクシー）がこの地域でも登場してきた時期であった。いわば昭和戦前における観光の最盛期を迎えるが、やがて一九三七年（昭和一二）の日中戦争以降の戦時状況の進展が観光の阻害要因になってくる。

なお、景観保存と地域振興の歴史過程という場合、いうまでもなく景観保存と地域振興は常に両者がバランスを保ちながら進行したわけではない。地域振興の動きはときには景観保存と矛盾する場合もある。とりわけ大正期以降次第に観光が本格化すると（ツーリズム時代）、地域振興の動きが突出するケースが登場する。本章ではその点に留意して論を進めたい。

近代の天橋立については、優れた先行研究がある。丸山宏「近代天橋立の風致史――天橋立公園の成立」[2]である。丸山氏の論稿は、明治期から大正期までの時期の設定で、「近代における天橋立の風致保護策が近代ツーリズムの発展を契機に地方経済活性化の俎上にのぼり、『公園化』[3]していく過程とその影響を具体的に論証したものである。要するに、近代天橋立の景観保存と地域振興の歴史過程の究明である。これは、筆者の問題意識や方法とまったく重なる。丸山氏は京都府総合資料館所蔵の京都府行政文書を全面的かつ網羅的に使用しており、筆者は丸山氏が使用した史料はすべて見てみたが、丸山氏の分析に異をとなえる箇所を見つけることができなかった。だから、たとえ、本章で丸山氏の分析にさらに新たな事実を加えたとしても、それは後学研究だからこそ可能であるにすぎない。本章は、丸山氏の研究に学びながら、より詳しく近代天橋立の景観保存と地域振興の歴史過程をみてみたいという欲求を抑えることができず、本章の前半の分析はオリジナリティが薄いことを承知で、

昭和戦後までこの過程を追うことにする。(4)

なお、後述するように、「天橋立」は与謝郡が一九〇六年（明治三九）に公園規則をつくった際に「天の橋立公園」になった。したがって、正式名称は「天の橋立公園」である。ただしその後の経過をみれば、「天の橋立」が正式名称にもかかわらず、「天橋立」という「の」を加えない名称も一般的に使用されており、両名称が併用されている。そして今日では「天橋立」が公園の名称でも一般的に使用されている。したがって以下の記述においては「規則」の名称以外は「天橋立」を使用する。

一　天橋立国有林時代

(一) 明治前期の天橋立

江戸期において、天橋立は文殊智恩寺の飛地境内であった。明治四年（一八七一）一月五日、太政官布告により、社寺の現在の境内以外の土地は没収されることになった。(5) 長浜宇平は、「丹哥府志」の校訂で、天橋立は智恩寺の境内地であったが、「明治四年二月二十二日明治政府の国有地」となった、と記している。(6) 一九〇九年（明治四二）発行の『京都府山林誌』によれば、京都府の官有山林は、京都府庁内に官林掛を置き、明治四年七月の官林規則により京都府が管理事務を処理したが、山林の監守は地元区戸長が行った。(7) ただし、区戸長では行き届かないこともあるとして、その体制も一八七八年（明治一一）八月内務省達により内務卿が出張官員を派出することになった。(8)

その後、一八八六年（明治一九）三月、天橋立は京都府の管理下を離れ、農商務省の直轄になる。(9) なお、明治四年官林となった天橋立に対して、一八八六年までの間には枯損木処分や伐木などが行われたと思われるが、具体的にどのような施策が行われたかは不明である。

明治一〇年代までの天橋立にとって大きな事件は、明治五年（一八七二）七月九日に起こった大風雨による橋立の切断である。これ以前まで大天橋と小天橋は陸続きであったが、この大風雨の結果約百メートル切断された(10)。これが現在の橋の大天橋といわれる部分である。その後一八七三年（明治六）から、この切断された部分、および文殊村と天橋立間の渡し（切戸の渡し）の部分を二つの橋でつなぐことが、大島村顕孝寺住職千賀大鑑などによって計画されるが、大規模な土木工事で多大な経費が必要とされることから実現をみなかった(11)。

（2）明治二〇年代の交通の整備と景勝保存の開始

①交通の整備

天橋立が観光資源として本格的に意識されてくるのは明治二〇年代になってからである。きっかけは、この時期に行われた海路と陸路の整備であった。

海路では、一八八八年（明治二一年）五月、宮津の丹州汽船会社（一八八七年創設）の丹州丸による宮津港―敦賀港（金ケ崎）の定期航海が開始された(12)。すでに、一八八四年（明治一七）に金ケ崎―長浜間の鉄道が全通し、一八八九年（明治二二）には米原―長浜間、さらに、長浜―大津間の鉄道が開通し、この結果京都と金ケ崎（敦賀港）は連結されるに至った(13)。明治二二年八月八日付『日出新聞』によれば、京都を午前の第一列車で発てば、午前一〇時二〇分には金ケ崎に達し、そこから一一時三〇分発の汽船に乗れば、午後七時に宮津に達した。また、帰路は、宮津港から夜汽船に乗り翌朝金ケ崎に着き、金ケ崎発第一列車に乗れば午前一〇時二〇分に京都に到着した、という。この汽船と汽車の組み合わせによる方法が最も便利で、東海道鉄道の場合、米原で敦賀線に乗り換えれば、一日のうち宮津に達する、と記している。宮津・金ケ崎（敦賀港）の汽船は「別室」で六五銭であった。宮津から天橋立には、陸路で半里ばかりの距離であったが、歩行もしくは人力車があり、舟で海路を取る方法もあった。(14)

陸路の整備では、一八八九年（明治二二）八月に竣工した京都宮津間車道の開鑿が大きかった。(15)『日出新聞』の記事によれば、この車道の結果、京都より宮津へは陸路三三里ほどであったが、人力車に乗れば、福知山で一泊し、翌日正午頃には宮津に達したという。人力車賃《くるまちん》は一里平均七、八銭で、宿泊料を込みにすれば三円前後であり、「由良海岸の新道は頗《すこぶ》る美景」であった。また、生野銀山街道を通る場合、宮津より城崎を経て姫路まで三〇里余で、この場合も人力車賃は一里平均七、八銭であった。(16) さらにこの記事は、次のように言う。「天橋」には文殊辺りの海浜に三層楼を建てたものが数棟あるが、天橋立近傍の宿屋・料理屋はいずれも廉価である。漁《つり》舟《ぶね》は漁夫二人で半日五〇銭、五、六人は乗れる遊船は船子《せんどう》一人で一日二五銭程度で、漁舟に獲物が多ければ雇賃は償われる。別に大型の遊船もある。とにかく天橋立の奇観だけではなく天橋立の畔で海水浴もできるし、温泉場もあり、避暑に適当の地である、と。

②景勝保存の開始

明治二〇年代初頭の時期は天橋立の風致保存が課題に上ってくる時期でもあった。民間では、宮津町で旅館業を営む荒木金兵衛が橋立明神の社の再建や橋立に関する資料や口碑を蒐集し、天橋誌を編纂しようとする動きがあったらしい。一八九二年（明治二五）年五月九日、荒木は宮津劇場で演説会を開き、その計画方法などを発表している。(17) ただし、これらの計画がどの程度実現されたかは不明である。

また、京都府会でも天橋立への道路をめぐって動きがある。一八九三年（明治二六）一一月の京都府通常府会の土木費審議では与謝郡選出（加悦町）の石川三良介によって天橋道（宮津町字杉末より文殊渡し場まで里程一五町余[18]）を名区勝地に達する道路の一つに加え修繕しようとの提案がなされた。石川によれば、天橋道改修費として一二〇〇円とするが、「地方人民ノ寄附金」（三〇〇円）ということも前提になっていた。そして、石川は「廿八年モ最早目睫ノ間ニ迫リタル今日ナレバ」と、一八九五年（明治二八）に京都市で開催される平安遷都千百年祭および第四回内国勧業博覧会に押し寄せる人びとを、天橋立まで集客しようという意図を明確にしていた。ただし、このとき名区勝地に達する道路は、比叡山道・平野神社より御室に達する道・醍醐道・鞍馬道など山城地方に集中しており、遠く丹後地方の道路はこの天橋道ただ一つであり、おもに京都市域選出の府会議員の反対により、天橋道の修繕費は賛成少数で否決される。[19]翌年一一月の京都府通常府会でも、船井郡選出の小早川彦六より天橋道の改修の意見が出るが議決までには至っていない。[20]

以上は、天橋立への道路をめぐる動きであるが、一八九四年（明治二七）一一月二八日、京都府会は、天橋立の風致保護についての「建議」を京都府知事に提出する。[21]そして、この「建議」を受ける形で、京都府は、一八九五年（明治二八）五月、農商務省に「勝景保存ノ方法」をたてるよう上申した。[22]この上申は、天橋立は北洋に面し、ときどき怒濤が襲来し、林脚の土砂を洗い、驕風が松樹を倒し、幹を折るという現状がことさら北端において甚だしい、と天橋立の風致の危機的状況を指摘し、農商務省が松樹の繁茂を図り、保存の方法を講じていただきたいと願うものであった。

このように京都府は、天橋立への道路の改修など周辺整備は可能であったが、天橋立の地そのものは当時農商務省の官林であり、松樹の管理などは同省にゆだねなければならず、京都府自体が保護策を行うことができなかった。

天橋立の所有が国のものであるという問題点を京都府がかなり意識し、農商務省から京都府へ管轄を移行させることを模索していたことは、一八九五年(明治二八)一一月二〇日の京都府会で京都府書記から報告された一つの文書によりわかる。これは、「名区勝地保護方法顛末」というものであるが、内容は次の通りである。この文書では、嵐山・東山・高雄・栂尾の名勝区の保護方法を問題にし、この四つの地籍が農商務省の主管で大阪大林区署の管理に属するがゆえに、京都府が直接保護しようとすれば、地籍を移行しなければ何事も着手できない、とした。さらに、内務・農商務両大臣に対し、京都府において名勝区保護の必要を述べ、前記の地所を京都府の管理に移すことを稟議した。しかし、両省の主務局長は、官林については官制の定めるところにより大林区署が管理することが決まっている、と京都府の提案を斥けた。しかし、一方、相当の保護方法については京都府が大林区署と協議することは差し支えないとした。この結果、京都府は、次の五点を大阪大林区署に照会した。①嵐山・東山・高雄・栂尾の官林内空地の箇所は京都府が風致木の植継をすること、②林木および枯損木などで風致を妨げるものは京都府において適宜伐採すること、③官林取締りのため京都府が看守人を置くこと、④風致木保護については係員が随意に官林に出入りすること、⑤枯損木・傷害木および下草・生産物などの売却代は京都府庁が徴収し、該保護費に充用すべきこと。以上の照会に対し、大阪大林区署は、京都付近の官林のみを特別視できないこと、⑤などは法律に触れることなどを理由に同意しがたいと回答してきた。この文書は、京都府は天橋立の勝景保護の件も農商務大臣に稟議したが、これについての回答はなかった、と最後にしめくくっている。(23)

二 天橋立公園の成立

(一) 天橋立公園化計画の開始

天橋立が本格的に観光資源として風致保存が図られていくのは、与謝郡が天橋立を公園として整備していこうという動きを見せる明治三〇年代の半ば、具体的には一九〇三年（明治三六）のことである。

同年一一月三〇日、与謝郡は郡長粟飯原鼎の名で京都府知事大森鍾一に「国有林管理之義ニ付願」という願書を提出し、天橋立（吉津村大字文殊字天橋の国有林二か所、合計一二町一畝二五歩、以下「天橋立国有林」と略称）を与謝郡の公園にすることを、農商務省に働きかけていただきたいと申し出た。この願書はその理由を次のように言う。この国有林は日本三景の一つに位置する勝地であり、付近には成相山、籠神社、文殊などの「名区旧蹟」がある、この国有林の存廃は、与謝郡の繁栄維持増進上に至大の影響を及ぼす、加えて舞鶴軍港の発達にともない橋立付近の繁盛が期待できる、この際与謝郡の公園として修理保存し、将来与謝郡の繁栄増進に役立てたい、と。[24]これに対し、京都府は、一二月一七日、内務部長の名で、与謝郡長に対し、この願書は郡会の意見を徴したのか、そうでなければ郡会の意見を問い、その上で申し出られたいと照会した。[25]一二月一九日、与謝郡長は、内務部長西沢正太郎に対し、この件は「臨時急施ヲ要スル」ので、郡制第五六条により郡参事会の決議を経たものであることを回答し、[26]さらに二五日には、この問題のために臨時郡会召集は容易ではないので、来年一月下旬通常郡会開設に先立って付議すると回答した。翌一九〇四年（明治三七）一月二九日、粟飯原与謝郡長は、橋立の国有林を公園として修理保存費を負担し、与謝郡の管理とすることを出願する一件を与謝郡会に諮問し、二月七日、与謝郡はその諮問案を可決した。[27]

このような与謝郡の動きには三つの背景がある。第一は、「天橋立国有林」が農商務省大阪大林区署の管轄下で充分な保存策が講じられないできたという事情である。[28]すでに、一八九四年一一月に京都府会の建議を受けて、翌年五月、京都府が農商務省に天橋立の風致保存の上申を行ったことは前述したが、今回の与謝郡の願書も「修理保存」という表現で、観光資源である「天橋立国有林」の風致保存が進んでいないことを示唆していた。第二は、すでに丸山宏氏が指摘しているように、一八九九年（明治三二）三月二二日、国有林野法が制定され、国有林野整理のため不要存置林野の売り払いが始まっていたという事情である。[29] 実は、与謝郡の願書の背景には、農商務省大阪大林区署による京都府への働きかけがあった。一九〇三年（明治三六）一一月一三日、農商務省所属の大阪大林区署は、「天橋立国有林」を「不要存置林」として処分したいので、地目を内務省主管の公園地としての地目組替の上で引き渡したい、と京都府に申し出ていた。[30] 京都府は、このことを与謝郡長に照会し、その結果が同月三〇日の与謝郡長の願書提出になったわけである。与謝郡が郡会の決議を経ないで郡参事会の決議で急いで京都府に願書を提出したのは、大阪大林区署の動きが直前にあったからだと思われる。第三は、鉄道開通にともなって隣郡加佐郡の舞鶴の発展が想定され、与謝郡もその波及効果が期待されたという事情である。一九〇一年（明治三四）一〇月一日、舞鶴鎮守府が開庁された。加えて、官設鉄道舞鶴線福知山―新舞鶴間の工事が進捗し、一九〇四年（明治三七）にはその開通が予定され（開通は一九〇四年一一月三日）、これが実現すれば新舞鶴と大阪間が直通するはずであった。[31] 与謝郡役所は、成相山、籠神社、文殊智恩寺等の寺社旧蹟も含めたエリアへの遊覧客誘致のために天橋立の風致保存に全面的に乗り出したのである。

（2）与謝郡の公園へ

農商務省や内務省など中央官庁との交渉は、京都府が与謝郡役所の意向を受けて全面的に行っていく。京都府では事前に大阪大林区署と協議し、保安林解除について地方森林会の承諾を得た後で、一九〇四年（明治三七）八月二〇日、京都府知事の名で内務大臣・農商務大臣に対し、「天橋立国有林」を公園地に組み替え、「橋立公園」(管理者は与謝郡)としたいという伺を提出した。(32) これに対し、九月二六日、内務大臣官房地理課では、京都府に対し、公園にするならば、公園新設の設計および図面・新設費予算・公園将来の収支見積書の三点を調査されたい旨を伝えた。(33) 一一月一四日に京都府よりこの点の照会を受けた与謝郡では、公園新設の計画を取りまとめている。(34)

与謝郡の整備計画は次のようなものであった。

①風致木の植え込みについては、松樹の疎になっている部分は松樹を補植し、下芝の刈り取りや適当な場所に桜・楓の植樹を行う（松・桜・楓およそ一〇〇〇本）。

②適当な場所に一棟二〇円の亭を三棟新設する。

③一名の園丁を常置し、常に園内の掃除や塵芥の採取・下芝の刈り取りを行わせる。

④三〇〇円の予算で延長およそ五〇間の護岸修理を常に行わせる。

このとき予定された公園新設費の予算は表3―2、一年分の公園将来の収支見積書が表3―3である。この計画のうち、適当な場所に桜や楓を植樹する、という計画は、明らかに春と秋の観光客増大を期待してのものであった。(35)

そして、天橋公園将来施設上の希望として次の点を述べる。第一は次のような交通・通信設備の整備である。

①宮津―文殊間の道幅を五間(約九メートル)以上とし路傍に適当な風致木を栽植する。

②文殊より天橋に達するには現在は渡し舟によるが、交通上甚だ不便なので、適当な橋梁を架設して往来の便に備えるとともに、天橋内の道路は常に修繕を加えて凸凹のないようにする。

③天橋より籠神社に至る間は海岸に五間幅以上の道路を新設し、並木を栽植して風致と風雪に備える。

④籠神社の背後の成相山は天橋の眺望に適するがゆえに、籠神社―成相寺間の道路は近く改修する。

⑤文殊に郵便・電信・通信機関の設備を設置する。

第二は、文殊の新市街計画と山林の風致保護である。この点では、文殊は将来宮津に編入することが適当であるが、区域は甚だ狭く、将来天橋立を一大公園にするには充分でない、したがって、附近の耕地は宅地に編入し、家屋の建築には制限を設けて市区を端正にし、文殊の山林は風致林に編入し、風致木の栽植をしなければならない、とした。

一九〇五年（明治三八）一月三一日、内務大臣芳川顕正と農商務大臣清浦奎吾の名で京都府に対し、公園開設および地目組み替えが許可される。[36] この後京都府は二月より大阪大林区署や内務省と交渉を重ねる。同年三月二八日、まだ大阪大林区署との交渉が決着していない段階で、与謝郡は京都府内務部に対して、「天橋」の掃除手入をしていいか照会している。これは外来の観光客来遊の季節となり、

表３－２　公園新設費予算

費目	金額(円)	摘要
樹木植込費	100	松・桜・楓およそ1000本植付費
園丁費	252	園丁給料192円、器具費・被服費60円
亭新設費	35	亭3棟、1棟20円、榻15個15円
護岸修築費	300	延長50間修築費
合計	687	

出典：『天橋立・宇治公園一件』(京都府行政文書)

表３－３　公園将来の収支見積書(1年分)

収入		
科目	金額(円)	摘要
土地使用料	30	1か年300坪、1坪につき10銭
枯木下芝払下料	30	1か年下芝塵芥払下料
郡費	290	
合計	350	
支出		
科目	金額(円)	摘要
掃除費	200	園丁給料192円、器具修繕8円
樹木植継手入費	50	樹木植継30円、手入20円
道路護岸修繕費	100	
合計	350	

出典：表３－２に同じ。

阪鶴鉄道会社が四月中旬から乗車賃割引を計画していることもあり、清潔にすることによって来客になるべく満足を与えたいとの意図にもとづくものであった。[37] これについては、四月七日、郡の費用で掃除するのであれば、別段差し支えないとの回答を得る。[38] 京都府と大阪大林区署は、四月一八日、京都小林区署員井上森林主事出張のもとで実地に天橋立国有林の授受の手続きを終えた。[39] そして、五月二九日、内務大臣から京都府に宛てた内務省指令によって「橋立公園管理換」は正式に認証された。[40]

六月一三日、京都府は与謝郡に対し、「命令書」を添え、橋立公園を与謝郡の公園とすることを指令した。「命令書」は、与謝郡の公園にするにあたっての京都府の条件を次のように規定した。[41]

①丹後国与謝郡へ同郡吉津村大字文殊小字橋立地内橋立公園地反別九反五畝二二歩および同公園地一一町六畝三歩を維持管理することを免許する。
②本公園地の修理保存費は与謝郡の負担とする。
③公園地の維持および管理規程、その他諸規則などは京都府の許可を受け設定すべし。この認可を受けた管理規程その他諸規則などで京都府において必要と認めるときは随時無償でこれを更正させることができる。
④公園地および該地上にある立木などは毀損しないよう保管すべし。かつ立木の伐採を要するときは事由を添え京都府の許可を受けるべし。ただし、一か月以内に立木保管証書を提出すべし。
⑤本月より満一か年以内に本園保存の計画を立て、該計画書ならびに図面を添え、認可を得て施設すべし。ただし、施設後改修および護岸工事施行の場合も本文に準ずべきものとする。
⑥公園地内には松樹のほか樹木の栽植を許さない。
⑦文殊付近の風光は本園に至大の関係を有するので、与謝郡において同付近地を公園として経営する場合は、

本園地の取り拡げとして出願すること。
⑧左記各項の一つに該当するときは、随時無償で本命令書の条項を増減変更し、または本公園地を返地させる。
一、法律命令の施行上に支障あるとき。
一、官用のため、その他公益上必要あるとき。
一、管理上に不都合ありと認めたとき。
⑨前条の場合はもちろん、廃園の際であっても土地および立木などは下付しない。ただし、与謝郡において構造したもの（郡において植付けた立木をのぞく）に限り、下付することがある。
⑩本命令書の条項に従わないときは、これより生じた損害を賠償せしめ、かつ無償で本免許を取り消し返地させることがある。
⑪本公園地の管理については与謝郡がすべてその責に任ず。
これらの命令条件で、以前与謝郡が松以外に桜や楓を植栽したいと要望したのに対し京都府が、公園内では松樹以外の植栽を行わないとしたことが注目される。このような方針は誰が主導したのかは不明である。なお、これらの命令条件の大枠は、京都府が一か月前の五月の段階で内務省衛生局の事前の承認を得たものであった。[42] 六月一七日、粟飯原与謝郡長は、大森知事宛てに「命令書」に対する請書を出す。[43] このようにしてすべての手続きを終えて橋立公園は与謝郡の管理下に入った。

（3）与謝郡の公園としての天橋立

①名称変更と公園規則

一九〇六年（明治三九）二月二日、与謝郡は、京都府を通じて公園の名称変更を内務大臣に上申した。すなわち、前年二月九日、京都府訓令一四号で「天橋立国有林」を公園に編入する際に名づけられた「橋立公園」という名称は、「天の橋立公園」に変更したいというものであった。[44] そして、内務大臣の許可を受けた後、三月三〇日、与謝郡は、「天の橋立公園規則」（郡令第三号）および「天の橋立公園使用規程」（郡令第四号）を通達した。[45] 名称変更の理由について、与謝郡は、同所は世俗的には「橋立」もしくは「天橋」という略語で呼ばれてきたが、これは略語にすぎず、「天の橋立」が古書に照らした場合正しい、今後公文書に明記する場合には、俗称の如何にかかわらず、「天の橋立」と称する方がいい、と京都府への上申書で記している。[46]

全五条からなる「天の橋立公園規則」は、使用の際の使用料徴収を明記し、公園内における禁止事項として、①樹木を毀損し、土石を掘り取ること、②工作物その他の設備を毀損すること、③風俗を紊乱し、または衛生上危害の恐れのあること、④風致または清潔を汚損すること、⑤屋外において焚火をなすこと、と定めた。また、全一一条から成る「天の橋立公園使用規程」は、公園使用許可年限は五年以内、満期後継続使用を希望するものは郡長に願い出て許可を受けるものとした。このほか、使用料の徴収方法を定め、使用者の注意事項を細かに定めた。[47] 名称変更を含む詳細な規則の制定は、与謝郡の管理の徹底化のための布石であった。

なお、天橋立公園の成立は、公園・遊園の重要性を認識させ、明治・大正期には周辺部（現在の宮津市域）にもいくつかの公園・遊園がつくられていく。[48]

②明治後期の天橋立

与謝郡の公園として出発した天橋立公園について、与謝郡の課題は、公園区域の拡張、さらには設備の充実とそのための資金確保であった。

公園区域拡張では、一九〇六年（明治三九）六月七日、与謝郡は京都府に上申し、文殊小天橋の官有地一町一反三畝六歩を公園地に編入することを要請する。この結果は、翌年四月二三日京都府より許可が出る。(49)

設備の充実は皇太子（嘉仁親王）の行啓を契機に計画される。一九〇六年、翌年に皇太子の行啓がある旨のニュースが与謝郡にもたらされた。与謝郡にとって設備充実のチャンスであった。一九〇六年、田辺信成与謝郡長は大森鍾一京都府知事に対して「公園費府費補助ノ義ニ付申請」を提出する。同年九月一九日、明治四〇年度の公園設備充実のための費用一万四九五円余の半額五二四七円余を京都府から補助してもらいたいというものであった。その理由としては、設備充実の費用は多額になり、郡費多端の折、郡民の負担に耐えがたいということがあげられていた。設備充実の内容は、具体的には、休憩所建築（貴官休憩所ならびに便所、物産陳列場のための附属建物二棟、普通休憩所一棟、ベンチ二〇席、傘松休憩所一棟等）、記念樹地形一か所、渡船場整備（突堤、渡船一艘）、桟橋一か所、飲用水用として磯清水浚渫および井戸屋形改造、成相寺までの道路修復、小天橋整備（民有地買収、樹栽、便所一か所）などにかかる費用である。(50) 与謝郡は、京都府との交渉を行うが、結果として京都府の補助は許可されたものの一五〇〇円に減額されており、与謝郡も設備費総額を四五〇〇円に縮小せざるを得なかった。事業内容では、小天橋の民有地買収と樹栽は見送られ、その他の各事業も減額して行うことになった。(51)

一九〇七年（明治四〇）五月一三日、皇太子嘉仁親王は舞鶴鎮守府からの艦で天橋立に上陸した。皇太子はこのとき、天橋立公園だけではなく、籠神社・成相寺・智恩寺を参拝し、府立第四中学校・府水産講習所・郡立高等女学校を視察し、その日のうちに舞鶴軍港に帰った。(52) このとき、皇太子から一〇〇円が与謝郡に下賜された。与謝郡はこの下賜金を天橋立公園維持基金とすることを臨時郡会で可決し、同年一〇月二六日、郡告示第四〇号として「天橋立公園維持基金積立規定」（全三条）を設けた。この「規定」は、皇太子行啓の際下賜された金額お

表3—4　郡費中公園費額とその割合（決算）

年度	郡費合計	公園費	郡費中公園費の割合(%)
1906(明治39)	17,197	1,303	7.6
1907(明治40)	25,701	3,713	14.4
1908(明治41)	67,730	494	0.7
1909(明治42)	51,211	388	0.8
1910(明治43)	64,161	589	0.9
1911(明治44)	46,692	636	1.4
1912(明治45)	38,867	454	1.2
1913(大正2)	39,265	285	0.7
1914(大正3)	21,610	424	2.0
1915(大正4)	22,138	317	1.4
1916(大正5)	21,633	855	4.0
1917(大正6)	23,515	434	1.8
1918(大正7)	35,540	916	2.6
1919(大正8)	87,601	1,282	1.5
1920(大正9)	102,733	1,183	1.2
1921(大正10)	126,646	1,334	1.1
1922(大正11)	90,162	1,361	1.5

出典：京都府与謝郡役所編『京都府与謝郡誌』下巻（大正12年）1328～1340頁。
備考：1921・1922年度のみ予算額。

よび同公園より生じる収入金は、公園維持基金として、明治四〇年度より向こう五〇年間蓄積するというもので（ただし公園より生じる収入は明治四一年度より蓄積する）、この基金は、郵便貯金または郡長において確実と認める銀行に預け入れ、もしくは有価証券を購入し、増殖を図るものとされた(53)。その後一九一〇年（明治四三）七月一六日の韓国皇太子の行啓の際の下賜金一〇〇円、一九一六年（大正五）七月五日の皇太子（裕仁親王）の行啓の際の下賜金一〇〇円があり、これらは基金に組み入れられ、公債購入に充てられた(54)。

このように、与謝郡は天橋立を自らの管理に入れながら、天橋立の設備の充実のためには京都府の財政援助やわずかながらの下賜金積立などに頼らざるを得ない状況であった。表3—4は、天橋立が郡制廃止によって京都府に移管されるまでの与謝郡の郡費の中での公園費額（公園費は天橋立公園の費用のみ）とその割合を表したものである。皇太子嘉仁親王の行啓があった一九〇七年（明治四〇）が金額も割合も突出しているが、それ以外では、最初の時期の一九〇六年、さらに皇太子（裕仁親王）行啓があった一九一六年をのぞけば、公園費が郡費に占める割合は二％台以下であったことがわかる。たとえば、一九一〇年度（明治四三）を例にとれば、郡費支出の割合でいえば、教育費四八・七％、土木費三六・四％、会議費二・三％、郡吏員費二・一％、勧業費〇・九％、公園費〇・九％、その他八・七％というもので、(55)公園費に充分な金をつぎ込むことができない状態であった。

なお、このように与謝郡が設備充実に腐心する中で、天橋立はまたも決壊する。一九〇七年（明治四〇）八月二四日から三一日までの大雨により、天橋立は、大天橋の着船場の北方一〇〇メートルの地が切断し、一時交通が途絶するが、与謝郡は府費の補助を得て埋め立てている。(56)

三　与謝郡立公園としての大正期の天橋立

（一）関係町村の地域振興の模索

①宮津町の「意見書」

大正期の天橋立公園は、傘松など周辺地域を編入して公園域を拡大するとともに、明治期にまして天橋立の環境整備が進行した時代であった。また、史蹟名勝天然記念物保存法による名勝地指定を受け、より保存の動きが強まった時代でもあった。

一九一七年（大正六）一〇月二一日、宮津町の時務調査会（委員は内山廣三・佐久間丑雄・池田進一郎・木谷清七・宮城仁祐・三上勘兵衛・今林仲蔵）は山本浅太郎宮津町長に対し「宮津町政ニ関スル意見書」(57)を提出している。長文の意見書はこれからの宮津町政の課題を述べたものであるが、その一項目として「町是ノ確立」をあげ、今後の宮津町の町是として、工業地や貿易港としては前途の光明を見出しがたいとして、「天橋遊覧地」として設備を完備していくべきだとしていた。「意見書」は言う。宮津は、交通の不便、地積の狭小、物資の貧弱、水流の涸欠などの点で工業地として素質に欠ける。おおよそ貿易港はその土地に豊富な物資があってこれを輸出するか、あるいは輸入した貨物を転売し、あるいは輸入した材料を加工して経済的価値を造出するか、そのいずれかによって利益を得ることが望ましいが、宮津港は貨物の通過港にすぎない。「意見書」には、明治中期から国際的な貿易港をめざしてきた宮津町が貿易業の不振により、「天橋遊覧地」を中心にして町の将来を考えざるを得ない苦汁の選択肢が言外に滲む。(58)

ともあれ、大正期、宮津町をはじめとした与謝郡の町村は、天橋立を中心にした観光開発に積極的に乗り出していく。

②府中村の動向

天橋立の北に位置する府中村も天橋立による地域振興を図り始める。一九一九年（大正八）一月一七日、小松九郎右衛門府中村長は、根本吉太郎与謝郡長に対し、一定の条件を付して府中村のうち「笠山」（傘松）の土地ならびに休憩所を無償で寄付するという「寄附願」を提出した。条件とは、①使用権は従前の通り府中村にて享有する、②使用権を許可する場合は分割しない、③寄付地の境界は小間道を限りとする、④使用権料は現状のままであればすべて一か年一〇円とする、④将来郡において設備した工作物はすべて年々修理費を標準とした使用料を徴収されても異存はない、⑤使用期間は三十数年とし満期の際更新する、⑥府の管理に移す場合、本契約はさらに当事者と協議する、などであった。(59)

このようにして、府中村および成相寺からも寄付を受けて、同年四月、傘松公園が設置され、このときこの傘松地域は天橋立公園に編入される。府中村は自らの土地を寄付することによって、村の振興を図ろうとしたのである。

傘松には、すでに阪鶴鉄道が福知山まで開通した一九〇〇年（明治三三）頃、吉田皆三によって民間の展望所が開かれていた。また、吉田は、宮津への鉄道の延長の運動や広く橋立を世に知らしめるために尽力し、一九一二年（大正元）一一月に死去した。丹後鉄道宮津線が開通された一九二四年（大正一三）は吉田の一三回忌の年にあたり、この年一〇月、三井長右衛門ほか五名を発起人として、吉田の碑を橋立の畔か傘松付近に建立する運動が起こり、[60]吉田の命日にあたる一一月八日、傘松道の登り口にある大谷寺に建立された記念碑の除幕式が行われた。

（2）名勝の指定による地域振興

一九一九年（大正八）四月一〇日、史蹟名勝天然紀念物保存法が公布される。この法は、内務大臣が指定した史蹟・名勝を地方公共団体に費用も含めて管理の責任を負わせ（一部国庫負担）保存を図っていくことなどが規定されていた。[61]一九二一年（大正一〇）六月一七日、内務省は堀切内務大臣官房地理課長の名で、馬渕京都府知事に対し、天橋立公園を史蹟名勝天然紀念物保存法第一条により名勝に指定する予定であることを伝え、そのことに対する意見を京都府に照会するとともに、公園地および傘松展望地の地籍・面積評価・管理者・附属の建物その他の工作物、国有地以外の所有者の住所氏名・地籍図、智恩寺境内の地籍・面積・管理者・所有者・地籍図を知らせるよう通達した。[62]八月一日、与謝郡は「天橋立公園地ニ関スル調書」を京都府に提出し、一一月四日、京都府から内務大臣官房地理課へ回答が行われている。[63]このような経過を経て、一九二二年（大正一一）三月八日、内務省告示第四九号により天橋立は三保の松原とともに名勝地に指定され、二二日そのことが京都府より与謝郡に伝えられた。このとき、磯清水神社・智恩寺境内・成相山上部の郡有山林（「天橋ヲ望ムニ好適ノ地点」で「小亭」があった）が名勝地の範囲にされたのは、それらが天橋立と分かつべからざる風景とされたためである。

そしてこの地域は、「保存ノ要件」として、三保の松原とともに、「公益上必要止ムヲ得サル場合ノ外風致ヲ損傷スヘキ現状変更ヲ許可セサルベシ」とされたのである。(64)

保存法第五条は、史蹟名勝を管轄する公共団体の負担の一部を国が補助することができると規程していたが、名勝に指定されたからといって、ただちに名勝保存費が支給されるわけではなかった。(65) むしろ名勝指定により天橋立の名声を高め遊覧客の増大が期待されたのであった。

（3）保存と設備の充実

①松樹の保存

このように、天橋立は保存を図りつつ、公園内設備の充実が図られていくことになる。

保存の面では、松樹の保護が重要であった。天橋立の松は長大で樹齢の古いものが多く、風雪などによる傷みは激しかった。一九一七年（大正六）四月、与謝郡は天橋立内で保護すべき松一二一〇本の一本ずつについて詳細な保護の仕方を記した「天橋立公園松調査書」を作成し、さらにこの年には京都府の要請を受けて松樹保護および松樹移植工事を実施している。(66) 京都府も府内の貴重な文化財産として、天橋立の保存には積極的であった。同年六月二三日、京都府は内務部長の名で与謝郡長に対し、「松ノ稀疎ナル箇所ニ補植ノ要アリヤ」など具体的に項目をあげて「天橋保勝法」を質問し、与謝郡もこれに対し「イ、補植ノ要アリ、現在大天橋ニ於テ間引キ得ル松苗数百七十七本(四尺以上十五尺以下)アルヲ以テ之ヲ全部大天橋ニ補植ス、ロ、渡船場附近ノ補植」などと答えている。(67) 京都府に対する与謝郡の回答は、このような松の補植と植え込み、松以外の雑木の伐採、地面の整備(盛土、凹部の埋立)、護岸工事、傘松に達する道路の整備、智恩寺山門前および渡船場附近の民家の移転、智恩

寺の多宝塔の整理、小天橋と文殊との架橋など詳細なものであった。(68)

②設備の充実

大正中期になると天橋立公園の設備も充実していった。一九二一年（大正一〇）九月二七日、与謝郡長が京都府内務部長へ提出した天橋立公園の調査書によれば、天橋立内の体育施設としては、小天橋には大運動場、濃松《あつまつ》地域には運動器具として廻旋搭、誘導円木、ブランコ等を備え、夏季には海水浴場があった。また、娯楽休養施設としては、濃松および傘松に二軒の喫茶店、休憩所三か所、腰掛十数個。遊覧者招致施設としては、夏季に海水浴場の設置、傘松の展望所があり、保安通信施設として濃松に倉庫一棟、園丁一名を常置、自動電話(公衆電話)一、便所三、飲用水井戸一、雑用水井戸二、渡船場一、があった。(69)

一九一九年（大正八）傘松公園が天橋立公園内に編入されたことによって、傘松地域の設備の充実、傘松までの道路の整備が必要になった。一九二二年（大正一一）二月一〇日、与謝郡会は三上勘兵衛議長名で山本三省与謝郡長宛に、傘松公園内に自動電話(公衆電話)設置を求める意見書を提出している。(70) 与謝郡では、この件を大阪逓信局に照会している。しかし、三月二七日付の大阪逓信局長から与謝郡長宛の回答では、傘松公園内の自動電話設置を認めない、というものであった。理由は次の通りである。文殊の切戸には毎年春秋に一般遊覧客用に臨時自動電話一個を設置しているが、利用客は少数で設置の効果は乏しい、と。(71) また、傘松に達する登山道路には点灯設備がなかった。一九二三年（大正一二）五月一八日、府中村大垣の旅館菊亭斎藤弥助および一ノ家宮崎武照二名の名で、旅館有志が傘松に達する登山道路の沿道電柱一〇本に点灯したい旨、与謝郡に申請があった。この申請は与謝郡から京都府に送られ、五月二九日許可されている。この外灯はすりガラス製で横細字に楼名(旅館名)が記されたものであった。(72)

設備ではないが、与謝郡役所はこの頃、毎年八月初旬の海水浴シーズンをねらって、天橋立内で夏期大講演会を開催していた。目的は、「橋立の風光を普く天下に紹介すると共に国民常識の向上と学徳の修練に資せん目的」というものであった。(73) ただし、この年の講演会は不況の影響か申込者が少なく、七月二二日の締切までわずか二三名（このうち遠方は奈良県・滋賀県・兵庫県・大阪府等）で、昨年の申し込み総数九〇名に比し、約四分の三を減じている、と地元新聞は伝えている。(74)

この時期問題になっていたのは旅館の増加にともなっての旅館の宿引きであった。宮津の玄関口になる汽船場の埠頭には無理強いによる客引きが跡を絶たず、訪れる観光客に不快の念を起させることになった。宮津警察署も日を決め監視体制をとったが、あまり効果はなかったようである。(75) 宮津警察署では旅館業者に罰金を課す場合もあった。(76) このような中で、警察の指導にもとづき宮津町の旅館業者は宿泊料を今後各室に掲示するようになる。なお宿泊料は、一等五円、二等四円、三等三円五〇銭、外国人はこの限りではない、ということであった。(77)

③二つの橋の架橋

設備の充実で最も多額の金額を要したのが公園内の二つの橋の架橋であった。一九二〇年（大正九）一月、与謝郡会で「天橋立架橋資金設置ならびに管理規程制定の件」が提出され、大正一〇年度および一一年度にそれぞれ一橋を予算六万円で架設することが議決された。(78) 大正一〇年度に府から八五〇〇円の補助と郡費一万円を投じ、一九二一年（大正一〇）一〇月大天橋と小天橋間に架設工事を開始し、竣工は翌年三月、(79) 同年五月一三日に架橋の開橋式が行われた。(80)

五月一三日の与謝郡主催の開橋式には、若林知事をはじめ府の官吏も臨席した。(81) 当日、宮津―文殊間の街道はおびただしい人出で賑わった。(82) 橋名は大天橋とし、京都の三条大橋や五条大橋の型をまねたもので、「橋面縦断、勾配が中央において一尺八寸、高さ満潮前より約六尺五寸、男柱は丸型造りにして青銅擬寶珠付きの三尺の高欄を附したもの」[83]で、橋長二四間（約四三・六メートル）、幅一七尺（約五・二メートル）の架橋であった。[84]

ただ、この架橋について、決定当時風致破壊の恐れを指摘する声もあったらしい。[85] また、欄干のギボシに当時の郡長や郡会議長および郡会議員の名が刻まれていることには批判の声があったようで、『橋立日日新聞』の後身である『橋立新聞』大正一一年七月八日付は「大自然の風致を添ふ大天橋に批難の声高まる　欄干のギボシに何故に郡会議員の氏名を、而も麗々しく刻んだか、此の態度に対し与謝郡民、議員の態度を攻撃」と批判の動きを報じた。その後も『橋立新聞』は「大分批難が高いやうだ」[86]と報じ、同七月一四日付は、京都府会議員有力者の談として、「与謝郡会議員の愚劣にして山本郡長の無智驚の外無し」という記事を載せている。

一九二二年（大正一一）から翌年にかけて与謝郡が郡制最後の事業として次に着手したのは、文殊側の陸地と地域としての小天橋を結ぶ小天橋「開旋橋」（廻旋橋）の架橋である。小天橋の架橋をめぐってはまず資金の問題があった。与謝郡長山本三省が一九二二年七月一〇日郡会に提出した議案は、経費が二万八一一六円かかるというもので、京都府補助金三〇〇〇円、架橋資金繰入金一万九〇〇〇円、前年度繰越金七六〇円、予備費五〇〇円を財源とするも、それでも不足を生ずるとして、与謝郡積立金二四〇六円をすべて架橋費の財源に充てたいというものであった。この与謝郡積立金全部を小天橋架橋費に充てる理由は、このままでは、不足額を郡内町村に分賦せざるを得ず、それを避けるためと説明されていた。[87]

七月一〇日、京都帝大近藤泰夫工学士に依頼していた小天橋開旋橋設計案が臨時与謝郡会で承認された。小天橋「開旋橋」は、橋長二〇間（約三六・四メートル）、橋巾一四尺（約四・二メートル）で、両端各五間（約九・一メートル）は固定橋とした。材料は大天橋とほとんど同じく鉄筋、あるいは檜で、橋の中央部を一文字に開旋する。

開旋必要の場合は橋板の最小部分をめくってハンドルを挿入し、男子一人で押せば約一分三〇秒で開旋した。通船の際はあらかじめ警笛または合図をすれば、番人はただちにハンドルを握って廻転し始めることになっていた(88)。

この架橋もおおむね与謝郡民の賛成を得ていたが、方法や位置をめぐっては異論もあったらしい。架橋の位置は文殊堂の付近であったが、『橋立新聞』は、次のようにその異論を伝えている。方法では、風致の点で開旋橋は問題があり、固定橋にすべきだという異見、もし開旋橋とするならば、風致上の問題で「なかや」別荘付近に位置を変更すべしという異見、工事の土砂を見た上で、文殊の風致は対橋楼横手の広場において存するものでこれを封鎖するとはけしからんという意見、などがあった(89)。

工事は、当初この年秋の皇后の京都行啓の予定をにらみ、京都府当局は同年一〇月までの起工を要請していた(90)。しかし、実際の起工は翌年になり、一九二二年（大正一一）九月に徳田善右衛門を請負者として工事が開始され、翌年三月に竣工した。架橋の結果、渡し場は廃止になり、陸路の交通と同様の扱いになり、府道に編入されたが、重量一〇〇貫以上の牛馬車・荷馬車等の通行は禁止された(91)。

（4）京都府への移管

①郡制廃止

前節でみたように、与謝郡にとって、設備を充実させつつ天橋立公園を維持するのは、財政的に困難であった。したがって、大正期になると与謝郡は公園の府費支弁を要求するようになる。一九一四年（大正三）一月、与謝郡は通常郡会に「天橋立公園府費支弁ニ関スル意見」を提出し決議される(92)。この「意見」は、天橋立を政府が「不要存置」としたのを与謝郡が「勝景奇跡ノ廃滅ヲ憂ヒ公園トシテ進ンテ之カ管理経営ノ任」にあたったと述べるとともに、将来において施設を要するものが多々あるが、財政的に力が及ばない、この種の勝地で府県費での経営によるものは類例が乏しくない、したがって将来この公園を府の設備に移し天下の名勝区地として適当な設備を加えられんことを願う、というものであった。さらに、一九一六年（大正五）二月七日、与謝郡長黒田宇兵衛より大森知事に対し「天橋立公園府費支弁編入ニ関スル意見書」が上申された。上申書は、一九一四年一月の「意見」と同じ論理で府費支弁（府の施設への移管）を要望するとともに、万一そのことが絶対に不可能であるならば、毎年相当の補助金を下付してもらいたい、と。(93)

天橋立の京都府への移管は、郡制廃止という国の制度変更によって急にもたらされた。郡制廃止は、一九二一年（大正一〇）年三月、第四四帝国議会において原内閣から法律案が提出され、短時日で可決、同年四月法律第六三号「郡制廃止に関する法律」として公布されていた。与謝郡でも、郡制廃止にあたって郡有財産の処分の準備が進められた。一九二二年（大正一一）二月二八日、山本三省与謝郡長より「天橋立公園」の府移管議案が与謝郡会に提出され、与謝郡会は三月三日これを可決した。議案は、「天橋立公園」を京都府が管理する場合には、公園地を京都府に返還し、これに属する一切の不動産・権利義務・「天橋立公園」維持基金および大正一一年度所要経費を京都府に寄付するものとする、というものであった。(94)そして、これについで三月九日、山本与謝郡長は若林賚蔵京都府知事に対し「寄附願」を提出する。この文書は、三月三日の郡会の決議と同一内容であったが、今回天橋立保勝会を郡内有志者と謀り組織したので、この会の事業を助成するために公園維持基金を天橋立保勝会に交付されるよう添えてあった。(95)与謝郡としては郡制廃止によって郡有財産の処分が行われ、この結果天橋立公園は京都府に寄付せざるを得なくなるが、天橋立保勝会に公園基金を交付させることによって事実上与謝郡内で事業を継続させようとしたのである。しかし、天橋立保勝会への公園基金交付は実現しなかった。

②天橋立保勝会

以上のように、天橋立保勝会は、明治一〇年代に京都の古社寺保存を目的として成立し、古社寺以外にも保存の内容が拡大していった一般的な保勝会[96]とは異なり、郡制廃止後の受け皿をねらってのものであった。天橋立保勝会は、与謝郡会に天橋立公園京都府移管案が提出される四日前の二月二四日に郡会議事堂で創立総会を開き、発会した。この会は、天橋立の風致の維持増進を目的とし、事務所は与謝郡役所内に置き、役員は会則によれば、会長・副会長各一名、幹事五名（うち一名は主席郡書記）、評議員若干名。幹事は会長の諮問に答えるほか会務を分担し、評議員は主要な会務・予算を議決し、決算を認定する役割を担った。そして、評議員には与謝郡各町村長が就任し、会長・副会長・幹事は評議員の推薦により決定した。会員は通常・特別・名誉の三種とし、通常会員は三〇円以上、特別会員は一〇〇円以上を寄付した者、名誉会員は学識名望または特別の功労ある者で評議員会の推薦した者、とされた。この会則と同時に、評議員会の選挙により、会長は山本三省与謝郡長、副会長は内山廣三宮津町長、幹事は細井直義加悦町長・糸井品蔵岩滝町長・宮崎佐平治府中村長・大槻藤太郎吉津村長・落合金造主席郡書記が選ばれた[97]。要するに、与謝郡役所は、与謝郡の全町村を巻き込んで、与謝郡が京都府に天橋立公園を「寄付」する前に大急ぎでつくったのである。

同年一〇月二〇日、天橋立保勝会は与謝郡二四町村長の名で財団法人の認可を内務大臣に申請する[98]。ただし、「天橋立保勝会寄附行為」という会則は変更され、目的は同一でありながら、役職は理事六名（うち一名は与謝郡長）、評議員（郡内町村長）二四名、幹事（与謝郡役所主席郡書記）一名となり、会員規定は設けられなかった。資産は、額面三五〇〇円の有価証券および現金七三九円七一銭であった[99]。ただし、基金は与謝郡内から広く集められ、「天橋立保勝会基金造成計画書」によれば、宮津町・吉津村・岩滝村・府中村は一戸あたりの拠出金が一円二〇銭、その他の町村の拠出金が一戸あたり六〇銭、合計八三一五円が一九二二年（大正一一）と一九二三年に集められることになっていた。(100)

しかし、一方京都府からの交付金も期待したらしく、一九二三年（大正一二）三月六日、山本三省会長の名で京都府に再度「天橋立保勝会基金交付申請書」を提出するが、(101)京都府からの交付を受けたかどうかは不明である。

なお、このように独自の醵金によって成立した天橋立保勝会は、一九二三年一二月二二日、内務大臣より財団法人の認可を得ている。(102)ただし、天橋立保勝会のその後の動きについては、現在のところ把握できていない。

なお、天橋立公園は、一九二三年一月二三日の京都府告示第三七号により、嵐山の亀山公園とともに府立公園になる。(103)

四　府立公園としての昭和戦前期の天橋立

(一) 丹後鉄道舞鶴―宮津間の開通と天橋立駅の設置

一九二二年三月の府立公園設定後、天橋立への遊覧客の増加を加速したのは、一九二四年（大正一三）四月の丹後鉄道舞鶴―宮津間の開通、そして翌年七月の天橋立駅の設置である。

丹後鉄道舞鶴―宮津間開通以前の天橋立への交通手段と所要時間を見てみよう。舞鶴へは京都からは山陰線の直通列車で約三時間半、大阪からは約五時間。舞鶴からは陸路と海路がある。海路の場合、舞鶴港から鉄道省の連絡汽船便があり、一時間四〇分で宮津港に到着。汽船賃は二等九三銭、三等四五銭。陸路の場合は、徒歩および自動車があるが、自動車賃は二円。宮津からも陸路と海路があり、橋立廻遊船株式会社による小汽船連絡便は、宮津発文殊・一ノ宮行朝六時四五分を始発に午前四便、午後三便、文殊発一ノ宮行が午前三便、午後四便、一ノ宮発文殊・宮津行が午前三便、午後四便、文殊発宮津行が午前四便、午後三便があり、一ノ宮発宮津行の三便、文殊発宮津行の三便が宮津から舞鶴行の橋立丸に連絡できるようになっていた。[104] 宮津から文殊への運賃は一一銭であった。[105] なお、一九二二年（大正一一）五月には岩滝町の三年にわたる陳情の結果、宮津—岩滝間汽船の夜間航海が開始された。これにより、午後八時一〇分宮津着の橋立丸に連絡して岩滝方面への航海が可能になった。[106] ただし、海路の場合、天候に左右され、欠航もままあった。このような事情から、鉄道の宮津およびその先への延長は宮津市域の人びとの悲願であった。

丹後鉄道舞鶴—宮津間の開通については、『宮津市史　通史編　下巻』第十章七節第二項「鉄道の発達」（飯塚一幸執筆）が詳しいが、一九二一年（大正一一）には舞鶴—峰山間の路線が固まりつつあった。同年一二月、養老村など天橋立北部の一〇か村の村長（養老・世屋・野間・伊根・日ケ谷・筒川・本庄・日置・府中・朝妻）が丹後鉄道天橋立駅設置の請願書を、若林賚蔵京都府知事・鉄道大臣・敦賀建設事務所長に提出している。[107] これらの史料によれば、このとき、すでに宮津町ほか一二か町村代表者の請願も鉄道大臣等に送られていたらしい。おそらく天橋立南部の一三か町村と北部の一〇か村がそれぞれ独自に天橋立駅設置運動を展開したと思われる。

一九二四年（大正一三）四月の丹後鉄道舞鶴—宮津間の開通の結果、舞鶴—宮津間連絡船は廃止になり、このとき由良川に長大な鉄橋が架けられることになる。翌年には、峰山までの延長工事がなされ、請願運動の成果として天橋立駅が設置され、七月三一日に営業を開始する。[108]

丹後鉄道舞鶴—宮津間が開通したとき、地元の人びとは率直に喜びを表明した。山本三省与謝郡長は、天橋立への遊覧客激増を予想するとともに、四季を通じての遊覧客増加に期待を表明した。山本郡長によれば、これまで宮津は春から夏にかけて遊覧客があるが、冬は海が荒れて雪が深いために冬ごもりするしかなかった、しかし、京都府立第二中学校校長の中山才次郎が大江山と成相山に絶好のスキー場を発見し、前年（一九二三年）よりスキーの練習場をつくっているが、与謝郡役所としても成相山スキー場を奨励していきたい、と。[109] また、大森清四郎由良村長も、天橋に次ぐ遊園地として種々の設備を創設することを新聞紙上で語った。大森村長によれば、今年の夏は理想的海水浴場を開設する予定で、場所は由良川が海に注ぐところにして、三か所の脱衣場を設け、水中には浮標を浮かばせて安全地帯を示し、数名の海水浴場監理者を置いて万一の危険に備える、また旅館のないのが難点であるが、応急施設として民家の部屋を開放し、簡単な自炊ができるように村役場が指定人に補助を与え、価格を監視して廉売を行う、さらに団体には暑中休暇中に限り小学校の開放もいとわない、その他魚釣り、秋の松茸狩りなど由良に来る観光客の便宜を図ることを語った。[110]

（2）成相ケーブルと天橋立遊覧協会

大正から昭和にかけて、とりわけ第一次世界大戦後の国際観光ブームを背景として全面的な観光の時代に突入する。日本全体が全国的なツーリズムの時代に入るのである。[111] このような情勢の中で、観光を促進する要素の一つになるのが登山鉄道（ケーブル）という技術である。[112]『東京朝日新聞』大正一五年九月二九日付は、「山から山にはやる鋼索鉄道　諸国の名所旧跡がみな競争して出願」という記事で、天橋立を含めて次のように記している。

最近登山熱流行と共に鋼索登山鉄道が盛んになり、鉄道省へ建設認可出願が押し寄せ、監督局ではこれが調査で多忙を極めてゐるが、従来建設の目的はいづれも山頂の山神、稲荷・妙見等の参拝輸送にあつたのが、この頃では山上に遊覧地を経営するとか、天の橋立、鳥羽港の如く眺望を目的とする様に漸次変化して来、これへの客が漸増するに従つて静かな聖地が歓楽境化してゆき、将来名のある山にはこの設けなきはなくな

るだらうと見られてゐるが、今同様の調査によれば、すでに開業せるものは
生駒山、朝熊山、男山、筑波山、生駒の裏山、麻耶山、箱根強羅、能勢の妙見、叡山
等で、又目下認可申請中のものは
武州高尾山、叡山の裏山、鷹取山、別府、鞍馬山、柳谷の妙見、備中高松の稲荷山、埼玉の三峰山、赤城山、高野山、富士山（御殿場口）、丹後天の橋立、相州大山、宝塚、鳥羽港の樋口山、京都愛宕山、榛名山
等で、建設費は（一マイル当）最高九十五万円（男山）、最低三十万円（筑波山）で、もつとも長いのは筑波山の一マイル三チエーンである。

この記事にもあるように、京都府下においても、大正半ばからの計画をもとに、大正末から昭和初期にかけて、比叡山・男山八幡宮・愛宕山などで登山鉄道（鋼索線＝ケーブル）が開業を開始していた。すなわち、一九二五年（大正一四）一二月、京都電燈株式会社が叡山鋼索線として、西塔橋（現ケーブル八瀬遊園）—四明ヶ嶽（現ケーブル比叡）間で開業する。[113] 一九二六年（大正一五）六月二二日には、男山八幡宮（石清水八幡宮）参拝客を対象にした男山索道が八幡口（現八幡市駅）—男山（現男山山上駅）間で開業する。[114] 一九二九年（昭和四）七月二五日には、愛宕山鉄道が、清滝川駅—愛宕駅間で開業する。[115]

大正末に、府中村大垣から西国二八番札所の成相山傘松までの電気鉄道（登山鉄道）計画が持ち上がるが、これは、京都府下も含めて全国的な登山鉄道計画に刺激されていたと思われる。この計画の実施主体は、成相電気鉄道株式会社（成相電鉄）である。同社は、元丹後自動車会社役員を中心に、内山廣三（宮津町）、後藤龍太郎（京都）、宮崎佐平治（府中村）等が重役となり、資本金二五万円で一九二五年（大正一四）一二月に組織された。[116] 成相電鉄

による成相ケーブル(天橋立鋼索鉄道)工事は、一九二七年三月七日に起きた丹後震災によって軌道路線に亀裂が生じ、その復旧のため若干遅れるが、海水浴シーズンに間に合わせて一九二七年(昭和二)八月には営業を開始する。(117)

成相ケーブルの営業開始は、さらに遊覧客を増大させた。いわゆる傘松公園の「股のぞき」も普及したと思われる。このような中で、一九二八年(昭和三)六月一一日、天橋立遊覧協会が文殊のなかや旅館で発会式を挙げる。この会は、天橋立に関係する宮津・府中・吉津・岩滝四町村の旅館料理屋、飲食店、土産物屋、貸座敷業、自動車、ケーブル、モーターボート各種組合団体が一丸になって組織したもので、前府会議員兼前宮津町長内山廣三を会長に、元与謝郡長山本三省を副会長、理事三名、評議員二二名、福知山運輸事務所長、保線事務所長、宮津警察署長、宮津・岩滝・吉津・府中各町村長が顧問となった。そして、今後も積極的に天橋立を宣伝し、「ゆくゆくは国立公園とするべく努力その事にあたる」ことになった。(118) またこの年秋、「宮津遊覧協会」では、昭和大礼で京都に集まる全国の人びとを宮津や橋立に吸引する目的で、京都で観光の大宣伝を行う計画があったことを『京都日出新聞』は伝えている。(119) さらに遊覧客の便宜を図るため、一九三〇年(昭和五)一二月一日には、天橋立遊覧の鉄道・天橋立汽船・成相ケーブル(天橋立ケーブル)の連絡切符が関係筋と交渉の結果実施されることになった。下車駅は天橋立駅・宮津駅のどちらでもよく、連絡切符所持者は、文殊—一ノ宮間も一ノ宮—宮津間も同一賃金とした。発売駅は東海道線名古屋駅・山陽線岡山駅・北陸線富山駅・関西線和歌山駅・山陰線松江駅を最長距離とし、その間の著名駅、宮津線の各駅であった。(120)

また、天橋立遊覧協会は、一九三一年(昭和六)五月、天橋立に国際海水浴場設置の請願書を京都府社寺課に提出している。『京都日出新聞』によれば、「国際観光局が外人誘致の一策として日本全国の適当な地に国際海水浴場の設置を計画してゐる」として、「日本の三大景の一つにかぞへられてゐる丹後の天橋立をこれに加へ、小天橋海水浴場——白砂青松一里余に亘る遠浅の景地——に相当の設備を施し、外人誘致に資して貰いたい」という目的の請願であったようであるが、府社寺課では「副申をつけて陳情方を観光局へ回附の筈」と新聞記事は伝えている。(121)

外国人観光客誘致に関する事項を扱う機関として国際観光局が鉄道省内に設置されるのは一九三〇年（昭和五）四月であるが、(122)国際観光局では、一九三一年の頃従来日本に来る外国人観光客が春と秋に多く、夏と冬に少ないという現状を打開するために、国際海水浴場と国際スキー場を創設しようとしていた。このうち国際海水浴場については、『東京朝日新聞』昭和六年四月一六日付には、湘南に一か所、阪神に一か所つくる予定であった、と報道している。天橋立遊覧協会の動きは、このような流れに乗ろうとした動きであった。この後の動きは不明である。

ともあれ、天橋立に国際海水浴場を誘致しようとする動きは、観光資源とスポーツを関連付けてさらに人を誘致しようとする動きであった。与謝郡内では、スポーツの環境整備が、海水浴という夏のスポーツだけではなく、スキーという冬のスポーツでも、昭和期に拡大する傾向にあった。一九三〇年（昭和五）一一月に与謝郡連合スキー団で協議されたプランでは、一九三一年（昭和六）二月に成相スキー場（二月一日）、世屋スキー場（二月八日）、大江山スキー場（二月二二日）でスキー大会、丹後学童スキー大会を降雪の関係で期日は未定であるが大内峠スキー場で、三月中旬頃に成相・世屋縦断スキーを行う予定であった。また、同スキー団は、与謝郡スキー場地図を絵葉書として印刷し、約五〇〇〇枚を各スキー団員、町村役場に分け、新年状としてあらゆる方面に発送する、とした。(123)ただし、これらのスキー場も、大江山スキー場をのぞきせいぜい丹後地方の人びとを対象にしたスキー場でもあり、天橋立に最も近い場所に位置するのは成相スキー場であったが、規模からいっても遠距離からの集客にはあまり期待はできなかった。

(3) 国立公園指定運動と天橋立内面自動車専用道路計画

①国立公園指定運動

昭和初期のこの時期、もう一つの動きがある。天橋立を国立公園にしようとする運動である。一九二八年(昭和三)一二月からの第五六帝国議会において、舞鶴町出身の立憲政友会所属衆議院議員水島彦一郎は、「天ノ橋立国立公園設定ニ関スル建議案」を提出する。水島の案は、京阪神地方の遊覧者の激増、対岸のシベリアおよび「満鮮地方」の開発にともなって日本海諸港の貿易が次第に繁盛し、内外人の往来が日に日に頻繁になるという予測のもとに、現在の京都府の財政では「積極的施設」をつくることができないとして、天橋立を中心とする吉津村・府中村・宮津町・岩滝町および付近一帯の地域に国立公園を設定し、設備を完成させたい、というものであった。[124]

国立公園指定運動は、ひとり天橋立だけではなく、一九一一年(明治四四)以来、全国各地で地域経済振興の意図を含んで展開されていた。第五六帝国議会でも貴衆両院に三五の国立公園指定の請願がなされるというラッシュ状況であった。[125]

水島は、後の一九三一年(昭和六)一月一〇日付と一一日付の『三丹新日報』に「国立公園としての橋立に就いて」という文を載せた際、一九二八年(昭和三)の時点で国立公園運動の中心になったのは成相ケーブルにかかわった人びとであった、としている。また、水島はこの文で、宮津町および付近地方が、まず橋立の遊覧地としての完成に力を注ぎ、それから橋立の国立公園実現に向かって努力することを希望する、とした。そしてそのために、大江山から伊根半島や黒崎まで、与謝海を一周する自動車のドライブ道路を敷設してはどうかと提案している。

一九三〇年（昭和五）四月からの第五八帝国議会には、元与謝郡長で成相ケーブルの役員を務める山本三省ほか三六四一名による「天橋立を国立公園に指定の請願」が提出されている。この請願も、水島建議案同様、府営公園である天橋立は天下の勝地であり、観光客は年間一〇〇万人を突破する盛況であるが、府の財政は逼迫して完全なる設備は望みがたく、したがって政府は天橋立を国立公園に指定し、その設備の完璧を期せられたい、としていた。[126] この請願の紹介議員は、民政党の津原武であり、山本の強い依頼を受けたものであった。[127]

しかし、天橋立国立公園は実現しなかった。田中義一内閣は外客誘致の方策として国立公園に積極的であり、その姿勢は浜口内閣に受け継がれ、一九三〇年（昭和五）一月には内務省内に国立公園調査会が置かれ、一九三一年（昭和六）四月国立公園法が公布された。[128] ただし、政府が推し進めた国立公園像は、アメリカのイエローストーン国立公園を模範にした自然の「大風景」であり、天橋立だけでは規模的な小ささは否めなかった。国立公園は、一九三四年（昭和九）三月に瀬戸内海・雲仙天草・霧島屋久の三つが、同年一二月に阿寒・大雪山・日光・中部山岳・阿蘇くじゅうの五つが、一九三六年（昭和一一）二月に十和田八幡平・富士箱根伊豆・吉野熊野・大山隠岐の四つがその指定を受けた。[129]

②自動車専用道路問題

この時期、観光地としての天橋立にとって大きな問題は、自動車時代の到来にともなう自動車用道路の問題であった。前掲した水島彦一郎の文も与謝海を一周する自動車のドライブ道路をつくるとともに、橋立に沿って内海の側にコンクリートで風致を害せぬように自動車道路をつくるべき、と主張していた。水島によれば、橋立に自動車を通さぬということがすでに時代遅れであり、自動車どころか電車を通したらいいと思う、とまで述べていた。一九三四年（昭和九）一二月には、京都府会において、天橋立内面に自動車専用道路を府の財政もしくは民営で敷設すべきという意見書が京都府会で可決され、京都府知事に提出されるに至った。[130] 提出者は与謝郡（養老村）の岡田啓次郎ほか三名で、三三名の賛成があった。理由は、次のようなものである。①今や自動車の交通はいよいよ繁激の状況で、これに適応する道路の必要は切実なものがある、②近時天橋立の遊覧客は著しく増大し、この数年では五〇万人を数えている。しかし、宮津から橋立以北の町村と傘松に至るためには岩滝町を大きく迂回せざるを得ず、失う時間と労力の損害が大きい、③天橋立は丹後震災以来沈下が著しく、高潮時には潮汐のため松樹の枯死が頻々という現状があり、これを機会に天橋立に護岸工事を施す必要がある、自動車専用道路の敷設は一面松樹を保護すると同時に他面天橋立自体を防護するという一挙両得になる、という強引な論であった。問題は風致の点であるが、元来風致論は時勢とともに進化推移する必要があり、旧態依然たることを許さない、と指摘していた。京都府がこの要求を実現しようとした形跡はない。

(4) 戦時下の天橋立

①日中戦争下の天橋立

一九三七年（昭和一二）七月の日中戦争以前の天橋立への観光客がどの程度の規模のものであったか。一九三三年（昭和八）、一九三四年（昭和九）、一九三五年（昭和一〇）の宮津町と文殊（智恩寺門前を含む一帯）の宿泊客数を記したのが表3―5であり、一九三四年と一九三五年の宮津町の遊興費を記したのが表3―6である。

表３－５　1933～1935年宮津町・文殊宿泊者数

	1933(昭和8)	1934(昭和9)	1935(昭和10)
宮津町	58,516	56,380	61,418
文殊	22,953	22,518	25,057
計	81,469	78,898	86,475

出典：「天橋を中心とする観光道路並景勝緑地計画」（『都市計画樹立一件』栗田区有文書）

表３－６　1934～1935年宮津町遊興費

	貸座敷数	芸妓数	娼妓数	遊客数	芸妓花代	酒肴代	計	摘要
1934(昭和９)	57	80	81	芸妓14,658人 娼妓13,834人	141,996円	35,499円	296,629円	酒肴代は芸妓花代の2割5分
1935(昭和10)	59	94	76	芸妓17,474人 娼妓14,000人	172,527円	43,131円	356,691円	同上

出典：表３－５に同じ。

しかし、日中戦争の勃発とその拡大は天橋立観光に大きな影響を与えた。新聞報道によれば、一九三八年（昭和一三）八月、本来は稼ぎ時であるこの月の宿泊人員は前年八月に比較するならばほとんど半数程度の激減振りであった。具体的には、宮津では男二七八二人、女三九八人、合計三一八〇人、文殊では男二〇二五人、女一〇三一人、合計三〇五六人が八月の宿泊人員であった。各旅館では「今年のごとき閑散なことは全く未曾有です」と語っていた[131]。海水浴客も、八月の土用期間が案外涼しかったことも影響して大きく減少した[132]。また、新浜芸娼妓の稼高は、八月中に一万八千余円、昨年当月に比較して三、四割の減収であった。宮津警察署の八月中の調査によると、芸妓九九名、娼妓八七名が稼いだ花代総数は一万八一三一円八銭。この内訳は、芸妓花代七七三二円九六銭、娼妓花代一万三九八円五一銭、これを昨年当月と比較すると芸妓で一一一五円余、すなわち二割ないし四割の減収、娼妓で一三九一円余、すなわち二割ないし三割の減収、と新聞は伝えている[133]。この後戦争が拡大していくにつれ、天橋立への観光客は減少していったと思われる。

このような事態が進行する中で、『橋立新聞』昭和一三年一一月六日付は、同月四日に京都府警察部の特高・保安両課の検閲係が天橋立の股のぞき土産品の一部を発売禁止にすると言明をした、と伝えている。これは、京都府警察部による銃後の風俗取締の一環で、おそらく成相山上で股のぞきをする着物姿の芸妓の絵葉書などが観光土産品中のいかがわしいものとして取り締まりの対象になったものと思われる。

② 「天橋立切断計画」と大江山ニッケル

一九三七年（昭和一二）に天橋立の切断計画が存在したという話が一九六〇年代後半以降伝えられている。この話は、一九六九年（昭和四四）七月一五日に発行された『広報みやづ』一五四号に岩崎英精氏が「紙上〟文化財めぐり〟文殊と須津　その五」で、次のように書いたのが最初である。

（前略）時は昭和十二年という非常時の真最中しかも林銑十郎内閣のとき、おりから大江山ニッケルの精錬工場（現日本冶金工場）を建設するというので伍堂商工大臣が宮津へやってきたときのこと、本船を工場の岸壁に横着けするのに邪魔だというので、天橋立を切り取ると言い出したのです。これを聞いた当時の与謝郡町村長たち二十三名は、三井宮津町長を先頭に、断固反対。ことに三井さんは命を捨てても反対と、強い態度をかえませんでしたのでさすがの大臣伍堂も「この非常時に橋立の一本や二本がなんだ」との捨てセリフをおいて東京へ帰ったのでしたが、いま思うと、ゾッとするような一幕だったのです。ほんとうに天橋立にとっては恐ろしい危機でした。（後略）

要するに、岩崎氏は、一九三七年に、林銑十郎内閣の伍堂卓雄商工大臣が宮津にやってきて、大江山ニッケルの精錬工場を建設し、そのニッケルの運搬のために天橋立を切断することを言明し、これに対し三井《みい》長右衛門宮津町長を先頭に与謝郡町村長らが反対し、天橋立を守った、という趣旨を記したのである。ただし、岩崎氏はこの話の典拠史料を明示しなかった。しかし、岩崎氏は一九三七年当時三井町長が社長を務めた『三丹新日報』の記者であり、後に丹後地方の歴史について多くの業績をあげた人物であることもあり[134]、この話は、軍国主義の時代に天橋立を守った人びとということで、その後週刊誌・新聞紙上・著書等で書かれることになる。これらの記事や書物のいくつかには、この話を裏付ける三井長右衛門夫人奈賀氏のインタビューも併せて掲載された（三井長右衛門は、一九四四年七月に死去する）。これに対し、二〇〇〇年三月、大石信氏が「伍堂卓雄来津に関する資料――天橋立切断の一件に関して――」（未定稿）[135]を発表した。大石氏は、岩崎氏の発表以後岩崎氏と同一趣旨の内容で書かれた刊行物等[136]に検討を加えるとともに、詳細な分析によって、この話に疑問を呈した。大石氏の疑問は多岐にわたるが、要は、現在のところ、岩崎氏が記した内容を裏付ける文書資料は一切発見されていない、ということである。より具体的にいえば、①伍堂卓雄が林内閣の商工大臣として宮津に来たことを明示する資料は現在のところ確認できていない（林内閣は一九三七年二月二日から五月三一日までの短命内閣であった）、②一九三七年（昭和一二）の段階で大江山ニッケルの精錬工場をどこに設置するかは一切確定されていなかった、したがってこの段階で天橋立を切断する必然性があったのだろうか、ということである。実は、筆者も、新聞や各種資料などから岩崎氏の記述を裏付ける資料がないかを探してみたが、伍堂が宮津に来たという事実も含めて、その痕跡を見つけることができなかった。

大石氏の研究に学びながら、ここで大江山ニッケルの軌跡を述べておきたい。大江山にわが国最大のニッケル鉱床が発見されるのが一九三四年（昭和九）で、同年九月三〇日昭和鉱業株式会社の全額出資で資本金二〇〇万円の大江山ニッケル鉱業株式会社が設立された（本社は大阪市）。しかし、この段階では大江山の鉱土を純ニッケルに変える精錬技術は発明されていなかった。一九三八年秋、海軍中将伍堂卓雄がドイツから帰国し、「クルップ・レン法」という精錬技術の情報を大江山ニッケル鉱業の社長森矗昶《もりのぶてる》にもたらした。この技術は、純ニッケルをつくり出す技術ではなく、鉄とニッケルが混合したフェロニッケルをルッペ(粒鉄)の形で回収する技術であった。大江山ニッケル鉱業が、さまざまな試験を経て石川県七尾工場でやっと「ルッペ」精錬に成功するのは一九四〇年(昭和一五)三月である。(137)

ニッケルの精錬技術が確定される以前、宮津市域にニッケル精錬工場に対する期待が広がっていたのは事実である。『橋立新聞』は、一九三九年(昭和一四)一月一九日、宮津商工会が、大江山ニッケル精錬工場誘致問題は町当局の方針樹立を待って商工会としての態度を決めることを決議した、と報じている。(138) また、同紙は、その後、大江山ニッケル鉱がいよいよ採掘に着手し、一日一〇〇トン見当を掘り出し、現場から丹後山田駅までトラックで運搬し、省線により七尾に向け輸送を開始した、と伝えた。(139) さらに同紙は、鉱山側の意向として、①地元に精錬工場を建設することは希望するところであるが、「宮津町では電力の関係から条件の悪い立場にあり、現在の電力では一日六トン程度の精錬しかできず殆んど問題にならないが」、福井県小浜港はすでに埋め立ておよび敷地等決定をみた模様で、七尾には精錬工場を持っており、結局は各港に精錬を分配する事になるのではないかとみられ、また宮津港は積出港として有望視される、②加悦鉄道を与謝村に延長し、省線丹後山田駅へ運搬すべく加悦鉄道の買収交渉中であるが、トラック運搬も可能で一日三〇台のトラック運転も計画されており、丹後山田駅では貨物用プラットの拡張工事を行う、と伝えている。(140)

その後一九四〇年(昭和一五)年六月、大江山ニッケル鉱業の全株式は日本火工株式会社に引き継がれるが、同年七月一〇日、陸軍省整備局戦備課富塚少佐より日本火工本社に対し同課に出向くように要請があった。陸軍省戦備課に出向いた森矗昶会長以下の幹部に対して、富塚は大江山ニッケルの資源開発を軍事上焦眉の課題として生産体制の整備を要請した。これに対し、森は銀行融資の問題等いくつかの障害の除去を要請し、軍はこれを了承した。このようにして、陸軍省が登場し、大江山ニッケル鉱業はニッケルの国産化に全力をあげることになった。七月二二日、大江山ニッケル鉱業は大江山の鉱土を精錬工場まで直送し、輸送・生産一貫体制をとるため、加悦鉄道株式会社の営業権を取得した。さらに八月には、ニッケル鉱土輸送用の、加悦駅—鉱山間二・八キロ、丹後山田駅—工場間二・九キロの鉄道線路が完成した。九月二七日には、社名が大江山ニッケル工業株式会社に変わった。(141)

大江山ニッケル工業は、一九四一年（昭和一六）七月橋立支社を開設し、八月には吉津村と岩滝町にまたがる土地に「ルッペ」精錬工場の建設工事に入った。岩滝精錬工場が竣工式を行うのは一九四二年（昭和一七）一一月二八日である。その後一九四三年一二月二四日、大江山ニッケル工業は日本冶金工業株式会社に吸収合併される。(142)

大江山ニッケルの軌跡は以上である。すでに大石信氏が明らかにしているように、一九三七年（昭和一二）の時点でニッケルの輸送のために天橋立を切断する計画があったという説は、資料がないということと、まだ精錬工場の位置はおろか精錬技術の開発がなされていなかったという事実、林内閣の時代は日中戦争勃発以前でまだ「非常時」とはいえなかったことなどにより疑問がある。

また、一九三七年の時期は、京都府の都市計画京都地方委員会が、一九三四年（昭和九）からの計画である「天橋を中心とする観光道路並景勝緑地計画」(143)を作成し、新たな天橋立の観光整備を打ち出した時期でもあった。これは、二つの計画から成る。第一は天橋立の観光系統を四つの道路コース(144)に分類して、それぞれの系統にかかわる道路一二本のうち八本（幅六メートル道路五本、一・三メートル道路三本）を改修するという計画である。第二は、「翠巒《すいらん》相連る一帯の緑地を天橋の背景として、一定の計画を定め豊富な天与の美観を傷つける事なく助長して一見鑑賞と愛着とに数刻を忘れるが如き境地を現出して経済的利用と環境を尊重して所謂文化景観と自然景観との調和を計る」というもの、具体的には風致地区の指定である。

これは京都府都市計画課の素案であり、京都府の案にもなっていないようである。また、地元との交渉はこれからで、具体化の道筋は不明である。そして、実際上、日中戦争の泥沼化の中でこの計画は実現しない。

ともあれ、一九三七年の時期、京都府の一部局が天橋立の振興策を練っていた事実は注目してもよい。天橋立が京都府の公園である以上、伍堂が京都府へのなんらかの打診なしに地元町村長らに天橋立切断案を提示できたであろうか。

もちろん、軍事機密は、その地元・関係者に徹底的なかん口令がしかれたことは、記録文学の傑作である吉村昭『戦艦武蔵』に克明に描写されている通りである（天橋立切断計画が軍事機密になるかどうかは議論になるが）。また、切断案が林内閣の時代ではなく、たとえば一九四〇年（昭和一五）以降の時期とするならば、ニッケルに関心を持つ元大臣で軍人伍堂がこの地を訪れ、与謝郡の町村長になんらかの打診があったという想定までを否定することはできない。だから、岩崎氏の記述を全面的に否定するだけの根拠も筆者は持っていない。(145)

しかし、その場合でも明確なことは、天橋立の風致は明治以来与謝郡・京都府・地元住民をはじめとした多くの人びとの力で守られてきており、たとえ戦時中とはいえ、天橋立の切断が簡単に行われることはなかったのではないかと思われる。

そのことは、大江山ニッケル工業株式会社が岩滝に「ルッペ」精錬工場の建設を開始する以前の一九四〇年

（昭和一五）一二月、京都府通常府会において府会議長大西太郎兵衛から川西府知事に次のような意見書が提出されたことからもうかがい知ることができる。(146)

大江山ニツケル橋立工場設置ニ伴フ公害防除ニ関スル意見書

今般大江山ニツケル工業株式会社ガ阿蘇海沿岸吉津村及岩瀧町地内ニ精錬工場設置ノ計画中ナリト聞及ビ候、ニツケルハ重要軍需資源ニシテ之ガ産出ハ現下ノ国際情勢ニ鑑ミ真ニ喫緊ト被存、該鉱業ノ発達ハ邦家ノ為御同慶ニ御座候処工場設置ニ伴フ公害ヲ未然ニ防除スルノ方法ヲ講ズルト共ニ建設経営ニ当リテハ地方ト協調シテ円滑ナル進展ヲ図ルハ之又必須ノ事柄ト存ジ左ニ要点ヲ摘記致候

一、名勝天橋立ノ保存（理由省略）
二、観光事業（理由省略）
三、漁業（理由省略）
（イ）公有水面埋立ニ依ル漁業権ノ賠償（理由省略）
（ロ）蕃殖保護施設（理由省略）
（ハ）将来ノ損害保障（理由省略）
四、農林業（理由省略）
五、地元トノ円満協調（理由省略）

以上列挙致候ハ要之一億一心大勢ヲ翼賛シ奉ルノトキ該工場設置ニ依リテ生ズルコトアルベキ無用ノ摩擦ヲ避クル為本府ニ於テ之ガ御許可相成ルニ際シ御考慮被致度儀ニシテ斯クテ此ノ国家的事業ノ発生ニヨリ更ニ当地ノ銃後ガ力強ク明朗ナル行進譜ヲ奏スルヲ念願シ茲ニ府県制第四十四条ニ依リ意見書提出候也

昭和十五年十二月十六日

京都府会議長　大西太郎兵衛

京都府知事　川西　実三殿

この「意見書」がどのような経過で府会から府知事に提出することになったのか、また「天橋立ノ保存」を含めて「理由省略」の部分の内容を知ることができる史料を筆者は見つけていない。(147)しかし、たとえ日中戦争が泥沼化し、翌年には太平洋戦争（アジア・太平洋戦争）に突入する時期とはいえ、地元との協調や漁業補償や「天橋立ノ保存」を考慮しないで大江山ニッケルの精錬事業を進めることはできなかったことはこの史料でも明らかであると思われる。

なお、日中戦争から太平洋戦争にかけての時期の天橋立については、これ以上の資料を現在のところ把握していない。太平洋戦争開始以降、鉄道は兵員や物資輸送が優先され、一九四四年（昭和一九）四月一日、非常措置として遊楽・買い出しなどの不要不急の旅行が禁止されるなど旅客輸送制限が実施されるが、(148)このような雰囲気の中で天橋立への観光旅行客は大幅に減少していったと思われる。

五　敗戦直後の天橋立

(一) 国立公園指定運動の再燃と国定公園指定運動

①国立公園指定運動の再燃

敗戦直後の天橋立について特徴的な点だけを触れておこう。国立公園は、一九三六年（昭和一一）までに一二を数えていたが、一九四六年（昭和二一）一一月に伊勢志摩国立公園が誕生した結果、この地にも国立公園指定運動が再燃する。一九四七年（昭和二二）五月、与謝・熊野・竹野・加佐・天田五郡の町村長三〇名と丹後海陸交通株式会社社長・天橋立観光協会常務理事の連印で「丹後国立公園指定請願書」がとりまとめられている。「請願書」は、「天橋立のみを眺めて之を国立公園とするには余りに規模が小さい」と戦前の運動の反省の上に立っていた。そして、丹後国立公園構想は、天橋立を中心とする栗田半島から久美浜湾に至る海岸線三〇余里、背後の大江山を含めると四〇方里という広域な地域を対象にしていた。セールスポイントとしては、白砂・青松あり、断崖絶壁・奇岩・洞窟あり、砂丘ありの変幻極まりない海岸線、生物研究の地、世屋・野間の渓谷の美、往古の文化を物語る伝説・遺跡・古墳さらには古社寺名刹の点綴などをあげていた。(149) ただし、この署名町村長中、加佐郡は河守上村の村長のみであり、舞鶴町周辺は含まれていない。舞鶴町では、丹後国立公園実現運動と併行して、敦賀から小浜・高浜の海岸伝いに舞鶴、さらには丹後を結び、舞鶴の旧軍建物を外国人ホテルに改造する「海の公園」計画が六月の三丹観光協議会で表明されていたようである。(150) ともあれ、丹後国立公園指定運動は、その後地元町村や天橋立観光協会が丹後国立公園期成同盟会を組織し、厚生省や各方面に猛運動を続けた。京都府も七月九～一〇日に、土木部長らが栗田半島から久美浜町までの海岸線を視察し実地調査を行った。一九四八年（昭和二三）には厚生省国立公園部も調査に着手したらしく、六月には、指定地域内の宮津町をはじめ三二町村の土地所有別概要図や風景景勝の特色を調査するよう国立公園部の指示を受けて、期成同盟会は関係書類の作成にとりかかった。それと同時に宮津町長でもある徳田富治期成同盟会会長は東上し、関係官庁への運動を行っている。(151) しかし、このような精力的な運動にもかかわらず、一九四九年（昭和二四）から五〇年にかけて、支笏洞爺・上信越・秩父多摩甲斐・磐梯朝日が国立公園の指定を受けただけで丹後国立公園の指定は実現しなかった。

②国定公園指定運動と特別名勝指定

丹後国立公園の実現の挫折以後、宮津町を中心にした国立公園指定運動は方向を変える。一九五〇年七月、国立公園法が一部改正され、準国立公園として国定公園というランクが登場し、同年七月には、琵琶湖・耶麻日田英彦山・佐渡弥彦米山の三つの国定公園が誕生した。これをきっかけに、国定公園指定運動が起きてくる。一九五四年（昭和二九）には若狭湾から丹後半島の全海岸線（天橋立も含む）を対象にした国定公園指定運動が展開され、京都府会から首相への陳情書も出された。[152] このような運動もあって、一九五五年（昭和三〇）六月一日、若狭湾国定公園は日南海岸とともに全国四番目の国定公園として誕生した。ただし、この国定公園の京都府の範囲は宮津市・舞鶴市のみであり、網野町・久美浜町などは入っていない。

また、一九五二年（昭和二七）一一月二二日、天橋立は、文化財保護法にもとづいて、名勝のうち価値が特に高いものとされる特別名勝に指定されている。[153]

（2）敗戦直後の天橋立切断案

一九四七年（昭和二二）、天橋立に難問題が発生する。天橋立の内海の魚が近年いちじるしく衰亡し、内海の漁業権を持つ府中村民の死活問題にもなってきたという事情である。与謝内海に通ずる文殊水路は非常に狭く浅いため潮流の移動を妨げ、内海の金太郎イワシや貝類が続々死滅し、一〇年前の約五分の一の水揚げ高になったという。京都府は、一九四六年五月より文殊水路の浚渫により海水の移動を図るが、京大舞鶴海洋研究所は調査研究を進め、一九四七年七月天橋立の切断案を発表した。この案は、江尻の桟橋付近から内海一宮桟橋に向かって道路に沿い長さ三〇〇メートル、幅三〇メートルの水路を掘り、宮津湾からの海水流入口を開くという設計で、これにより内海の海水を常態に維持し漁獲を増やし、海水や海岸を清潔にする、というものであった。海洋研究所の理学士は、「江尻附近に水路を展いても〝天の橋立〟の美観は変らないし魚も住めるようになる」と談話を発表した。これに対し、地元府中村は漁業上の見地から切断に賛成し、宮津町ではこの改変に反対の態度をとった。(154) 結局のところ、この切断は行われず、その後内海の浄化の試みは、京都府・地元住民によってさまざまな形で行われている。昭和の戦争期の天橋立切断計画は事実関係が不明であるが、戦後の切断計画は地元の生業問題が絡んでいただけにより深刻な問題であったことがうかがい知れる。

おわりに

その後の天橋立をめぐる動きは、昭和期に限定して大まかな事実だけを記しておく。

一九五九年(昭和三四)四月、宮津・天橋立・由良温泉を開発。一九六〇年(昭和三五)五月、天橋立小天橋の電動化完成。一九六三年(昭和三八)六月、天橋立ユース・ホステル開設。一九六四年(昭和三九)九月、国際観光ルートに宮津市指定。一九六七年(昭和四二)一一月、天橋立大天橋改築完成。一九七〇年(昭和四五)五月、天橋立ビューランド開所。一九七六年(昭和五一)四月、宮津市観光案内所開所。同年七月、国民宿舎丹後由良荘完成。一九八〇年(昭和五五)六月、「奥丹後半島」を「丹後半島」と変更。一九八三年(昭和五八)五月、成相山展望台完成。

以上、明治初期から昭和敗戦後までの天橋立に関する歴史過程を保存と地域振興の動きの中でみてきた。「はじめに」で述べたように、近代の天橋立は、管轄の変更により明治・大正・昭和戦前期は三期に分けることができる。

第一期は、文殊智恩寺の飛地境内であった天橋立が上地により国有林になる明治四年（一八七一）から、与謝郡の公園化の動きが始まる一九〇三年（明治三六）を経て一九〇五年（明治三八）までの国有林時代である。天橋立の風致保存や地域振興の動きを、今のところ明治一〇年代まで史料上見つけることはできない。そのような動きが開始されるのは海路と陸路の整備が進んだ明治二〇年代以降である。この時期の特徴は、道路整備など周辺整備は可能であったが、天橋立の地は農商務省の官林であり、京都府あるいは与謝郡が松樹の管理や天橋立内部の設備の充実を行うことができなかった時代である。このため京都府は、府内他地域の官林とともに天橋立の地籍を京都府に移行させることをねらうが、結局成功しなかった。

第二期は、一九〇三年からの運動により一九〇五年（明治三八）天橋立が与謝郡の公園になってから一九二三年（大正一二）京都府の公園になるまでの与謝郡公園時代である。この時期は、地元の人びとにとっては本格的に天橋立による地域振興が可能な時代に突入したことを意味する。この間、与謝郡は乏しい財政ながら京都府の援助も得て風致保存（とりわけ松樹の保護）と設備の充実に国有林時代とは比較にならないほどの前進をみた。後者でいえば、エリアの拡大と大天橋と小天橋という二つの橋の架橋の意味は大きい。

第三期は、一九二三年の京都府の公園移管以後昭和戦前期を通しての京都府公園時代である。この時期は、一九二四年四月の丹後鉄道舞鶴・宮津間開通と天橋立駅設置が全国的なツーリズム時代の到来と重なったことにより、一九四五年の敗戦以前としては最盛の時代を迎える。海水浴やスキーなどスポーツ熱の隆盛も天橋立観光を後押しするようになる。全国的動向に刺激されて国立公園指定運動も起こる。昭和初期の特徴として、自動車が乗合自動車（バス）、貸切自動車（タクシー）に始まって、次第に隆盛になっていく予兆の中で、天橋立内面自動車専用道路を必要とする声も起きる。このような昭和初期の天橋立観光の隆盛も一九三七年の日中戦争勃発以降、軍国主義の拡大が天橋立観光そのものを衰退させていくことになる。ただ、戦争の時代であっても、天橋立の保存の意識は途切れることはなかったことは明らかである。

天橋立は、地域の多くの人びとを巻き込んで保存と地域振興のバランスに揺れ動きながら、明治・大正・昭和の近代を生き抜き、そして現在も生き抜いている。(155)

最後に、宮津や丹後地方で精力的に地元に即した歴史研究と運動を展開してきた中嶋利雄氏の次の言を載せておこう。

忘れてならぬのは、この地方の長い歴史の中に根づいたこの景勝を守り育てる意識の根深さがこれらの人々（天橋立の保存に尽力してきた人びと—高久）の意識と行動を支えてきたということである。(156)

（1）宮津市史編さん委員会編『宮津市史　通史編　下巻』（宮津市役所、二〇〇四年、以下『通史編』下と略称）一二九～一三〇頁（横田冬彦執筆）。
（2）『京都大学農学部演習林報告』五八号（一九八六年、以下丸山宏論文と略称）。
（3）前掲丸山宏論文、二〇六頁。
（4）筆者の分析や典拠ですでに丸山氏が触れている場合は、注で丸山論文の頁数も記したが、中心的史料である京都府行政文書中の『天橋立・宇治公園一件綴』の簿冊については、量が多いため丸山論文の頁数をすべて省略した。またこの簿冊については筆者が使用した箇所はすべてすでに丸山氏が使用していることを記しておきたい。
（5）この太政官布告の内容は、次の通り。「諸国社寺由緒ノ有無ニ不拘、朱印地除地等従前之通被下置候処、各藩版籍奉還之末、社寺ノミ土地人民私有ノ姿ニ相成不相当ノ事ニ付、今度社寺領現在ノ境内ヲ除ノ外一般上知被仰付、追テ相当禄制被相定、更ニ稟米ヲ以テ可下賜事」『法令全書　明治四年』。
（6）木下幸吉編『丹後郷土史料集』第一輯（竜灯社出版部）一八六頁。
（7）（8）京都府山林会・京都府材木業組合連合会編『京都府山林誌』（京都府山林会・京都府材木業組合連合会、一九〇九年）一七頁。

（9）前掲『京都府山林誌』二三頁。丸山宏論文、二〇八頁。

（10）永浜宇平『吉津村誌』（宮津市吉津地区公民館、一九七八年）九一五～九一六頁。同書所収の史料では、切断の規模は、「幅凡そ六十間深さ凡そ二十尺」である。

（11）智恩寺文書（同右、四五～四六頁所収）、顕孝寺所蔵文書（『養老村誌』一九～二五頁所収）、『宮津市史　史料編』第四巻（以下『史料編』四と略称）七七七～七八一頁。

（12）『通史編』下、五九六頁。

（13）田中真人・宇田正・西藤二郎『京都滋賀　鉄道の歴史』（京都新聞社、一九九八年）「第四章　東海道線最後の開通区間――湖東線」（宇田正執筆）参照。

（14）『史料編』四、八三七～八三九頁。

（15）京都宮津間車道については第一章参照。

（16）注（14）に同じ。

（17）『日出新聞』明治二五年六月一四日付、『史料編』四、八三七～八三九頁。

（18）『明治廿七年度京都府会決議録』一八葉。

（19）『明治廿七年度京都府会議事録』第一七号、一二～一六葉。なお、筆者は、『通史編』下で「京都府・京都府議会は、明治二十六年から天橋立の風致保護に積極的に乗り出していく、二十六年京都府議会は京都より宮津に達する道路を「名区勝地」に達する路線の一つに加えることを決議し、これをうけて京都府は明治二十八年から地方税（府税）で道路の改修をおこなっていく」（七八四頁）と書いたが、これは一八九四年（明治二七）一一月二八日の府会議長から知事宛の「建議」の史料の読み誤りから起きた誤りの記述であった。実際には、明治二六年京都府議会が「京都より宮津に達する道路」（これは本来天橋道）を「名区勝地」に達する路線の一つに加えることを決議した事実はない。また、一八九五年から地方税で天橋立道を改修した事実もない。

（20）『明治廿八年度京都府会議事録』第一二号、二四～二五葉。

（21）『通常会議案書類』京都府行政文書明27―32、『史料編』四、八四〇頁。丸山宏論文、二〇七頁。

(22)『官省進達原議書』京都府行政文書明28―21、『史料編』四、八四〇～八四一頁。丸山宏論文、二〇七頁。
(23)『明治廿九年度京都府通常府会議事速記録』第一四号、一三～一五頁。
(24)『天橋立・宇治公園一件』京都府行政文書明21―171、『史料編』四、八四二～八四三頁。
(25)(26) 前掲『天橋立・宇治公園一件』。
(27) 前掲『天橋立・宇治公園一件』、『史料編』四、八四三頁。
(28) 日本全国の大小林区署に赴任した技術官の回顧によれば、業務の大半は盗伐の取り締りであったという（西尾隆『日本森林行政史の研究』東京大学出版会、一九八八年、一一三～一一六頁）。丸山宏氏は、この状況を次のように言う。「図式的に言えば、近代以前にはすでに述べたように社寺林は重層的所有関係のなかで風致的な維持管理が実質的におこなわれてきたのに対し、近代的土地私有制への移行にともない、その管理主体が喪失し、その所有関係のみが明確化され、従来、勝地の維持管理と社寺林とは不可分であった維持管理システムは法制化の進捗にともない、その枠外に置かれざるを得ない状況になったのではないかと思われる」（丸山宏「守られた東山――名勝保護政策をめぐって」加藤哲弘・中川理・並木誠士編『東山／京都風景論』昭和堂、二〇〇六年、九七～九八頁）。
(29) 前掲丸山宏論文、二〇七頁。
(30) 前掲『天橋立・宇治公園一件』。
(31) 軍事的拠点である舞鶴と鉄道ネットワークの形成については、全国的動向を見据えながら実証的かつ段階的に分析した論文として、松下孝昭「軍事拠点と鉄道ネットワーク――舞鶴線の敷設を中心として――」（坂根嘉弘編『軍港都市史研究　Ⅰ舞鶴編』清文堂、二〇一〇年）参照。
(32) 前掲『天橋立・宇治公園一件』、『史料編』四、八四四頁。なお、このとき、「天橋立国有林」以外に京都府下で国有林の地目組替の対象になったのは、「後醍醐天皇行在ノ旧趾」ということで「旧蹟地」の地目に組み替えすることになった相楽郡笠置村の大笠置・小笠置山であった。
(33) 前掲『天橋立・宇治公園一件』。
(34) 前掲『天橋立・宇治公園一件』、『史料編』四、八四五～八四七頁。
(35) この場合に植樹する桜の品種は不明である。高木博志氏によれば、京都の桜の名所には明治期にはまだまだ近世以来の伝統的な桜の品種が植わっており、ソメイヨシノは二〇世紀になって岡崎の動物園が最初の導入地であったという。そして、京都盆地の桜の空間配置は、大正・昭和期を通じてソメイヨシノと伝統種との棲み分けと共存であったという。品種の問題はともあれ、高木氏は、近代になって桜が新たな意味づけをともなって京都において桜の名所が形成されてくることを実証的に明らかにしている（高木博志「近代京都と桜の名所」丸山宏・伊従勉・高木博志編『近代京都研究』思文閣出版、二〇〇八年）。

(36)～(40) 前掲『天橋立・宇治公園一件』。

(41) 前掲『天橋立・宇治公園一件』、『史料編』四、八四九～八五〇頁。

(42) 前掲『天橋立・宇治公園一件』、『史料編』四、八四八頁。このとき、京都府が内務省衛生局に対して与謝郡への命令条件を伝えたが、それは次のようなものであった。①公園地の維持管理規程その他諸規則等は当庁の認可を受けること、②公園および同地にある立木等は毀損せしめないこと、もし立木の伐採を要するときは、当庁の許可を受けること、③公園における諸設備計画は当庁の認可を受けること、ただし、施設後の設計も同様、④公園内には松樹のほか樹木の植栽を許さないこと、⑤廃園の際土地および立木は下付しないこと。

(43) 前掲『天橋立・宇治公園一件』。

(44) 前掲『天橋立・宇治公園一件』、『史料編』四、八五〇～八五一頁。

(45) 京都府与謝郡役所『京都府与謝郡誌』下巻（京都府与謝郡役所、一九二三年、一九八五年臨川書店より復刊）一四九五～一五〇〇頁、『史料編』四、八五一～八五三頁。これらの規則は、前年一一月七日から九日までの郡会で決議されたものであった（『日出新聞』明治三八年一一月一二日付、『史料編』四、八五〇頁）。

(46) 注(44)に同じ。

(47) 前掲『京都府与謝郡誌』下巻、一四九八～一五〇〇頁、『史料編』四、八五二～八五三頁。使用者の注意事項は、次の通り。①地上へ工作物を設け、または既設の工作物の変更の際は設計書および図を添付して郡長の許可を必要とする、②工作物の破損・崩壊、その他風致を汚損すると認められた場合には、改修・修繕または撤去を命ずることがある、③使用者はその使用の場所およびその周囲三間（約五・四メートル）以内における塵芥・雑草を掃除し清潔を保持すべし。

(48)　城東村滝馬《たきば》の金引の滝周辺は、明治三〇年代前半の時期から公園化の計画があったらしい。『京都日出新聞』明治三一年一二月二〇日付は、この頃城東村長楠田佐兵衛ら二、三名の発起で、金引の瀑布と、かつて丹後の国司であった平井保昌が安置した不動明王の祠堂を広く世に知らしめるために、その付近を開拓し道路を修繕し一つの公園を設置しようと目下協議中である、と伝えている（『京都日出新聞』明治三一年一二月二〇日付、『史料編』四、八四二頁）。その後、この地域は公園には指定されなかったが、金引の滝は大正初期以降の天橋立を中心にした観光絵葉書には頻繁に登場し、天橋立とともに観光名所になっていく。一九三一年（昭和六）五月には、この金引の滝にも民間業者の休憩所があったことが当時の新聞紙上でわかる（『三丹新日報』昭和六年五月一九日付）。

　滝上遊園は、一九一一年（明治四四）四月一日、宮津町字万年小字滝上の約二万坪の宮津町有地の傾斜地に宮津町を経営主体とする休養娯楽の遊園として設置された。これは維新後官林であった同地を一九一〇年（明治四三）宮津町有地とし、翌年遊園としたものである。創立費用は一三〇〇円であったが、これは官林払下代に充てられた。遊園の特徴は、つつじの花盛りの眺めおよび宮津の全市街および天橋立が一望に見渡せる眺望が絶景の地であり、代々宮津城主の遊息の地でもあった。一九二一年（大正一〇）九月に京都府に提出した調査書では、設備としては、四月より六月まで頂上に喫茶店、腰掛約一〇個があるにすぎなかった。管理費は、一九一三年度（大正二）より一九一八年度（大正七）まで六年間毎年約二〇〇円の経費が宮津町から持ち出されたが、この地から上がる収入は松茸払下代年々五円だけであったから、もともと収益を期待できる遊園ではなかった（『府下公園調査』京都府行政文書明29―91、『史料編』四、八六三～八六五頁）。なお宮津町では滝上遊園の創設と同日に「宮津町遊園規程」を施行している。この規程は、宮津町会において宮津町公民中より選挙した遊園委員五名を置き、遊園の設備計画および管理に関する事務に従事させ、また遊園看護人を一名置き遊園の「看護」(保護）に従事させる、とした（同『府下公園調査』、『史料編』四、八六六頁）。遊園委員、遊園看護人が具体的にどのような活動をしたかは不明である。

　一九一五年（大正四）には、由良村に由良公園が設置された。同年五月一〇日、由良村会の決議にもとづき、遊園地設置の目的で五月一二日官有地の払下を申請し、同年六月二四日認可を受けている。この公園には由良村出身で鉄道工事土木建築界の大立者である故澤井市造の銅像も建設された。公園の維持には、基本金一〇〇円を蓄積し利殖で維持費に充て、園内の掃除は村民の夫役でまかなわれた（『法人・名所旧跡・公園』京都府行政文書大8―53、『史料編』四、八六〇頁）。

一九一八年（大正七）四月一日には、宮津町字島崎五〇〇〇坪の宮津町有地に体育および休養娯楽を目的に島崎公園が開設される。この公園の開設は、前年一〇月の宮津町時務調査会委員による「宮津町政に関する意見書」の計画にもとづいて創設されたものであった。この公園は、宮津町阪鶴線汽船場より東約二丁の島崎海岸で、交通便利な場所であった。創立費は、一万九三四八円で、北方の海に面して石垣土手をめぐらし、広場には松樹の植え込みをし、ブランコ・鉄棒・滑り台などの運動器具を設置した。休養施設として休憩所・腰掛・水道栓の飲み場を用意し、夏季には海水浴場の喫茶店を置いた。要するにこの公園の特徴は、運動場と夏季の海水浴場であった（前掲『府下公園調査』『史料編』四、八六五～八六六頁）。

(49) 前掲『天橋立・宇治公園一件』、『史料編』四、八五五～八五六頁。

(50) 前掲『天橋立・宇治公園一件』、『史料編』四、八五三～八五四頁。このうち最も費用を要したのは、休憩所整備費三八六二円余、小天橋整備費三五九二円余である。

(51) 前掲『天橋立・宇治公園一件』、『史料編』四、八五四～八五五頁。

(52) 前掲『京都府与謝郡誌』下巻、一五〇二～一五〇四頁。

(53) 前掲『京都府与謝郡誌』下巻、一五〇五頁、『史料編』四、八五六頁。

(54) 前掲『京都府与謝郡誌』下巻、一五〇八～一五一三頁。

(55) 同右、一三二八～一三四〇頁。

(56) 前掲『吉津村誌』九一六頁、『日出新聞』明治四〇年九月一日、九月四日付。

(57) 宮津市永年保存文書、『史料編』四、一八三～一八七頁。

(58) なぜ宮津町が「天橋遊覧地」を中心にして町の将来を考えざるを得なかったのか、その背景を知るために、飯塚一幸氏の研究（『通史編』下、第十章第七節第一項「海運の発達」八〇三～八一二頁、第一一章第五節第二項「海運と鉄道」九三七～九三九頁）により、明治中期からの宮津港問題を概観しておこう（なお、飯塚氏は、芳井研一『環日本海地域社会の変容』〔青木書店、二〇〇〇年〕を参照しながら執筆している）。

一八九一年（明治二四）のロシアによるシベリア鉄道の起工は、特定の品目で宮津をウラジオストック港と朝鮮との船舶の出入り、貨物の積み下ろしを行うことができる特別輸出港指定運動を開始させることになった。この運動は、他の日本海側の港との競争の結果、一八九三年（明治二六）三月宮津港は特別輸出港に指定された。この年六月、日露韓貿易株式会社が与謝郡の地域ぐるみで設立された。同社は宮津とウラジオストックおよび朝鮮の元山・釜山等を汽船と帆船各一艘で結び、石材・食牛・米・雑貨を輸出、大豆・漁獲品・牛皮牛骨・雑貨を輸入し、また別に漁業部を設けロシア領沿海州と釜山近海で試漁を行うことを事業内容として掲げた。しかし、同社の経営は、初航海における台風との遭遇や日清戦争の勃発などにより困難をきわめた。同社の経営は、日露戦争後も好転せず、一九〇七年（明治四〇）七月には解散に追い込まれた。他方宮津町では、一八九八年（明治三一）二月に宮津商港期成会が組織され、運動の結果一八九九年（明治三二）七月一二日公布の勅令三四二号により宮津港は開港地に加えられ、宮津町に大阪税関宮津支署が置かれた。しかし、この勅令では、輸出入額年間五万円に満たない場合、開港地としては閉鎖されることになっており、宮津港は常にその確保に苦しむことになった。日本海側でも敦賀港が繁栄していくのに対し、第一次世界大戦中の宮津港は輸出入額五万円を確保できず、一九一五年（大正四）八月内山廣三宮津町長が片岡直温代議士に依頼して戦時中の特例を認められてようやく存続することができるような状態であった。このような宮津港の不振が「宮津町政ニ関スル意見書」の背景にある。

なお、いったん貿易港としての振興をあきらめかけた宮津町は、一九三一年（昭和六）九月の柳条湖事件に端を発する満州事変、翌年の「満州国」建国を契機に、「満州」と朝鮮を結ぶ鉄道の整備が着々と進行する中で、ふたたび大陸との貿易港として宮津を振興しようとする動きが復活してくる。一九三二年度より三年間継続の時局国救事業として宮津港の修築工事が行われるが、これは朝鮮の羅津港に対応する日本側の貿易港指定をめぐる舞鶴との争奪戦の一環であった。しかし、京都政財界をあげての宮津港の指定運動にもかかわらず、結局宮津港指定は実現しなかった。さらに一九三七年（昭和一二）の日中戦争が拡大していく中で舞鶴港が二倍以上輸出入を増大させるのに対して、宮津港は輸出入ともに三分の一以下に急速に後退していくことになる。

(59)　府中尋常高等小学校編『府中村郷土史』(一九三九年、ペン書)、『史料編』四、八五九～八六〇頁。

(60)　「故吉田皆三君之碑建立趣意書」『大谷寺寄付金募集帳』、『史料編』四、八八三～八八四頁。

(61) 高木博志『近代天皇制の文化史的研究』（校倉書房、一九九七年）第十一章「史蹟・名勝の成立」は、一八九七年の古社寺保存法から一九一九年の史蹟名勝天然紀念物保存法への流れと史蹟名勝天然紀念物保存法の内容について詳述している（三一〇〜三一四頁）。
(62) 前掲『天橋立・宇治公園一件』、『史料編』四、八六一頁。
(63) 前掲『天橋立・宇治公園一件』。
(64)『財務ニ関スル規程』与謝郡役所文書、『史料編』四、八六八〜八六九頁。
(65) 前掲丸山宏論文、二一七頁。
(66)〜(68)『天橋立公園一件書類』与謝郡役所文書（京都府立総合資料館所蔵）。
(69)「天橋立公園調査表」『府下公園調査』京都府行政文書明29—91、『史料編』四、八六一〜八六六頁。
(70)『天橋立公園一件』与謝郡役所文書、『史料編』四、八六六〜八六七頁。
(71)『天橋立公園一件』与謝郡役所文書。
(72)『公園・教会・史蹟名勝天然紀念物保存』京都府行政文書大12—40、『史料編』四、八七四頁。
(73)『橋立新聞』大正一一年六月二五日付。ちなみに、一九二二年（大正一一）八月二日より七日まで毎日午前八時より正午まで行われた第六回天の橋立夏期大講演会は次のような内容である。会場は橋立公園内濃松。与謝郡役所主催。聴講料は一円（ただし郡内聴講者は無料）。講師は志賀重昂（文学博士）・黒板勝美（文学博士）・石川千代松（理学博士）・比企忠（工学博士）・今西龍（文学博士）・松田道（京都同志社女学校長）・孝学友彦・山本鼎（画伯）・寺崎良策（京都植物園技師）・小栗孝三郎（舞鶴鎮守府長官、海軍中将）・岡本春三（舞鶴要塞司令官、陸軍少将）・和田大円（真言宗勧修寺門跡、大僧正）・河野恒吉（大阪朝日新聞社員、陸軍少将）・赤坂清七（大阪毎日新聞社員）。
(74)『橋立新聞』大正一一年七月二三日付。
(75) 同右、大正一一年五月一九日付。
(76)『橋立日日新聞』大正一一年五月二四日付。
(77) 同右、大正一一年六月一五日付。
(78) 前掲『京都府与謝郡誌』下巻、一五一五頁。

(79) 同右、一五一六頁。
(80) ただし、公費の額は史料により異なり、『京都日出新聞』大正一一年五月一七日付は一万八〇〇〇円、『橋立日日新聞』大正一一年五月一三日付は二万円としている。
(81) 『橋立日日新聞』大正一一年五月一三日付。
(82) 同右、五月一四日付。
(83) 同右、五月一三日付。
(84) 前掲『京都府与謝郡誌』下巻、一五一六頁。
(85) 『橋立日日新聞』大正一一年五月一三日付。
(86) 同右、七月一三日付。
(87) 『大正十一年　郡有財産処分』京都府行政文書大11—32。もっとも、経費総額が二万八一一六円とすれば、たとえ与謝郡積立金二四〇六円を架橋費の財源に組み入れたとしても、一万五五〇円ほどの不足が生じたことになるが、その不足分を町村に分賦したかどうかについては不明である。
(88) 『橋立新聞』大正一一年七月一三日付。
(89) 同右、大正一一年七月一九日付。
(90) 注(87)に同じ。
(91) 『京都日出新聞』大正一二年四月一日付、『史料編』四、八七三頁。
(92) 前掲『京都府与謝郡誌』下巻、一三五五～一三五六頁。
(93) 「天ノ橋立公園府費支弁編入ニ関スル意見書」『大橋立・宇治公園一件』、『史料編』四、八五六～八五七頁。
(94) 前掲『大正十一年　郡有財産処分』、『史料編』四、八六七頁。
(95) 『天橋立・宇治公園一件』、『史料編』四、八六九頁。
(96) 保勝会は、岩倉具視の発起で、一八八二年（明治一五）京都の古社寺保存の目的で創設された京都の保勝会が最初であるが（『大阪朝日新聞』明治一四年一一月二三日付、明治一五年五月九日付、五月二〇日付、塵海研究会編『塵海』思文閣出版、三～四頁）、その後一八九一年（明治二四）には月瀬保勝会など古社寺以外にも拡大し、全国化していった。京都の保勝会については、水漉あまな・藤岡洋保「古社寺保存法成立に果たした京都の役割」『日本建築学会計画系論文集』第五〇三号、一九九八年、奈良県内の保勝会については、前掲高木『近代天皇制の文化史的研究』第十一章参照。

(97) 前掲『京都府与謝郡誌』下巻、一五二七〜一五二八頁。

(98)〜(100) 『教育に関する法人一件』京都府行政文書大8—47、『史料編』四、八七五〜八八〇頁。

(101) 『天橋立・宇治公園一件』、『史料編』四、八七三頁。

(102) 注(98)に同じ、『史料編』四、八七五頁。

(103) 『京都日出新聞』大正一二年一月二九日付。

(104) 『橋立日日新聞』大正一一年五月一四日付。

(105) 鉄道省『鉄道旅行案内』(鉄道省、一九二一年)一四四頁。

(106) 『橋立日日新聞』大正一一年五月四日付。

(107) 「丹後鉄道天ノ橋立駅設置ニ関スル件」『鉄道』京都府行政文書大11—64、「請願書」宮津市永年保存文書、『史料編』四、八七〇〜八七二頁。

(108) 『通史編』下、八一八〜八一九頁。

(109) 『京都日出新聞』大正一三年四月一二日付、『史料編』四、八八一〜八八二頁。

(110) 同右、大正一三年四月一二日付、『史料編』四、八八〇〜八八一頁。

(111) 『日本交通公社七十年史』(日本交通公社、一九八二年)第三章「昭和初期の発展」、高木博志「国際観光と札幌観光協会の成立」(田中彰編『近代日本の内と外』吉川弘文館、一九九九年)参照。

(112) この時期の鋼索鉄道(ケーブル)の意義と問題点については、高木博志「解題」『「史蹟名勝天然記念物」〈昭和編〉解題・総目次・索引』(不二出版、二〇〇八年)一五〜二〇頁参照。

(113) 京都電燈株式会社編『京都電燈株式会社五十年史』(京都電燈株式会社、一九三九年)一八三〜一八六頁。京都府立総合資料館編『京都府百年の年表 7 建設・交通・通信編』(京都府、一九七〇年)一八五頁。

(114) 京阪電気鉄道株式会社史料編纂委員会編『鉄路五十年』(京阪電気鉄道株式会社、一九六〇年)二〇三〜二〇五頁。

(115) 同右、『京都日出新聞』昭和四年七月二七日・二八日付。
(116) 『京都日出新聞』大正一四年一二月七日・昭和二年四月二四日付、『史料編』四、八八五頁。
(117) 『京都日出新聞』昭和二年六月二九日付、『史料編』四、八八五〜八八六頁。
(118) 『京都日出新聞』昭和三年六月一四日付、『史料編』四、八八六頁。
(119) 『京都日出新聞』昭和三年一〇月七日付、『史料編』四、八八六〜八八七頁。「宮津遊覧協会」とは、「天橋立遊覧協会」の誤りか、あるいは宮津町独自に「宮津遊覧協会」という独自組織があったかどうかは不明である。
(120) 『三丹新日報』昭和五年一一月二八日付。
(121) 『京都日出新聞』昭和六年五月一五日付、『史料編』四、八八七頁。
(122) 前掲丸山『近代日本公園史の研究』二九六頁。前掲高木「国際観光と札幌観光協会の成立」三〇九頁。ほかに砂本文彦『近代日本の国際リゾート――一九三〇年代の国際観光ホテルを中心に――』(青弓社、二〇〇八年)第二章「一九三〇年代の国際観光政策」参照。
(123) 『三丹新日報』昭和五年一一月二七日付。
(124) 昭和四年三月二十八日「官報号外」『帝国議会衆議院議事速記録』53(東京大学出版会、一九八三年)九頁。
(125) 前掲丸山『近代日本公園史の研究』三〇六〜三〇七頁。
(126) 昭和五年五月二十日「官報号外」『帝国議会衆議院議事速記録』54(東京大学出版会、一九八三年)三三頁。
(127) 『三丹新日報』昭和六年一月一一日付。
(128) 前掲丸山『近代日本公園史の研究』二九六〜二九七頁。
(129) 村串仁三郎『国立公園成立史の研究』(法政大学出版局、二〇〇五年)一三一〜一三九頁、加藤則芳『日本の国立公園』(平凡社、二〇〇〇年)四七頁。
(130) 『請願陳情』京都府行政文書、昭10—129、『史料編』四、八八八〜八八九頁。
(131) 『橋立新聞』昭和一三年九月一四日付。
(132) 同右、昭和一三年九月一四日付。
(133) 同右、昭和一三年九月一六日付。

(134) 岩崎氏の主な編著は次のものがある。『丹後機業の歴史　創業時代からの筋書きとして』(一九五三年)・『京都府漁業の歴史』(京都府漁業協同組合連合会、一九五四年)・『丹後伊根浦漁業史』(伊根漁業協同組合、一九五五年)・『丹後の宮津　史蹟と名勝をめぐる』(天橋立観光協会、一九五八年)・『国練検査三十年の歴史』(丹後織物工業協同組合、一九五八年)・『丹後ちりめん始祖伝』(丹後ちりめん始祖顕彰会、一九六五年)・『上宮津村史』(宮津市上宮津自治連合会、一九七六年)。

(135) 大石氏のこの論稿は、雑誌等に活字化されたものではないが、大石氏の主張の要約は、中嶋利雄著作集刊行会編『中嶋利雄著作集　天橋立篇』(中嶋利雄著作集刊行会、二〇〇二年) 四〇頁の大石氏の「編注9」に示されている。なお、大石氏はかつて日本冶金工業に勤めておられた。

(136) 大石信論文によると、一九三七年の天橋立切断計画に触れたものは、ノンフィクションを含め次のようなものがある。①「天の橋立は切らせません」『京都民報』一九七五年八月一〇日号、②宮城益雄「天橋立を守った人」『はしだて』(退教互宮与支部) 創刊号、一九九一年、③『京都大事典　府域編』(淡交社、一九九一年)、④林直道「天の橋立を守ったエコロジスト」『日本歴史推理紀行』(青木書店、一九九一年)、⑤北条喜八「天橋立受難秘話　たったひとりの反乱」『丹後のきゃあ餅　3』(あまのはしだて出版、一九九四年)。なお、大石論文には、一九七一年の『サンデー毎日』の記事もあげているが、号数を確認することができなかった。ほかに大石論文にはないが、「戦後50年　あすへの証言　守られた天橋立」『京都新聞　北部版』(一九九五年八月一〇日付) がある。

(137) 日本冶金工業社史編纂委員会編『日本冶金工業六十年史』(日本冶金工業、一九八五年) 三九～四二頁。

(138) 『橋立新聞』昭和一四年一月二一日付。

(139)(140) 『橋立新聞』昭和一四年六月一五日付。

(141) 前掲『日本冶金工業六十年史』四二～四三頁。

(142) 同右、四四頁。なお、大江山ニッケル鉱山については、勤労動員、朝鮮人労働者、連合軍捕虜、中国人強制連行などの歴史的問題がある。これらについては、すべてが解明されているわけではないが、当面『宮津市史　下巻』八六八～八六九頁 (三川譲二執筆)、福林徹編『大江山捕虜収容所』(一九九八年)、和久田薫『大江山鉱山　中国人拉致・強制労働真実』(かもがわ出版、二〇〇六年)、フランク・エバンス著、糸井定次・細井忠俊訳『憎悪と和解

の大江山　あるイギリス兵捕虜の手記』(彩流社、二〇〇九年）などがある。

(143) 京都府与謝郡栗田村役場『都市計画樹立一件』(栗田区有文書)。

(144) 四つのコースとは、次の通りである。①天橋立付近を鑑賞し、成相山、大内峠を経て岩滝口駅もしくは宮津町へ帰着するもの、②宮津より汽船で伊根まで、それより浦島神社へ帰途陸路養老・岩滝を経て岩滝口駅もしくは宮津に帰着するもの、およびその逆路。さらに浦島より蒲入、経ケ岬、袖志を経て間人、峰山に至るもの、③宮津より大江山に「ドライブ」して付近の名勝を探り宮津に帰るもの、もしくは河守町より大江山を縦走して宮津にいたるもの、およびその逆路、④宮津より栗田海岸を逍遥して宮津に帰着するもの。これらのコースは、「ドライブ」という言葉に象徴されるように、自動車時代に対応した道路計画であった。ただし、自動車時代といっても自家用車が想定されていたわけではなく、乗合自動車(バス)、貸切自動車(タクシー)が想定されていたと思われる。

(145) この点について、最初に、岩崎氏の記述に疑問を出した大石信氏が次のように書いている（前掲『中嶋利雄著作集　天橋立篇』四〇頁)。

現在までの調査では、林銑十郎内閣・商工大臣（伍堂卓雄）が昭和十二年二月二日以降五月末までの在任期間中に宮津町へ来たという事実を証する資料が未だ発見されていない。今後の調査に期待するものであるが、上記に関する資料をご存知の方は是非ご教示願いたい。

筆者も同じ考えである。

(146) 『昭和十五年　京都府通常府会決議録』四七七～四七八頁。

(147) 『昭和十五年　京都府通常府会会議録』にも、同時期の『京都日出新聞』にも関係の記事を発見することができていない。

(148) 日本国有鉄道『復刻版日本国有鉄道百年史』第十巻（日本国有鉄道、一九七三年、復刻版発行者成山堂書店、一九九七年）七九頁。

(149) 宮津市永年保存文書、『史料編』四、八八九～八九一頁。

(150) 『毎日新聞』昭和二三年六月四日付、『史料編』四、八九一頁。

(151) 『毎日新聞』昭和二三年六月一七日付、『史料編』四、八九三頁。

(152)『毎日新聞』昭和二九年九月二九日付。
(153)『京都新聞』(夕刊)一九五二年一一月二一日付。
(154)『毎日新聞』昭和二三年七月二六日付、『史料編』四、八九二〜八九三頁。
(155)一九五〇年代、自然に進行する海岸浸食によって天橋立海岸が「やせ細る」という現象が指摘されるようになり、一九七〇年台から八〇年代にかけて、天橋立海岸を「太らせる」ために、大突堤の建設や養浜事業、サンドバイパス砂の投入（天橋立の付け根に大量の海砂を投入して海流に乗せ、波に削られてやせ細った部分に補給する）が行われていった。さらに、その後も天橋立の「スタイルを良くする」ための試みが続けられている（岩垣雄一『天橋立物語――その文化と歴史と保全――』(技報堂出版、二〇〇七年)第十章。
(156)中嶋利雄「自然と文化財」『中嶋利雄著作集　天橋立篇』三九頁。

第四章　開拓村の近代——京都府相楽郡童仙房村の軌跡——

はじめに

本章で描くのは、山村開拓村の明治・大正・昭和にわたる苦闘の近代の歴史である。この村は、明治二年（一八六九）開拓が始まり、明治四年（一八七一）京都府相楽郡童仙房村になり、一八八九年（明治二二）の町村合併により、京都府相楽郡大河原村大字童仙房になった。さらに昭和戦後の一九五五年（昭和三〇）四月、大河原村と高山村が合併して相楽郡南山城村が成立したとき、その一つの区になった。

この村の苦闘の跡を示す二つの史料をまず掲げよう。一つは、この村の戸数・人口の推移を示す表4―1である。この大まかな表から次のことがわかる。戸数は、童仙房村が成立する明治四年には一三八戸であったが、それから一七年後の一八八八年には四九戸減少して八九戸になり、日露戦時の一九〇五年（明治三八）にはその約半分の四五戸になり、その後昭和の敗戦を迎えるまでは四〇～五〇戸台で推移し、昭和戦後は新たな開拓者があり、七〇～八〇戸台になっている。いずれにしても、明治初期と明治中後期以降では、戸数が大きく減少していることがみて取れよう。

第二の史料は、一九一六年（大正五）七月一〇日刊の相楽郡の官民の情報誌『相楽』二四号に掲載された大河原尋常高等小学校の名前で書かれた「児童の汗」という記事である。大正期の童仙房の状況と童仙房から山の麓の大河原尋常高等小学校に通う子供の姿を見事に描いており、かなり長いが以下に掲載する。

絶峰天に交る国津山の項を越ゆる所に、城南の西蔵と唱へられてゐる童仙房といふ里がある。此処は人も知る如く明治初年の開拓地で、海抜一千六百五十尺、波涛の如く起伏する連山を四方に眺むる高原の一角に、さゝやかなる一邑をなしてゐるのである。地味の薄い而も狭隘な土地に農業を以つて生活を営んで居る。田に耕《ママ》し畠を培ひ山に炭焼き、薪採るは里人が日々の務である。かうして得た生産物を肩に舁いで北大河原へ持ち出し、それにて日常の需要を充たして帰るのである。道といふても羊腸たる小径で而も急坂であるので馬も車も通らないだから荷物は一切人の肩によつて運ばれるのである。その困難といつたら非常なものである。身一つでさへ上り下りの苦さへあるに身に余る荷を舁いでのことなれば骨の折れることは一通りではない。俚謡に「二度と行くまい童仙房」といふことを聞いても其の一範《ママ》は窺はれるであらう。(中略)それでも昭代の恵沢は此地方にも及んで童仙房には尋四(尋常小学校四年生—高久)以下の幼年児童のために、分教場が設置されて、この両字(童仙房と近隣の野殿—高久)の児童が通学してゐる。尋五以上高等科迄の児童はさ

表4—1　童仙房戸数・人口の推移

年	戸数	人口
1870(明3)	141	
1871(明4)	138	560
1888(明21)	89	
1897(明30)	58	330
1905(明38)	45	
1914(大3)	47	
1927(昭2)	49	244
1935(昭10)	57	298
1942(昭17)	51	260
1946(昭21)	73	410
1950(昭25)	80	450
1955(昭30)	81	421
1960(昭35)	79	388
1965(昭40)	70	315
1969(昭44)	69	337
1970(昭45)	73	300

出典：①「童仙房開拓一件」(京都府行政文書)②「町村制施行準備取調概表」(『京都府市町村合併史』)③邦友家良「府下童仙房ノ現況ニ関スル陳情」(宮竹京固家文書)④原田瑩一「昭和十七年戦前の童仙房」⑤織田武雄・谷岡武雄「京都府下童仙房の開拓と現状」(『日本史研究』5号)⑥京都府立大学過疎問題研究会『社会学研究』2号

備考：1871年の人口は、同年12月、京都府が大蔵省に提出した「山城国相楽郡童仙房新開成功記」(「童仙房開拓一件」)に記載されている数字であるが、数字を割り増ししている可能性がある。表4—2では、1873年(明治6)11月の戸数は115戸である。

きに峻険なる山道を通つて、里余の道を上下して国見山の麓の大河原校に通ふている。（中略）此処に改めて彼等通学児童について特筆大書しなければならぬ事がある。それは彼等はかうして学校に通ふ度毎に重き炭を負ふては北大河原に持ち出し、僅かながらも生産的労働を厭はない事である。男生も女生も小さきは一俵大きな者は二俵乃至三俵の炭を日毎々々に負ふて運ぶのである。（中略）かうして彼等が汗と油《ママ》をしぼつて、遠い道を運んだ炭は一俵弐銭五厘という僅かな報酬をもつて迎へられるのだ。

登校の際は以上の如くであるが、帰路と雖ども何なりとも荷を求めてなるべく徒らに帰らないやうにしてゐるのだ。瓦なども時折運ぶのも見受けられるが、四枚から六枚位迄持つて行く。一枚六厘になるそうである。胸につかへるやうな所や、がたくり道を一歩一歩ふみしめ〳〵てよぢのぼるのだ。かうして彼等の毎日の通学が行はれるのである。

思へは彼等がもてる一冊の手帳、一本の鉛筆は、かうした汗と膏の結晶である。（後略、傍点筆者、句読点は筆者が適宜修正）

この童仙房の歴史は、大きく分けて、二つの時代を持つ。一つの時代は、時期は短いが、明治元年（一八六八）一一月の伊勢屋九兵衛の童仙房開発願から一八七九年（明治一二）の童仙房支庁の廃止（京都府の撤退）までの一二年間の開拓村づくりの時代である（第二節〜第五節）。この時期は、上からの共同性創出の時代とでも位置づけられよう。この時期は、農業以外にも牧牛や陶器製造など多様な産業の試みが行われ、神社、寺、そして小学校がつくられていった。しかし、多様な産業の試みも含めたこの地の隆盛の試みは多くが失敗し、この地の隆盛を見越して設置された童仙房支庁の廃止を結果していく。第二の時代は、京都府撤退後、昭和戦後にいたる長い期間の自前の村づくりの時代である（第六節〜第九節）。明治・大正期は戸数の減少と貧窮化に苦しみ、その克服のために村人が一丸になって起こした官有山林払い下げ運動は失敗する。そのような状況の中でも、小学校は維持され、大正期には神社の鳥居がつくられ、消防隊も組織される。昭和の時局匡救事業は、長年の課題であった道路整備を可能にし、太平洋戦争（アジア・太平洋戦争）下の薪炭の需要の増大は、この地の貧窮村からの脱出をもたらし、さらに昭和戦後の電灯の点灯と戸数の増加をもたらしていく。

この童仙房については、明治の最初の京都府による開拓村であることもあって、それなりの研究史がある。黒生厳、織田武雄・谷岡武雄、三橋時雄、京都府立大学過疎問題研究会、益田庄三、前野雅彦の各氏の研究である。(1)織田・谷岡論文は、一九四七年（昭和二二）の同時代史の分析である。また、前野氏の研究以前には、一九九五年から二〇〇五年までの一〇年間に南山城村史編さん事業が行われ、筆者も専門委員として明治から昭和戦後の南山城村成立までの政治・行政・教育を執筆した。また、編さん事業の過程で赤田光男氏による民俗調査、編さん事務局によって新たな資料（古文書史料や聞き取り資料）が集められ、より総合的に童仙房の歴史を明らかにできる環境が整ってきた。(2)特に、三橋時雄氏の研究など、明治初期の童仙房開拓の実態は大筋において明らかになっている。先行研究については、前野氏による丁寧な研究史の整理もある。(3)本章では、先行研究とそこで使用された資料、南山城村史編さん過程で収集された史料、あるいは民俗資料などにも依拠しながら、改めて明治維新後最初の開拓村の明治・大正・昭和戦後までの苦闘の歴史を描く。時期は明治元年から一九六九年（昭和四四）の「開拓百年」の時期までである。童仙房開拓の分析では、資金や道路の未整備など、なぜ開拓が失敗したかも併せて明らかにする。ただし、一八七九年までの開拓村づくりの時期の史料は京都府行政文書にそれなりにあるが、童仙房区有文書は存在せず、一八八九年以降の合併村である大河原村の行政文書（南山城村役場文書に含まれる）も一九五三年の南山城大水害の影響のためか、わずかしか存在しないなどの史料的限界がある。とりわけ、京都府撤退後の童仙房の叙述は、断片的事実をつなぎ合わせた形の叙述で、不明な点を多く残しながらの分析になる。

一　童仙房の自然と今

童仙房のある京都府相楽郡南山城村（図4―1）は、京都府の東南端にある京都府唯一の村である。村域が滋賀・三重・奈良の三県に接する。村の中央部を木津川が流れ、山間に集落が点在する。ＪＲ関西本線と国道一六三号が村中央部を東西に走る。面積六四・二一平方キロメートル、総面積の四六・五パーセントが森林で、宅地一・九パーセント、農地四パーセントである。(4) 南山城村役場のホームページによれば、二〇一〇年六月三〇日現在の世帯数と人口は、一二三七世帯、人口三二五〇人（男一五五二人、女一六九八人）であるが、一〇年前の国勢調査では、世帯数は一一六六世帯、人口は三七八四人（男一七九二人、女一九九二人）であるから、世帯数は増加しているが人口は減少している。(5) 南山城村内には九の区と一自治会がある。人口が集中しているのがＪＲ大河原駅のある北大河原（一八八九年以前北大河原村）で、今山・奥田・押原・本郷・月ヶ瀬ニュータウンの四区一自治会で行政事務が運営されている。一九七七年につくられた月ヶ瀬ニュータウンは南山城村内人口の三〇パーセント程度になる。他の五つの区は、田山・高尾・南大河原・野殿・童仙房で、いずれも一八八九年以前は独立の村であった。主産業は農業で、茶は宇治茶の産地として、二〇〇〇年段階で京都府下第二位の生産量を誇る。(6)

童仙房は、南山城村域の北部に位置し、標高五〇〇メートルの高原状山地にある。面積約一二・七平方キロメートルで、東は滋賀県甲賀市信楽町多羅尾、西は相楽郡笠置町、北は相楽郡和束町と隣接する。二〇〇〇年の国勢調査によれば、世帯数は六五世帯、人口は二三〇人（男一一五人、女一一五人）である。(7) 木津川沿いの北大河原

図４－１　南山城村略図(1969年時)

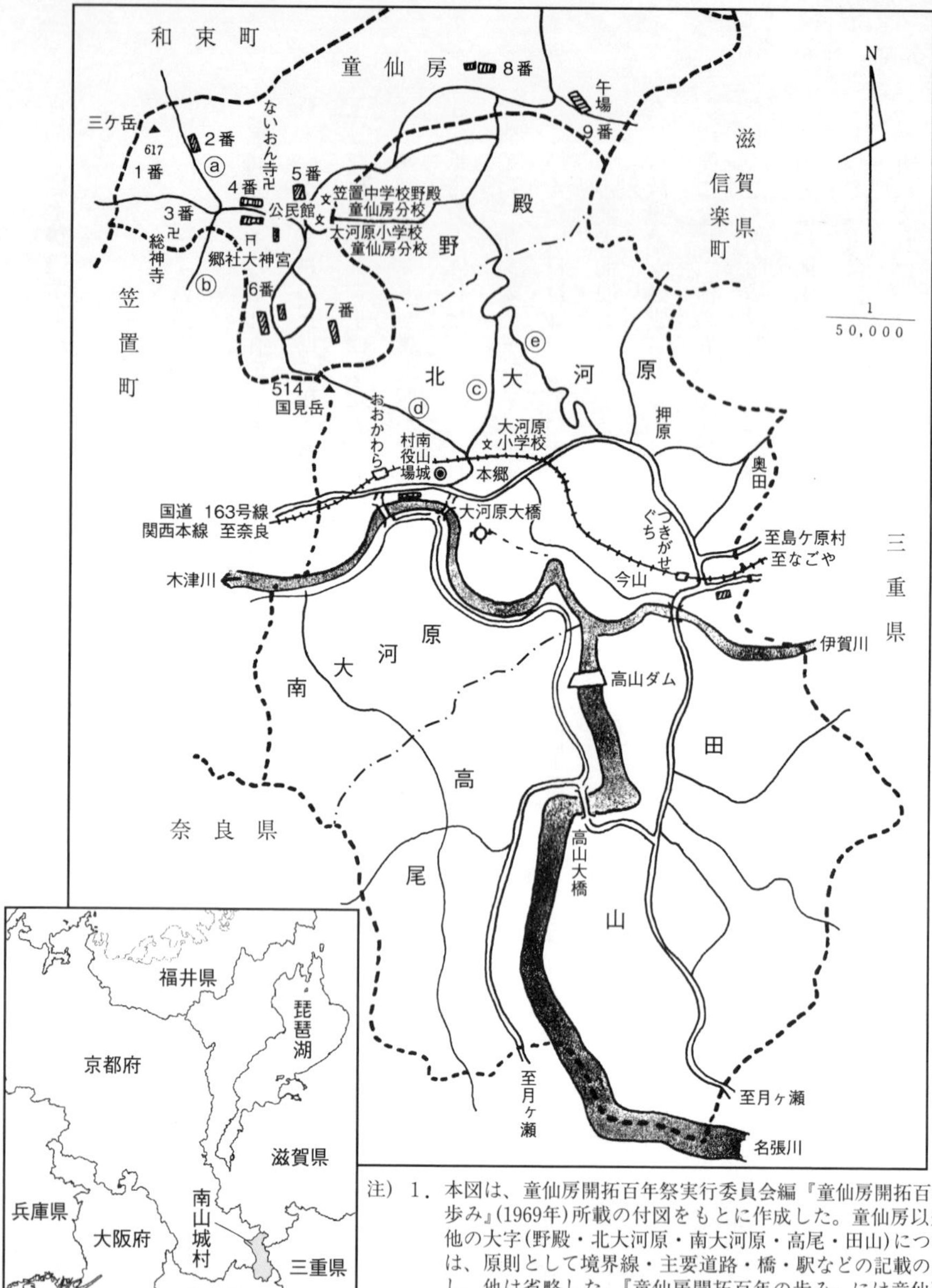

注）１．本図は、童仙房開拓百年祭実行委員会編『童仙房開拓百年の歩み』(1969年)所載の付図をもとに作成した。童仙房以外の他の大字(野殿・北大河原・南大河原・高尾・田山)については、原則として境界線・主要道路・橋・駅などの記載のみとし、他は省略した。『童仙房開拓百年の歩み』には童仙房の「１番」と「９番」の記載はないが、これを記した。

２．「京都府地誌」(1884年)には明治10年代の道路が記載されているが、ⓐは、「一本松越」、ⓑは「横川越」、ⓒは「野殿往還」である。

３．現在北大河原から童仙房への主要道路はⓓの村道大河原・東和束線であるが、「京都府地誌」(1884年)には記載はない。童仙房が1889年大河原村の１大字になって以降、麓への道としてできたと思われる。

４．ⓔは村道大河原・多羅尾線(現東海自然歩道)。

から距離約六キロメートル、徒歩では二時間強かかる。北大河原から童仙房の六番の集落までは急カーブもある急な山道で、六番の集落からは高原の平地になる。現在週に一度のバスが北大河原からあるが、それ以外はバスの運行はないため、すべての家庭に最低一台の自動車がある。地勢からして自転車は交通手段としてあまり意味をなさない。(8) 土地は湿潤、地下水が豊富で水に困ることはない。耕土は浅く弱酸性土壌。気温は平地より五〜六度低い。(9)

童仙房は、後述するように開拓時は九つの地域割（一保〔番〕〜九保〔番〕）で成り立っていたが（図4−1の1番〜9番）、二〇〇二年段階での地域割とその中での戸数は次のようになっている。(10) この段階での童仙房の戸数は七二戸、人口二五〇人。ほかに土・日曜日などに来る人の別荘が四〇戸あるが、本籍は移していないので童仙房区の世帯数には入っていない。七二戸中、開拓当初（明治二〜四年）からの居住戸は二三戸で三一・九パーセント。開拓は一番から九番という順番になされていったが、表4−2の如く一番には現在はまったく人家がなく、二番と三番で一組、八番と九番で六組という形で現在では六組の地域割が行われている。六組の各組には組長一名がおり、二か月に一度組長会が開かれている。区には四役として区長・副区長・会計・特別会計各一名がいて、区内の選挙で選ばれ、任期は二年。また、各組に一、二名の評議員がいて、総数は一〇名で推薦制である。総会は三月の年度末と四月の年度始めの年二回、童仙房公民館で開催されている。年齢集団としては、青年団（一六、一七歳から結婚するまで）、消防団（二〇〜三五歳までの男性）、中年組（五九歳までの男女）、老人会（六〇歳以上の男女）がある。(11) 公共建物は、野殿・童仙房小学校、野殿・童仙房保育園が二〇〇六年三月まであったが、四月から南山城小学校・南山城保育園に統合されている。このほかに辺地集会所、農産物共同集荷場がある。寺社は昭和戦前までは、郷社大神宮社と泥洹寺だけであったが、戦後は新たに総神寺と高麗寺が創設されている。

表４－２　童仙房の番(保)・組の戸数変遷

<table>
<tr><th>番</th><th>小字</th><th>1873年
(明治６)11月
【a】</th><th>1942年
(昭和17)
【b】</th><th>1946年
(昭和21)３月
【c】</th><th>2001年
(平成13)８月
【d】</th></tr>
<tr><td>１番</td><td>一本松・稲千穂</td><td>6(４棟)</td><td>0</td><td>0</td><td>0</td></tr>
<tr><td>２番</td><td>長野・小金原</td><td>9(４棟)</td><td>3</td><td rowspan="2">１隣組12世帯
[60人]</td><td rowspan="2">１組12戸
〈３戸〉</td></tr>
<tr><td>３番</td><td>大岩・参会石</td><td>14(６棟)</td><td>3</td></tr>
<tr><td>４番</td><td>道宜</td><td>22(14棟)</td><td>13</td><td rowspan="2">２隣組19世帯
[122人]</td><td>２組12戸
〈５戸〉</td></tr>
<tr><td>５番</td><td>永谷・三郷田・蛭池</td><td>18(８棟)</td><td>2</td><td>３組９戸
〈０戸〉</td></tr>
<tr><td>６番</td><td>長谷・東長谷</td><td>17(10棟)</td><td>10</td><td>３隣組16世帯
[82人]</td><td>４組14戸
〈６戸〉</td></tr>
<tr><td>７番</td><td>小玉・葭屋</td><td>11(４棟)</td><td>10</td><td>４隣組11世帯
[64人]</td><td>５組10戸
〈５戸〉</td></tr>
<tr><td>８番</td><td>手洗・簀子橋</td><td>8(６棟)</td><td>5</td><td>５隣組15世帯
[82人]</td><td rowspan="2">６組14戸
〈４戸〉</td></tr>
<tr><td>９番</td><td>牛場</td><td>10(５棟)</td><td>5</td><td>—</td></tr>
<tr><td></td><td>総計</td><td>115(61棟)</td><td>51</td><td>73世帯
[410人]</td><td>72戸〈23戸〉
(250人)</td></tr>
</table>

出典：【a】は「童仙房附属名録」(森島國男家文書)【b】は原田瑩一「昭和十七年　戦前の童仙房」【c】は織田武雄・谷岡武雄「京都府下童仙房の開拓と現状」(『日本史研究』５号)【d】は『南山城村史　資料編』「童仙房編　民俗」
備考：①【a】1873年の戸数のあとの(　)は、三軒長屋の棟数である。なお【a】の戸数のうち人名は書いていても「明ヤ」(空家)となっている家は４番で２戸、５番で１戸ある。②【c】1946年の［　］は各組隣組内の人口である。なお【c】では９番牛場の戸数については記述がなく、８番だけで５隣組を構成したように記述しているが、この時点で８番・９番で５隣組15世帯を構成したのではないかと考えられる。③【d】2001年の〈　〉内の戸数は、開拓当初からの居住戸である。23戸が残ったことになる。

二　童仙房開拓の開始

（一）伊勢屋九兵衛らの開発願

童仙房は、江戸時代無税地でどの領地、どの村にも属さない土地であった。西南隅は藤堂藩の領地に接し、東南隅は柳生藩の領地に接し、東北隅は江州甲賀郡に界し、西と北は天領で小堀数馬が管轄する東西約一里十八町、南北約一里十町、平面積約二千二百有余町の地であった。そして「無税の空地」であったため、藤堂・柳生・天領それぞれの村民が自らの地といって勝手に入り込み、木の伐採などをしていた。このため、正徳年中（一七一一～一六）に争論を発生してから、たびたび土地の領分をめぐって争論が起きた地でもあった。明治元年閏四月京都府が成立してからは、京都府の東南隅の地であった。[12]

童仙房の開拓のきっかけになるのは、明治元年（一八六八）一一月、京都の両替町三条上ルの町人伊勢屋九兵衛が室町蛸薬師上ル越後屋専助を請人として、京都府に対し、この地の開発を願い出たことに始まる。伊勢屋の願書によれば、この地は禁裏御料である和束郷に属していたが、どの村にも所属していない「空地」であり、かねがね田畑の開発をしてはどうかとの声もあったという。伊勢屋の主張は、この地に難渋人の次男などを寄せ集めて仮小屋を建て、手間賃・食物などを遣わして、おいおい養水・溜池などをつくって田や畑の開発をし、ゆくゆくは「宛作」をさせ、相応の年貢を上納したい、この事業は「御国益」になり、難渋の者を引き立てることになる、というものであった。[13]要するに、「伊勢屋らのねらいは、町人請負による新田開発の形態をとる商人資本による土地投資で、開拓した土地を小作させて地代を獲得することを目的とした開拓であった」。[14]

京都府行政文書の『童仙房開拓一件』に含まれているこの願書には、「此書土地発見セシ初ナラン歟」という童仙房開拓の中心的担い手になる市川義方の異筆と押印がある。この願いは許可されないが、京都府の官員が童仙房に興味を持つきっかけになったと思われる。

（2）京都府の登場

明治二年（一八六九）三月、京都府による童仙房の現地見分が行われた。四月一〇日には、伊勢屋九兵衛と越後屋専助によって、再度の開拓願が出される。そして、その年一〇月四日、京都府は、童仙房の開拓を京都府自らの官営の事業として行うことを表明する。このとき、この開拓について「管内失産ノ窮民ヲ移シ」としており、士族・卒族の移住はまだこの段階では想定されていない。(15)

同日、京都府は、京都府権少属市川義方を土木掛兼童仙房開拓掛として開拓の責任者にすえ、その下に開拓用掛として伊勢屋九兵衛と京都上京堀川通丸太町下ル井筒屋又兵衛、さらに相楽郡和束郷原山村の卯右衛門と和蔵、同郡瓶原郷東村宗右衛門が任命された。しかし、井筒屋又兵衛は病気を理由にすぐに用掛を辞職し、一一月二日かわって越後屋専助が用掛に任命された。さらに一一月には、京都上京二三番組藤屋嘉助、原山村の喜八郎が用掛に任命された。(16)つまり、市川を中心に八名が開拓事業の担い手であり、入植者の前に村づくりを図った人びとであった。

なお、開拓用掛になった伊勢屋九兵衛・越後屋専助・藤屋嘉助は、明治三年（一八七〇）一〇月九日、開拓用掛の役を解かれている。(17)この処置が自己の都合によるものか不明であるが、三人は前月二九日に各人二、三反の田地と一五～二〇円の賞与を京都府から与えられており、(18)この時点で荒地の開拓が一段落したこともあるのだろう。同月一八日、田中(越後屋)専助と竹盛(藤屋)嘉助は京都府に対し、一反歩代金三〇両位で四反歩の田地の払い下げを願い出た。これに対する京都府の回答は、「本書田地之儀ハ童仙房百姓惣持ニ申付候条願之趣難聞届事」とこの払い下げ願いを却下した。[19] 同日、両名は、田地六反歩、山林の払い下げと鍬下年季（開墾の成功までの免租）を願う。これに対しても京都府の回答は「願出之田畑幷ニ山地之儀者詮議之次第も有之候条難聞届候事」とまたもや却下した。[20] このことは、京都府が童仙房開拓地を民間の売買の対象にしないという意思の表れであった。そして、それはこの時点での民部省の方針でもあった。[21]

（3）黒鍬による開拓と商人らの出入り

未開墾の荒地である童仙房の地に最初に開拓のくさびを入れたのは、近在から集められた黒鍬（工夫、日雇労働者）であった。彼らは、萱や柴を刈り、土を掘り返し、道をつくり、溜池をつくった。明治二年一二月の記録によれば、これら日雇労働者の総人数はおよそ三百人であった。彼らの賃銭は、働く場所によって異なり、土の掘り返しは一坪銭一二四文から二五〇文まで、萱柴刈は一束につき銭四〇文から六四文までであった。[22] 入植者のための住居は三軒長屋であった。これを建てるために大工や石工も集められた。黒鍬人足賃や小屋建請負賃は、請負業者によって前借で渡された。[23]

要するに、「童仙房の開拓は、最初府費によって、日雇労働者をして道路をつくり、荒地を開墾し、あるいは溜池を設け、耕地も多少なりできてから、耕民を入植せしめたものであって、まったくの未墾の原野に窮民を直接移住せしめたものではないのである」。[24]

黒鍬（工夫）や大工などの労働および入植者のためには日用品の諸物品が必要である。しかし、童仙房でそれらを購入するすべはなく、それらを購入するためには山を降りて一里半（六キロメートル）以上の山道を行き来しなければならない。京都府では明治三年一月五日布令を達し、この地への出店出稼ぎを呼びかけた。対象になった店は、米屋・味噌屋・醤油屋・酒屋・荒物屋・農具鍛冶であった。[25] これに応じて京都市中より日用品の出店がこの地にできた。しかしここでも問題が持ち上がった。三月になって、三軒長屋などの開拓者の居住家屋が完成したためであろうか、黒鍬たちに対し引き払い命令が京都府より達せられた。この結果、出店業者は元手金や売掛金の回収が充分できないという事態に陥った。彼ら業者が仕入れの取引先に金を支払わなければ、日用品がこの地に来ないということにもなりかねない。同年九月一三日、京都市中の上京二四番組御池通油小路西入町の五人の出店業者（升屋佐助・亀屋政七・近江屋忠兵衛・井筒屋重兵衛・福嶋屋彦助）は京都府に対し、七〇〇両の金の拝借を願い出ている。この願書提出は、童仙房出張所に相談の上のことであった。彼ら出店業者は、拝借金の返納は、黒鍬たちへの売掛金取立と開拓地を拝借し、そこでの収穫物の利益で返納したいとしている。これに対し、京都府の回答は、「此願書ハ近日市川少属出府之節評議ナリ」（近日市川義方小属が府庁にやってきた時評議する）というもので、この結果は不明である。[26] しかし、明治一〇年代半ばの「相楽郡村誌」中の童仙房村（野殿を含む）の記載に商業者がみられないことから、彼らも採算性の見込めないこの地から早い段階で撤収したと思われる。

なお、明治三年一一月、童仙房庄屋代の宗右衛門と和蔵より京都府に対し、江州信楽継立問屋を童仙房字四ツ辻谷に農業のかたわら設置したいと願書を提出し、同月二四日許可を得ている。願書では、これによりこの地を盛大に荷物が通り、百姓は恩恵を受けることになるだろう、と書いていた。[27] これも童仙房振興策の一つであったが、現実に継立問屋が置かれたかは不明である。

（4）童仙房開拓官営事業の理由と障碍

明治三年（一八七〇）五月一八日、京都府正権大参事槇村正直・京都府小参事藤村信郷が民部大輔・民部小輔・民部大丞に提出した「相楽郡童仙房開拓起源」(28)によれば、童仙房開拓の理由について、次の三点をあげている。

①天皇が東京に行って帰ってこない状況で、府下寂寥の光景になるのを予防するためには民産を興す必要がある。部内に遊食の民、荒蕪の地は少なくない。京都に接近の地であれば勧誘に力を尽くせば下民が自ら開いていくだろう。しかし、京都からみて遠隔不便の地はまず官から開いていかなければ誰がおもむくだろうか。

②現在、旧幕府の与力・同心などは糊口に苦しんでいる。最近警固方と唱え、市中の窃盗や無頼の徒の捕縛のため町組ごとに出張させ、その手当金は各人月三両、惣人員五〇六人、金毎月一五一八両かかり、この費用は実に多い。もし適宜のよい方法を得れば費用はその三分の一で足りるだろう。その二分ほど減らした費用をもって開拓の費用とし、その救助扶持を童仙房に移し、土地を分配し、その地産で生活を維持することができるようになって扶持を差し止める。こうすれば、遊食の民は生活を維持できるようになり、荒蕪の地は田畑となり、費用が減少し、利得が興ることになり、その利益は莫大になる。したがってこのことを東京の民部・大蔵両省兼務の加賀権作大丞に提案した。大丞はこれを善しとしたが、ただし「五人口・三人口」（五人家族・三人家族）のみでは移住はむずかしく、家宅を建て田畑の形をつくってから、その上で移住すべしとした。

③昨年秋の不作や物価騰貴などで渡世に苦しみ、御救助を願い出ている者が日に日に増加している。彼らを童仙房の開墾に従事させれば、費用の点でもよい。その後に彼の幕臣を移住させるべきである。

この時点では、第一に、加賀民部大丞の指示にもとづき、当面は「窮民」による開拓であるが、その後に旧幕臣である士族層の投入という大方針があったこと、第二に、京都市中から遠く離れていて官が率先的に開拓に従事する必要があったことが理由として語られている。なお、加賀が資金融通を約束したことも、開拓を進めた理由であったろう。もちろん、ここでは書かれていないが、この地が所有者のいない「空地」であったことが、開拓を進めた理由の大前提にあった。

また三橋時雄氏は、背景として、明治二年五月、政府が民部官に開墾局を設置し、殖産興業政策の一環として農地の開拓を打ち出し、京都府も官営事業を興して、中央政府の殖産興業政策における官営主義に応じようとしたことを指摘している。[29]

「相楽郡童仙房開拓起源」(以下「起源」と省略)は、またこの時点で障害になっている三つの点を指摘している。第一は童仙房の開拓は始まったが、童仙房が藤堂藩・柳生藩に隣接し、論地もあることから、今後それらの藩から苦情が寄せられることが予想されたことである。京都府では、童仙房の地が明確に京都府の管轄になることのお墨付きを民部省から得ようとしていた。第二は、士族・卒族の移住帰農の問題である。童仙房の開拓は「窮民」で開拓し、その後に元与力・同心らで耕作させる予定であったが、士族・卒族の禄制が通達され、元与力・同心も禄を下賜されることになったため、卒族はともかく士族の移住帰農の方針が危ぶまれ、やはり「窮民」を中心にせざるを得ないという事情である。第三は開拓費用の問題である。「起源」の表現では、「仙房開拓之儀其初加賀大丞ニ談判之時ハ、其言甘キ事如密(蜜カ)、既に開拓ニ取掛る後入費金請取之儀ヲ談すれハ、其言苦キ事如茶」、要するに、民部省加賀大丞は童仙房開拓の際はそれを奨励したが、いざ民部省からの金の話になると渋りだしたということである。すでに、京都府のこれまでの所要経費は、二万五一六〇両に及んでいた。民部省の加賀大丞は何らかの経費負担を約束していたようである。明治三年のいつの時点か不明であるが、京都府は民部省に対し童仙房開拓入費の渡し方について京都府の出納司に達するよう申し出た。これに対し、三月二二日民部省は京都府に対し、現在用途多端のため官費による開拓は聞き届けがたいとした[30]。この「起源」提出の最大の眼目は、民部省から開拓入費を引き出すことにあった。しかし、その後何度交渉しても経費は京都府におりなかった。そのことが、その後の童仙房開拓を困難に陥れることになる。

なお、「起源」は、後にこの地の大きな障害になっている交通の問題については触れていない。この地は、「道といふても羊腸たる小径で而も急坂であるので馬も車も通らないだから荷物は一切人の肩によつて運ばれる」と後に称される土地だったのである[31]。この後、道の問題は、この地の生産物をどのようにして他地域に運搬するかという流通の点での障害になっていく。しかし、「起源」が書かれた明治三年の時点では、まだ障害とは意識されなかったと思われる。京都府で本格的に峠の切り下げや道の拡幅などの問題が起きてくるのは、明治一〇年代半ば以降であり（本書第一章参照）、この時点では道路事情の格差がそれほど意識されなかったかもしれないからである。

（5）初期の入植者たち

明治二年末から三年にかけて、この京都府の東南のはずれにある童仙房の地に新たな夢を求めて人びとが集まってきた。この事業は京都府の事業であり、距離的に近い奈良方面や大阪よりも京都や滋賀、そして北陸方面からやってきた人びとが多かった[32]。開拓村をいう場合、よく母村（出身村）との関係が注目される。しかし、特定の村からの集団的移住ではなかったようで、そのような特定の母村は浮かび上がってこない。

明治二年の入植当時、一〇年の鍬下年期明けには無償で賦与するという条件のもとに、入植者には一戸一株と

して田四反、畑八反、山林二町の耕地、山林が貸与されたという。(33)

昭和五年一二月一七日付『大阪朝日新聞京都版』の特集記事「城南の別天地　野殿と童仙房　その④」には、童仙房分教場で使丁として働いている六九歳の奥するゑへのインタビュー記事が掲載されている。するゑが七歳のとき、京都の三十三間堂付近から、家族は童仙房に移住した。明治二年のことである。両親は家を畳んで、二日分の弁当を用意し、するゑをかわるがわる背負って、宇治田原から鷲峰山を越え、和束、湯船を過ぎて童仙房にやってきた。分教場の使丁室で、インタビューする大阪朝日新聞の記者に対し、昭和初期の京都では聴かれないほどの純粋な古典的響き（当時「童仙房の嶌」と呼ばれた）でするゑは次のように語った。

> まぁ、よう来とうくれやした。このごろも、京都は失業者が多いさうですが、明治二年当時の京都も、随分さびしましたなぁ、府庁から御布令が出ましたどっすえ。『童仙房へ行ったら家もあげる、土地も開き得、山も貰える』――とお言いやして。何しろ、不景気な時どすさかへ、お父ッあんとお母さんに連れられてここへ来ましたどすがな。来て見たらどうどす、壁もないバラックの家で、風が吹込んで寒いことどした。さうやかて仕様がありませんわ。支庁から金鍬、木鍬、二段鍬、鋸、なた、木鎌など山道具や農具を貰うて、移民たちが山を開き、田を作って耕しましたんどす、石ころばっかりの、ひどい山どしたえ、今思い出しますと、まるで夢のやうどすえ（傍点原文）

入植した人びとはほとんど家族持ちで独身者はなかった。童仙房出張所土木掛市川義方は、京都府が多数の子供のいる「貧民」の家族を優先的に選抜したようにみえる、と指摘している。(34)

入植した人びとに対し、童仙房出張所土木掛は、それぞれ場所を指定し、田畑や農具を与えた。明治三年五月六日現在では入植は一四一戸になり、そのほかに商売出稼のための店借人もいたらしい。出張所では、これらの

者も土地を借り農作を願う者もいるので、入植者をこれ以上派遣するには及ばないと京都府本庁に願い出ている。(35)

また出張所では「三竈」、すなわち三戸を一組とし、相互に研磨させ、一戸が不精の者であった場合、ほかの二戸が過料としてその不精者の荒畑を耕作させるという共同責任の体制をとった。そして三戸または六戸で一か所の食事炊き出しなどの共同炊事・共同耕作・共同分配の形をとった。(36)

入植した人びとについて、明治三年五月、市川義方は京都府に宛てた言上書で次のように評価している。入植者のうち三分は身体壮健で夫婦が力を尽くし、夜明け前から野に出て星が出た後家に帰り耕作を楽しむ「良農」、三分は普通の農作業を営んでいるが「良農」よりは一等下の者、また三分は耕作を励む心底を持っているが農業の実理をわきまえず、無気力怠慢の気持ちが醒めず、丁寧に反復して農理を教えても怠惰の気持ちが染み込んでおり見通しがつきがたい者。土木掛は、このような者でも、幾度も教化を繰り返し、最後には「良民」に仕立て上げたいとしている。(37)

(6) 市川義方の奮闘

明治二年秋から童仙房開拓の最高責任者になったのは前述の京都府土木掛少属市川義方である。市川は、文政九年（一八二六）一二月生まれの伏見の人である。(38)明治元年（一八六八）九月、京都府郡政局下御用掛で土木事務取扱になる。一一月には治河掛になり、山城国綴喜郡八幡庄治河局で働くことになる。翌明治二年（一八六九）八月、京都府権少属土木掛になり、同年一〇月五日、土木掛とともに童仙房開拓掛兼勤に任命された。このとき、市川は四二歳の土木技術者であった。この後、明治三年（一八七〇）五月には京都府少属になるが、一貫して童仙房開拓の最高責任者であった。

市川は明治三年一二月から翌年一月まで、「御伺」いを兼ねて数度にわたって童仙房の現状を京都府に報告している。[39] それにより、市川がどのようにして童仙房開拓を成功に導こうとしたかがわかる。以下、この報告書(「言上」)により市川の行動および考えをみてみよう。

明治三年暮れから翌年まで市川は童仙房で年を越した。もし、童仙房出張所に役人が不在のときは、「貧民」が心細く感じるだろうという配慮であった。一二月大晦日には、明治三年入植者の初めての年越しということで、種々の世話を行い、正月元日には、入植者が年頭の礼に訪問をしたのに対し台所まで開けて祝いを述べさせ、「忠孝生業出精の物語」を手短に話して帰らせた。二日には、童仙房の入植者を残らず集め、さまざまな話をした。まず、制札の文章を詳しく述べ聞かせ、さらに村民心得書も述べ聞かせ、童仙房の入植者中の優秀な人物の名をあげ、見習えと申し聞かせた。次に「仏の虚無」を述べ、我が国が「皇国神国といふ訳」を述べ、神道を尊崇すべきことを述べ聞かせた。また、入植者に「良民」を人選して百姓惣代・年寄・頭百姓を定めさせた。三日・四日は、冬分の諸帳面の取調べを行った。

このとき、市川にはさまざまな構想があった。第一は、早春になったら入植者一同の集会の場を設定し、「勉励者」と「怠惰」の者に分け、席順を定め「精励」の者を上席とし、怠惰の者が恥じ入ってがんばるよう村法規則を定めたい、そのために、特定の模範とする人物を選定したいと考えた。市川が選定したのは六番村(六保)の北川常七であった。六番村では常七を先頭に、早天より農作、田を開き、山稼ぎを行い、夜は夜なべをして藁細工をし、草履三足をつくり上げるのを毎夜の定式とし、草履を売って「用意銭」つまり貯蓄をした。妻と子供三人の常七の場合、夜なべは上草鞋四足を定式とし、質素倹約も実行した。六番村では常七を見習い、皆々精を出し三足または三足半ずつつくり、冬中怠らなかったという。市川は私銭一〇〇疋を六番村に褒詞として与えたが、京都府よりも賞詞を常七と六番組に与えるよう要請している。

第二は、隣村、すなわち笠置・下有市・上有市・湯船・多羅尾・野殿各村との調和である。このため、市川は、下有市村の貧しい狩人が鹿皮を売ろうとやってきた際には、無用と意識しながらも、たびたび金一封を与えて帰らせた。「隣民喜ハせ候ヲ要」、すなわち、隣人との調和を肝要としたためである。本格的に考えられたのは道路網の整備による童仙房・隣村ともの繁栄であった。具体的には笠置村から童仙房へ山の半腹に大道を開き、笠置村で舟から下ろした荷物を童仙房に運び、さらに南江州に運送するという構想で、これによって、笠置も童仙房も繁盛するというものであった。ただし、官費による道づくりは財政上できず、民間の費用、すなわち童仙房に出入りする問屋の者たちの費用によって実現することがめざされた。問屋たちは童仙房の壮健な百姓衆七〇～八〇人を雇って、真冬から道づくりを開始した。このような笠置への道が開かれたことにより、木津川の浜のある下有市村では童仙房の百姓衆を粗末にすると、荷物が届かないために、にわかに大事にし始めたという。

このような笠置への道が構想された直接的理由になるかどうかは不明であるが、この時期北大河原にある大河原浜では童仙房の民が運輸する荷物は世話をしないということが申し合わされたという。このとき、南江州の多羅尾村の意見では、童仙房の九番村(九保、俗に牛場という)から上有市村に大道を開くときには道筋の谷間を通り高低なく平穏に大道ができる、ということであった。あくまで市川の見通しでは、この道には多羅尾村も総出で手伝い、上有市村も新道ができることによって村の利益になる、というものであった。この点で、市川の見通しが、必ずしも成功しなかったことは、結局のところ、大道は実現されず、明治一〇年代まで笠置への道は幅四尺(約一・二メートル)の横川越(図4―1のⓑ)しかなかったことによって証明される。

市川はまた、開拓の方法についても、「御伺」という形で京都府に提言した。市川によれば、童仙房はいまだ空畑が多分にあるので京都市中の者の子弟または「窮民」たちを童仙房地方に移し、空畑を茶園や桑苗にし、または田畑を開き、地所を割り渡して五年は無税にするという方法であった。この方法は、京都府によって認められた。[40]

なお、この市川の報告書で、童仙房に入植した人びとを「貧民」あるいは「窮民」と市川が呼んでいたことは注目しておきたい。このことは、すでに述べたように、この入植の実態が士族授産というようなものでなかったことをあらためて示している。

（7）神社の創設

市川義方が童仙房の精神的紐帯として最初に創設しようとしたのは神社であった。市川は、すでに述べたように、仏を「虚無」としてしりぞけ、神道を尊崇すべきものとしていた。市川が考えたのは石の社で、檜柱の宮をつくり、板屋根か檜皮葺にしてその下に大石を置くとともに、一対の石灯籠を置くというものであった。そして、明治三年一〇月、市川はこの神社の形について京都府に対して許可の伺いをたてている。[41] 閏一〇月には神社も竣成した。[42] 問題は神職であった。明治四年七月九日、童仙房鎮守の神宮に神体を移す勧請祭礼の儀式のため、市川は和束郷門前村（現和束町門前）の神職を雇おうとして京都府に伺いをたてている。しかし京都府の回答は神職を雇うに及ばないというものであった。このことが予想されていたか不明であるが、すでに六月、市川は神祭の式法について「出雲守老師」から口授を請けていた。[43] 九月一五日、府知事長谷信篤、少参事国重正文以下の官員が童仙房を訪れ、新神社の祭式が行われたという。[44] このとき、結局市川自身が勧請の式を行ったと思われる。祭神は、天照皇大神と大物主命と大山祇命の三神であった。[45] 以後毎年この九月一五日が神社の祭日になる。[46]

三　童仙房村の成立と童仙房支庁の創設

明治四年から五年にかけて、童仙房は三つの大きな制度上の変貌を遂げることになる。第一は、明治四年（一八七一）五月の童仙房村の成立である。第二は、相楽・綴喜の二郡を管轄する支庁が明治五年（一八七二）三月、童仙房村に置かれることである。第三は、同年七月、童仙房村は野殿村を合併する形で新たな童仙房村が成立することである。

(一)　童仙房村の成立

明治四年（一八七一）五月一四日、京都府は和束郷童仙房を以後童仙房村とし、村内を一ノ保から九ノ保としたいとして、そのことを中央政府の弁官に伺いを出し、すぐに認められた[47]。このようにして、童仙房は正式に村として成立した。

童仙房村が成立する以前、童仙房には庄屋代が置かれていたが、庄屋代は村内部の人間ではなく、明治三年一一月には土木請負業者であったと思われる用掛の宗右衛門（瓶原郷東村）と和蔵（和束郷原山村）であったように、事実上童仙房開拓の官員が村を運営していた。村として成立した以上、本来制度上は庄屋・年寄などの村役人が置かれたはずであるが、このような村役人がそもそもこの地に置かれたか、置かれたとすればどのように選出されたかはまったく史料がなく不明である。そして、京都府では、明治五年五月、庄屋・年寄の名称は廃止され、村の役職は戸長・副戸長になった。このとき童仙房村に戸長・副戸長が置かれたのか、置かれたとすれば誰が戸長・副戸長になったかもまたまったく史料がなく不明である。明確なことは、童仙房村となっても、この開拓村を差配しているのは市川ら京都府の官員であり、もし戸長・副戸長が置かれたとしても、それは形式的なものであったろう。

その後、明治五年七月、童仙房村は野殿村と合併し、新たな童仙房村が発足する（童仙房村が再び童仙房村と野殿村に分離するのは一八八三年一〇月である）。[48]

また、京都府で区制が実施され、北大河原・南大河原・高尾・法ケ平尾・田山・飛鳥路の六村で一〇区が構成されたとき、一時童仙房村は独立特別区になったようである。しかし、それから一年半後の一八七三年（明治六）一二月、山城八郡で区画の改正が行われ、相楽郡は六つの区となり、童仙房村（野殿を含む）をのぞく現南山城村村域六か村と現笠置町域（南笠置・北笠置・切山・上有市・下有市・飛鳥路の六か村）の一二か村で相楽郡第六区となった。[49]この区画改正の理由は不明である。この区画は、その後一八七九年（明治一二）の郡区町村編制法実施による区制の廃止まで続くことになる。

（2）童仙房支庁の創設

明治五年（一八七二）三月、相楽・綴喜の二郡を管轄する支庁が童仙房村に置かれる。

京都府は、明治元年（一八六八）一一月、山城八郡に会所代を設けるが、相楽郡の会所代は木津に置かれた。明治四年二月一九日、会所代は出張庁と改称され、同年七月、山城八郡の六出張庁は四支庁に統合された。このとき相楽・綴喜の二郡を管轄する支庁は玉水（現綴喜郡井手町）に置かれた。その後明治五年三月、玉水支庁は廃止され、支庁は童仙房に移転された。[50]その二か月前の同年一月、京都府は「童仙房出庁」が管轄する村の範囲を相楽郡全郡および綴喜郡のうち三二か村と達している。[51]童仙房支庁設置にあたっては、市川らの情報にもとづいて、京都府最高幹部らが決定したのであろう。すでに、明治三年四月二九日から数日間、京都府権大参事槇村正直・権大参事馬場氏就・少参事藤村信郷ら京都府の最高幹部が検視として童仙房開拓地を訪れていた。[52] しかし、まだ徒歩の時代とはいえ、「馬も車も通らない」土地に、綴喜・相楽二郡を管轄する京都府の支庁を置く合理的な意味を見いだすことは難しい。開拓村を隆盛にしなければならないという上部の人間の発言が次々と既成事実化を生み出していったのだろうか。

市川義方は、明治五年正月七日、あらためて京都府より土木掛を申し付けられるが、同年三月一九日には、京都府より郡政庶務課童仙房出庁掛を申し付けられる。ただし、土木工事職務は相変わらず務めるようにとのことであった。[53] これは市川が、南山城一帯の河川修築の土木工事も兼任していたことを意味する。

童仙房出庁の官員（童仙房出庁掛）は、一八七三年三月の時点では七名で、市川の上に大属である井上正健、市川の下に五名の官員がいた。この官員たちは、一八七六年（明治九）一一月の時点で「郡村掛童仙房支庁在勤」という名称になる。この時点で、「童仙房出庁」は「童仙房支庁」と名前を変えたのであろう。そして、一八七八年（明治一一）九月の時点では、市川が童仙房支庁の最高責任者になり、その下に七名の官員を抱えることになる。[54] 官員の中には、後に相楽郡長を務める森島清右衛門がいた。また、童仙房には、一八七九年（明治一二）に支庁が木津に移るまで警察や郵便の施設もあったといわれているが、そのことを示す直接的な史料はない。

（3）童仙房開拓成功の演出――「童仙房開拓竣成記」と「童仙房新開成功記」――

童仙房村が誕生して二か月後の明治四年（一八七一）七月二〇日、市川義方は「童仙房開拓竣成記」（以下「竣成記」と省略）を京都府に提出している。[55] さらに同年一二月、京都府は大蔵省に対して、童仙房開拓が成功したとして「山城国相楽郡童仙房新開成功記」(56)(以下「成功記」と省略)を提出する。この両者は微妙に異なっている。

まず、市川の「竣成記」は、童仙房は明治二年一一月二五日に「創業」され、明治四年七月二〇日に開拓が「竣成」したとして、次のように成果を記している。官有建物は坪数八〇坪で棟数五棟、民有建物は坪数一五一二坪で棟数五四棟、総計で一五九二坪で棟数五九棟。田畑は、水田が二二町五反九畝二一坪、畑地は一一五町一反でそのうち茶園が六〇町、雑畑五五町一反で、総計では一三七町六反九畝二一坪。使用した農具器械は、鍬・鎌・鋸・鉈・鉄熊手・水担桶・鐇《ちような》・斧。諸種物は籾・麦・大豆・小豆・稗《ひえ》・芋・甘藷・馬鈴薯・麻・桑・茶・楮《こうぞ》・櫨《はぜ》・漆。製造場は瓦製造焼竈一か所、陶器製造焼一か所。水車場は米搗水車器械鞘家とも一か所、道路は六筋、「東西南北二通抜延長一〇里一五町一五間」。小学校は明治五年八月のいわゆる「学制」公布以降、各地で徐々に設置されていくが、「竣成記」には、「小学校」が一か所あり、校舎は官の建家を貸して教員は官員が兼ねた、と記されている。この明治四年の時点で「小学校」があるのは、すでに明治二年の時点で京都市中に小学校があったことから、決して不自然とはいえない。茶園若干は大参事槇村正直が茶実二〇石を下賜したほか、その後物産所で金子を借り入れして茶実を大量に買い入れ茶園にしたものであった。溜池は用水溜池五か所(六保・三保・一保各一か所、四保二か所)。陸運家二棟。家畜は耕牛二〇頭、「四木」は桑園二町、櫨園一町、楮園一町、茶園四五町。埋葬地五か所、神宮一か所。区域は惣坪平面積二千二百余町。このほか、「竣工記」には開拓責任者として土木掛(開墾掛・庶務掛・勧業掛兼勤)少属市川義方の名と会計担当として権少属寺田計明の名があった。

一方、「竣成記」から五か月後に京都府より大蔵省に提出された「成功記」は、明治二年一〇月の開拓開始から明治四年六月の開拓終了までの成果を記したものであった。「成功記」によりその開拓の内容を記せば、次のようになる。

集落は九つの保で構成され、その中に民戸一六二戸、人員五六〇人が居住した。開拓田畑総計は、一三七町六反九畝で、その内訳は、稲田二一町五反九畝、茶園四〇町五反、桑畑二一町六反六畝、楮畑四町五反、櫨畑四町五反、菜圃・麦・大豆畑四四町八反四畝であった。さまざまな建築物や土木施設もつくられた。土木農業水溜用水池五か所、井溝土手延長二一五六間、土橋・丸木橋六か所、勧請神宮(神社)一か所、制札場一か所、官舎一か所、出張庁一か所、隣郷通路七筋、南江州より木津川へ往還大道一筋、荷物継立問屋一か所、水車一か所、陶器製造竈二か所、陶器土山三〇か所、陶器上塗白絵土山五か所、瓦製造竈三か所、炭焼竈一〇か所、養蚕場九か所、野養蚕場五か所、氷豆腐製造場一か所、独酒造場一か所であった。そして、農業以外もしくは農業のかたわら、次のような職業に従事する人びとがいた。大甕榴盆作二〇人、陶冶工二五人、布織女工五人、莚織五〇人、木挽職五人、桶匠一人、家建工匠五人、左官壁塗一人、旅籠宿二人、米商諸色売買五人、野獣防禦小銃手猟民五〇人。馬一匹、牛一〇匹がいた。墳墓は一か所であったが、惣一郷中が「神道自身葬法」(神道式の葬式)であった。

「成功記」は、そのほかに、童仙房の土地が肥厚で、水は乏しくなく、五穀・蔬菜や良木などが生育繁茂し、ことに陶器土は格別上品をおびただしく産出しているので、農民をはじめ陶作工匠が方々から集まっている、と記している。

しかし、「成功記」は、大蔵省に対し、童仙房開拓が成功していることを印象づけるための誇張があった。民戸一六二戸は、建設された民戸が一六二戸ということで、この時点で実数は一三八戸であった。(57) また、「隣郷通路」が七筋、「南江州ヨリ木津川へ往還大道」が一筋、と記されているが、明治一〇年代前半まで、隣郷道路はすべて幅四尺(約一・二メートル)の一本松越・横川越・大坂越・新道の四本であり、「南江州ヨリ木津川へ往還大道」一筋は存在しなかった。(58)

なお、「竣成記」には「小学校」が設置されていると記していたが、「成功記」には小学校設置についての言及はない。したがって、実際上設置されていたかどうか不明であり、断定はできないが、おそらく、公的な形の小学校は存在していなかったのではないかと思われる。

四　村誕生後の童仙房

童仙房に京都府支庁を置き、資金援助をねらって大蔵省へも童仙房開拓成功を演出した京都府および市川義方は、早急に開拓村としてのさまざまな整備を図る必要があった。そのためには、第一に新たな入植者による人口の増大、第二に多様な産業の伸張、第三に村としての最低限必要なもの、具体的にはすでにあった神社以外に寺や医者の確保である。これらのうち、寺は設置されるが、その他の試みは以下に述べるようにおおむね失敗していく。ただし、明治四年の時点で事実として童仙房に小学校があったか明確ではないが、後述するように一八七五年（明治八）には小学校の存在を確認できる。

（一）新たな入植者の勧誘――士族・華族への勧誘――

明治四年になっても、「窮民」の募集は続いた。同年一月一三日、京都府は府下に布達を発し、童仙房はなお未墾の地が多く、童仙房の「空畑」を茶園・桑苗等にしたいので、市中の子弟または「窮民」で、田畑を開いて農業をしたいものは願い出るべし、とした。条件としては、地所割り渡したあとは五年間無税で、さらに田畑を開いた者には五年間鍬下年季（無税）のほか別段に手厚い処置をとりたい、というものであった。(59)

それから五か月後、京都府は本格的に士族らの開拓移住計画を打ち出す。明治四年六月京都府は、童仙房の地は、田畑はもちろん、桑・茶・櫨や楮などの良木が生い立ち、陶器土が産出し上品の陶器ができ、おいおい「有益之福地」となるだろう、として、土地を割り渡すことを条件に士族・卒族で開拓希望の者を募集する。[60] 当初の構想でも、「貧民」での開拓の後に士族の開拓従事者を募るということであったから、この政策自身は当初の構想通りであったろう。しかし、士族らがこの応募に大挙して応じた形跡はない。

明治五年には華族にまで勧誘の手を広げる。同年六月、京都府は「口達」を発し、華族に童仙房の茶園開拓への参画を呼びかけた。つまり、華族の移住ではなく、華族に資金提供をさせて会社をつくり、童仙房の茶園経営で利益を得させようとするものであった。「口達」は童仙房の将来性を語り、鍬下年限中の税免除を約束し、事務は童仙房出張の京都府官員に委任すればよい、とした。[61] この「口達」に応じて、同年六月の鷹司輔熙ら五八名による二三六〇両の茶園開拓投資などがその年一〇月までに行われた。[62] しかし、この年一〇月に投資が終わるように、華族らもすぐに手を引いたようである。

（2）童仙房焼と牧牛

前述した市川義方の「童仙房開拓竣成記」、京都府の「山城国相楽郡童仙房新開成功記」にも、稲・茶・桑などの農産物などのほかに陶器製造が記されている。このように、童仙房には明治三年から一八八六年（明治一九）の頃まで童仙房焼と呼ばれた陶器が生産されていた。この陶器については、村上泰昭「童仙房焼」[63]という論文が詳しい。この論文をもとに、この陶器の盛衰を概略的にみてみよう。童仙房の開拓が始まった後、この地に良質の陶土が発見された。明治三年一〇月八日、京都府下物産引立会社は、清水坂陶工を童仙房に派遣し、陶器製作の竈を童仙房に開設することを願い出、京都府はこれを許可する。[64] これにより、童仙房四ノ保には、当地の陶土により陶器製造竈がつくられた。明治四年六月には、ここでできた陶器五種が京都府を通じて宮中にも献品された。またこの地の陶土は、明治五年三月一〇日から五〇日間にわたって本願寺・知恩院・建仁寺の三会場で開かれた博覧会に商品として出展されていることから、陶土の販売も企図されていたのであろう。一方、陶器生産は、京都および信楽の陶工を集めて行われるが、その指導は京都清水から招いた清水亀七によるものであった。

清水亀七は、もともと彦根藩竈の湖東焼の御抱土焼師であった。彦根藩の湖東焼は、幕末の井伊直亮・直弼時代に最盛期を迎えるが、桜田門外の変の後文久二年（一八六二）に藩竈が廃止され、湖東焼に関係していた絵師や陶工などは散ることになり、その中に清水亀七もいた。明治になって清水は京都下京で製陶を行っていたが、府下物産会社の依頼により童仙房での指導に従事した。ここでの生産陶器は他府県にも輸出され、明治五年一月には清水は京都府知事から表彰を受けている。一八七三年（明治六）のウィーン博覧会、一八七六年（明治九）のアメリカ・フィラデルフィアの万国博にも童仙房焼は出品されたようだ。この生産陶器は、採算面から日常雑器の生産の比重が高かったと推測されている。しかし、童仙房という交通・流通面での不利な条件での生産は、価格の点で他地域との競争に勝つことができず、一八八六年（明治一九）頃には竈が廃止されるに至った。

製陶以外にも、京都府は、明治四年九月、勧業場を通して府下の牛馬会社の牝牛を買収し、これを童仙房開拓地で飼牧させた。この牛は入植者に貸し出されたらしい。一八七四年（明治七）五月には牧畜場内のアメリカ国の産牛を分種し、これを童仙房に生息させた。(65) しかし、この牧畜事業は明治一〇年代半ばの村の状況を伝える「相楽郡誌」にはまったく記述がないことからみて、(66) 府下の牧畜事業のほとんどがそうであったように、すぐに破綻したのであろう。

（3）童仙房が必要としたもの

①医者確保の試み

童仙房に医者はいなかった。明治五年（一八七二）三月、京都府の郡政庶務掛は京都市中で童仙房に赴任する医術心得の者を求める達を出す。この達には、童仙房は明治四年末の時点で家数一一〇軒、人員四一九人で今春も人戸が増加しているとして、住家や耕作地所を与えることを条件に内外術試験の上三人の医術心得の者を募集した。[67]しかし、実態は明治四年よりも人戸は減少しており、このような募集に応じる者はいなかったらしい。

一八七八年（明治一一）五月一一日、童仙房文庁木津出張所は童仙房村が含まれる相楽郡第六区区長大仲重太郎に対し、童仙房村濱田周平の息子房次郎を医業修業のため木津出張所に出頭することを要請している。[68]大仲家に残されている別の年未詳の「御伺書」（差出人・宛名なし）という文書では、「周次郎」の名を濱田周平の長男「周吉」として、将来童仙房村で医業開業のため郡費をもって学習させたい、としている。[69]このように、村内部から医者をつくろうとするが、この点もうまくいかず、その後もこの地に医者はいなかった。病人が出た場合には、六キロメートル離れた山麓の北大河原の医者（菱田医院）に駕籠で向かうか、運べない病人は医者を駕籠付きで迎えに行った。[70]なお、菱田医院とは、菱田耕司が一八八八年（明治二一）に東京済生学舎を卒業して、その後まもなく地元に開業した医院である。[71]出産の場合も、いつの頃からか不明であるが麓の北大河原から産婆が呼ばれた。[72]

②寺の創設——泥洹寺《ないおんじ》——

童仙房に、明治三年市川義方によって神社が創設されたことはすでに述べた。しかし入植者たちは市川が唱えるような「神葬祭」を望んだわけではなかったようである。童仙房には浄土真宗の勢力の強い北陸からの移住者も多かった。『京都府相楽郡誌』(大正九年刊)によれば、槇村正直知事は本派本願寺管長に諮り、童仙房に説教所を設置していた。(73) この時期は、泥洹寺の記録によれば一八七六年(明治九)と伝えられている。(74) 一八七八年(明治一一)八月一五日、京都市中の下京第二九区醒井通鎌屋町にある真宗本願寺派円光寺住職河野善綱は兼務する泥洹寺(天明八年創立)を童仙房に移転することを本山管長大谷光尊の添書を付して京都府に願書を提出する。創設の理由として、童仙房には本願寺派に帰依の者が大勢居住しており、しきりに「聞法《もんぽう》」(仏法を聴聞すること)の便宜がないことを概嘆する声があり、彼らとの協議の上であるとしており、戸長山本久兵衛と村百姓惣代岡川喜助の奥印があった。(75) 童仙房四ノ保に泥洹寺が創立されるのは同年一〇月八日であった。本尊は阿弥陀如来、堂宇は庫裏兼用で東西五間南北七間の小さな堂宇で、住職は宮竹妙観であった。(76) 泥洹寺では、同年一一月二〇日から二五日にかけて御遷座並報恩講を行うが、そこに住民から寄せられた上納物は、大根漬・葉大根・かぶら・小豆・みかん・さつまいもなどの現物と二円九四銭一厘の金であった。(77) なお、宮竹妙観は、遷座が行われた一一月を泥洹寺創設のときと意識している。(78)

③小学校

明治五年(一八七二)八月二日、太政官布告第二一四号をもって、いわゆる「学制」が公布される。これによって、各地に小学校が設置されることになった。すでに述べたように、明治四年に童仙房に小学校が設置されていたか不明であるが、この明治五年中に、童仙房の隣村である野殿村に童仙房村も校区に含む組合立の小学校が創設されたとする明治末期の史料がある。しかし実際に設置されたかどうかは疑問である。(79)

小学校の設置が確認できるのは、一八七五年(明治八)二月、野殿・童仙房両村組合で童仙房に設置された道宜学校である。(80) このときの小学校は、修業年限八年(六歳より一三歳まで)で、上下二等に分かち(上等小学・下等小学）、各等を四年とし、さらに一年を二期に分けていた。この時期の児童数、教科内容、就学状況は一切不明である。わずかにわかるのは、小学校の運営維持についてである。道宜学校の場合、小学校の永続維持のため寄付金が集められたことを示す史料がある。同年一一月、大分県貫族士族で当時童仙房村に寄留していた宮永勝忠は、学校永続資金として一一円を献金している。[81]寄付金はそのほかにもあったと思われるが、この寄付金による積立金は、貸借によって資金運用された。翌一八七六年七月、童仙房村の三好助治郎は、茶一〇〇〇株を抵当に書入して、返済できない場合は売払い代金から返済という形で小学校資本積立金一〇円を借用している。利息は一か月二分であった。[82]なお、三好はこの借用証を「小学校金取頭」である大仲重太郎に提出しているが（大仲は北大河原村在住で相楽郡第六区の区長兼学区取締）、このことは、道宜学校の小学校積立金の管理主体が童仙房村もしくは童仙房・野殿両村の小学校のための組合ではなく、より広域的な第六区であることを示している。

ともあれ、道宜学校では、資金確保に苦慮していた。一八七八年（明治一一）三月、童仙房村の有力者である奥田伊三郎（一八八一年時童仙房村最高の地租額納入者、地租額一七円余）は学区取締である大仲重太郎とともに京都府知事槇村正直に対して、小学校訓導雇入れのため資金貸し下げ願書を提出している。[83]もともと、小学校の訓導など教員の給料は、村もしくは村連合の学校組合によって賄われていた。しかし、道宜学校では、童仙房村が「窮民村」であることを理由に京都府童仙房支庁の役人が「御用兼務」、つまり小学校での教育に携わってきた。童仙房村では、今後ほかの町村と同様に村費により訓導を雇入れようとしたのである。京都府からの借用金額は八〇〇円、貸付利子一か年一分五厘(利子金額一二〇円)ときわめて薄利で三年間の貸下げ、抵当は奥田らの地券であった。この借用金で、準十等訓導の給料(一か年分給料六五円、一か月五円五十銭)、訓導日当(年二五円二〇銭、一日七銭)、学校小使の給料(年一二円)、学校書物の買い入れ(一円八〇銭)に充当するというものであった。

しかし、この願書に対する京都府の回答は「書面難聞届、其校教授之者当分差向ケ可遣ニ付、小学維持方法至急協議可申出事」というものであった。(84) 拒否の理由は必ずしも明確ではない。ともあれ、童仙房・野殿両村の道宜学校では、この後も京都府童仙房支庁の役人が訓導の代用を務める教育が行なわれたのである。

五　紛争と歎願、そして童仙房支庁の廃止

開拓村童仙房は、村創設以前から隣村との紛争、さらには生計資金に悩まされた。

(一) 隣村との紛争

童仙房が村になるのは、すでに述べたように明治四年（一八七一）五月であるが、村になる以前から童仙房は隣接する村との紛争が絶えなかった。これはそもそも隣村との境界が不明確であったためである。明治二年一一月三日、領内に野殿村を抱える柳生藩は、京都府に対し、野殿村領内まで童仙房開拓のための新杭が立てられたとして境界を検査していただきたいと願い出ていた。(85) 明治三年から四年にかけても、童仙房は野殿村と紛争があった。明治三年二月、野殿村では童仙房と境を接する山で立毛の伐採が許され、これを炭焼きにせんとして、三月より炭の竈を三〇ばかりつくり、農業のすいている間炭焼きをしていたところ、同年一〇月童仙房の百姓たちが一九の竈を打ち壊すという事件が持ち上がった。野殿村では童仙房出張所に直接掛け合うとともに、柳生藩からも童仙房出張所に掛け合ってもらった。この結果、童仙房では野殿村に対して竈築立料などの費用として二五〇両を差し出すということにまとまったが、交渉してくれた柳生県（明治四年七月の廃藩置県により柳生藩から柳生県になる）の指示のまま待っていたところ（その間柳生県から野殿村へは米五石の御救米の提供があった）、その後

野殿村の管轄が柳生県から京都府になり、この問題は京都府に引き渡されたので、明治四年一〇月、野殿村の炭竈惣代東谷長七は京都府出張所に対して二一五両を渡すよう申してほしいと訴えている。(86)

童仙房村成立後、童仙房村と近隣の村との境界が定まるのが一八七三年（明治六）七月であった。この境界は京都府から官員が立ち会い、絵図面も付けて各村連印し、書面・絵図面は京都府に納められた。調印した村は相楽郡第四区杣田村・釜塚村・南村・中村・門前村・湯舟村、第九区下有市村・上有市村・童仙房村・北里東村、第一〇区北大河原村の一一か村で、各村の戸長・百姓惣代および第四区・第五区・第一〇区長の連印があった。なお野殿村は、すでに明治五年七月に童仙房村に含まれており、童仙房・野殿の境界を確定したものではなかった。この時点で、京都府が新開拓村童仙房と周辺村との境界画定に積極的に乗り出したことは、地租改正作業による境界の確定作業も進行しつつあった情勢という背景もあるが、童仙房村と近隣村の紛争の根を断ち切って、童仙房村の認知を得ようという意図があったと思われる。なお、江戸時代正徳年中より童仙房三ノ保内に北笠置村領（下有市村、現笠置町）の山があったが、このときこれは取り消され、童仙房村の管轄になった。(87)

しかし、湯舟村（現和束町）との境界については必ずしも明確でなかったようで、境界をめぐって一八七八年（明治一一）には紛擾も起きている。(88) 一八八三年（明治一六）九月の童仙房村三ノ保の記録には、境界の件で九月一八日から二四日にかけて、童仙房組頭その他による湯船村との会談や童仙房村の惣集会が開かれたことを示す記事がある。(89) 両者の折衝は暗礁に乗り上げ、一八八六年（明治一九）一一月以降は京都府の官員が仲介に入り、そのもとで両村の境界選定委員らで協議が進められた。一八八七年（明治二〇）五月九日、童仙房村境界選定委員北川常七・新谷吉右衛門と湯船村境界選定委員二名が、両村の連合戸長二名も入れて村界確定の契約書を交わした。この契約書では、両村の村界を改めて細かく確定するとともに、次のことも取り決めた。①契約を取り交わした日より三〇日以内に、湯船村より童仙房村小学校教育補助金として五〇〇円を寄付する、②村界を確定した以上契約書取り交わしの日より履行し、双方人民において確守する、③両村界線路にあたる腰掛岩・地蔵岩・二つ岩・回り岩などにその名称を刻し、両村の境界であることを彫刻する、その入費は両村で負担する、④双方人民において境界線路の範囲内における利益の損害があるときは、被害村から加害村に対し損害を要償する権利を持つ、⑤京都府庁において童仙房村の地積分間画面調整の上は、双方より明治六年の画面を更正の出願をなし、さらにその画面にしたがって詳細な契約を結ぶものとする。[90] 契約書の内容からすれば、一八七三年（明治六）の境界定置より若干境界は湯船村に有利になったが、その分湯船村からは五〇〇円の寄付金を勝ち取った形になったようである。

（2）さまざまな嘆願

入植者たちには開拓の当初よりその生計の維持に苦心していた。当時童仙房村を含む第六区区長を務めていた大仲重太郎の家である大仲実家には、宛先未記載（多分京都府であろう）の一八七五年（明治八）一二月の「籾代金年賦御返納奉歎口上書」が「控へ」として残されている。[91] それによれば、明治三年童仙房開拓当時、飯米として籾二九六石六斗五合が入植者に貸与された。この籾の代金五九九円二九銭四厘（一石につき二円相場）を三〇年賦で返納させていただきたいというのが「口上書」の趣旨である。その理由として入植者の生活困難を次のように書いている。荒れ果てた土地を開拓したが、雉・兎・猪・鹿などが作物を食い荒らし、年々取実はなく、その後茶園を大量に蒔き付けしたが、肥草・油粕を仕込みの最中であり、まだ利益はなく、家族は破れた単物を身にまといながらその日稼ぎの木こりと耕作に従事している。この童仙房に来た者のうちにはかれこれ名目をつけて立ち退き、京・大阪で車夫になっているものも少なくない、と。

金の融通はさまざまな形で行われた。一つは京都府からの借用である。借用は各保ごとに行われた。一八七八年（明治一一）一月九日、三ノ保では童仙房村中が借用した一〇三五円五〇銭のうち一二六円を茶園の元資本金として借用したいと申し出ている。抵当物は一二名の茶畑で一八八〇年（明治一三）一二月には返納するとしている。[92]さらに二月三〇日、三ノ保では、京都府に対し、童仙房村中借用金一四三九円一四銭余のうち一七三円四八銭余を畑地への桑・楮・櫨・茶・馬鈴薯を植え付けるための金として借用したいと申し出ている。抵当物は一三名各人の所有田反別合計一町五歩と山一町歩である。返納は一八八〇年（明治一三）から一八八六年（明治一九）まで七年に割ってのものであった。[93]このように、茶をはじめとした作物植え付けの費用の借用は村全体でなされたが、各保が借用証書を京都府に提出する形で行われた。

二つ目は相楽郡社倉積立金からの借用である。一八七六年（明治九）一月には、肥料代のためであろうか、三ノ保の住民八名が童仙房村を通して相楽郡社倉積立金一八円の借用を受けている。[94]これは抵当が不要であった。しかし、京都府で社倉規則ができた結果、抵当が必要になったとして、一八七八年（明治一一）三月、相楽郡社倉取締役橋村小左衛門は、童仙房村を束ねる第六区の区長大仲重太郎に対し童仙房村に伝えるように依頼している。[95]同年三月三〇日、童仙房村の組頭五名は、これまで二度格別に薄利で借用してきたとして、この変化に戸惑いながらも、抵当を付けての肥料代三〇〇円の借用願を相楽郡社倉取締に提出している。[96]

三つ目に小学校資本積立金からの借用もあった。一八七六年（明治九）九月、童仙房村の三好助次郎は茶一〇〇〇株を抵当に書き入れ、利息一か月二分で一〇円を借用している。これは限られた積立金からの借用のケースである。[97]

（3）土地・山林の払い下げ願い

童仙房村の人びとが国によって裏切られることもあった。明治五年（一八七二）六月一五日、大蔵省七六号達により、これまで官林で伐木が差し止められていた山林が、払い下げられるということが達せられた。これにより、同年八月上旬、「童仙房出張所」（支庁のことか）において相楽郡第五区原山村のうち字鷲峰山境外の立木付きの茶園および石灰山とも一円入札が行われ、童仙房村の荒木卯右衛門が三五〇〇円の高札で落札した。なお、札主は荒木一名であるが、実際には童仙房村の荒木と北川常七の二名、原山村六名の計八名の共同であった。しかし、荒木が落札したにもかかわらず、すぐに地所の下げ渡しの処置は行われなかった。荒木らは何度か京都府および「童仙房出張所」の官員達に訴えるが、結局下げ渡しは遷延されたままであった。その後、地所払い下げは、一八七三（明治六）七月二〇日の太政官第二五七号および一八七五年（明治八）六月の内務省乙第八三号[98]により聞き届けがたいといわれたが、荒木らは納得しなかった。しかし、一八七七年（明治一〇）一月中旬、鷲峰山境界に官林の棒杭が立てられるに至った。二月、荒木および戸長浅田九郎右衛門は京都府知事に対し、あらためて下げ渡しの願書を提出する。しかし、八月七日荒木は警保課に呼び出しを受けて説諭され、下げ渡しは実現しなかった。[99]

（4）童仙房支庁の廃止

一八七九年（明治一二）一〇月、京都府支庁は再び童仙房から木津に移ることになった。[100]士族・卒族の移住もうまくいかず、華族による茶園開拓への資金提供も当初の一時的なものであった。国による資金提供の期待も裏切られた。資金がない以上、道路の整備など問題外で、京都府の東南隅にある童仙房の道は四尺（約一・二メートル）の小道しかなかった。また童仙房支庁といっても、事実上木津の出張所のほうが機能を果たしていたと思われる。この後童仙房に移住した人びとは、農業の傍ら木こりや炭焼で生計を立てながら、自らの力で苦難の道を歩まなければならなくなる。

明治一〇年代半ばの村の状況（ただし野殿分も含む）を記した「相楽郡村誌」[101]は、「地味」としては、「其色赤黒、其質下等ニ属ス、稲梁ニ適セス、稍茶ニ適ス、水利乏シカラス」とし、「物産」として、年間炭三〇〇〇俵、薪二万五〇〇〇束、陶器一万一五三〇個、氷豆腐二万二七六〇個、製茶五〇〇斤、松茸二〇〇斤、香茸二五〇斤を生産物としてあげ、大阪や近隣に販売すると記している。その後陶器製造がなくなるように、これすらもその後の困難さからすれば、まだよい方であったろう。また、「民業」は男女とも「農ヲ業」としながら、「采樵焼炭ヲ兼ヌ」として明治一〇年代半ばには炭焼がすでに生業の相当な部分を占めていたことをうかがわせる。

童仙房支庁廃止によって、童仙房開拓の責任者であった市川義方は、一八七九年（明治一二）一〇月、京都府の庶務課土木掛兼勧業課授産掛兼勤になり、本格的に山城や淀川の河川の砂防工事に取り組むことになる。市川は、一八八五年（明治一八）内務省の官員として東京に移るが、少なくとも明治三〇年代までは童仙房に土地を持ち、それを下作してもらい、土地の管理は童仙房の馬場家（佐吉・庄次郎）に委託していた[102]。

このようにして、一八七九年（明治一二）、京都府はまったく童仙房開拓より撤退し、官員がいなくなり、童仙房村はこれ以後入植者たちの自助努力で村の維持を図らなければならなくなる。

六　明治中後期から大正期の童仙房の概観

（一）地方制度の変遷――大河原村の成立――

一八七九年（明治一二）一〇月の童仙房支庁廃止以前の四月、京都府では郡区町村編制法が施行される。このとき、京都府では独自の制度として、数村で一つの組を構成し、その組に一つの戸長役場と一人の戸長を置き、町村には惣代を置く、といういわゆる組戸長制が実施される。この年三月、相楽郡第六区の九か村は現笠置町域の四か村が相楽郡第八組、童仙房（野殿地域を含む）・北大河原・南大河原・高尾・田山の五か村が相楽郡第九組に分離された。しかし、一八八一年（明治一四）一〇月二一日、京都府は府布達第一九一号で、組戸長制を京都府全体にわたって廃止し、戸長役場は各町村単独もしくは二、三村連合で置かれ、戸長が執務することになった。(103)この段階でも、童仙房村は野殿地域を含む。この一八八一年一〇月の組戸長制の廃止によって生まれた童仙房村戸長役場体制から、一八八四年（明治一七）五月の連合戸長役場体制までの間で、戸長を務めたことが判明するのは、一人だけである。童仙房村三ノ保中「明治十六年九月改メ　出金控」（新谷家文書）(104)の末尾に「戸長宮武」の署名と印がある。「宮武」とは、前章で登場した泥洹寺《ないおんじ》の住職である宮竹妙観のことである。泥洹寺の住職が戸長であったとすれば、戸長役場も泥洹寺に置かれたのかもしれない。

なお、一八八三年（明治一六）一〇月九日、童仙房村から野殿が分離して野殿村になり、同月一五日、童仙房村と野殿村で一つの連合戸長役場が置かれた。(105)

一八八四年（明治一七）、行政区画はまたもや変更する。五月、政府は内務卿訓示で町村経費の削減のため五〇〇戸、五町村を上限に戸長管轄区域を拡大する方向を打ち出した。六月一四日、京都府では、山城・丹波・丹後各郡の戸長役場管轄区域の全面改正が行われ、童仙房・野殿・北大河原・南大河原の四か村で一つの連合戸長役場を構成することになり、役場は童仙房の麓で木津川に面した北大河原村に置かれた。(106)連合戸長役場に戸長が置かれ、各村には戸長に代わって総代が置かれることになる。童仙房の総代については誰が就任したか不明であ

るが、総代の給与については、童仙房村の「字三郷田」の土地を「処分」して給与を捻出しようとしていた形跡がある。(107)

この年五月には、地方制度のもう一つの大きな制度変更である区町村会法改正が行われ、各町村に町村会設置が要請されるようになった。このとき、童仙房村に村会（単独もしくは野殿村との連合村会）が置かれたかどうか、童仙房区有文書がないこともあって、村会開設の形跡をみることはできない。もともと、童仙房村には九つの保という地域単位があり、各保から一名の代表者（村会議員）を選出すれば、村会開設は容易なようにもみえるが、そもそも村会開設の必要性も感じなかったのかもしれない。

それから、四年後にさらに大きな地方制度の変更がある。一八八八年（明治二一）四月、市制町村制が公布され、翌年この施行にあたって全国的に町村合併が行われた。一八八九年四月一日、連合戸長役場の範囲であった童仙房・野殿・北大河原・南大河原は合併して大河原村になり、連合戸長役場と同様、村役場は北大河原に置かれ、童仙房は大河原村の一大字になった。大河原村の四大字における合併前の一八八八年の戸数は、北大河原村一九七戸、童仙房村八九戸、南大河原村五一戸、野殿村三四戸で、この時点では童仙房村は四大字中二番目の戸数であった。(108)しかし、すでにみたように、この後童仙房は日露戦時には戸数は四五戸になり、昭和敗戦時まで四〇〜五〇戸で推移した。戸数の減少に対応するように、一八八九年から一九五五年（昭和三〇）三月の隣村高山村と合併して南山城村が成立するまでの六六年間における、大河原村の村長は延べ二二人を数えるが、この内訳は北大河原一六名、南大河原六名で、木津川沿いの麓の人びとが占め、高原地帯の童仙房と野殿は一人も村長を出すことはなかった。(109)大河原村の村会議員の数は、昭和戦前期まで一二人であったと思われるが、(110)一九二五年（大正一四）から一九四二年（昭和一七）までの五回の村会議員選挙で、表4―3のように、一二人の村会議員中、

表４―３　大河原村村会議員大字別人数

当選年月	大字名			
	北大河原	南大河原	野殿	童仙房
1925年(大正14)4月	8	1	2	1
1929年(昭和4)4月	8	1	1	2
1933年(昭和8)4月	6	2	2	2
1937年(昭和12)4月	6	2	2	2
1942年(昭和17)2月	7	2	1	2

出典：「大正十二年一月改　大河原村職員名簿」（南山城村役場文書）

北大河原の村会議員は六～八名（五〇～六七パーセント）であったのに対し、童仙房はほかの大字である南大河原・野殿と同様、一～二名（八～一七パーセント）であった。大河原村の村会議員は、村長同様木津川北岸の大字北大河原が有利な体制になっていた。

大字童仙房には区長が置かれたが、昭和戦前期までのすべての区長名は不明である。ただし、後述する山林払い下げ運動に邁進する久保喜右衛門は一八九一年（明治二四）から少なくとも一八九七年（明治三〇）までは区長を務めていたことが判明する。また、一九一三年（大正二）二月に、童仙房大神宮社に石造鳥居を建設するため、募金が進められたときの「石造鳥居建設有志募集簿」[11]には「区長兼人民総代主唱者」として馬場庄次郎の名前がある。馬場家は、先述したように、童仙房開拓の責任者市川義方が東京に移った後、土地の管理を委託した家であった。今日、童仙房内の古文書としては馬場家文書・新谷家文書・西村家文書があるが、このような家が童仙房を代表する家であったろう。

(2) 明治中後期の童仙房の状況

明治中期、大河原村村内でも童仙房から約六キロメートルの麓にある、木津川沿岸の北大河原には大きな変化があった。第一は、旧来の幅一間二尺（約二・四メートル）で人馬の通行が不便で峻険な坂路がある伊賀街道にかわって、北大河原を通って上野までの麓に近い幅二間(約三・六メートル)程度の新伊賀街道開鑿が行われ、一八八五年(明治一八)八月竣工することである。[112] 第二は、一八九七年(明治三〇)一一月、私設関西鉄道上野―加茂間が開業し、北大河原の地に大河原停車場が誕生する。[113] すなわち童仙房から六キロメートルの地は格段に交通運輸の利便性が増していたのである。しかし、童仙房はそのような恩恵を受けていなかった。

明治中期の童仙房の状況がわかる史料がある。明治中後期、童仙房全体を巻き込んで展開された山林払い下げ運動については後述するが、区長久保喜右衛門とともに運動の中心的役割を果たす邦友家良が、京都府知事山田信道に一八九七年(明治三〇)四月一六日付で提出した「府下童仙房ノ現況ニ関スル陳情」[114]である。この史料によれば、一八九七年時点の童仙房は、戸数五八、人口三三〇人。明治四年の開拓「成功」時の戸数は一三六であったから、戸数で七八の減、すなわち約六割の戸数がこの地を去っていた。民有田畑は八二町四反四畝二四歩、民林九八九町一反四畝歩、地価金四五九一円四八銭、地租金一一四円七八銭七厘であった。明治四年の時点では、田畑は一三七町六反九畝余であったから、田畑の上でも約四割減少していた。邦友の表現によれば、住民生活は至って「劣等」であった。住宅は京都府より下付された家屋をわずかばかり修繕して雨露をしのぐ者が「十中ノ九」であった。白壁の土蔵や高塀はなく、ましてや煉瓦の家はなかった。職業は、炭焼・農・製茶・高野豆腐製造などであった。

邦友は学事の状況を次のように言う。「学事ハ皆無ト謂フモ可ナリ」と。泥洹寺を借りて住職宮竹民壽を教師として一か月三円の俸給で依頼しているが、民壽は法用や私用で他出することが多く、生徒は一二、三名であるが、教師が留守のときは一〇町や二〇町の坂や谷を歩いて空しく帰ることがたびたびであった。そのため怠惰に流れ、自然に退校する雰囲気があった。邦友は、男子が兵役に入ったとき無筆であることをさげすまれることと、童仙房の婦女が無教育だとして嫁にもらう人がいなくなることを恐れた。昨年（明治二九年）亡くなった相楽郡長松野新九郎は、常に童仙房の学事不振を憂え、大河原村長や童仙房区長などと懇話していた、と書いている。

この邦友の「陳情」の文章は、山林払い下げ運動で京都府が「主務省」(農商務省）への働きかけを要請するものであったから、当然童仙房の生活の困難さを強調する傾向があった。しかし、邦友の文がすべての面で誇張ではなかったことは、「明治中期頃の童仙房の生活は、我々の調査時における聴取りに際して『当時は青い米を食べた』との言葉が出て来る程、貧しかったのである」という京都府立大学過疎問題研究会が行った一九七二年の聞き取り調査によっても裏付けられる。(115)

（3）大正期の童仙房

童仙房の沈滞をよそに大正期も大河原村に属する麓の北大河原の変化は著しかった。第一は、関西鉄道の影響で木津川の舟運が徐々に衰退していったことである。一九八五年（昭和六〇）の聞き取り調査で、北大河原居住の川下清助（一九一〇年(明治四三)生）は、大正の頃の木津川舟運について次のように語っている。(116)

大正のころには木柴を積んで下る舟はほとんどなく、そのころあった舟は石舟・網打舟である。石の切り出しは北大河原の浜から一ｋｍ程上流の川沿いの山で、そこから大河原駅まで舟で運んだ。駅からは毎日、石を運ぶ貨車が出た。石は花崗岩で間知石と呼ばれ、盛んなころには舟で日に三〜四回運んだというが、大正九（一九二〇）年(株)京都電燈の発電所ができ、水量が減ったので、そのうちになくなった。

石の切り出しが鉄道以前からあったかどうかはわからない。

第二は大河原村大字北大河原に木津川堰堤を設けて引水による発電所ができたことである。一九一九年（大正八）一一月、京都電燈株式会社（社長大澤善助、本社京都市下京区、以下「京都電燈」と略称）による大河原発電所ならびに送電線路新設工事が落成し、同年一二月、運転を開始したことである。つくられた電気はおもに山城・京都方面に送電された。[117] 大河原村の各区（大字）でいつから電灯配給が行われるようになったか不明であるが、一九二一年（大正一〇）七月、大字北大河原のうち本郷と押原、大字南大河原の地主代表者と京都電燈との間で、電灯供給新設のために電柱建設敷地の貸付のための契約が結ばれている。[118] このことからして、この後すぐに北大河原や南大河原では電気による電灯が始まったと思われる。しかし、童仙房の全域に電灯がともるのは戦後の一九四八年（昭和二三）まで待たねばならない。

すでに、第九章の冒頭に大河原尋常高等小学校の「児童の汗」という記事を載せたが、大正期の童仙房の人びとの生活が明治中後期と比べて大きく変化したところはなく、道は、明治初期から変化がなかったし、大正期に大河原村が童仙房の改善のために何か動いた形跡もない。

大正期の童仙房の状況で注目されることは、戸数と経営別農家戸数の変化である。戸数は一八九七年（明治三〇）の戸数五八戸から一九一四年（大正三）には農家四七戸に減少した。一九一四年の農家戸数四七戸の内訳は、自作農一七戸（三六％）、自作兼小作一〇戸（二一％）、小作二〇戸（四三％）であった。童仙房村が成立したときは、当然すべて自作農であったから、大正期にはそれだけ小作化が進行したのである。[119] 地主は、近隣の東和束村の堀庄右衛門家、奈良県の足達重右衛門家などであった。[120]

農家といっても、水稲農業が主ではなく、明治二〇年代から三〇年代までは茶の栽培が多かったが、大正から昭和初期までは桑の栽培が主になった。しかし、桑の栽培も昭和期の生糸の下落によりすたれ、昭和一〇年代以降は再び茶の栽培に着手していく。[121] もちろん、副業としての炭焼きが大きな比重を占めていたことは変わりがない。

全体として貧窮化の度合いを深めながらも、大正期童仙房内部では、二つの大きな動きがあった。一つは、童仙房大神宮社の石造鳥居の建造である。明治四年（一八七一）六月に勧請創設された童仙房大神宮社の木造神門（鳥居）は、大正期には腐朽が甚だしく、この改築が必要とされた。改築が計画された大正初期には木材の騰貴が激しかったが、一九一三年（大正二）にこの際奮発して従来からの神殿とともに鳥居も石造にすることが計画された。経費は、童仙房在住の者はもちろん、他村、他地域の者でも童仙房に縁故ある者には広く寄付を集めることになった。一〇円以上の寄付者はその名を石柱に刻むことになったが、一九二〇年（大正九）一月につくられた石造神殿を取り囲む五〇の石柱には五二名の名が刻み込まれた。また、寄付額に剰余があるときには、鳥居前に石造階段を設けること、さらには開拓記念碑を建設することなどが決められた。(122)

鳥居建設工事は一九一五年（大正四）一月請負金六五円で、記念碑は同年二月に請負金一八円で、いずれも石工業者滋賀県甲賀郡多羅尾村渡辺弥与八と請負契約がなされ、(123)同年三月に完成している。

もう一つの動きは、一九一七年（大正六）一〇月、童仙房に消防隊が設置されたことである。この年二月、青年会支部長久保弥吉・宮竹敏・柚木喜三郎の三名の発起により消防隊設置が計画された。しかし財源はまったくない。そこで三人は時の区長馬場庄次郎や区内有力者と協議し、童仙房区内で寄付金を集めるとともに、童仙房に土地を所有する他地域の人びとにも寄付を求め、この結果総額三〇〇円を得た。同年八月には喞筒《ポンプ》、その他の器具を購入した。九月には神宮鳥居の横側に器具納入倉庫を建設した（土地は東和束村字門前堀庄右衛門から永世無料で借用）。一〇月になって、童仙房区の住民で一七歳から四五歳までの者四六名で消防隊を組織した。構成は組長一名・副組長一名・小頭三名とし、発起人から組長新谷龍輔に会計全部が引き継がれた。(124)

七　小学校の維持

一八七九年（明治一二）の童仙房支庁廃止後、貧窮化の度合いを深めつつ童仙房の人びとが腐心するのは、小学校（道宜学校）の維持であった。

一八七五年（明治八）道宜学校が童仙房・野殿を学区として創設されたが、訓導は置かれず、童仙房支庁の官員が教員の代用をしていたこと、寄付金などの運用により小学校の永続維持が図られていたことはすでに述べた。では一八七九年童仙房支庁が廃止になり、京都府の官員が童仙房を離れた後道宜学校の教員体制はどのようになるのか、また童仙房の人口も減っていく中でどのようにして小学校維持が図られていくのか。どちらも明確なことはわからないが、知りうる限りのことを述べておこう。特徴的な点は、道宜学校の後身である大河原尋常小学校童仙房分校が、一九〇二年（明治三五）一〇月に校舎が新築されるまでは、通常の教場・教員体制をとることができず、泥洹寺《ないおんじ》が教場となり泥洹寺住職が教員の役割を果たしていたという事実である。

（一）童仙房村の学区内集金

まず、明治一〇年代の道宜学校の維持のしくみを資金面からみておこう。

一八八六年（明治一九）の小学校令が施行されるまで、学校の運営資金は、学区内集金・授業料(125)・寄付金・積立金利子などによって賄われていた。一八八三年（明治一六）、翌八四年の頃の童仙房村における学区内集金の集め方がわかる史料がある。童仙房村三ノ保の新谷家に残された「学校諸入費渡し控(126)」という史料によれば、三ノ保では、一八八三年一二月分の「教師月分金」として一一戸から計一六銭五厘が集められ、一八八四年二月分

「教師月給料」として九戸から計一三銭五厘が集められた。この二か月分の集金を見る限り、第一に、童仙房村での学区内集金は童仙房の九つの保ごとに集められたこと、第二に、二か月間各戸が支払った学区内集金の額を計算すると月に各戸一銭五厘の集金があったことがわかる。この各戸が支払う一銭五厘という学区内集金の額は、七年前の一八七六年の京都府の学区内集金の月平均が四銭余（年半季毎戸二五銭）[127]であったことからみても、他村と比較した場合、低位であったと思われる。

（2）小学校制度の改変

一八八六年（明治一九）四月一〇日、小学校令が公布され、小学校の制度は大きく変わることとなった。小学校令は、①小学校を分けて、高等・尋常の二等とし、土地の状況により尋常小学に代用する形で簡易科設置を認める、②児童六年から一四年に至る八か年を学齢とし、父母・後見人等はその学齢児童をして普通教育を受けさせる義務があるものとする、③授業料および寄付金等をもって小学校の経費を支弁し、不可能な場合は区町村会の議決により区町村費よりその不足を補う、④尋常小学校の学科は、修身・読本・作文・習字・算術・体操で、土地の状況により、図画・唱歌の一科、もしくは二科を加える、などを定めたものであった。尋常および高等小学校の修業年限はこの時点では各四年であった。[128]

この小学校令の結果、道宜学校に尋常科がいつ、どのようにして設置されたかは史料がなく不明である。『明治四十三年　学校台帳　相楽郡』によれば、一八九二年（明治二五）四月、大河原小学校が大河原尋常小学校と改称され、道宜学校が童仙房分校になり、学級は三学級に編制されたとする。[129]

しかし、この一八九二年の頃は、まだ校舎としての童仙房分校はできていなかったようである。そのことを示すのが、翌一八九三年一〇月四日の日付で、東京の市川義方が童仙房村の馬場佐吉に送った書簡(130)である。この書簡は、馬場佐吉らが市川義方に対して童仙房村の神輿修復のために資金援助を要請したのに対し、この要請を断り、神輿修復よりも小学校が大事であることを縷々述べたものであるが、市川はその中で次のように言う。「新村ハ小学校第一にて人をハ賢コクスルガ第一ナリ」、「第一肝心ハ小学校ヲ取立、ヨキ教師ヲ雇ヒ入ル事ナリ、ソシテ生レル小児ノ眼ヲアケテヤリ、ソロハンヲ教ヘテ智恵ツケテヤリタイ」、しかし、「今ヤ童仙房ニ本教師ナシ、分校モナシ、此儘ニテ日月ヲ送レハ、童仙房ノ小童ハ小学卒業ナキ文字シラザルカノアキメクラばかりトナル、一日モナクテナラヌハ小学校ナリ」と、童仙房分校の実態がなかったことを前提に書いている。さらに、すでに紹介したように、一八九七年（明治三〇）四月の邦友家良「府下童仙房ノ現況ニ関スル陳情」にも、「（童仙房には―高久）学事ハ皆無ト謂フモ可ナリ、泥洹寺ト云フ寺ヲ借リ住職宮竹民壽ヲ教師トシ、壱ヶ月参円ノ俸給テ依頼シアルトノ事(131)」とあり、まだこの時点でも、校舎というものは存在しなかったことがわかる。

（3）泥洹寺の役割

後述するように、一九〇二年（明治三五）一〇月、大河原尋常小学校童仙房分校が校舎として創設されるまで、事実上教場の役割を果たしたのは泥洹寺《ないおんじ》である。しかもその住職が教員の役割を果たしていた。教育機関としての泥洹寺について述べる前に、童仙房支庁廃止後の泥洹寺がどのように維持されていったかを述べておこう。

一八七八年（明治一一）一〇月創設の泥洹寺は、地域の結集場所であった。泥洹寺は、集会などさまざまな形で使用された。一八八〇年（明治一三）二月二九日、童仙房出張授産掛は、三ノ保の勧農係に対して、毎月五・

二五日両日に授産掛吏員がこの地に出張し、本願寺出張所（泥洹寺）を借り受け、人民に対して布告・布達を読み聞かせるので保内毎戸が同日午後七時に印形持参で集まるよう達している。(132) 一八八一年（明治一四）六月、泥洹寺は、寺維持のため永続講を創設し、加入者を募集した。この「趣意書」によれば、年頭・中元・報恩講の三季および年二回の彼岸会の荘厳用供物と灯明は門徒に請求せず、そのような用途のために積立として永続講を組織し、費用に余分ができれば葬式用具を求めたいとしていた。(133) ただしこの講がどれほどの人びとを加入させ、機能したかは不明である。

泥洹寺創立後、常駐することになった宮竹妙観に対し、一八八六年（明治一九）、本山である西本願寺は寺跡を下付する内命を与えた。翌一八八七年四月、宮竹妙観は、泥洹寺永続のため本山に対し嘆願書を提出している。嘆願の内容は、寺跡拝領に感謝しながら、泥洹寺付属の土地も寺所有としていただくとともに、従来妙観に渡されていた月給を三年間支給され、そのうち一年半の分を一時にいただきたい、というものであった。そして、荒蕪地であるこの地所を、一時期にいただいた金で開墾して耕地にし、これを永続の資産としたいというものであった。妙観は、この方法と質素倹約により村民の「信施」を求めなくても寺は維持できるとした。(134) 永続講も寺による開墾も、農業のかたわら木こり業、あるいは他村への出稼ぎをしてようやく生活を維持している童仙房村民に、できる限り費用を負担させないで寺を維持していこうとした宮竹妙観の苦心の跡であった。

なお、泥洹寺は初代宮竹妙観（和歌山県名草郡の浄土真宗西慶寺〔現和歌山市汐見町〕の元住職）、二代秀恵（宇治郡山科村字東野〔現京都市山科区〕真光寺住職、一八八八年〔明治二一〕四月妙観死亡後一八九六年七月まで泥洹寺住職兼務）、三代宮竹民壽、四代宮竹敏壽によって維持されていく。(135)

次に、教育の場所としての泥洹寺および「教員」としての泥洹寺住職について限られた史料で見てみよう。

泥洹寺の第三代目住職宮竹民壽の「履歴書」によれば、一八八一年（明治一四）滋賀県高島郡南古賀村の家（真宗寺院であろう）より宮竹妙観の養子となるが、一八八六年自己の願により養子縁組を解く。しかし、妙観が一八八一年他界する直前妙観の養子に再縁した。この間、一八八五年七月より翌年六月まで一年間「童仙房分教教員」になる。月俸三円であった。一八八六年（明治一九）七月から一八八九（明治二二）一〇月まで「大河原役場書記」と「履歴書」にあるが、おそらく北大河原村ほか三か村連合戸長役場書記から町村合併で大河原村が誕生したときにそのまま大河原村役場書記を務めたのであろう。一八九四年（明治二七）四月から一九〇二年（明治三五）一一月まで「童仙房特免学校教員」になり、その後一二月からは「相楽郡大河原尋常小学校準訓導」（月俸九円）として引き続き童仙房分校に務めた。この間一八九六年（明治二九）一一月には泥洹寺の第三代住職になる。このようにして、民壽は、一八九六年以降は住職のかたわら童仙房分校で教師の仕事に従事していた。明治二〇年代以降、教員にも明確に資格が要求される社会になるが、民壽も一九〇〇年（明治三三）六月、京都府より準教員検定試験合格の免許状を得ていた。なお、民壽の妻ツルも裁縫などを教えていたようである。(136) 宮竹家の人びとがいつまで、この地の教育にかかわったかは不明である。

（4）分教場の成立

一九一二年（大正元）一〇月一八日の午前一一時から、大河原尋常小学校童仙房分校は、十周年祝賀式を行った。来賓は、郡視学・大河原村長（大倉五平）・助役・役場員・駐在巡査・村内名誉職員・創立当時功労者・学務委員・青年会支部長で、相楽郡の郡視学に加えて、大河原村の役職者が集結したのである。午前の一連の儀式の後、午後一時半からは余興として児童の学芸会が開催された。この学芸会の最中か午前の「児童総代の祝辞」

の中かは不明であるが、六学年生小浦定雄は「童仙房の今昔」を話したが、その中で「明治三十五年本月本日を以てこの分教室を建てられまして」と述べている。[137]したがって、校舎としての童仙房分校（分教場）の創設時期は一九〇二年（明治三五）一〇月一八日のようである。

『明治四十三年　学校台帳　相楽郡』[138]によれば、この分校は、校地は一二八坪で、校舎は二〇坪の教室一つであり、尋常科一学級で構成されていた。雨天体操場はなく、六〇坪の屋外運動場があった。休業日はまったく本校と同一であった。

一九八八年（昭和六三）三月に南山城村立野殿童仙房小学校がつくった『わたしたちの野殿童仙房　3年生社会科学習ノート』に収録された一九二五年（大正一四）の学校の集合写真には、中央に教員一名、そのまわりを五〇名の生徒（女子二七名、男子二三名）がとりかこんでいる。[139]この時期は、一人の教員時代であろう。ちなみに、後述するように、一九四二年（昭和一七）の頃は、この分教場に二人の訓導と四六人の生徒がいた。[140]

なお、一九一〇年（明治四三）一一月八日をもって、童仙房分校は小学校教員加俸令（一九〇〇年三月公布）第七条の趣旨にもとづく第一僻陬地に指定された。[141]

この間、大河原村で、一九〇〇年（明治三三）三月、「学用品補助貸与規定」が制定されたことが注目される。これは大河原尋常小学校の生徒中で「貧民」の子弟がいるときは、学用品、すなわち教科書・硯・石盤・裁縫用具・風呂敷を貸与し、墨・筆・半紙・草紙・石筆などの現品を補助するという規定であった。[142]当然、この規定は、童仙房分校のかなりの生徒に適用されたと思われる。

第四章の冒頭で、一九一六年（大正五）の時点での童仙房から山の麓の大河原尋常高等小学校に通う子供の姿を示したが、明治後期にも同じような状況がある。一九一一年（明治四四）一月一日発行の雑誌『相楽』二号に童仙房分校の一生徒の姿が掲載されている。生徒の名は、野殿から童仙房分校に通学していた大久保吉太郎。一九一〇年の時点で第六学年生、父は日稼業であった。吉太郎は、童仙房分校入学当時より毎日曜日には必ず三〇町余の坂をものともせず、炭一俵を背負って野殿から北大河原に山道を下り、多少の賃銭を得て学用品の購入をし、残った金は炭・油の費用に充てていた。尋常科第三学年よりは北大河原にある本校に通学することになり、毎朝炭二俵を担いで本校に出席し、帰宅後は草履二足をつくり、そのほかに人の小使をして得た金品を学費に充てていた、という。(143)

八　官有山林払い下げの請願

ここでは、童仙房が一つの大字になった後、童仙房の人びとが一丸となって運動し、結果として成功しなかった山林払い下げ問題について述べたい。

明治二〇年代童仙房は生活にあえいでいた。童仙房が相楽郡大河原村の一大字になった一八八九年（明治二二）はひどい凶作で、翌年は米価が騰貴した上に童仙房「第一ノ産物タル製茶」の値段がかつてみないほど下落し、その余波は引き続き一八九一年（明治二四）に及んでいた。(144)

一八九一年一月、童仙房の住民三九名が連印のもと、大阪大林区署に対し無代価での官有山林払い下げを請願する。払い下げを請願した山林は、大字童仙房字北牛場（九番）の反別三五町九畝二三歩、字手洗（八番）の反別九二町五反三畝二七歩、総計一二七町六反三畝二〇歩の「未定官林」であった（図4―1参照）。「未定官林」という意味は、北牛場と手洗の山林は開拓当時官有とするか民有にするか定まらず、未定としてしばらく府庁に属し、その後農商務省に引き渡された「官林」であるという歴史的経過を請願者の立場から表したもので、これ以後一貫して使用されていく。

請願の理由は次のようなものである。童仙房は、諸国の「窮民」が集合して一部落を形成したので、近国近村に一つの縁故もない。もし天災などに遭遇すれば、ほかに救助を求めたり互いに援助したりすることもできない。したがって童仙房にある官有山林数町歩を割いて童仙房共有の立山にし、これを備荒の予防にしたい、というものであった。

すでに、童仙房には共有山林はあった。これは開拓当時市川義方の勧めによってできたものであったが、わずか一〇町歩ほどにすぎなかった。これでは童仙房が困難になった際には救済の用に足らない。このため数町歩の山林を無代価で払い下げてもらい、将来備荒救助の基本に充てたい、というものであった。[145]

請願の背景としては、次のような歴的経過があった。この土地は一八八三年（明治一六）に初めて官林に編入され、一八八九年（明治二二）農商務省大阪大林区署に引き渡された。しかし、その後この土地が和束郷領の山高三四石余を納めていた山の内にあることが判明した。旧和束郷の総山は一旦官有地とされたが、山高を納めていたことを知り、湯船村ほか一三か村が民有地に引き戻しの請願をしたところ、民有地第一種に編入されたという経過があった。この「未定官林」は和束郷山高三四石余の中の山地であり、一方が民有地に編入されたのであれば、童仙房境界の「未定官林」も民有地に編入されるべきだ、という論理であった。[146]

この請願の中心的担い手は、このとき七〇の齢を迎えようとしていた大字童仙房の区長久保喜右衛門であった。久保は区内のさまざまな意見を調整し、数度京都府庁に出願するなど精力的に活動をする。[147] 合併村である大河原村も、大字童仙房を後押ししていく。一八九三年（明治二六）四月一四日、大河原村長岡本正休は、和束郷の中和束・東和束・西和束・湯船四村に対し、和束郷領山地が民有地に編入されたことの証明を依頼するとともに、同月二七日、京都府に対し上記「未定官林」を民有地に引き戻すための請願書を提出している。岡本もまた、この請願の理由として、学校を維持し児童を教育する資力がないとして童仙房の学校を維持する基本財産の補助に充てたい、としていた。(148)

しかし、この時点では事態は進展しなかった。また、童仙房内部でも必ずしも、すべての人びとが一致してこの運動を推進しているわけではなかった。そのことは、当時五〇戸以上はあった童仙房で、一八九一年（明治二四）一月の官有林払い下げの請願が三九名でなされたことにも示されている。「当今ノ制度ノ手続ヲ弁知セザル為ト及区内ニ之ヲ賛成セズ相反目スル者アル為、数ヶ度府庁ニ出願スルモ採用セラレズ(149)」という状況であったという。

一八九六年（明治二九）一月下旬、今度は童仙房住民五〇名が署名調印し、「決議書」を作成する。この時点での五〇名は、署名人員が増加していることからみて、童仙房でこの運動が進んでいたことを意味する。この「決議書(150)」は、北牛場・手洗の官有山林一二七町六反三畝二〇歩の下付をその筋に請願することを決め、請願に関することは童仙房区長で、このとき七五歳の久保喜右衛門と邦友家良を請願委員とし、童仙房に関する一切の権限を一任すること、久保の実費は童仙房一般が負担し、邦友の費用は本人の厚意を受けて自弁とした。一月二二日には、久保と邦友を部理代人とする童仙房住民五〇名の「委任状」も取り付けられた。(151)

邦友は、「旧幕府ノ士」で、明治三年以来この地に住み、このときは東京市下谷区に寄留していた。この年一月五日、久保は郷里を発し、八日邦友を訪問し、邦友の助力を要請していた。一八九七年（明治三〇）三月九日、邦友は東京を発し、三月一四日童仙房の泥洹寺で区民を集め一場の演説を行った。このときの状況を邦友は次のように表現した。(152)

去月九日東京ヲ発シ、久々帰省シテ区民一同ヲ招集シ、一堂ノ面前ニテ親シク前后ノ事情ヲ聞キ、爰ニ初メテ区民ノ調和ヲ整ヒ、昔年ノ紛議ヲ氷解シ全区民親睦ノ宴ヲ開キタリ、此会コソハ童仙房開拓以来未曾有ノ事ナリト区民ハ大ニ欣喜セリ

この時点で山林払い下げ問題について「初メテ区民ノ調和ヲ整ヒ」という状況が生まれたのである。そして、この問題以前においては、童仙房内部に「昔年ノ紛議」という内部の分裂状況が存在したが、山林払い下げ問題が童仙房区民（このとき五八戸、三三三人）の結集をもたらし、その結果として「童仙房開拓以来未曾有ノ事」である「全区民親睦ノ宴」が持たれたのである。

そしてこの日、邦友の演説の趣旨にもとづき、山林が下付された場合の童仙房住民の守るべき事項を決議している。それは、次のようなものであった。①童仙房永久の基本資産であることを忘れず、教育その他必要の費用に充てるほか、一身一己の欲情に使用しないこと、②許可を得たときは、相当の方法規則を制定し、邦友の承諾を得て大河原村長に届け置くこと、③一時の伐木はなすことなく、およそ全立木のうち一〇〇分の二〇ないし三〇を伐採し、その他は必要の際に伐木すること、④伐木をしたときは相当の苗木を植え付け、他年繁茂の方法を設けることはもちろん、砂防等の注意もまた必要である、⑤この森林の権利は、他村地区に移転した者はその権利を失い、入村永住の者には各々その平等の権利を享有することができる。(153)

一八九七年（明治三〇）四月一六日、邦友は、「未定官林払下請願委員邦友家良」の名で山田信道京都府知事に対し、「府下童仙房ノ現況ニ関スル陳情」を提出する。この陳情で邦友は、童仙房の地を拓殖務省所轄の北海道に類似しているとして、次のように要望した。(154) この植民事業は長谷信篤・槇村正直知事からの相続人が山田知事であり、その立場から童仙房の住民が一般民力と均一になるまでは、学校に勧業にその他一切の施政上につい

て慈母が赤子に対するように充分ご注意いただきたい、と。同年六月二三日、邦友は、農商務省山林局に「御面会願」を提出するなど中央でも運動するが、(155) 事態は進展しなかった。

童仙房の人びとの願いと逆の形で事態が動くのがそれから七年後である。農商務省は、この山林を一九〇四年(明治三七)一〇月一四日付で、大河原村・笠置村・湯船村の共有の民有地とすることを指令する。(156) この処分に対し、翌年二月、童仙房の馬場庄次郎ほか四四名は、あくまでこの山林は童仙房の民有地であるとして、国を相手取って行政裁判所に対し「違法処分取消の訴訟」を起こす。このとき、弁護士(平松福三郎)が立てられているが、童仙房にとって初めての経験であったろう。この訴状では、この山林が、自分たち開拓者が長い年月辛苦を重ねてきた開拓地に対して、水源を生み出し、土砂を止める土地であることを無視し、開拓者の権利をそこねるものである、と厳しく糾弾した。(157) 行政裁判所の判決は、同年四月五日に下された。その判決要旨は、主務大臣(農商務大臣)が、村長に対してその村所在の山林若干歩を民有に編入すべしとの指令をなした場合に、私人よりその取消を請求する事件については、法律・勅令中行政訴訟を許した規定がないという、いわば門前払いの判決であった。(158) 童仙房の人びとの落胆を伝える資料はなく、想像するしかない。また、この後、童仙房の人びとが大河原村に対する動きを含めてどのように動いたかを知る資料も現在のところない。

九　昭和戦前期の童仙房

(一)　童仙房への林道開鑿

南山城村役場文書の中に一九二九年(昭和四)の大河原村の「管内ノ概況」を書いたものがある。その中で、一大字の童仙房については、「童仙房ハ維新ノ際開拓シ、諸地方ヨリ移民ヲモッテ成セル村落ニシテ、当時為ニ民情モソノ他習慣等モ一致シガタキモ、現在ニテハ民情モ相通ジ習慣モ一致シタレドモ、尚自治ノ発達充分ナラズ(159)」とあり、まだ童仙房が大河原村内で特殊な位置にあったことがうかがわれる。

昭和初期も、野殿は尋常三学年より、童仙房は尋常五学年より北大河原の本校に通学していた。昭和五年一二月九日付『大阪朝日新聞京都版』の記事「山城の別天地　野殿と童仙房　その①」は次のように記す。

分教場(童仙房分校―高久)より遠く四キロの山城谷――それは両側が切り立つて聳える国見山、鳩ヶ峰などの峻険な、そして千仭の断崖に沿ふ一筋の石原の急坂を、或は七曲り、或は馬の背など、文字通り危ない坂を上下しなければならない、積雪が凍るとガラス張りの坂となり、足は冷却して感覚を失つて了ふ

この記述から、童仙房から本校のある北大河原への道は、山城谷道(現大河原―東和束線、図4―1のⓓ)であったことがわかる。どの程度の道幅であったかは不明であるが、後述するように、昭和初期まで炭は人の肩に背負って運ばれていたことから、きわめて狭い険阻な山道であったことはたしかである。

昭和期の変化は、一部の家であろうが、この地にもラジオや蓄音機が登場したことである。前述の「山城の別天地　野殿と童仙房　その③」(一二月一五日付)は、次のように記す。

ラジオはここにも進出して、障碍物のない高原は、却つて感度が良く、正月三日間は勿論のこと、冬の夜長を近所合壁の女房連やさては処女、青年たちが打ち集ひ蓄音機と共に又山間、高原の娯楽となつてゐる

しかし、昭和戦前期の最大の変化は林道開設である。大河原村では、一九三三年(昭和八)に時局匡救事業として、北大河原から童仙房までの林道開設工事を行った。

周知のように時局匡救事業とは、昭和恐慌による農村の疲弊の状況を、政府による巨額の資金を農村の土木事業に投与することによって農村経済を立て直そうとした政策であった。この政策による全国の農村に対する資金

投与は、一九三二年（昭和七）から一九三四年（昭和九）まで三年間続いた。

大河原村の一九三三年の林道工事は延長八四〇メートル、工費三〇〇〇円の工事で、資金の四分の三は補助により、四分の一は起債により、ほかに監督指導その他の費用は村の負担、計三二七〇円が総費用であった。翌年、未開設部分の延長工事を大蔵省預金部より金一万円の低利資金を借り入れ、この事業を完成させた[160]。この林道は、南北山城谷を通るから現大河原・東和束線の道路であるが、北大河原から童仙房の六キロメートルのうちのどの部分の八四〇メートルであったかは不明である。なお、この後も工事は続けられたようで、大神宮社境内に一九六九年（昭和四四）四月三日に建てられた「開拓百年記念」の碑の裏面には、「昭和十一年　人道を車道に改修」の文言がある。

一九三五年（昭和一〇）三月、大河原村会は、林道開設資金の償還を目的とした「特別税反別割条例」を議決し、四月五日京都府の許可を得る。この条例は、①昭和九年度起債林道開設資金の償還金を徴収するため特別税を設ける、②特別税は反別割とし地租附加税と併課する、③反別割は林道開設のため利益を受ける山林総計一〇一一町歩（大字童仙房一円の山林九四四町歩および大字北大河原小字山城谷南北向等の山林六七町歩余）の所有者に賦課する、④反別割の課率は、山林一反歩につき金八銭以内の範囲で毎年度村会の議決を経て定める、⑤この特別税反別割は、昭和一〇年度より村債償還終了の年度まで施行する、というものであった。同条例の「理由書」によれば、村債償還期間は二〇年が想定されていた[161]。

また、林道開設後の山林所有者の利益は次のように計算されていた。まず、対象となる山林一〇一一町歩余の内訳は、植林地四〇〇町歩余、天然雑木林六一一町歩余であるが、雑木林の木炭年産額三万五千ないし四万俵で、現今の搬出運賃は平均一俵八銭以上の費用が必要である。しかし、林道開設後車力によるときは平均一俵三銭以内ですみ、この差は年額約二千円の利得になる、と。[162] このように、山林所有者に対して負担を求める制度は、一九一九年（大正八）四月公布の道路法でほぼ一般的になる受益者負担の考えにもとづいていた。

一九三七年（昭和一二）八月、大河原村では「林道使用条例」を制定・施行し、さらに林道の使用料を徴収することになった。この条例は、同年八月一三日京都府の許可を受けている。この条例は、林道で車輌を使用して用材・薪炭・土石等を運搬する者に対し、使用料を徴収すること、さらに林道を使用しようとする者は使用開始前日までに伐採（採取）場所・種目・数量・使用期間を記載した申請書を、管理者である村長に提出することなどを義務付けた。使用料は、種目によって異なっていた。当初は、用材は一立方メートルにつき二五銭以上三〇銭以下、薪材と木炭は一〇キログラムにつき一銭以上二銭以下、石材は一立方メートルにつき七二銭以上八三銭以下、土砂は一立方メートルにつき六六銭以上七三銭以下になっていた。その後用材は、一九三九年（昭和一四）一一月の条例改正の時点で一立方メートルにつき九〇銭以上一円二〇銭以下に変えられているようだ。そして、戦後の一九四七年（昭和二二）八月の条例改正の時点では三円以上一〇円以下に変えられている。なお、村長の許可を受けずに林道を使用したり、村長の命に従わない場合は五円以下の過料が科せられることが当初の条例から規定されていた。[163]

このときに新しくできた林道の道幅は不明であるが、明らかに道幅は拡大し、[164] それまで肩に背負って搬出されていた童仙房の炭は運搬具（「ソリ」）によって麓の北大河原まで搬出されるようになり、童仙房の人びととこの地の生業に大きな利便を与えたことは間違いない。そのことは、次に紹介する史料により明らかになる。

（2）原田瑩一「昭和十七年　戦前の童仙房」

一九四二年（昭和一七）四月、彦根高等商業学校（現滋賀大学）に入学したばかりの学生原田瑩一は、童仙房の地を民家調査のために訪れている。原田は、当時大河原国民学校の教師で郷土教育に情熱を傾けていた八木訓導の話と「パンフレット」をもとに、自分が撮影した写真とペン書きによる見聞を加え、昭和戦後に「昭和十七年戦前の童仙房」を著した。この中で、原田は当時の童仙房の生業と林道を使用しての木材や炭俵の搬出の情景を、次のように描いている。(165)

炭焼き小屋で働く農民

耕地の少い山村「童仙房」の副業は山林から得られる利益であった。

童仙房の山林には炭焼きの窯が数ケ所あって年間約六万俵の良質の炭を産出している。大河原村の年間生産一〇万俵の約六〇％に当り、主として京都・伏見方面に出されている。

この山林からは秋になると松茸が多く産出して京都・大阪方面からの〝松茸狩り〟も盛んである。

木材の搬出

山道を歩いていると貯木場があって伐り出された材木の積み出しが行われていた。大東亜戦争勃発以来、木材は重要な軍需物資として伐採が急ピッチで進んでいるとのことであった。標高五〇〇Mの地点から麓の大河原までの急坂を搬出するのは一苦労で、荷崩れせぬように積荷のチェックは真剣であった。

炭俵の搬出

炭は「ソリ」のような珍しい運搬具で急坂を運び出されていた。車輪のあるものではブレーキを掛けっぱなしで危険なため、こんな運搬具が考案されたのである。この道が出来るまでは炭は肩に背負って運び出されていた。

このように、時局匡救事業の資金を利用した林道開鑿は、木材や炭俵の搬出方法を大きく変えることになった。ただし、林道が開鑿されたといっても、なお急坂が多く、ようやく牛車を通ずるだけで、トラックが通ずる道は、戦後の道路の拡幅まで待たねばならなかった。

原田の「昭和十七年　戦前の童仙房」は、童仙房の生業と林道を使用しての木材や炭俵の搬出の情景以外に、太平洋戦争下の一九四二年（昭和一七）四月一三日にこの地を訪れたときのいくつかの印象を書いている。その中で特徴的な点を記しておこう。(166)

①山々に囲まれた聚落に点在する民家は美しく、洛北・八瀬・大原の里に見られるような入母屋造の部厚い草屋根は冬の雪深いこの秘境にふさわしい。

②開拓当時は一四〇戸であったが、現在は五一戸、約二六〇人に減少している。村人の性質は温和で、蓄財に成功した人は遠国の加賀・能登より移住した人に多く見られる。

③大河原国民学校校長の話によると、村では出征軍人・戦死者が他村に比して多く、これは童仙房の人たちが体力が強く勇敢なことを物語っている。最も困ることは病人の処置で、医者は大河原より「駕籠」で往診する無医村である。幼児の死亡率は高い。風紀は良好で開拓当初は無頼の徒がまぎれ込んで殺人もあったが、現在では犯罪者もなく、警察も数か月に一度警官を巡回させるという平和な桃源境である。村民はすべて美しい京都弁を話す。

④この分教場には二人の訓導と四六人の生徒が親と子のような親しさで勉強にいそしんでいた。最近三人の朝鮮人の子供が入って来たが、日本人生徒とは仲良くしていると先生は話してくれた。(167)

⑤村内・村外の有志の寄付によって童仙房倶楽部という平屋造二〇坪の建物があり、常会や村内の相談に利用

されている。内部正面には「明治の拓郷」の額が掲げられ、父祖の開拓精神を忘れぬようにしている。寄付金は足達重右衛門一〇〇〇円、堀庄右衛門六〇〇円、久保喜之助二〇〇円の大口のほか、七〇〇戸より約二八〇〇円の浄財を集め、計四六〇〇円を基金として建設されたものである。足達氏・堀氏は山林と田畑の地主である。

⑥〝マチ〟と呼ばれる四番の聚落の山裾に位置し、童仙房の鎮守の森である大神宮社は、童仙房の人たちが新年の初詣で、豊年の祈り、山の幸と豊作を感謝する秋祭りに詣でる神社である。また村から出征する若者は社前に武運長久と滅私奉公を祈願したであろう。

⑦童仙房という高原の僻地が明治時代の進運を共にできなかったのは、特に交通運輸手段が開拓されなかったことが大きい。京都府の開拓した荒蕪地はわずか三分の一にすぎず、農民の開墾すべき余地は広大であったが、その後の開墾は行われなかった。これは土地の肥えたところが少なく、肥料の運搬が困難であったことに起因する。農民はこうしたことから土地を売り次第に減少した。移住当時はすべて自作農であった農家も四〇数年後の大正三年には農家四七戸中、自作農一七戸、自作兼小作一〇戸、小作二〇戸となった。大河原国民学校校長の話によると、農民の売却した農地を買って地主となったのは、東和束村の堀庄右衛門で、その農地は五町歩に及び、童仙房六番に別荘を持っている。山林も、最初は農民の所有であったが、これも次第に売却され、大和の足達という人物らが所有者になった。現在、土地利用の運動が盛んなるとき、童仙房の再開拓を望む声が強い。

この史料からいくつかの点を記しておきたい。第一は、童仙房倶楽部という公共物の存在である。この建物がいつ建設されたか不明であるが、大口寄付者の中に、足立重右衛門・堀庄右衛門という地主以外に久保喜之助という名がある。久保という名前は、明治中後期童仙房で展開された山林払い下げ運動に身命をかけた当時の区長久保喜右衛門の子孫であろう。また、この当時五一戸の戸数であるが、七〇〇戸から二八〇〇円の寄付（一戸平均四円）があったという。一九四〇年（昭和一五）の時点で、童仙房を含む大河原村の世帯数は三八五世帯であるから、[168]大河原村をはるかに超えた範囲で寄付が集まったことを示している。この中にはかつての童仙房居住者もいたのではないかと思われる。第二に、大河原尋常小学校童仙房分校は、一九四一年（昭和一六）三月の国民学校令の公布により、同年四月一日大河原国民学校童仙房分校と名前を変えたが、この時点で二人の訓導が四六人の生徒を教えていたことである。[169]前述したように、一九二五年（大正一四）の大河原尋常小学校童仙房分校には一人の教員しかおらず、またそれから五年後の一九三〇年（昭和五）一二月の時点でも教員は一人であったこ[170]とから、この二人の訓導の存在は注目される。また、この大河原国民学校の童仙房分教場は、一九四二年（昭和一七）一二月、総改築が行われている。[171]第三に、原田の見聞の結果として童仙房開拓の失敗の要因として、「交通運輸手段が開拓されなかった」こと、すなわち道路事情が悪く、肥料の運搬が困難であったことをあげている点が注目される。

(3) 太平洋戦争下の童仙房――地域の活性化――

太平洋戦争下、一般的には戦争遂行にともなう供出や配給にともなって地域が疲弊していくが、大河原村、そして童仙房ではある種の活性化の状況が生まれていた。

活性化の要因の第一は、昭和恐慌後木炭の需要が急上昇したことである。一九四七年（昭和二二）九月に発表された織田武雄・谷岡武雄「京都府下童仙房の開拓と現状」は、敗戦前後の童仙房の現状を分析した貴重な文献

であるが、そこでは見事に童仙房の林業の状況を描いている。長いが引用しよう。(172)

童仙房は耕地は僅少であるが、山林は千余町歩を有し、林業の占める役割は寧ろ農業よりも大である。林業としては薪炭、殊に木炭の製造が重要である。（中略）開拓時以来童仙房の如き山村では炭焼きは農閑期を利用する最も有利な産業と看做されて来た。即ち開拓当時一〇ヶ所の炭焼竈はその後各戸に行き亘り、昭和十二年乃至十五年頃は木炭の生産は最高を示し、年間八万俵にまで達した。一戸一日平均三俵の生産が普通であつて、一年間に一戸五百乃至六百俵となつてゐるが、昭和十九年の大河原村統計によれば、童仙房製炭農家一戸当平均生産高は六二八俵である。従つて同年の公定価格一俵二円として、一戸一、三五六円の収入を存した事になり、農家の家計に於ける重要な収入源となつて居る。同年の童仙房全体の生産高は約三九、〇〇〇俵（一俵十五瓩〔キログラム─高久〕）であり、これは最盛期の略半ばに過ぎないから、正常のルート以外の生産も相当あつた事は考へられる。現在の炭焼農家は三七戸、即ち全農家戸数の約七・四割を占め、炭焼竈二〇ヶ所を有し、原木は村内山林の雑木が用ひられる。併し山村の殆んど大部分は他村の地主の所有に属して居るため、原木の入手には一定額の代価で立木を買ひ取らねばならない。このことが従来資金の乏しい炭焼農家にとつて最大の負担となつてゐるのである。

織田・谷岡論文は、①一九三七（昭和一二）～一九四〇年（昭和一五）の木炭生産高に比べて、一九四四年（昭和一九）の敗戦間近の時期には、統計数字上は半分程度に落ち込んでいること（ただしこの場合「正常のルート以外の生産も相当あつた」としている）、②木炭の需要が伸びたといっても、原木の入手は他村地主から買わなければならず、炭焼農家の収入増大に直結したものではなかった、という点も見過ごさずに指摘している。それでも、昭和恐慌後、この地に木炭需要の増大による活性化の状況が生まれていたことは明らかであろう。そのことは、

表4—4　大河原村林産物生産量の推移

年	木材（石）	薪炭材（棚）	竹材（束）	木炭（貫）	その他（円）
1929（昭和4）	88	1,800	220	35,000	965
1930（昭和5）	88	1,800	220	35,000	965
1931（昭和6）	91	1,236	265	40,000	350
1932（昭和7）	171	4,483	270	120,000	641
1933（昭和8）	175	12,242	220	200,000	-
1934（昭和9）	375	13,500	145	400,000	-
1935（昭和10）	335	10,720	148	391,900	
1936（昭和11）	328	10,600	140	450,000	
1937（昭和12）	348	10,750	138	352,286	
1938（昭和13）	357	10,825	130	92,431？	
1939（昭和14）	378	10,830	135	159,486	
1951（昭和26）	9,650※	9,830	0		

出典：『南山城村史　本文編』の野田公夫作成の「大河原村・高山村林産物生産量の推移」から大河原村分のみ抽出（622頁）。
備考：※印は、原資料では「9,050」であるが、「9,650」は野田の計算による数字。

原田瑩一「昭和十七年　戦前の童仙房」でも、一九四二年（昭和一七）直前の童仙房が、大河原村の年間生産量一〇万俵の六〇パーセントの約六万俵を算出していた、と書いていることからうかがい知ることができよう。

また、野田公男氏も、南山城村役場文書の分析から、木炭は昭和期の大河原村経済にとって最大の現金収入源であり、大河原村の木炭製造量が一九二九年（昭和四）の三万五〇〇〇貫から一九三四年（昭和九）の四〇万貫へと一〇倍以上に急増し（表4—4参照）、「大河原炭」の名を持つ優良産炭地として発展したこと、童仙房は大河原村における製炭業の中心地であったことを指摘している。[173]

活性化の要因の第二は、童仙房というよりも大河原村、そして隣村である高山村を巻き込んで起こる太平洋戦争末期の亜炭の産出である。一九四三年（昭和一八）、大河原村の隣村である高山村の月瀬・打越・奥山・吉野・鷹ノ尾の各山に豊富な亜炭層が発見された。そして、翌年よりその採掘とその採掘現場から省線大河原駅までの道路工事が始まるが、この測量や道路工事に大河原村・高山村で人員が動員されることになった。高山村の鉱山から省線大河原駅までの七・七キロメートルの府直営土木事業として、亜炭道路工事が着工するのが一九四四年一〇月である。そして、わずか四か月余の突貫工事が完了し、新居善太郎京都府知事を迎え、高山村の国民学校下の新道路の工事起点で竣工式を挙行するのが翌一九四五年三月一日である。それまでわずか幅三尺(〇・九メートル)の道が幅三・五メートルの道路に変わった。工費は全体で三七万円、このうち京都府が二五万円、町村道路改修としては全国的にまれな一二万円の国庫補助があった。(174) ただし、童仙房は、大河原駅からかなり離れており、亜炭の影響は直接的にはなかったとみられる。

戦時下における大河原村の変化はこれだけではなかった。戦局の悪化にともなって、一九四五年(昭和二〇)三月一三日・一四日を最初に、その後数次にわたって繰り返された大阪大空襲による罹災者や疎開家族の大河原村内への流入という事態である。

木炭の需要、亜炭の産出、罹災者や疎開家族の流入は、童仙房を含む大河原村の人口・世帯を膨張させることになった。

表4－5　大河原村人口・総世帯数

年次	人口	総世帯数
1940(昭和15)	1970	385
1947(昭和22)	2652	
1950(昭和25)	2514	494

出典：『京都府統計史料集――百年の統計――』第1巻(空欄は資料自体欠)

表4－5は、一九四〇年(昭和一五)から一九五〇年(昭和二五)までの大河原村の人口・世帯数を示したものである。大河原村については、一九四五年(昭和二〇)の時点での増加人口および世帯の内訳がわかる。この時点での増加人口および世帯は全体で九〇五人・一九七世帯で、内訳は、①亜炭採掘者→三七九人・六二世帯、②製炭業者→三六人・七世帯、③発電所関係→二七人・四世帯、④罹災転入者→一一九人・四三世帯、⑤疎開者→三四四人・八一世帯である。(175) 大河原村の一九四〇年(昭和一五)の人口一九七〇人、世帯三八五であるから、これと単純に比較すると、人口では約四六%、世帯で五一%の大膨張になったことがわかる。このうち、

童仙房には疎開家族二五世帯が移住している。[176]

また、昭和期戦前期を通じて、童仙房の大きな変化は、農家の自作化の進行である。前述したように、一九一四年（大正三）の農家戸数四七戸の内訳は、自作農一七戸（三六％）、自作兼小作一〇戸（二一％）、小作二〇戸（四三％）であった。それから三二年後の一九四六年（昭和二一）四月の時点の自小作別農家戸数が織田・谷岡論文に掲載されている。五〇戸中、自作一八戸（三六％）、自小作一六戸（三二％）、小自作九戸（一八％）、小作七戸（一四％）という内訳であるが、小作の比重は明らかに減少している。この要因を、織田・谷岡論文は、「最近童仙房に於ても、一般農村と等しくインフレに恵まれ、家計に余裕が生じた為、土地を買い戻す者が多くなつたからである」[177]と指摘している。

太平洋戦争中、童仙房に活性化の状況が生まれたとしても、この地にも確実に戦争の犠牲があった。すでにその存在を記した一九六九年（昭和四四）四月三日に建てられた「開拓百年記念」の碑の裏面には「昭和二十年日支事変及大東亜戦争戦没者十九柱」の文面がある。[178]

十　昭和戦後の童仙房

童仙房の戦後については、特徴的な点のみ記す。

(一) 敗戦前後の戸数の増大

第一は、敗戦前後の戸数の増大である。織田・谷岡論文は次のように言う。[179]

昭和二十一年八月現在の配給原簿によれば、戦前五一戸の所へ疎開家族二五世帯が入込み、終戦後三世帯は離村したがなほ二二世帯はここに残留して居る。従つて農家五一世帯、新入村者中非農家一七世帯及び製炭製材並びに開墾中の一時的寄留者五世帯、合計七三世帯四一〇人といふのが現状（以下略）

さらに、織田・谷岡論文は、一九四六年（昭和二一）八月段階での入村期別の世帯数を記しているが、それは表4—6のようになる。「一時離村後最近帰村したもの」一一世帯、「疎開ならびに新入植したもの」一三世帯、「一時的寄留者」五世帯を合計すれば、昭和敗戦前後には新入植者は二九世帯になるが、うち戦後三世帯は離村したようであるから、敗戦後一年の時点では二六世帯の新入植者がいたことになる。ただし、その後の地元の記憶では、敗戦後の新入植者は二七戸というものである。一九七七年（昭和五二）六月一九日・二〇日付『読売新聞　山城版』によれば、この二七戸のうち、一二戸は地元に親類・知人を持つ縁故入植で、残りはまったくこの地とこれまでかかわりのない人びとであった。戦後入植者の中には、リュックサックだけの引揚者や、北海道開拓に失敗し流浪の旅を続けてたどりついた人もいた。五メートルも掘れば水が出るという豊富な地下水は救いであったが、原野を自らの力で枝を切り、土を掘り、苗を植え付けて食べるものを確保しなければならなかった。戦後入植者の中にも離村するものもいた。また、明治以来の入植者と戦後入植者とのトラブルもあったという。

表4—6　1946年8月現在入村期別世帯数

入村期別分類	世帯数
開拓当時より存続するもの	27
童仙房内にて分家したもの	8
開拓以後明治年間に入村したもの	9
一時離村後最近帰村したもの	11
疎開ならびに新入植したもの	13
一時的寄留者	5
合計	73

出典：織田武雄・谷岡武雄「京都府下童仙房の開拓と現状」（『日本史研究』5号）583頁。
備考：上記論文の分類と世帯数は、1946年8月現在の「配給原簿」による。

(2) 電灯の点灯

第二は、一九四八年（昭和二三）この地に初めて電灯がつくことである。

先述したように、一九一九年（大正八）に大河原発電所ができ、住民出資で電気を引くことができるようになった。野殿地区の民俗の聞き取りによると、野殿では、一九二三年（大正一二）滋賀県甲賀郡多羅尾村（現甲賀市）小出から電気線を引いて、区に電灯がつくようになったという。それまでは、ランプ・カンテラ・「コトボシ」を使用していた。[180] その後童仙房でも、野殿に近い童仙房の牛場九番には、一九三五年（昭和一〇）頃には電気が引かれた。[181] しかし、それ以外の場所には電灯を引く余裕はなかった。童仙房の一般家庭では「コトボシ」という石油ランプの小さなものを灯りにしていた。

大河原村にとっても、童仙房への点灯は大きな行政上の課題であった。一九四六年（昭和二一）九月二日、丸山徳次郎前任村長から阪井國太郎村長への引継「演説書」の中には、指定町村道大河原村役場―高山村役場線道路の府道編入とともに、童仙房への点灯を最重要課題として位置付けていた。「演説書」によれば、童仙房地区では、一九四五年（昭和二〇）一二月末日をもって軍需物資である電線等の払い下げ申請書を提出したこと、これが許可されると同時に電灯設備を設置することへの期待を表明していた。[182] そして、一九四七年（昭和二二）二月一七日、および同年六月九日の前任村長から後任村長への「引継書」にも同様に童仙房への電気点灯を課題として掲げていた。[183]

一九四八年（昭和二三）二月、隣の野殿地区から電線を引いて童仙房の地に電気がともる。これを可能にしたのは、戦中から戦後にかけての木炭景気であり、この地に開拓以来初めての繁栄をもたらしたことが要因であった。このとき、童仙房の住民は一〇〇万円余の自己負担金を投じたという。[184]「やっと他の集落と並んだと思いました」、これが当時地区役員であった父親の庄太郎氏とともに電力会社との交渉に奔走した馬場庄樹氏の述懐で

あった。(185)

（3）戦後の変化

敗戦後の童仙房には、上記以外にもさまざまな形で戦後の波が押し寄せる。

一九四七年（昭和二二）四月一日、戦後の六・三制の発足の際、大河原国民学校が大河原小学校と改称した際、野殿・童仙房地区には従来と同様に大河原小学校の分校が置かれた。新制中学校は、大河原村立大河原中学校が山の麓に四月に開校した。その際、野殿・童仙房の生徒は徒歩で通学した。その後一九五二年（昭和二七）一月には、大河原小学校分校に隣接して笠置中学校野殿童仙房分教場が竣工された。(186)

一九五〇年（昭和二五）に終了する農地改革の童仙房での具体的経過は史料上の制約により現在のところ再現できない。ただし、野田公男氏によれば、童仙房は、南山城村（大河原村と隣村高山村）で最も地主制の発達した地域であり、「拙者ノ小作スル貴殿ノ耕地ニ対シ、タトヘ地主ノ保有地ト認定ナリ買収ナラザル場合ト雖モ、小作人トシテ之ニ関スル異議申立ハ一切差控ヘルコトヲ約束シマス」という一九四七年二月の小作側の「契約書」が残されている地域、すなわち「地主の強さ・小作の弱さが明瞭に示されている」地域であった。(187) したがって、農地改革がこの地の土地所有関係、ひいては社会経済構造を大きく改変したことは間違いないにしても、小作側の圧倒的優位のもとで改革が実施されたとは断定できない。

一九五三年（昭和二八）八月、この地を大災害が襲う。木津川が決壊し、南山城地方全体に大きな被害を与えた大水害である。童仙房地区では山津波が発生し、田畑が埋没し、童仙房に通ずる道路も寸断された。いわば陸の孤島になる。このとき、童仙房の人びとは進駐軍のヘリコプターでの応援米や富裕な家からの保有米によって食料を確保した。この災害の復旧事業には、童仙房の人びとは多大の労働奉仕を行うことになった。このとき、被災が甚だしく、生活に困窮している者には日当を支払うということにしたが、住民の六～七割は日当を辞退して協力しあった。また、水害前には、生活保護世帯が全戸数八〇戸（一九五〇年）位のうちで一二～一三戸であったが、水害時にはほとんど全戸が生活保護を受けるほどの被災であったという。[188] 童仙房と北大河原を結ぶ山城谷道路復旧工事が一応の完了をみるのは、三年後の一九五六年（昭和三一）である。[189] 道路の復旧には一〇年ほどかかった。そして、この災害が、それまで一本としてなかった、トラックや自動車の通る道路を建設する契機になった、という。[190]

その後の童仙房は、一九五五年（昭和三〇）四月一日の大河原・高山両村合併で南山城村大字童仙房になるが、それから三年後の一九五八年（昭和三三）には農村集団電話が設置され、翌年には南山城村有線放送電話施設に加入した。さらに一九六六年（昭和四一）、電電公社の電話が架設され、一九七四年（昭和四九）には電話の自動化が実現した。[191]

道路の改善は徐々に進んだ。一九六九年（昭和四四）、山城谷道路（村道大河原―東和束線）の舗装化が京都府により実現される。[192] また、野殿から童仙房に通じる林道南谷線新設工事が、一九六九年（昭和四四）八月から着工され、三か年継続工事として、一九七一年（昭和四六）五月に竣工。延長二八八〇メートル、幅員三・六メートル、総工事費四〇〇〇万円。この林道の完成によって、造林がなされていなかった山林の活用、茶園の造成が図られるほか、童仙房への大型自動車の通行が可能になり、野殿―童仙房間の最短距離道路となった。この道路は同時に付近の農作業道路、通学道路としても利用された。[193] また、広域基幹林道三国越線新設工事が、一九七五年（昭和五〇）一二月から一一年間かけて行われ、一九八六年（昭和六一）六月竣工した。この林道は、南山城横断

図4－2　林道地図

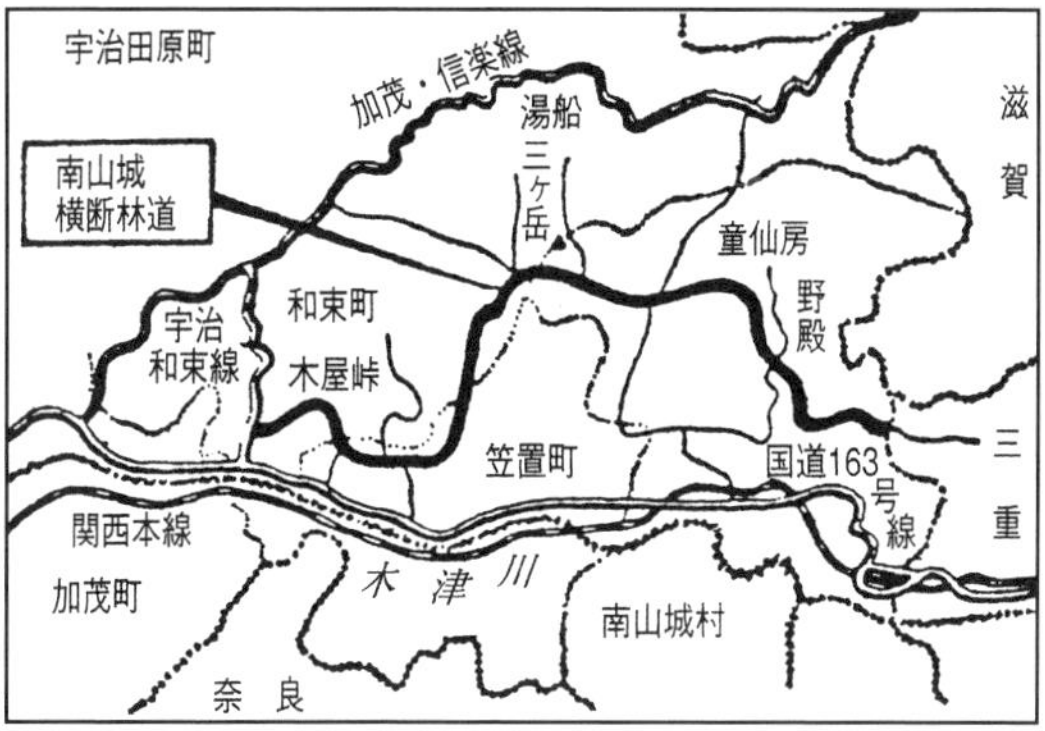

『南山城村史　本文編』（南山城村、2005年）788頁。

林道三国越線で、三重県島ヶ原村から当村野殿区に入り、童仙房区を経て笠置町、和束町との境界を西進し、和束町の宇治・木屋線に至る延長二四・三キロメートル、幅五メートルの路線である（図4－2）[194]。木津川の麓からの道である村道大河原―東和束線道路改修工事は、自動車が自由に通れる道をめざして一九七七年（昭和五二）に着手され、一九七九年（昭和五四）に完成した[195]。これにより、木津川の麓から童仙房までトラック・自動車が走る上でかなりの改善をみた。三間（約五・四メートル）以上の道幅の箇所が多くなったが、それでも一部に三メートル程度の道幅の箇所もあり、現在路線のすべてにおいてトラックや自動車が自由にすれ違うには至っていない。

なお、これらの道路整備には、一九六二年（昭和三七）の「辺地に係る公共的施設の総合整備のための財政上の特別措置等に関する法律」に定めた地方債（辺地対策事業債）を財源とした措置[196]や、童仙房の各戸が区協議費とは別に世帯均等割、資産割（水田・畑・山林規模別に徴収）、自動車割（普通車・軽自動車・単車別に徴収）という三種類の道路会計も貢献している[197]。

おわりに――童仙房開拓百年――

一九六九年（昭和四四）四月三日、童仙房が開拓事業に着手して一〇〇年目を迎えたことを記念して童仙房で開拓百年祭が開かれた。大神宮の参道入口には蜷川虎三京都府知事揮毫の「開拓百年記念」の碑が建てられた。この年には開拓農業協同組合（この組織がいつからあるかは不明）が発展的に解散した。京都府木津事務所農地課開拓係として一九四九年（昭和二四）から一九六九年（昭和四四）までの二〇年間童仙房に通いつめ、この地の営農指導にあたっていた古川富夫氏によれば、いつまでも開拓村の意識を持っていては遅れてしまう、もっと広い視野に立って童仙房農業を推進しようというのが解散の理由であった、という。さらに古川氏によれば、このとき、泥洹寺《ないおんじ》に全戸から全家族が集まり、先祖の墓に参り、開拓の苦労を偲び合った、みんな手を取り合って泣き、村中総泣きという光景であった、「わたしも腹の底から泣けて泣けて、こんなに感動したことはありません」、という[198]。

この地にとって、「電灯も道路も電話も革命的な出来事であった」[199]。童仙房の人びとは、それらのものを一つ一つ獲得していった。さらに、一見地味ではあるが、小学校教育の維持という点で、童仙房の人びと、さらには周辺の関係者が払った努力と情熱は大きい。

この地には、明治初期、開拓村ということで一〇〇戸以上の人びとが集った。昭和の敗戦後、残ったのは二七戸の人びとであった。この地を支えたのはもちろん二七戸の家の人びとであるが、離村しながらもこの地に愛着を持って支援した人びと、教育でこの地を支えた人びと、地域の大河原村役場、南山城村役場の人びと、営農指導などでかかわった人びと、など童仙房以外にも多くの人びとがこの地にかかわった。

本稿は、それらの人びとの無数の営為のほんの一部を切り取ったにすぎない。

（1） 黒正巌「京都府下童仙房の開拓」（『経済史研究』一九号、一九三一年）、織田武雄・谷岡武雄「京都府下童仙房の開拓と現状」（『日本史研究』五号、一九四七年）、京都府農村研究所編『京都府農業発達史――明治・大正初期

――』(三橋時雄執筆、京都府農村研究所、一九六二年)、三橋時雄「京都府における士族授産と童仙房の開拓――『農地開拓と士族授産』に関する一事例研究――」(『同志社商学』第二〇巻一・二号、一九六八年)、京都府立大学過疎問題研究会「京都府相楽郡南山城村童仙房地区における実態調査」『社会学研究』第二号（一九七二年、文学部社会学研究室益田庄三の指導のもとに学生一五名による童仙房調査〔他の地域の調査も含む〕)、益田庄三「過疎に関する一考察――京都府相楽郡南山城村童仙房を中心に――」(京都自治問題研究所『京都の自治』第七号、一九七三年)、前野雅彦「伝承される開拓」(『日本民俗学』二四八号、二〇〇六年)。

(2) 黒正論文から三橋論文まで依拠した史料は、京都府行政文書（京都府庁文書）・馬場家文書・新谷家文書（京都府総合資料館寄託、部分）・西村家文書（京都府総合資料館寄託、部分）などである。これに対して、南山城村史編さん過程で収集した史料は、宮竹京固家文書（童仙房泥洹寺住職を代々務めた家）・泥洹寺関係文書・大仲実家文書（北大河原、明治初期の当主重太郎は、明治六年一二月～同一二年三月まで童仙房を含む第六区の区長）・森島國男家文書（祝園村、明治初期の当主清右衛門は明治五年九月相楽郡地券取調掛として相楽郡の地租改正事業を推進する、精華町寄託）・南山城村役場文書である。これらの史料は、前野論文でも使用されている。

(3) 前掲前野論文、六～八頁。なお、前野論文は、「人々が暮らす開拓村落としての生活誌を記録するためには、民俗学的な方法こそが有効であろう」(八頁）という立場から、多くの「伝承」を記述している。

(4) 南山城村史編さん委員会編『南山城村史　本文編』(南山城村、二〇〇五年、以下『本文編』と略称）七二頁（高橋美久二執筆)。

(5) 『本文編』六六頁（高橋執筆)。

(6) 同右、七七頁。

(7) 南山城村史編さん委員会編『南山城村史　資料編』(南山城村、二〇〇二年、以下『資料編』と略称）七六七頁。

(8) 一九七二年刊の前掲京都府立大学過疎問題研究会論文にこのことの指摘がある（三五・三九頁)。

(9) 童仙房区公式サイト http://souraku.net/dosenbo/shokai/dosenbo.html および高久の聞き取りによる。

(10) 『資料編』八六九～八七〇頁（赤田光男執筆)。

(11) 同右、八七一頁（赤田執筆)。

(12)「童仙房地開拓始末記」『童仙房開墾記』『資料編』八〇一～八〇三頁。
(13)『童仙房開拓一件』京都府行政文書明1—28、『資料編』七七四～七七五頁。
(14)三橋時雄「京都府における士族授産と童仙房の開拓——「農地開拓と士族授産」に関する一事例研究——」(『同志社商学』第二〇巻一・二号、一九一頁)。
(15)～(18)『自明治元年至同七年　京都府史第一編　政治部拓地類』京都府行政文書京都府史3。
(19)『童仙房開拓一件』『資料編』七八七～七八八頁。
(20)同右、七八八～七八九頁。
(21)明治三年七月に京都府が民部省へ「古より官地ニ而当時不用ニ相成候土地者下民ニ売払候而も可然候哉」と伺を出したのに対し、一〇月に民部省は、「山野荒廃之地、下民開墾之後私ニ売払候儀者不相成」と答えている(前掲『童仙房開拓一件』『資料編』七八二～七八三頁)。
(22)前掲『自明治元年至同七年　京都府史第一編　政治部拓地類』。
(23)『明治三午年正月中　童仙房開拓諸入用御勘定帳』『京都府百年の資料三　農林・水産編』八〇頁。
(24)織田武雄・谷岡武雄「京都府下童仙房の開拓と現状」(『日本史研究』五号)五七七頁。
(25)『童仙房開拓布令書——明治三年——』前掲『京都府百年の資料三　農林・水産編』六五頁。
(26)前掲『童仙房開拓一件』『資料編』七八三～七八五頁。
(27)同右、七八九～七九〇頁。
(28)同右、七七七～七八一頁。
(29)前掲三橋論文、一九三頁。なお、民部官は同年七月に民部省に改組される。
(30)前掲『童仙房開拓一件』『資料編』七七七頁。
(31)前掲大河原尋常高等小学校「児童の汗」(『相楽』二四号)。このような道路事情から、開拓当時から「肥料(人糞)の調達」にも相当な苦労があったようである(前掲京都府立大学過疎問題研究会論文、二四頁)。
(32)前掲織田・谷岡論文、五七七～五七八頁。前掲前野論文は、五つの口頭伝承を伝えているが、次のようなものである(一〇頁)。

○祖父は河原町御池の扇骨師。祖母は山科の士族。京都府の募集に応じて入植したという。その当時の入植者は福井、三重、滋賀からの職人が多かった（明治三十九年生）。
○明治の開拓時に入植。代々この地に住む。童仙房に役所があった頃から近江屋利兵衛として宿屋を経営し、「近利《きんり》」と呼ばれた。屋号の由来は、入植前は近江に住んでいたことによる。役所が木津に移ってからは百姓に切り替えたが、途中入植の扱いになり、土地はもらえなかったので、三年間は飲まず食わずであったという（大正六年生）。
○入植までは京都市上京区の今出川在住。開拓入植の請負役だったという。先代までは京都市内に多くの親類があった（大正十五年生）。
○明治の初めに入って今も続いている家は五軒ほど。京都市出身といわれている者の多くは、幕末から明治維新にかけて加賀・越前から京都に入ってきた庶民階級や、鳥羽伏見の戦いで京都市内に集まった北陸出身の武士階級が多かった（大正十一年生）。
○京都に近い方から「一番、二番、三番……」と地名をつけ、川の流れと関係なしに、京都に近い方を「上《かみ》」、遠い方を「下《しも》」と呼んだ（大正十一年生）。
(33)　京都府農村研究所『京都府農業発達史――明治・大正初期――』一三頁（三橋時雄執筆）。ただし、筆者は、この指摘の典拠となる史料をまだ把握していない。
(34)　「此度御差越被降候貧民、悉皆小児小童数多持居候者共而已御選抜之様ニ相見候」前掲『童仙房開拓一件』『資料編』七七六頁。
(35)～(37)　前掲『童仙房開拓一件』『資料編』七七六～七七七頁。
(38)　以下、市川の経歴は、『明治十九年十一月以前　退官者履歴書』京都府行政文書明19―20、水戸政満「近代砂防工事確立への道」(『デレーケ研究』五号)。
(39)　前掲『童仙房開拓一件』『資料編』七九〇～七九四頁。
(40)　『諸掛建言幷伺留』京都行政文書明4―16―1、『資料編』七九四～七九五頁。
(41)　前掲『童仙房開拓一件』『資料編』七八五～七八六頁。
(42)　前掲『自明治元年至同七年　京都府史第一編　政治部拓地類』。

(43) 市川義方『童仙房開拓記』(馬場庄樹家文書)『資料編』七九九頁。
(44) 前掲『自明治元年至同七年　京都府史第一編　政治部拓地類』。
(45) 前掲『童仙房開拓記』『資料編』八〇一頁。
(46) 前掲『自明治元年至同七年　政治部拓地類』。
(47) 『政典抜粋』京都府行政文書明4―4、『資料編』七九六頁。
(48) 『相楽郡村誌』相楽郡役所文書2、『資料編』八二八頁(なお『相楽郡村誌』の刊行は一八八四年(明治一七)であるが、記述は一八七九年から一八八三年までの内容である)。京都府立総合資料館編『京都府市町村合併史』(京都府、一九六八年)一四一九頁。
(49) 前掲『京都府市町村合併史』一四一九頁。「明治六年十一月・十二月　布令書」(京都府行政文書明6―12)、『本文編』三八一頁。
(50) 『精華町史　本文篇』六二三頁。
(51) 『局達留』京都府行政文書明4―47、『資料編』八〇五頁。
(52) 前掲『自明治元年至同七年　京都府史第一編　政治部拓地類』。
(53) 前掲『明治十九年十一月以前　退官者履歴書』。
(54) 『明治六年三月改　京都府職員録』『明治六年九月一日改　京都府職員録』『明治七年七月一日改　京都府職員録』『明治九年十一月一日改　京都府職員録』『明治十年八月改　京都府職員録』『明治十一年九月十六日改　京都府職員録』。
(55) 前掲『童仙房開拓記』『資料編』七九九～八〇一頁。
(56) 同右、七九六～七九八頁。
(57) 「成功記」には付箋があり、その付箋には、「是迄之書類ニ百六十弐戸ト相認有之候、実数ハ百三十八戸ニ候」と記されている(『資料編』七九八頁)。ただし、この一三八戸でも多い可能性があることは、表4―2で典拠の一つとした『童仙房附属名録』(森島國男家文書)では、一八七三年段階で一一五戸の戸数の人名しか掲載されていないことでもわかる。

(58) 前掲『相楽郡村誌』『資料編』八三〇頁。
(59) 前掲『自明治元年至同七年　京都府史第一編　政治部拓地類』。
(60) 『御布令留』京都府行政文書明4―12―2、『資料編』七九六頁。
(61)(62) 前掲『自明治元年至同七年　京都府史第一編　政治部拓地類』。
(63) 『史跡と美術』六九四号、一九九九年。
(64) 前掲『自明治元年至同七年　京都府史第一編　政治部拓地類』。
(65) 前掲村上論文。
(66) 前掲『相楽郡村誌』『資料編』八二八～八三〇頁。
(67) 『布令書』京都府行政文書明5―5、『資料編』八〇五～〇六頁。
(68)(69) 大仲実家文書『本文編』四三八頁。
(70) 「道路が舗装・整備される以前(昭和四〇年代以前―高久)は、(北)大河原にヒシダ(菱田)医がいた。(北)大河原まで運べる病人は籠で運び、運べない病人はヒシダ医を籠で迎えに行った。病人や医者を籠で運ぶ場合、隣近所の者が十二・三人出動した。道中が長く、それに山道であるから、籠かつぎ役が再々交替するからであり。ヒシダ医が老齢に達した頃、島ケ原(現三重県上野市―高久)の池田医が馬に乗って往診に来ていたようである」(前掲京都府立大学過疎問題研究会論文、四二頁)。
(71) 『本文編』四八二頁。
(72) 同右、八八八頁。なお、昭和戦後でも産婆がいないときは、近隣の女性たちがお産を手伝った(高久による聞い取り)。
(73) 京都府教育会相楽郡部会編『京都府相楽郡誌』(京都府教育会相楽郡部会、一九二〇年)三四一頁。
(74) 「泥洹寺改築記録」泥洹寺文書、『本文編』四四三頁。
(75) 「寺地移転願」宮竹京固家文書、『本文編』四四三頁。
(76) 『寺院什器明細帳』相楽郡役所文書一。
(77) 『御遷座並報恩講諸上納留帳』宮竹京固家文書、『本文編』四四三～四四四頁。

(78) 宮竹京固家文書『資料編』八三三頁。

(79)『明治四十三年　学校台帳　相楽郡』（相楽郡役所文書6）という史料には、明治五年十月、現在の南山城村の範囲である野殿・童仙房・南大河原・北大河原・田山・高尾の六か村組合が野殿村に第三大学区第七中学区第九小学区大河原小学校を設置し、上等・下等の両科を置いた、とある。しかし野殿村は、南大河原・北大河原・田山・高尾の四村の子供にとっては、北大河原から四尺（一・二メートル）の幅の険阻な約三キロの山道を登っていかなければならず、どれほど学校としての実態があったかについては、疑問が残る。一九二〇年（大正九）刊行の京都府教育会相楽郡部会編『京都府相楽郡誌』には、児童数を二五人としているが、この学校の教育内容、就学や通学状況については各「学校沿革史」も含めてまったく史料がない。

(80) 前掲『明治四十三年学校台帳』。

(81) 大仲実家文書、『資料編』八〇八頁。

(82) 同右、八一一～八一二頁。この利子率は、近隣の村の少し後の時期の例に比較すると高い。一八七九年九月、田山小学校校区である人物が田四畝一四歩を抵当に小学校資本金から一〇円を借用した際の利子が月に一分二厘であった（『資料編』一二六七～一二六八頁）。

(83)(84) 大仲実家文書、『資料編』八二〇～八二一頁。

(85) 前掲『童仙房開拓一件』『資料編』七七五～七七六頁。

(86) 大仲実家文書、『資料編』六九八～六九九頁。

(87) 同右、八〇六～八〇八頁。

(88) 西村正一家文書『資料編』八三四頁。

(89) 新谷家文書、『資料編』八二七頁。

(90) 西村正一家文書、『資料編』八三四～八三五頁。

(91) 大仲実家文書、『資料編』八〇八～八〇九頁。

(92) 新谷家文書、『資料編』八一八～八一九頁。

(93) 同右、八一五～八一八頁。

(94) 同右、八一〇頁。
(95) 大仲実家文書、『資料編』八二二頁。ただし、京都府に社倉規則ができるのは明治四年一〇月で、一八八〇年(明治一三)一二月にこの規則は廃止され、郡ごとに規則が制定される(京都府立総合資料館編『京都府百年の年表　3農林水産編』京都府、一九七〇年、五四～五五頁)。
(96) 大仲実家文書、『資料編』八二三～八二四頁。
(97) 同右、八一一～八一二頁。
(98) 一八七三年の太政官布告第二五七号の内容は次の通りである。各府県管内荒蕪不毛地ならびに官林等の払い下げを望むものは、入札をもって払い下げを申請することができることは明治四年八月と明治五年五月の両度にわたって大蔵省より達があったが、自今差し止める。また、一八七五年の乙第八三号の内容は、家禄奉還の者については政府需要のない地所は入札により払い下げることができるとなっていたが、官林に限り当分払い下げは行わない(『法令全書』)。
(99) 大仲実文書、『資料編』八一三～八一五頁。
(100) 前掲『京都府相楽郡誌』三二一頁。
(101) 『資料編』八二八～八三〇頁。
(102) 馬場庄樹家文書、『資料編』八四八～八四九頁。
(103) 明治一四年甲一九一号布達『京都府布令書』京都府行政文書。
(104) 『資料編』八二五～八二七頁。
(105) 明治一六年甲九〇号・九二号布達『京都府布令書』京都府行政文書。
(106) 明治一七年甲第四五号布達『京都府布令書』京都府行政文書。
(107) 一八八八年(明治二一)八月に相楽郡役所収支係が北大河原村の戸長役場に「御役場ニ於テ十分之御注意有之度」とした「土地処分案」(写)(宮竹京固家文書、『資料編』八三五～八三六頁)には、「字三郷田ト称シ、前日村総代ニ備ヘタル田反別六反壱畝壱歩ハ村中持トシ、尚総代等ノ費用ニ宛シム」という文がある。ただし、この文だけでは、売買なのか、下作なのか「処分」方法の具体的内容は不明である。

(108)「町村制施行準備取調概表」前掲『京都府市町村合併史』一三〇一頁。
(109)『本文編』四五一頁。
(110)大河原村の人口は、一八九〇年（明治二三）一六七二人、一九二〇年（大正九）一八二六人、一九三〇年（昭和五）一八四七人、一九四〇年（昭和一五）一九七〇人で、一五〇〇～二〇〇〇人で推移しており（『京都府統計史料集——百年の統計——』第一巻）、町村制の規定では、人口一五〇〇～五〇〇〇人の間は若干の増減は認められながら原則として町村会議員の数は一二人と定められていた。
(111)馬場庄樹家文書、『資料編』八五一～八五三頁。
(112)本書補論参照。
(113)『本文編』五〇八～五一〇頁。
(114)邦友家良「府下童仙房編ノ現況ニ関スル陳情」（宮竹京固家文書）『資料編』八四五～八四八頁。
(115)前掲京都府立大学過疎問題研究会論文、二四頁。
(116)塩見嘉久・大塚活美「聞き取り　京都府内の河川水運」（『京都文化博物館研究紀要　朱雀』第三集）一一一頁。
(117)『京都電燈株式会社五十年史』一四六～一四八頁。
(118)南大河原区有文書、『資料編』九三四～九三五頁。
(119)前掲黒正論文、四六頁。
(120)原田瑩一「昭和十七年　戦前の童仙房」『資料編』八五七～八五八頁。
(121)前掲京都府立大学過疎問題研究会論文、二五頁。
(122)『大正二年二月　石造鳥居建設有志募集簿』（馬場庄樹家文書）『資料編』八五一～五三頁。
(123)馬場庄樹家文書、『資料編』八五三頁。
(124)『大正六年拾月ヨリ　消防隊経過控』（馬場庄樹家文書）『資料編』八五三～五五頁。
(125)ただし、一八八六年授業料が義務化されるまで運営資金に占める比率は少なかったと思われる。
(126)新谷家文書、『資料編』八二七～二八頁。
(127)『文部省第三年報　明治八年』第一冊（宣文堂書店、一九〇六年）二九一頁。

(128) この後、一九〇七年（明治四〇）小学校令が改正され、尋常科が四年から六年に、高等科が二〜三年になり、義務教育年限は六年に延長された。この制度は翌年四月から実施される。
(129) 前掲『明治四十三年　学校台帳　相楽郡』。
(130) 馬場庄樹家文書、『資料編』八四〇〜八四一頁。
(131) 『資料編』八四七頁。
(132) 新谷家文書、『資料編』八二四頁。
(133) 宮竹京固家文書、『資料編』八二四〜二五頁。
(134) 同右、八三三頁。
(135) 『本文編』四四五頁。
(136) 宮竹京固家文書、『本文編』四四五頁。
(137) 『相楽』第一〇号、四〜五頁。なお小浦は、この中で「然るに、近年になつて往々にして他に出てゆく人ができて、今日では戸数四十九、人口二百三十の少数になりました、これは即本村の為に誠に残念至極ではありませんか」と述べている。
(138) 注(79)参照。
(139) 男女の数は服装による高久の推定（『わたしたちの野殿童仙房　3年生社会科学習ノート』二四頁）。
(140) 原田瑩一「昭和十七年　戦前の童仙房」(『資料編』八五六頁)。
(141) 前掲『明治四十三年　学校台帳　相楽郡』。
(142) 『資料編』九二三〜九二五頁。
(143) 『相楽』二号、一〇頁。
(144)(145) 明治二四年一月「官有山林払下請願」(宮竹京固家文書)『資料編』八三六〜八三七頁。
(146) 明治二六年四月「御証明願」(宮竹京固家文書)『資料編』八三七〜八四〇頁。
(147)〜(149) 前掲「府下童仙房編ノ現況ニ関スル陳情」『資料編』八四六頁。
(150) 宮竹京固家文書、『資料編』八四四頁。

(151) 宮竹京固家文書、『本文編』五〇〇頁。
(152) 注(147)に同じ。
(153) 宮竹京固家文書、『資料編』八四四～八四五頁。
(154) 前掲「府下童仙房編ノ現況ニ関スル陳情」『資料編』八四五～八四八頁。
(155) 宮竹京固家文書、『本文編』五〇二頁。
(156) 『行政裁判所判決録』第一六輯、二二一頁。
(157) 太田鐵吉より行政裁判所長官松岡康毅宛「違法処分取消訴状」『資料編』八五〇～八五一頁。
(158) 『行政裁判所判決録』第一六輯、二二〇～二二一頁。
(159) 「相楽郡大河原村現勢一覧　昭和四年」南山城村役場文書。
(160)～(162) 昭和一〇年四月七日「特別税反別割条例」「理由書」南山城村役場文書。
(163) 昭和一二年「大河原村林道使用条例」南山城村役場文書、『資料編』九三六～九三七頁。
(164) 『本文編』五五六頁で、筆者は、「この時の林道の道幅は二・五～三メートル程度と思われる」と書いたが、これは、このときの林道と思われる場所の筆者の実測であった。しかし、このときの林道かどうか判然としないところもあり、道幅については留保したい。ただし、前掲京都府立大学過疎問題研究会論文では、一九五三年の南山城村水害以前の童仙房から北大河原に下る道は「3m半の未舗装の道路」(六六頁)としている。ただし、現在の山城谷道でも二・九メートルの道幅の場所もあり、「3m半」の道幅は最も広い道幅のところであったと思われる。
(165) 『資料編』八五六～八五七頁。
(166) 同右、八五五～八五八頁。
(167) 前掲前野論文は、朝鮮人の子弟が童仙房にいた経緯について、次のような口頭伝承を記している(一六頁)。昭和五～六年から戦後にかけて、区内に一〇名ほど朝鮮人労働者が住んでいた。初めは朝鮮人のまとめ役みたいな人が来て、交渉、契約し、その後団体でやってきた。夏は山で割木、冬は炭の運搬をした。勤勉で普通の人の一・五倍は働いたという。夫婦など家族できている人もおり、家を構えていた人もいた(大正九年生)。
(168) 京都府立総合資料館編『京都府統計史料集』第一巻(京都府、一九六九年)一五四頁。

(169)『本文編』五四七頁（高久執筆分）は、原田の「戦前の童仙房」を引用した際、「二人の訓導と四、六人の生徒」と書いたが、これは四六人の誤りである。
(170)「山城の別天地　野殿と童仙房　その①」『大阪朝日新聞』昭和五年一二月九日付。この記事では、「玄関に続いて四畳半位が職員室兼応接室兼来賓室兼会議室だが、単級の複々式で、職員は植田先生(分教場主任訓導植田亀吉―高久)と小使のおばアさん一人が四畳半位の小使室に閉じ籠り、教室が一つあるだけである」と記す。
(171) 大河原尋常小学校「沿革史」。
(172) 前掲織田・谷岡論文、五八七～五八八頁。
(173)『本文編』六二一～六二三頁。野田執筆分。野田氏によれば、木炭は、クヌギ炭・カシ炭が最高で高値で売れ、それに次ぐのがナラ炭、一番安価だったのはマツ炭であったという。
(174)『京都新聞』昭和一九年四月一六日付、昭和二〇年三月二日付。なお、この道路工事で出役人夫賃金は京都府から支出されたが、この道路工事は地元の人びとにとって必ずしもよいことだけではなかった。亜炭採掘業者に対する慰問激励のため蔬菜の自発的供出が依頼されたり（田山区有文書『資料編』九一八～九一九頁）、大河原・高山両村の道路にかかわる土地所有者は国家的事業という雰囲気の中で村民も進んで土地を提供させられたという。
(175) 昭和二〇年六月二七日、大河原村長丸山徳次郎より京都府知事三好重夫宛「有給吏員定数増加承認申請書」『昭和十八年　重要許可認可綴』南山城村役場文書、『資料編』九三七～九三八頁。
(176) 前掲織田・谷岡論文、五八三頁。
(177) 同右、五八六頁。
(178) 相楽郡遺族会編『英霊の面影　南山城村』（一九八一年刊）には童仙房の昭和の戦没者一六名の氏名、軍歴、戦没年月日、戦没年齢、戦病死の場所、家族構成などが記されている。それによれば、陸軍一一名、海軍五名。没年齢は一八歳から三四歳までで、二〇歳代が一一名であった。佐官・尉官はなく、すべて下士官以下である。戦没時期は、一九四四～四六年（収容所野戦病院没）が一一名で、うち九名は戦没の場所が太平洋および周辺島であった。柚木家の場合、五人兄弟中二人の海軍所属の兄弟（正三・定雄）が一九四四・四五年にともに二〇歳の若さで戦死した。

(179) 前掲織田・谷岡論文、五八三頁。
(180) 『資料編』七四三頁。
(181) 童仙房開拓百年祭実行委員会『童仙房開拓百年の歩み』五頁。
(182) 「昭和二十一年九月　事務引継書」南山城村役場文書。
(183) 南山城村役場文書。
(184) 前掲京都府立大学過疎問題研究会論文、二七～二九頁、この当時には、農家一戸で一年間に七〇〇～八〇〇俵の木炭を製造していたという。
(185) 『京都新聞　山城版』二〇〇〇年一月三日付。
(186) 『本文編』五六五～五六八頁。
(187) 同右、六四〇～六四一頁。
(188) 前掲京都府立大学過疎問題研究会論文、二九頁・六六～六七頁。
(189) 前掲『童仙房開拓百年の歩み』二頁。
(190) 前掲京都府立大学過疎問題研究会論文、二九頁。
(191) 『本文編』五七一頁。
(192) 前掲京都府立大学過疎問題研究会論文、六七頁。なお、北大河原から野殿を結ぶ村道大河原―多羅尾線（図4―1のⓔ）の舗装化は、一九七一年度に完了する（南山城村役場文書）。
(193) 広報『みなみやましろ』創刊号・二号。『本文編』七八七～七八八頁。
(194) 『本文編』七八八頁。
(195) 広報『みなみやましろ』一八号・一九号。『本文編』七八九頁。
(196) 「南山城村大字野殿辺地総合整備計画書」「南山城村大字童仙房辺地総合整備計画書」。
(197) 前掲過疎研究会論文、一四頁。ただし、現在は、童仙房の各戸が区協議費とは別個の道路会計の徴収は実施されていない（高久による聞き取り）。
(198)(199) 『読売新聞　山城版』一九七七年六月二〇日付。

あとがき

本書は、これまで書いてきた論文や自治体史筆者執筆部分を書き直しや加筆を行い、一書としたものである。本書の構成と旧稿との関係は次のようになる。

はじめに　新稿
第一章　「京都宮津間車道開鑿工事」上・中・下（同志社大学人文科学研究所編『社会科学』七六〜七八号、二〇〇六—二〇〇七年）。大幅に加筆手直し。
補　論　「京都宮津間車道開鑿工事」下（同志社大学人文科学研究所編『社会科学』七八号、二〇〇七年）。大幅に手直し。
第二章　「琵琶湖疏水工事をめぐる政治動向再論」上・下（同志社大学人文科学研究所編『社会科学』六四・六六号、二〇〇〇—二〇〇一年）。大幅に加筆手直し。
第三章　宮津市史編さん委員会編『宮津市史　通史編　下巻』（宮津市役所、二〇〇四年）第九章〜第十二章の中、天橋立関係など筆者執筆部分。大幅に加筆手直し。
第四章　南山城村史編さん委員会編『南山城村史　本文編』（南山城村、二〇〇五年）第四章・第六章の中、

童仙房関係など筆者執筆部分。大幅に加筆手直し。

旧稿成立の経過、そしてそれが加筆修正の上本書の各章となった経過、および本書刊行までの過程でお世話になった方々、機関について、旧稿成立の時間的順序で述べておきたい。

第二章の琵琶湖疏水工事の研究を行うきっかけになったのは、故藤田彰典先生との出会いである。私が一九七六年に同志社大学人文科学研究所に就職する前後から京都府の林業史や河川による材木流通史などでご教示いただいていたが、一九七七年頃のことと思うが、藤田先生より運河史の研究会を少人数でやらないかと誘われ、何回か研究会を持った。第二章で引用した斎藤尚久先生もそのときのメンバーである。さらに藤田先生が主宰する同人誌『史朋』に投稿を依頼され、「琵琶湖疏水をめぐる政治動向」上・下（史朋同人『史朋』一三号・一四号、一九七八年）という拙稿を書いた。この執筆から一二年後、拙稿の一部を大幅に修正の上、書いたのが第二章の元になった論文である。『史朋』所収拙稿には、京都市中の琵琶湖疏水工事反対運動や琵琶湖疏水工事から派生した京都府下の淀川改修運動について詳述し、当初はその部分を本書に収録する予定であったが、もう少し史料を豊富化して手直ししたいと考えたため、この部分の本書への収録は割愛した。なお、本章で使用した『東京日日新聞』の琵琶湖疏水工事の社説の存在は、当時同志社大学の大学院生であった若崎敦朗氏から教えてもらったものである。

第一章の京都宮津間車道開鑿工事、第三章の天橋立は、もともとは宮津市編さん事業の成果である。この編さん事業は一九九〇年から二〇〇四年まで続けられ、たまたま私が近現代の責任者の役になった。近現代部門の執筆は、地元の故和田博雄氏をのぞけば、ほぼ同世代か年齢差一五歳の幅に限られた。今西一・野田公男・三川譲二・飯塚一幸・長志珠絵各氏であり、実際の調査には宮津市史の事務局メンバーである中嶌陽太郎・辰巳幸司各氏、さらに近畿圏各大学の院生や学生が加わった。これらの方々と宮津市という広域的な地域の史料調査を行いながら、さまざまな議論を重ねたことは楽しい思い出である。

『宮津市史　通史編　下巻』で書いた京都宮津間車道開鑿工事の分析は、当然のことながら原則として宮津市域の分析に限られていたため、その後京都宮津間車道の沿道である京都市域・丹波・丹後地域の市町村で関係文書を渉猟する必要があった。このような形で書いたのが第一章の元になった旧稿である。

旧稿成立までにはさらに多くの方にお世話になった。林正氏には、ご自身が『三和町史』を執筆する際に収集したすべての史料をご提供いただいた。ご提供いただくきっかけをつくってくれたのは、故原田久美子氏である。その他、史料使用許可をいただいた方々や現地調査の際にお世話になった方、機関をあげておく。宮津市域では、すでに記した元宮津市史編さん室の中嶌・辰巳両氏、文書所蔵者である沼野勝氏。亀岡市では亀岡市文化資料館の八木めぐみ氏・上甲典子氏、亀岡市域の文書所蔵者である俣野右内氏、落田毅氏、亀岡市王子区・神前区。福知山市では、文書所蔵者である熊谷博之氏、元三和町史編纂室の西村正芳氏、三和郷土史会長岡部一稔氏。西村・岡部両氏には、福知山市内や細野峠（菟原峠）や観音峠の現場を案内していただいた。京丹波町では文書所蔵者である井爪大蔵氏。井爪氏をご紹介いただいた京都新聞社の吉田幸太郎氏。高木博志氏には大正期の新聞記事をご提供いただいた。機関では、亀岡市文化資料館のほかに京都府立総合資料館、京都市歴史資料館。当初、イメージを把握するため現在残存している京都宮津間車道のすべての道を自分の足もしくは自転車で踏破する計画を立て、多くの場合妻と同行したが、亀岡市から京都市内までは、現在向日市上植野地区の明治の村役場（大字）の日記を一五年以上一緒に読み進めている乙訓地域史研究会の方々とともに歩いた。ただし、丹波地方の一部は歩くことができなかったし、沿道の町村の関係文書すべてを渉猟できたわけではない。

第三章の天橋立執筆の元になったのは先述したように『宮津市史』であるが、ここでも元宮津市史編さん室の方々、京都府立丹後郷土資料館、宮津市栗田区にお世話になった。また、この執筆にあたって、本文中にも触れたように、丸山宏氏の先行研究から学んだことは大きい。今回、『宮津市史』の内容を大幅に加筆修正したが、その際も丸山氏から山林に関する文献、松についての基礎的知識などを教えていただいた。また、高木博志氏からは近代の名勝についての文献などを教えていただいた。

第四章の童仙房、第一章補論の新伊賀街道開鑿工事は、京都府相楽郡南山城村で一九九五年から二〇〇五年まで行われた村史編さん事業の成果である。これは、一九九四年一二月に水本邦彦氏に村史の近現代部門を担当してほしいと依頼されたことに始まる。面積は大きいものの、明治前期で六か村という村落数の少なさと、山と大河（木津川）の両方を集中して書くことができるという場所の魅力は大きく、すぐに引き受けた。水本氏には、現地の史料調査の夜や調査の帰りの京都駅での一杯飲み屋で、近世史の多くのことを教えていただいた。この酒席での会話は、実に刺激的でおもしろく、私にとって近代村落のイメージを進展させる上で大きな意味を持っていたと思う。南山城村史の近現代の執筆は、当初は農林業を中心とした産業全般を西村卓氏が執筆し、それ以外を私が執筆する分担であったが、西村氏が大学の役職就任でしりぞかれたために、宮津市史のメンバーでもあった野田公男氏に担当していただいた。野田氏には、『南山城村史』の後も、滋賀県愛知郡愛荘町の『秦荘の歴史』でも無理やり頼んで一緒に執筆することになるが、さまざまな機会で、昭和の農業をとりまく環境や技術などを絶妙な語りで教えていただいた。なお、『南山城村史』では、事務局として、赤西(小川)美由紀氏・前野雅彦氏にお世話になった。今回の第四章、補論の執筆にあたってお世話になった方は、南山城村役場の森嶋徹氏、精華町役場の中川博勝氏、文書所蔵者では大仲実・清子ご夫妻、故宮竹京固氏、故馬場庄樹氏、森島國男氏であるが、このほかにも南山城村史編さん事業を通じて多くの方にご教示をいただいた。

南山城村史の仕事は、想像していた以上に、大きな知見を得る機会になった。道についていえば、『京都府地誌』を見る限り、明治一〇年代前半の現南山城村域の一四の道の道幅は、伊賀街道が一間二尺(約二・四メートル)のほか、それ以外の一三の道が四尺(約一・二メートル)か三尺(約〇・九メートル)の道幅であったことは驚きであった。現在の南山城村域に三尺や四尺の道幅の道は数少ない。また、童仙房から麓の北大河原への道が「人道」から「車道」に変わったと童仙房の人びとに意識されるのは昭和戦前期であるが、道のわずかの拡幅がこれほど地域の人びとの生活に影響を与えることを知った点も予想以上であった。これからすれば京都宮津間車道の三間(約五・四メートル)という道幅は、京都市中をのぞけば当時にしてはかなり広い道幅であったろう。道路を考えるとき、道幅を本格的に意識するようになったのは南山城村史の調査過程である。なお、三尺や四尺の道幅の道について当初その狭さに驚いたが、現在町史編さん事業にかかわっている滋賀県蒲生郡日野町の町場である旧日野町域の場合、大正期においても三尺や四尺の道幅の道が大多数であることを最近知った。今日に至るまでの地域の道幅の変化はかなり激しいものがある。このほか、木津川の役割の変遷、発電所設置が地域にどのような影響を及ぼすか、一口に近畿村落といっても、滋賀県湖東地方や京都府乙訓地方とは異なる村落のあり方など、南山城村史の経験からは多くの新鮮な発見があった。

「はじめに」で部分的に取り上げた現長岡京市今里や現向日市上植野の分析にあたっては、旧長岡京市史編さん室、向日市文化資料館の玉城玲子氏、そして乙訓地域史研究会の方々にお世話になった。

このほか、本書全体を通して、一九七六年から二〇〇七年まで三一年間在籍していた同志社大学人文科学研究所の各種研究会（私が関係した研究会は、私も数年間責任者を務めた地域史研究会のほか、現状分析の研究会など、多数に及ぶ）、塵海研究会、京都大学人文科学研究所の研究班、乙訓地域史研究会の方々との議論を通して学んだところは大きい。学んだ人びとは多数にのぼるので、氏名を省略することをお許しいただきたい。また、多種多様の文献・史料を利用できた点で、同志社大学人文科学研究所・同図書館・京都府立総合資料館の存在は大きい。

最後に本書の背景にある思いのようなものを書いておきたい。私には、かなり以前から、日本近代に「田舎」はない、という感覚がある。調査に入るどんな人里離れた地域であっても、その地域をよくしようとする動きや自己の子弟の教育を重視する動きが必ずある。さらには、どの地域にもプライドがある。また、文化や情報なども、近代を通じて急速に日本全国に浸透した。たとえば、私は一九四七年に現在の秋田県湯沢市で生まれ、一八歳のとき、初めて地元を出て京都にやってきたが、当初予想していたカルチャーショックはほとんどなかった。文化は特殊なものをのぞいて、私の生地で享受できるか、享受する方法があったのである。全国には、民俗や慣習や言語（方言）の違いがあるが、「都会人」と「田舎人」を分けるものは実は意外にない。当然、「田舎人」は純朴だ、秋田県人は粘り強いなどというステレオタイプな見方は意味がない。「都会人」にも「田舎人」にもまさに多様な人間がいる。私の地域史の視点はまずここにある。そしてその視点を育み、本書のさまざまな発想や方法論の原点になったのは、現在は兄と姉、妻の母など親族が住む私の郷里である湯沢の自然・人びととの付合いである。

くり返すが、日本全国どこでも、近代のある条件の中で、その地域をよくしようとするさまざまな動きがある。歴史は結果がわかっているので、実は失敗や改悪の方向に行くこともある。この場合、結果責任がともなう。動機が純粋、あるいは人柄はよいなどということは価値評価の基準にならない。しかし、結果責任ということを念頭に置きながら、地域振興にかかわった人びとを決して軽んじないという態度は、常に持ち続けて研究をしたいと思う。その思いが本書に表れているかどうかは、読者にまかせるしかない。

本書の刊行にあたっては、思文閣出版の大地亜希子氏、原宏一氏に校正や適切なアドバイスなどで大変お世話になった。妻俊子には、校正の手伝いとさまざまな道や地域の同行者になってもらった。なお、出版にあたっては、二〇一〇年度京都橘大学学術刊行物出版助成の補助を受けた。

二〇一一年三月

高久嶺之介

索　　引

【人　名】

【事　項】

く

こ

さ

し

せ

◆著者略歴◆

高久　嶺之介（たかく　れいのすけ）

1947年　現秋田県湯沢市に生まれる
1976年　同志社大学大学院文学研究科博士課程単位取得退学
同年　同志社大学人文科学研究所助手、その後専任講師、助教授を経て教授
1999年　博士（文化史学、同志社大学）
2007年　京都橘大学文学部教授
〔主要著書〕
『近代日本の地域社会と名望家』（柏書房、1997年）
『北垣国道日記「塵海」』（共編著、思文閣出版、2010年）

近代日本《きんだいにほん》と地域振興《ちいきしんこう》——京都府《きょうとふ》の近代《きんだい》——

2011（平成23）年3月25日発行

定価：本体6,500円（税別）

著　書　高久嶺之介
発行者　田中周二
発行所　株式会社　思文閣出版
〒606-8203　京都市左京区田中関田町2-7
電話 075-751-1781（代表）

印　刷
製　本　株式会社　図書印刷　同朋舎

ISBN978-4-7842-1570-6　C3021